Springer-Lehrbuch

Bernd Müller-Christmann, Franz Schnauder

Wertpapierrecht

Eine falldidaktische Einführung

Springer-Verlag
Berlin Heidelberg New York
London Paris Tokyo
Hong Kong Barcelona
Budapest

Dr. Bernd Müller-Christmann
Zwerggewann 14
D – 6900 Heidelberg

Dr. Franz Schnauder
Thomas-Mann-Straße 24
D – 6920 Sinsheim

ISBN 3-540-55730-X Springer-Verlag Berlin Heidelberg New York

CIP-Titelaufnahme der Deutschen Bibliothek
Müller-Christmann, Bernd:
Wertpapierrecht : eine falldidaktische Einführung / Bernd
Müller-Christmann ; Franz Schnauder. - Berlin ; Heidelberg ;
New York ; London ; Paris ; Tokyo ; Hong Kong ; Barcelona ;
Budapest : Springer, 1992 (Springer-Lehrbuch)
ISBN 3-540-55730-X (Berlin...)
NE: Schnauder, Franz

Satz: D.L. Lewis (AUDA), Berlin;
Druck: Mercedes-Druck, Berlin; Bindearbeiten: Lüderitz & Bauer, Berlin
64/3020/543210- Gedruckt auf säurefreiem Papier

Vorwort

Das vorliegende Buch wendet sich an Studenten/Studentinnen von Universitäten und Fachhochschulen und Referendare/Referendarinnen, die sich in das Wertpapierrecht einarbeiten oder ihr Wissen vertiefen wollen. Es ist die überarbeitete und ergänzte Fassung einer Grundfallreihe, die beide Verfasser in einer juristischen Ausbildungszeitschrift veröffentlicht haben.

Didaktisches Ziel ist die Vermittlung der Grundprinzipien des Wertpapierrechts, das wegen seiner Bezüge zum Schuld-, Sachen- und Prozeßrecht von komplexer Natur ist. Zu diesem Zweck ist ein Allgemeiner Teil vorangestellt, der Grundstrukturen und systematische Zusammenhänge des Wertpapierrechts aufzeigt. Hier und in der anschließenden Darstellung der einzelnen Wertpapierarten dient eine Vielzahl von Fällen und Beispielen der Veranschaulichung und methodischen Schulung. An mehreren Stellen erfolgen Hinweise zur gutachtlichen und prozessualen Behandlung eines wertpapierrechtlichen Falles.

Eine wissenschaftliche Vertiefung des Stoffes steht nicht im Vordergrund; auch kann nicht allen praktischen Fragen des Wertpapierverkehrs nachgegangen werden. Besondere Beachtung finden aber die bürgerlichrechtlichen Beziehungen zwischen Wertpapier und Grundverhältnis, insbesondere die Wechselwirkung zwischen Wertpapier- und Kausalforderung.

Nach gemeinsam erarbeiteter Konzeption wird der gesamte Text von beiden Verfassern getragen, wobei federführend waren Bernd Müller-Christmann für 1. Teil I., 2. Teil III., 3. Teil und 5. Teil und Franz Schnauder für 1. Teil II., III., 2. Teil I., II., IV., V., 4. Teil und 6. Teil.

Rechtsprechung und Schriftum sind, ohne daß eine vollständige Erfassung angestrebt wurde, bis einschließlich Juni 1992 berücksichtigt.

Heidelberg / Karlsruhe, im Juli 1992

Bernd Müller-Christmann
Franz Schnauder

Inhaltsverzeichnis

Verzeichnis der abgekürzt zitierten Literatur XIII

Abkürzungsverzeichnis XV

Einleitung 1

1. Teil: Grundlagen des Wertpapierrechts

I. Recht und Papier 2

1. Die Forderung als Urkunde 2
a) Vom Schuldrecht zum Wertpapierrecht 3
b) Funktionen der (Wertpapier-)Urkunde 6
c) Wertpapierbegriff 11
d) Abgrenzung Wertpapier und Legitimations-(Liberations-)Papier 13

2. Einteilung der Wertpapiere nach Art der Bestimmung des Berechtigten 14
a) Inhaberpapiere 14
b) Orderpapiere 17
c) Rektapapiere 18
d) Qualifizierte Legitimationspapiere 20

3. Wirtschaftliche Bedeutung von Wertpapieren 21
a) Zahlungs- und Kreditmittel 21
b) Mittel zur Erleichterung des Güterumlaufs 22
c) Mittel zur Kapitalaufbringung und Kapitalanlage 22
d) Exkurs: Vom Wertpapier zum Wertrecht 22

II. Entstehung des verbrieften Rechts 23

1. Konstitutive und deklaratorische Wertpapiere 23
a) Deklaratorische (und kausale) Wertpapiere 23
b) Konstitutive (und abstrakte) Wertpapiere 25

2. Wertpapierrechtstheorien 26
a) Kreationstheorie 27
b) Vertragstheorie 28
c) Rechtsscheintheorie 29

III. Rechtsgrund und schuldrechtliche Grundlagen des verbrieften Forderungsrechts . . . 31

1. Leistungsversprechen gegenüber dem kausal verbundenen Gläubiger 32
a) Rechtsgrund . . . 33
b) Unabhängigkeit vom Rechtsgrund (Abstraktion) . . . 35

2. Leistungsversprechen gegenüber Dritten . . . 39
a) Rechtsgrundfrage . . . 41
b) Einwendungsfrage . . . 42

2. Teil: Wechselrecht

I. Grundlagen des Wechsels . . . 45

1. Rechtsnatur und Arten des Wechsels . . . 45

2. Das wechselrechtliche Haftungssystem . . . 47

3. Wechselausstellung . . . 48
a) Formalien der Wechselausstellung . . . 48
b) Rechtsfolgen eines Formverstoßes . . . 52
c) Blankowechsel . . . 53

II. Forderungserwerb des Erstgläubigers . . . 56

1. Rechtsentstehung . . . 56
a) Abschluß und Mängel des Begebungsvertrages . . . 56
b) Das Wechselakzept . . . 60

2. Verhältnis von Wechselforderung und Kausalforderung . . . 64
a) Schuldrechtliche Verbindung der Forderungsrechte . . . 64
b) Einwendungen des Schuldners . . . 66

III. Rechtsübertragung . . . 69

1. Möglichkeiten der Rechtsübertragung . . . 69
a) Zession . . . 69
b) Übereignung der Urkunde . . . 71
c) Übereignung der Urkunde und Indossament . . . 71

2. Übereignung der indossierten Wechselurkunde . . . 72
a) Form und Inhalt des Indossaments . . . 72
b) Rechtsnatur des Indossaments . . . 73

3. Wirkungen des Indossaments . . . 74
a) Legitimationsfunktion . . . 74
b) Transportfunktion . . . 76
c) Garantiefunktion . . . 80

4. Besondere Indossamente 84
a) Blankoindossament 84
b) Nachindossament 85
c) Indossamente mit beschränkter Wirkung 85
d) Treuhandindossament 88

IV. Einwendungslehre 88

1. Terminologie und Einteilung der Einwendungen 89
a) Nach der Rechtsscheinlehre 90
b) Nach Kriterien des allgemeinen Zivilrechts 91

2. Urkundliche (inhaltliche) Einwendungen 92

3. Nichturkundliche Einwendungen 93
a) Gültigkeitseinwendungen 93
b) Persönliche Einwendungen 96
c) Grenzfälle 100

V. Einlösung des Wechsels 103

1. Erfüllung der Wechselforderung 104
a) Verfall und Vorlegung des Wechsels 104
b) Zahlung an den Berechtigten 105
c) Zahlung an den Nichtberechtigten 106

2. Folgen für die Kausalforderung 108
a) Störungsfreie Abwicklung 108
b) Komplikationen 110

VI. Nichteinlösung des Wechsels 113

1. Erstrückgriff 113
a) Materielle Voraussetzungen 113
b) Formelle Voraussetzungen 114
c) Rückgriffsschuldner und Rückgriffsschuld 115

2. Einlösungsrückgriff 115
a) Gesetzlicher Erwerb des Einlösenden 116
b) Einwendungen 118

3. Teil: Grundzüge des Scheckrechts

I. Grundlagen des Schecks 121

1. Wirtschaftliche Bedeutung und rechtliche Grundstruktur des Schecks 122
a) Der Scheck als Zahlungsmittel 122
b) Der Scheck als formalisierte Anweisung 122
c) Rechtsnatur und Arten des Schecks 123

2. Scheckausstellung und Scheckhaftung 125
a) Formvorschriften 125
b) Scheckrechtliches Haftungssystem 126

II. Rechtsentstehung und Rechtsübertragung 128

1. Forderungserwerb des Erstgläubigers 128

2. Übertragung des Schecks 128

III. Einlösung und Nichteinlösung des Schecks 129

1. Zahlung des Schecks 130
a) Vorlegungsverfahren und Fristen 130
b) Zahlungsfolgen 131
c) Verrechnungsscheck 133

2. Widerruf des Schecks 134

3. Rückgriff 135

IV. Die Scheckkarte 135

1. Einlösungsgarantie 135
a) Wirtschaftliche Bedeutung und Funktion 135
b) Rechtliche Einordnung 136

2. Einwendungen der Bank 138

3. Rechtslage bei Fälschung von ec-Schecks 140

4. Teil: Die handelsrechtlichen Orderpapiere

I. Die Urkunden des § 363 II HGB als Wertpapiere 142

1. Lagerschein 142

2. Ladeschein und Konnossement 144
a) Rechtsentstehung 145
b) Einwendungslage 146

II. Die Traditionsfunktion der handelsrechtlichen Papiere 149

1. Theorienstreit 149

2. Praktische Folgen für die Traditionswirkung 151
a) Fehlender Besitz 152
b) Fehlendes Eigentum 153

5. Teil: Qualifizierte Legitimationspapiere

I. Grundlagen der qualifizierten Legitimationspapiere 156

1. Begriff 156

2. Wertpapiercharakter 157

II. Entstehung und übertragung des Rechts 158

III. Geltendmachung des Rechts und Erfüllung 160

1. Vorlegungspflicht des Gläubigers 160

2. Liberationswirkung 160
a) Umfang der Liberationswirkung 160
b) Vertragliche Einschränkung der Liberationswirkung 162
c) Liberationswirkung bei vorzeitiger Leistung 162

IV. Besonderheiten beim Postsparbuch 164

6. Teil: Scheck und Wechsel im Gutachten und im Prozeß

I. Gutachtliche Prüfung eines Wertpapierrechtsfalles 165

1. Allgemeine Probleme 165
a) Unterschiede zum gewohnten Anspruchsaufbau 165
b) Verteidigungsvorbringen des Anspruchsgegners 166

2. Anspruchsaufbau 168

3. Lösung des scheckrechtlichen Musterfalles 168
a) Vorüberlegungen 169
b) Gutachten 171

II. Scheck- und Wechselprozeß 171

1. Besonderheiten des Verfahrens 172
a) Beschleunigung des Verfahrens 172
b) Unstatthaftigkeit des Verfahrens 173

2. Entscheidung über die Scheckklage 174
a) Richterliches Gutachten 174
b) Entscheidungsgründe 176

Sachverzeichnis 179

Verzeichnis der abgekürzt zitierten Literatur

Baumbach/Hefermehl, Wechselgesetz und Scheckgesetz, 17. Aufl. 1990
Bilda, Wechsel- und Scheckrecht mit Grundzügen des Wertpapierrechts, 2. Aufl. 1990
Bornemann, Zivilrecht im Querschnitt, Bd. V Wertpapierrecht, 1972
Brox, Handelsrecht und Wertpapierrecht, 9. Aufl. 1991
Bülow, Wechselgesetz, Scheckgesetz, Allgemeine Geschäftsbedingungen, 1991
Bundschuh, Höchstrichterliche Rechtsprechung zum Wechsel- und Scheckrecht, 1987
Canaris, Bankvertragsrecht, in: *Staub*, Großkommentar HGB, 4. Aufl. 1988
Gursky, Wertpapierrecht 1989
Harms, Wertpapierrecht, 2. Aufl. 1978
Hueck/Canaris, Recht der Wertpapiere, 12. Aufl. 1986
Jauernig/Bearbeiter, Bürgerliches Gesetzbuch, 6. Aufl. 1991
Meyer-Cording, Wertpapierrecht, 2. Aufl. 1990
MünchKomm, Münchener Kommentar zum BGB, 2. Aufl. 1984-1990 (zitiert: *Bearbeiter*, in: *MünchKomm*)
Palandt/Bearbeiter, Bürgerliches Gesetzbuch, Kommentar, 51. Aufl. 1992
RGRK-Bearbeiter, Das Bürgerliche Gesetzbuch, Kommentar, herausgegeben von Mitgliedern des Bundesgerichtshofs, 12. Aufl. ab 1974
Richardi, Wertpapierrecht 1987
Sedatis, Einführung in das Wertpapierrecht, 1988
Soergel/Bearbeiter, Kommentar zum Bürgerlichen Gesetzbuch, 11. Aufl. 1978–1986; 12. Aufl. ab 1987
Staub, Großkommentar HGB, 4. Aufl. ab 1982 (zitiert: *Bearbeiter*, in: *Großkomm. HGB*)
Staudinger/Bearbeiter, Kommentar zum Bürgerlichen Gesetzbuch, 12. Aufl. ab 1978
Thomas/Putzo, Zivilprozeßordnung, 17. Aufl. 1991
E. Ulmer, Das Recht der Wertpapiere, 1938
Zöllner, Wertpapierrecht, 14. Aufl. 1987

Abkürzungsverzeichnis

a.A.	anderer Ansicht
aaO	am angegebenen Ort
Abs.	Absatz
AcP	Archiv für civilistische Praxis
aE	am Ende
aF	alter Fassung
AG	Aktiengesellschaft
AGB	Allgemeine Geschäftsbedingungen
AGBG	Gesetz zur Regelung des Rechts der Allgemeinen Geschäftsbedingungen
AktG	Aktiengesetz
Alt.	Alternative
Anh.	Anhang
Anm.	Anmerkung
arg.	Argument
Art.	Artikel
Aufl.	Auflage
BB	Betriebsberater
BBankG	Bundesbankgesetz
Bearb.	Bearbeitung
BGB	Bürgerliches Gesetzbuch
BGBl	Bundesgesetzblatt
BGH	Bundesgerichtshof
BGHZ	Entscheidungen des BGH in Zivilsachen
DB	Der Betrieb
DepotG	Depotgesetz
ders.	derselbe
dt.	deutsch
dgl.	dergleichen
ec	euro-cheque (Euroscheck)
Einl.	Einleitung
EVO	Eisenbahnverkehrsordnung v. 8.9.1938 (RGBl II 663)
f.	folgende (Singular)
Festschr.	Festschrift
ff.	folgende (Plural)
Fußn.	Fußnote
G	Gesetz
GbR	Gesellschaft des bürgerlichen Rechts
GmbH	Gesellschaft mit beschränkter Haftung
h.L.	herrschende Lehren
h.M.	herrschende Meinung
Halbs.	Halbsatz
Hdb	Handbuch
HGB	Handelsgesetzbuch
i.d.F.	in der Fassung
i.d.R.	in der Regel
insb.	insbesondere
i.V.	in Verbindung oder in Vertretung
i.S.	im Sinne

JA	Juristische Arbeitsblätter
JuS	Juristische Schulung
JZ	Juristenzeitung
KAGG	Gesetz über Kapitalanlagegesellschaften
KG	Kommanditgesellschaft oder Kammergericht
Kto	Konto
KWG	Kreditwesengesetz
LG	Landgericht
m.a.W.	mit anderen Worten
MDR	Monatszeitschrift für Deutsches Recht
Mot.	Motive
m. w. Nachw.	mit weiteren Nachweisen
NJW	Neue Juristische Wochenschrift
NJW-RR	NJW-Rechtsprechungs-Report
OHG	Offene Handelsgesellschaft
OLG	Oberlandesgericht
OLGZ	Entscheidungen der Oberlandesgerichte in Zivilsachen
PostG	Postgesetz
Rdnr.	Randnummer
RG	Reichsgericht
RGBl	Reichsgesetzblatt
RGZ	Entscheidungen des Reichsgerichts in Zivilsachen
Rspr.	Rechtsprechung
S.	Seite oder Satz
s.	siehe
ScheckB	Bedingungen für den Scheckverkehr
ScheckG	Scheckgesetz
StGB	Strafgesetzbuch
str.	streitig
Var.	Variante
VerbrKrG	Verbraucherkreditgesetz
vgl.	vergleiche
VO	Verordnung
Vorb.	Vorbemerkung
VVG	Versicherungsvertragsgesetz
WG	Wechselgesetz
WM	Wertpapier - Mitteilungen
WO	Wechselordnung
WPR	Wertpapierrecht
ZHR	Zeitschrift für das gesamte Handelsrecht und Wirtschaftsrecht
ZPO	Zivilprozeßordnung

Einleitung

1 Grundzüge des Wertpapierrechts gehören in allen Bundesländern entweder ausdrücklich oder als „Ausprägung des Bürgerlichen Rechts in Nebengebieten" zum Prüfungsstoff der juristischen Staatsexamen. Gleichwohl scheuen viele Studenten und Referendare vor einer Befassung mit diesem Rechtsgebiet zurück. Das Wertpapierrecht gilt allgemein als komplexe, schwer zu verstehende Materie von hohem Abstraktionsgrad. Dafür gibt es mehrere Gründe.

Das Fehlen einer einheitlichen gesetzlichen Regelung, eines „Allgemeinen Teils" erschwert den Einstieg in das Studium des Wertpapierrechts. Die beiden wichtigsten Rechtsquellen im Wertpapierrecht, das Wechselgesetz und das Scheckgesetz, beruhen auf internationalen Vereinbarungen und entsprechen trotz der engen Beziehung des Wechsel- und Scheckrechts zum Bürgerlichen Recht in Diktion und Denkweise nicht immer den aus den Anfangssemestern bekannten Mustern. Hinzu kommt, daß vielen Studenten die tatsächlichen Vorgänge und wirtschaftlichen Zusammenhänge, die der Ausstellung, dem Umlauf und der Einlösung von Wertpapieren zugrundeliegen, wenig vertraut sind.

Die vorliegende Darstellung will Grundstrukturen des Wertpapierrechts aufzeigen und an wichtige Probleme dieses Rechtsgebiets heranführen. Soweit die Erörterungen an wenigen Stellen über diesen Rahmen hinausgehen und einzelne Aspekte vertiefen, wird dies jeweils durch Kleindruck deutlich gemacht. Im Vordergrund steht weniger die wissenschaftliche Durchdringung der Rechtsmaterie als vielmehr die Verbindung von Kenntnisvermittlung mit methodischer Schulung. Diesem Ziel dienen die in die systematische Darstellung aufgenommenen zahlreichen Fälle und Beispiele. Vorausgesetzt werden Grundkenntnisse im Schuld- und Sachenrecht und ein Überblick über das Erkenntnisverfahren im Zivilprozeß. Besonders wichtige Prinzipien und Begriffe des Wertpapierrechts werden mehrfach behandelt und immer wieder hervorgehoben. Soweit es zu Wiederholungen kommt, werden diese im Interesse eines besseren Verständnisses nicht nur hingenommen, sie sind aus didaktischen Gründen durchaus beabsichtigt.

Nach einer Einführung in die Grundlagen des Wertpapierrechts im 1. Teil, die zur Erleichterung des Verständnisses der folgenden speziellen Teile bewußt etwas ausführlicher gehalten wurde, bildet der 2. Teil, das Wechselrecht, den Schwerpunkt der Darstellung. Den Grundzügen des Scheckrechts (3. Teil) und des Rechts der kaufmännischen Orderpapiere (4. Teil) schließt sich im 5. Teil ein Abschnitt über die qualifizierten Legitimationspapiere an. Den Abschluß bildet die Lösung eines wertpapierrechtlichen Musterfalles mit allgemeinen Hinweisen zum Gutachtensaufbau sowie zum Urkunden- und Wechselprozeß (6. Teil). Der Inhaberschuldverschreibung ist kein eigenes Kapitel gewidmet; dieses Wertpapier wird jedoch im 1. Teil mehrfach Gegenstand von Fällen und allgemeinen Erörterungen sein.

1. Teil: Grundlagen des Wertpapierrechts

2 Werden ein Recht und eine Urkunde zu einer Einheit (einem Wertpapier) verbunden, treffen Grundsätze des Schuldrechts und des Sachenrechts aufeinander. Im Spannungsverhältnis zwischen verbrieftem Recht und (rechtsverbriefender) Urkunde können schuld- und sachenrechtliche Regelungen einander ergänzen, aber auch zueinander in Widerspruch treten, insbesondere bei der Frage, nach welchen Regeln das Wertpapier zu übertragen ist.

Dieser Dualismus von (Forderungs-)Recht und Rechtsurkunde ist Gegenstand der Darstellung des folgenden Abschnitts (I). Anschließend wird unter II der Frage nachgegangen, wie das verbriefte Recht entsteht. Schließlich wird erörtert, welche Rechtsbeziehungen der Ausstellung von Wertpapieren zugrunde liegen und wie das Verhältnis von Grund-(Kausal)Geschäft und Wertpapier ausgestaltet sein kann (III).

I. Recht und Papier

3 Ausgangspunkt der Überlegung ist die Erkenntnis, daß ein Forderungsrecht als unkörperlicher Gegenstand kein verkehrsfähiges Gut wie etwa eine körperliche Sache (§ 90 BGB) sein kann und sich somit für den Rechts- insbesondere für den Handelsverkehr kaum eignet. Die Parteien eines Schuldrechtsverhältnisses sehen in der Regel keinen Bedarf, eine Forderung in einer Urkunde zu verbriefen und sie auf diese Weise umlauffähig zu machen.

1. Die Forderung als Urkunde

4 Bei den Wertpapieren verbindet sich das Recht in ganz besonderer Weise mit einem an sich wertlosen Papier. Entsprechend ist zu unterscheiden: das Eigentum am Papier und der Papierinhalt, das verbriefte Forderungsrecht. Zweckmäßig ist es, wenn Papiereigentümer und Forderungsgläubiger ein und dieselbe Person sind und bleiben. Ein Auseinanderfallen von Eigentümer und Gläubiger wäre jedoch kaum zu vermeiden, wenn die Rechtsübertragung unterschiedlichen Regeln folgen würde: für das Forderungsrecht den §§ 398 ff. BGB, für das Eigentum an der Urkunde den §§ 929 ff. BGB (mit der Möglichkeit eines gutgläubigen Erwerbs). Deshalb muß entschieden werden, ob die schuldrechtlichen oder die sachenrechtlichen Normen Vorrang haben sollen. Denkbar ist, daß derjenige, der das Eigentum am Papier erwirbt, damit zugleich auch das im Papier verbriefte Recht erhält – **sachenrechtliche Lösung**: Die Übertragung beider Rechte erfolgt durch Übereignung des Papiers. **Das Recht aus dem Papier folgt dem Recht am Papier.** Es kann aber auch gesetzlich bestimmt werden, daß der Inhaber des im Papier verbrieften Rechts immer zugleich auch Eigentümer des Papiers sein soll – **schuldrechtliche Lösung**: Die Übertragung richtet

sich nach den Regeln für die Übertragung von Forderungen. **Das Recht am Papier folgt dem Recht aus dem Papier.**

Im Wertpapierrecht sind beide Wege beschritten worden, wobei die Tendenz zu einem Primat des Sachenrechts geht. Das Ziel, aus einer Forderung ein umlauffähiges Gut zu machen, wird eher erreicht, wenn man das verbriefte Recht den Regeln des Sachenrechts unterwirft. Zu diesem Zweck wird das verbriefte Recht „versachlicht", **die Forderung wird gleichsam zur Urkunde**.

a) Vom Schuldrecht zum Wertpapierrecht

5 Der Weg zu diesem Ziel beginnt im allgemeinen Schuldrecht, das bei Abtretungsvorgängen vom Gedanken des Schuldnerschutzes beherrscht wird. Das Gesetz gibt bei unverbrieften Forderungen dem *Schuldnerschutz* den *Vorrang*.

Fall 1: Der Schuldner *B* schuldet dem Gläubiger *A* Zahlung eines Kaufpreises. *A* tritt die Forderung an *C* ab[1]:

a) B zahlt in Unkenntnis der Abtretung an *A*. Rechtsfolge?

b) C begehrt mit der Behauptung, die Forderung sei an ihn abgetreten, Zahlung von *B*. Nach der Zahlung stellt sich die Unwirksamkeit der Abtretung heraus. Rechtsfolge?

c) B macht gegenüber dem Forderungsinhaber *C* geltend, er habe den Kaufvertrag mit *A* wegen arglistiger Täuschung angefochten (§§ 123, 142 BGB); oder er wendet ein, die Lieferung des *A* sei mangelhaft gewesen (Sachmängeleinrede, § 478 BGB). Kann *C* Zahlung verlangen?

Nach § 362 I BGB wird der Schuldner von seiner Leistungsverpflichtung frei, wenn er die geschuldete Leistung an den (richtigen) Gläubiger bewirkt. Da die Abtretung einer Forderung durch Vertrag zwischen dem alten und dem neuen Gläubiger, also ohne Mitwirkung des Schuldners, erfolgt, besteht die Gefahr, daß der Schuldner in Unkenntnis der Abtretung an den „falschen" Gläubiger leistet. Vor den damit verbundenen Nachteilen schützt den Schuldner bei der unverbrieften Forderung § 407 BGB, wonach der neue Gläubiger eine Leistung, die der Schuldner nach der (ihm unbekannten) Abtretung an den bisherigen Gläubiger bewirkt, gegen sich gelten lassen muß. Dem bisherigen Gläubiger gewährt § 407 BGB eine Empfangsermächtigung.

Im *Fall 1 a* konnte *B* also gegenüber dem Nichtberechtigten *A* ein wirksames Erfüllungsgeschäft vornehmen; durch die Zahlung an *A* wird *B* von seiner Schuld befreit. Die Leistung an den Nichtgläubiger *A* hat Befreiungs- oder **Liberationswirkung**.

6 Der Schuldnerschutz des § 407 BGB wirkt sich zu Lasten des Erwerbers (Zessionars) aus, der die an seinen Rechtsvorgänger erbrachte Leistung gegen sich gelten lassen muß und sich nur an seinen Vertragspartner halten kann[2].

Im *Fall 1 b* mußte sich der Schuldner *B* überlegen, ob er der Behauptung des *C* glauben und an ihn zahlen soll. Eine wirksame Erfüllungsleistung setzt voraus, daß *C* tatsächlich Berechtigter[3] ist. Dem Schuldner helfen hier §§ 409 I 1, 410 II BGB

---

[1] Aus Gründen der Vereinfachung und Übersichtlichkeit werden die in diesem Fallbeispiel gewählten Benennungen: Gläubiger (Papieraussteller) = *A*, Schuldner (Bezogener) = *B*, Erwerber (Zessionar) = *C* soweit möglich auch in allen folgenden Fällen verwendet.

[2] *C* kann aus § 816 II BGB und wegen positiver Vertragsverletzung gegen *A* vorgehen.

[3] Oder zumindest eine wirksame rechtsgeschäftliche Einziehungsermächtigung gemäß §§ 362 II, 185 BGB hat.

(bei schriftlicher Abtretungsanzeige des *A*) bzw. § 410 I BGB (bei Legitimation des *C* durch eine von *A* ausgestellte Abtretungsurkunde). Ohne Abtretungsanzeige oder Vorlage einer Abtretungsurkunde (auf deren Ausstellung *C* einen Anspruch gegen *A* hat, § 403 BGB) ist der Schuldner nach § 410 I BGB *nicht* „zur Leistung *verpflichtet*", d.h. *B braucht* an *C nicht* zu leisten. Zahlt aber *B* an den durch die genannten Urkunden legitimierten Erwerber *C*, so wird er dem Gläubiger *A* gegenüber frei, auch wenn der Zessionar mangels wirksamer Abtretung das Forderungsrecht nicht erworben hat, § 409 I BGB.

Das allgemeine Schuldrecht schützt somit den Schuldner bei Leistungen infolge Unkenntnis wirksamer (§§ 407, 408 BGB) und bei Unwirksamkeit ihm bekannter (§§ 409, 410 BGB) Abtretungen. Darüber hinaus bleiben dem Schuldner bei Abtretungen alle (rechtsverneinenden) Einwendungen und (rechtshemmenden) Einreden[4] aus der schuldrechtlichen Beziehung zum ersten Gläubiger erhalten (§ 404 BGB). Im *Fall 1 c* kann sich *B* daher gegenüber *C* auf die Nichtigkeit des Kaufvertrags bzw. auf die Sachmängeleinrede berufen.

7 Der Zessionar muß beim Erwerb einer unverbrieften Forderung nicht nur befürchten, daß diese mit Einwendungen und Einreden behaftet ist, er kann nicht einmal sicher sein, daß er überhaupt eine Forderung wirksam erwirbt. Er trägt das Risiko, daß die Forderung nicht (oder nicht abtretbar, § 399 BGB) besteht.

Beispiel: Die im *Fall 1 a* von *A* an *C* abgetretene Forderung gegen *B* bestand nicht, weil der Kaufvertrag zwischen *A* und *B* gesetz- oder sittenwidrig (§§ 134, 138 BGB) und damit nichtig war.

In diesem Fall kann *C* eine Forderung gegen *B* auch nicht gutgläubig erwerben, weil das Gesetz einen gutgläubigen Erwerb vom Nichtberechtigten bei Forderungen nicht kennt. Obgleich *C* keinen Einblick in das Schuldverhältnis zwischen *A* und *B* hat, müßte er in einem Rechtsstreit neben der wirksamen Zession die weiteren rechtsbegründenden Tatsachen darlegen und im Bestreitensfalle beweisen. Eine gesetzliche Vermutung der Gläubigerstellung zugunsten des Zessionars besteht bei unverbrieften Forderungen nicht.

8 Mit zunehmender Zahl der Abtretungen wird eine unverbriefte Forderung unsicherer, verschlechtert sich die Position des Erwerbers. Jeder neue Zessionar muß alle Einwendungen aus der schuldrechtlichen Beziehung seiner Vorgänger mit dem Schuldner gemäß § 404 BGB gegen sich gelten lassen. Bei einer Abtretungskette muß der Forderungsinhaber neben dem Entstehungstatbestand für das Forderungsrecht auch die Wirksamkeit der bis zu ihm reichenden Abtretungen behaupten und gegebenenfalls beweisen.

9 Verbrieft man die Forderung dagegen in einer Urkunde, kann den Interessen des Erwerbers besser Rechnung getragen werden, ohne die Position des Schuldners unangemessen zu verschlechtern. Durch die Verbriefung wird das Recht „versachlicht" und

---

[4] Im materiellen Recht unterscheidet man rechtshindernde (z.B. Geschäftsunfähigkeit, § 105 BGB; Sittenwidrigkeit, § 138 BGB) und rechtsvernichtende (z.B. Anfechtung, § 142 BGB; Erfüllung, § 362 BGB) Einwendungen sowie rechtshemmende Einreden (z.B. Verjährung, § 222 BGB) gegen einen Anspruch. Während Einwendungen im Prozeß von Amts wegen zu beachten sind, muß sich der Beklagte auf Einreden ausdrücklich berufen. Im Wertpapierrecht wird der Begriff Einwendung gewöhnlich in einem etwas anderen Sinn gebraucht (vgl. dazu unten 2. Teil IV).

damit nach anderen Regeln als in der Form und mit den Wirkungen einer Abtretung übertragen, nämlich durch Verfügung über die Urkunde. An den Besitz der Urkunde lassen sich **Rechtsvermutungen (Legitimationen)** zugunsten des Gläubigers und des Schuldners knüpfen. Im Interesse des Schuldners kann darüber hinaus bestimmt werden, daß er nur zu leisten braucht, wenn ihm die Urkunde vorgelegt bzw. ausgehändigt wird. Die größten Vorteile bringt die Verbriefung für den Erwerber des Papiers. Wenn die Forderung in einer Urkunde verbrieft ist und der Schuldner nur gegen Vorlage des Papiers leisten muß, bedarf dieser des Schutzes nach § 407 BGB nicht mehr. Der Erwerber kann daher, solange er die Urkunde in Besitz hat, sicher sein, daß der Schuldner durch Leistung an einen Dritten nicht frei wird. Durch die schriftgemäße Ausgestaltung der Haftung wird ferner ein Schutz des Erwerbers vor Einwendungen des Schuldners erreicht, die diesem einem Altgläubiger gegenüber zustehen. Mit dem rechtstechnischen Mittel der Verbriefung von Forderungen in Urkunden kann somit der Schutz des Erwerbers deutlich verbessert und die Umlauffähigkeit des Papiers erreicht werden. Die Ausstellung einer Urkunde bedeutet einen entscheidenden Schritt zum Wertpapier. Es gilt der *Vorrang des Verkehrsschutzes.*

Bevor der Frage nachgegangen wird, welche Eigenschaften eine Urkunde aufweisen muß, damit sie zum Wertpapier wird, soll zunächst aufgezeigt werden, welche verschiedenen Funktionen eine Urkunde überhaupt haben kann.

10 Als **Urkunde** in diesem Sinne wird jede schriftliche Verkörperung einer Gedankenäußerung verstanden, auch wenn diese sehr knapp gehalten und nur mit Hilfe der Verkehrsanschauung aus den Gesamtumständen zu entnehmen ist. Zu beachten ist, daß der zivilrechtliche Urkundenbegriff eine Unterschrift des Urhebers nicht voraussetzt und Unterschiede zum strafrechtlichen und prozessualen Urkundenbegriff[5] bestehen.

Das verbriefte Recht muß dem *Privatrecht* angehören. Keine Wertpapiere sind daher Urkunden über öffentlichrechtliche Befugnisse (Führerschein, Baugenehmigung) oder Rechtspositionen (Staatsangehörigkeitszeugnis, Beamtenernennungsurkunde). Durch Wertpapiere werden regelmäßig folgende private Rechte[6] verbrieft:

- *schuldrechtliche Forderungen:* Forderungspapiere bilden die größte und praktisch wichtigste Gruppe. Die in der Urkunde verbrieften Forderungen können gerichtet sein auf Geldzahlung (z.B. Wechsel, Scheck, Inhaberschuldverschreibung), auf eine Sachleistung, etwa Herausgabe (Lagerschein) oder auf eine Werk- oder Dienstleistung, z.B. auf Beförderung (Fahrkarte) oder auf Teilnahme an einer Veranstaltung (Eintrittskarte).
- *Sachenrechte*, z.B. beim Hypotheken-, Grundschuld- und Rentenschuldbrief.
- *Mitgliedschaftsrechte:* Das wichtigste Beispiel ist die Aktie und ihr Vorläufer, der Zwischen-(Interims-)Schein (§ 8 IV AktG).

Im folgenden ist, wenn nichts anderes gesagt wird, von forderungsrechtlichen Wertpapieren die Rede. Es geht regelmäßig um eine Verpflichtung als typischen Inhalt eines Wertpapiers. In diesem Zusammenhang darf der Begriff Wert„papier“ nicht wörtlich verstanden werden. Auch

---

[5] Zum strafrechtlichen Urkundenbegriff vgl. *Lackner*, StGB, 19. Aufl. (1991), § 267 Rdnr. 2; zum prozessualen *Thomas/Putzo*, Vorb. § 415 Anm. 1.

[6] Banknoten verbriefen kein *Recht*, dessen Erfüllung verlangt werden könnte. Es sind von der Bundesbank ausgegebene Zahlungsmittel, § 14 BBankG.

in Karten oder Marken (z.B. aus Plastik) können Forderungsrechte verkörpert sein (vgl. § 807 BGB).

b) Funktionen der (Wertpapier-)Urkunde

11 • **Beweisfunktion:**

Jeder urkundlichen Verbriefung eines Rechts kommt eine Beweisfunktion zu. Freilich ist im Rechtsstreit hinsichtlich Inhalt und Reichweite der Beweiskraft § 416 ZPO zu beachten.

12 • **Legitimationsfunktion zugunsten des Schuldners:**

Die Urkunde kann ferner im Interesse des Schuldners auch die Wirkung haben, daß er durch Leistung an den nichtberechtigten Papierinhaber (Nichtgläubiger) gegenüber dem (wirklichen) Gläubiger frei wird.

Fall 2: Dem Dieb *D* fallen bei einem Einbruch in die Wohnung des *A* in die Hände: ein Sparbuch, ausgestellt von der *B*-Sparkasse, mehrere Hypothekenpfandbriefe[7] der Hypothekenbank *B* sowie ein Wechsel, den der Bezogene *B* akzeptiert hatte (Art. 25 WG). Der jeweilige Schuldner *B* zahlt bei Vorlage der Urkunden durch *D*. *A* verlangt nun nochmals Zahlung von *B*. Mit Recht?

Nach allgemeinem Schuldrecht kann der Schuldner Erfüllung nur durch Leistung an den Gläubiger (§ 362 I BGB) oder an einen von diesem zum Einzug ermächtigten Dritten (§§ 362 II, 185 BGB) bewirken. Durch die gesetzliche Empfangsermächtigung des Nichtberechtigten (Nichtgläubigers) *D* gemäß §§ 808 I 1 (bezüglich des Sparbuchs), 793 I 2 BGB (bezüglich der Pfandbriefe) und Art. 40 III WG (bezüglich des Wechsels) tritt jedoch Befreiungswirkung zugunsten des (gutgläubigen[8]) Schuldners *B* ein (**Liberationswirkung**). Ohne diese Vorschriften wäre der nichtberechtigte Papierinhaber *D* „zur Verfügung“ (vgl. § 793 I 2 BGB) über die verbriefte Forderung durch Erfüllungsgeschäft mit dem Schuldner nicht befugt. Der Schuldner kann somit an jeden Papierinhaber zahlen, ohne zuvor zeitaufwendig dessen materielle Berechtigung prüfen zu müssen, was den Schalterverkehr der Banken und Sparkassen wesentlich erleichtert. Die Liberationswirkung ersetzt die allgemeinen schuldrechtlichen Regeln der §§ 409, 410 BGB und dient damit in erster Linie dem Schuldner, mittelbar aber auch dem Gläubiger und damit auch der *Umlauffähigkeit* der Urkunde.

Diese Wirkung wird häufig als „Legitimationswirkung zugunsten des Schuldners“ oder sogar nur kurz als „Legitimationswirkung“ bezeichnet, obwohl sie mit dem Begriff „legitimieren“ im Sinne von „als berechtigt ausweisen“ nichts zu tun hat. Entsprechend meint man mit der Bezeichnung „Legitimationspapiere“ solche Urkunden, bei denen sich der Schuldner durch Leistung an den Inhaber befreien kann, so im *Fall 2* das Sparbuch, der Wechsel und der Pfandbrief; darüber hinaus haben sol-

---

[7] Hypothekenpfandbriefe sind besondere Formen von Schuldverschreibungen, die auf den Inhaber gestellt und von privatrechtlichen Kreditinstituten (Hypothekenbanken) ausgegeben werden (vgl. im einzelnen das HypothekenbankG). Sie dürfen nicht verwechselt werden mit Hypothekenbriefen.

[8] Die Liberationswirkung tritt nicht ein, wenn der Schuldner die Nichtberechtigung des Inhabers kennt oder infolge grober Fahrlässigkeit nicht kennt. In diesen Fällen ist der Schuldner nicht schutzwürdig.

che Wirkung beispielsweise auch die kaufmännischen Papiere des § 363 HGB, für die § 365 I HGB auf Art. 40 III WG verweist. Sachlich treffender wäre der Ausdruck „Liberationswirkung“[9], um Verwechslungen mit der eigentlichen (zugunsten des Inhabers wirkenden) Legitimationswirkung von Urkunden zu vermeiden.

13 • **Monopolisierungsfunktion:**
Mit der Ausgabe einer Urkunde kann auch bezweckt werden sicherzustellen, daß das darin verbriefte Recht nur gegen Vorlage der Urkunde geltend gemacht werden darf. Dann verkörpert die Urkunde das Recht, es wird quasi durch das Papier monopolisiert[10], so daß der Schuldner seiner Leistungspflicht überhaupt nur nachkommen muß und der Berechtigte materiellrechtlich sein Recht nur verfolgen kann, wenn die Urkunde vorgelegt, präsentiert wird. Beispielsweise erfolgt die Rechtsausübung bei einer Aktie (Stimmrecht, Dividendenrecht) grundsätzlich durch Vorlage der Urkunde. Uneingeschränkt gilt der **Präsentationszwang** aufgrund §§ 808 II 1, 785, 797, 807 BGB; Art. 39 I, 50 I WG; Art. 34 I, 47 I ScheckG; §§ 364 III, 448 HGB.

14 Die Anbindung der Rechtsausübung an die Papiervorlage dient sowohl den Interessen des Schuldners als auch denen des Erwerbers. Der *Schuldner* kann jeden zurückweisen, der Leistung ohne Vorlage des Papiers verlangt. Er braucht sich auf keinen anderen Nachweis der Berechtigung einzulassen, etwa wenn der Gläubiger behauptet, er habe das Papier verloren. Das will das Gesetz zum Ausdruck bringen, wenn es formuliert: **„Der Schuldner ist nur gegen Aushändigung der Urkunde zur Leistung verpflichtet“**, vgl. §§ 808 II 1, 785, 797, 807 BGB; 364 III HGB. Damit soll nicht gesagt werden, daß der Papierschuldner gegenüber dem Papierinhaber zur Leistung verpflichtet ist, dieser also einen Anspruch auf Zahlung (Leistung) hat. Gemeint ist vielmehr, daß der Schuldner nur gegen Aushändigung bzw. Vorlage der Urkunde zu leisten braucht. Das ist vor allem dann von Bedeutung, wenn der Schuldner den einzelnen Gläubiger nicht kennt oder nicht kennen kann, z.B. bei der Massenemission inhaltsgleicher Inhaberschuldverschreibungen oder bei Inhaberzeichen wie Eintrittskarten zu Veranstaltungen. Der Vorteil für den *Erwerber* (Zessionar) des verbrieften Rechts liegt darin, daß er, solange er die rechtsverbriefende Urkunde in Händen hält, nicht befürchten muß, der Schuldner könne sich durch Leistung an seinen Rechtsvorgänger (Zedenten) gemäß § 407 BGB befreien. Wegen des Vorlegungszwangs bedarf der Schuldner des Schutzes nach § 407 BGB nicht[11]. Er handelt auf eigenes Risiko, wenn er an den früheren Gläubiger zahlt, der sich nicht mehr durch die Urkunde ausweisen kann. Die Monopolisierungsfunktion der Urkunde schafft damit bereits einen beachtlichen Schutz des Rechtsverkehrs.

15 Darauf hinzuweisen ist, daß Geltendmachung des verbrieften Rechts in diesem Zusammenhang nicht nur die Rechtseinziehung, sondern auch andere Verfügungen über das Recht (z.B. Kündigung, Aufrechnung) meint.

---

[9] *Zöllner*, § 4 I 1, *Richardi*, § 3 IV 3.
[10] So *Zöllner*, § 3 IV.
[11] *Hueck/Canaris*, § 1 II 2 b bb.

Beispiel: Eigentümer *E* hat dem Gläubiger *A* zur Sicherung einer Verbindlichkeit des Schuldners *B* eine Briefhypothek an seinem Grundstück bestellt. Will *A* nun die Fälligkeit der Hypothek herbeiführen (vgl. § 1141 BGB), so muß er *E* gegenüber kündigen. Zur Kündigung braucht er nach § 1160 II i.V. mit Abs. 1 BGB die Urkunde (Hypothekenbrief); anderenfalls ist die Kündigung des *A* bei sofortigem Widerspruch des *E* unwirksam.

Über die genannten gesetzlichen Bestimmungen hinaus besteht ein Urkundenmonopol für die Geltendmachung des verbrieften Forderungsrechts auch für besondere Dienst- und Werkleistungsansprüche, die in (Fahr- oder Eintritts-)Karten oder entsprechenden Marken verbrieft sind. In diesen Fällen ergibt sich die Vorlagepflicht vielfach schon daraus, daß sich der Aussteller eine Kontrolle über die Anspruchsberechtigung vorbehalten will[12].

16 • **Legitimation zugunsten des Gläubigers:**
Nur noch dem Schutz des Inhabers der Urkunde dient schließlich die Legitimationsfunktion zugunsten des Gläubigers[13]. Bei bestimmten Wertpapieren wird der Inhaber als materiell Berechtigter ausgewiesen (legitimiert), es besteht eine formelle Legitimation allein durch die Innehabung des Papiers. Ob der Papierinhaber auch materiell berechtigt ist, das verbriefte Recht geltend zu machen, ist damit natürlich noch nicht gesagt.

An dieser Stelle soll das (häufig mißverstandene) Begriffspaar **formelle** und **materielle** Berechtigung (**Legitimation**) näher erklärt werden. Es ist von (streit-)entscheidender Bedeutung für die Rechtsverfolgung aus Urkunden im Zivilprozeß.

Beispiel: Der aus einer Urkunde in Anspruch genommene Schuldner *B* bestreitet, daß der Inhaber der Urkunde *(C)* diese und das darin verbriefte Forderungsrecht wirksam von dessen Rechtsvorgänger *(A)* erworben hat und damit materiellrechtlich zur Geltendmachung des Rechts befugt ist.

Müßte *C* nun als Kläger, wie bei einer unverbrieften Forderung, für alle rechtsbegründenden Tatsachen den (Haupt-)Beweis führen, würde er im Zivilprozeß unterliegen, wenn er außer der Urkunde keine weiteren Beweismittel zur Verfügung hätte. Denn aus der Urkunde selbst ergibt sich der Nachweis der Rechtsnachfolge nicht. Auch eine Abtretungsurkunde (§ 409 BGB) beweist nicht die *Wirksamkeit* der Rechtsübertragung, sondern nur die Tatsache, daß die Erklärung überhaupt abgegeben wurde, § 416 ZPO. Hier könnte dem Inhaber der Urkunde eine gesetzliche Beweisregel helfen, aus der sich für das Zivilverfahren ergibt, daß er als Berechtigter anzusehen ist, etwa als Gläubiger (widerlegbar) vermutet wird. Eine solche Rechtsvermutung ist mehr als ein Erfahrungssatz, der Eingang in die freie richterliche Beweiswürdigung (§ 286 I ZPO) finden kann. Bei ihrem Vorliegen steht es dem Richter nicht mehr frei, im Rahmen seiner richterlichen Überzeugungsbildung auf die Berechtigung des Gläubigers zu schließen, er ist vielmehr durch eine Rechtsregel an diese Feststellung gebunden., § 286 II ZPO. Die Bindung besteht so lange, als nicht der Schuldner den Beweis des Gegenteils führt[14] (§ 292 ZPO). Es ist somit Sache des Schuldners

---

[12] *Baumbach/Hefermehl*, WPR Rdnr. 41; *Hueck/Canaris*, § 1 II 5.

[13] Die Bezeichnung „Gläubiger" für den durch die Urkunde ausgewiesenen Inhaber hat sich eingebürgert. Darunter ist der tatsächlich oder auch nur vorgeblich Berechtigte zu verstehen.

[14] Der Beweis des Gegenteils ist prozessual gesehen ein Hauptbeweis zur Widerlegung einer gesetzlichen Vermutung, vgl. *Thomas/Putzo*, Vorb. § 284 Anm. 4 c.

(Beklagten) zu behaupten und zu beweisen, daß der Papierinhaber nicht materiell berechtigt ist, die Leistung aus der Urkunde zu verlangen. Damit findet also eine **Beweislastumkehr** zu Lasten des Schuldners statt, der nunmehr den Hauptbeweis zur Widerlegung einer gesetzlichen Vermutung, nämlich der formellen Legitimation des Papierinhabers, führen muß. Wegen der Beschränkung der Beweismittel im Urkundenprozeß (§§ 592, 595 II ZPO) wird der Schuldner diesen Nachweis regelmäßig erst im Nachverfahren erbringen können. Einen solchen Beweisvorteil für den Inhaber einer Forderungsurkunde enthält z.B. § 793 I 1 BGB.

Fall 3: Die Hypothekenbank *B*-AG hat Kommunalobligationen über jeweils 1000 DM emittiert. *A* hat den Brief Nr. 020667 erworben. Bei Fälligkeit legt *C* diesen Brief vor und behauptet, die Urkunde von *A* erhalten zu haben. Der Filialleiter der B-AG, dem die Urkunde vorgelegt wird, hat Zweifel an der Berechtigung des *C*. Ist ihm gleichwohl zur Zahlung zu raten?

Für *C* spricht zunächst der Rechtsschein des Urkundenbesitzes. Hieran knüpft bei beweglichen Sachen die gesetzliche Vermutung des § 1006 I BGB. Danach wird aber lediglich das Eigentum am Papier zugunsten des *C* vermutet. Darüber hinaus benötigt *C* eine Vermutung seiner materiellen Berechtigung, Inhaber der verbrieften Forderung zu sein (formelle Legitimation). Diese verschafft ihm § 793 I 1 BGB, der etwas undeutlich davon spricht, daß der Inhaber vom Aussteller die Leistung nach Maßgabe des Versprechens „verlangen“ kann. Die Inhaberschaft begründet für *C* die widerlegliche Vermutung, auch Gläubiger des verbrieften Leistungsversprechens der B-AG zu sein. *C* kann sich also zur Begründung seines Rechts auf den bloßen Besitz der Urkunde stützen; er ist der Behauptung und des Nachweises seines Rechts enthoben. Die Rechtsvermutung des § 793 I 1 BGB bezieht sich dabei nicht nur auf den Rechtserwerb des Papierinhabers (Rechtserwerbsvermutung), sondern betrifft aus logischen Gründen bereits die Existenz der verbrieften Forderung selbst (Rechtsbestandsvermutung). Nach § 793 I 1 BGB ist es nunmehr Sache der Schuldnerin *B*-AG zu behaupten und im Streitfall zu beweisen, daß der Inhaber *C* das verbriefte Forderungsrecht nicht (wirksam) erworben hat und demnach (als materiell Nichtberechtigter) „zur Verfügung über die Forderung nicht berechtigt ist“.

Wegen der Legitimationswirkung zugunsten des Gläubigers ist der Schuldner nicht nur zur Leistung an den Papierinhaber berechtigt, sondern auch verpflichtet, solange er nicht dessen fehlende Berechtigung nachweist. Im *Fall 3* ist also dem Filialleiter zur Zahlung zu raten. Folgerichtig greift bei Zahlung durch die B-AG zu ihren Gunsten die Liberationswirkung ein (§ 793 I 2 BGB). Denn wer zur Zahlung an den (formell legitimierten) Nichtgläubiger verpflichtet ist, muß durch diese Zahlung auch dem Berechtigten gegenüber frei werden.

17 • **Mobilisierungs-(Umlauf-)Funktion:**

Ihre volle Bedeutung für den Verkehrsschutz und die Umlauffähigkeit erreicht die Urkunde, wenn die in ihr enthaltene Forderung durch Verfügung über das Papier übertragen werden kann. In diesem Fall werden im Interesse der Mobilisierung[15] der verbrieften Forderung die Abtretungsvorschriften mit ihren Schuldnerschutzbestim-

---

[15] Begriff von *Baumbach/Hefermehl*, WPR Rdnr. 4.

mungen von sachenrechtlichen Regeln verdrängt. Es gilt dann der Satz: **„Das Recht aus dem Papier folgt dem Recht am Papier“**. Diese Aussage darf allerdings nicht als dogmatische Regel, sondern nur als didaktischer Merksatz verstanden werden[16].

Beispiel: A ist Inhaber einer Schuldverschreibung der Hypothekenbank *B*. Er kann das verbriefte Forderungsrecht durch Verfügung über die Urkunde nach §§ 929 ff. BGB an *C* übertragen oder diesem nach §§ 1204 ff. BGB verpfänden.

Das steht an keiner Stelle des Gesetzes ausdrücklich geschrieben; davon wird aber ganz allgemein ausgegangen. Für die Übertragung des Forderungsrechts aus einer Inhaberschuldverschreibung geht das Gesetz von dieser Vorstellung aus, wie § 935 II BGB mittelbar zeigt. Entgegen den Grundsätzen des allgemeinen Schuldrechts wird so über den gutgläubigen Erwerb der Sache (Papier) der gutgläubige Erwerb der (bestehenden[17]) Forderung von einem Nichtberechtigten (Nichtgläubiger) ermöglicht. Das Gesetz läßt sogar entgegen der Grundregel des § 935 I BGB den gutgläubigen Erwerb von Urkunde (und Forderungsrecht) zu, wenn das Papier dem Berechtigten abhanden gekommen ist, § 935 II BGB.

Beispiel: C hatte den Pfandbrief bei *A* gestohlen oder die von *A* verlorene Urkunde gefunden und anschließend an den gutgläubigen *D* veräußert. *D* wird Eigentümer (§§ 929, 932, 935 II BGB) der Urkunde und Gläubiger der verbrieften Forderung (§ 794 BGB).

18 Die Mobilisierungsfunktion der Urkunde erweist sich somit als die wichtigste für den Rechtsverkehr. Der Erwerber des verbrieften Rechts kann auf den Inhalt der Urkunde vertrauen, er muß sich nicht das Forderungsrecht des Veräußerers nachweisen lassen. Dadurch wird im Interesse des Erwerbers über sachenrechtliche Regelungen eine weitgehende Mobilität des verbrieften Rechts erreicht. Das allein würde freilich für einen optimalen Verkehrsschutz nicht ausreichen, solange der Erwerber noch befürchten müßte, der Schuldner könnte ihm unabhängig vom Urkundeninhalt alle Einwendungen aus der früheren Rechtsbeziehung zu seinem Rechtsvorgänger entgegenhalten. Das Gesetz sorgt jedoch zugunsten des Erwerbers auch für einen Einwendungsausschluß, vgl. Art. 17 WG, § 796 BGB, worauf später noch ausführlich eingegangen wird. Das bedeutet, daß sich der Rechtsverkehr auf das einredefreie, dem schriftlichen Inhalt der Urkunde entsprechende Bestehen des verbrieften Rechts verlassen darf[18]. Im Ergebnis haftet der Schuldner gemäß dem Urkundeninhalt und gerade nicht nach Maßgabe des (ursprünglichen) Inhalts der schuldrechtlichen Beziehung zwischen ihm und dem ersten Papiergläubiger.

Beispiel: Bei Begründung der Inhaberschuldverschreibung hat *B* mit *A* mündlich bestimmte vom Urkundeninhalt abweichende Vereinbarungen hinsichtlich der Fälligkeit der Forderung getroffen. Diese Sondervereinbarung gilt ohne weiteres im Verhältnis *B-A*. Gegenüber dem Erwerber *C* kann sich *B* grundsätzlich nicht darauf berufen, § 796 BGB.

---

[16] Zur Brauchbarkeit dieser vielzitierten Formel, *Zöllner*, § 2 II 1. Die Formel bezieht sich auf den Normalfall der Verkehrsgeschäfte und will nicht generell besagen, daß das Recht zwingend das Schicksal des Papiereigentums teilt. Setzt z.B. ein Künstler eine Zeichnung auf die Rückseite einer Inhaberschuldverschreibung, erwirbt er zwar nach § 950 BGB das Eigentum am Papier, nicht aber das Recht aus dem Papier (*Hueck/Canaris*, § 2 III 3).

[17] Besteht das verbriefte Recht nicht, kommt ein gutgläubiger Erwerb nach Rechtsscheingrundsätzen in Betracht, vgl. dazu näher Rdnr. 67.

[18] *Baumbach/Hefermehl*, WPR Rdnr. 5.

Zusammenfassend kann festgehalten werden, daß die Beurkundung eines Rechts in einem Papier verschiedene Zwecke verfolgen und unterschiedliche Wirkungen haben kann. Noch nicht beantwortet ist damit die Frage, nach welchen Kriterien sich die Wertpapiereigenschaft einer rechtsverbriefenden Urkunde bestimmt.

c) *Wertpapierbegriff*

19 Es besteht Streit darüber, welche Funktionen einer Urkunde zukommen müssen, damit von einem Wertpapier gesprochen werden kann. Dabei geht es lediglich um eine Systematisierung und Einordnung der Wertpapiere; für die Rechtsanwendung und Fallösung spielt der Streit keine Rolle. Das Gesetz hilft bei der Suche nach der Antwort nicht viel weiter. Es verwendet zwar den Begriff des Wertpapiers an mehreren Stellen z.B. im BGB (§§ 232 ff., 372, 437 II, 702, 1807 I Nr. 4), im HGB (§§ 1 II Nr. 1, 93, 369, 381, 383), in der ZPO (§§ 592, 808, 821 ff.) und in einigen den Wirtschaftsverkehr betreffenden Regelungen (§ 1 DepotG, § 1 I 2 Nr. 4 KWG), gibt aber keine allgemeine Definition. In den verstreuten Regelungen hat der Begriff des Wertpapiers vielmehr unterschiedliche Bedeutungen. Sein Inhalt kann immer nur im Zusammenhang mit der Verwendung des Begriffs bestimmt werden.

Der Begriff des Wertpapiers wird beispielsweise im Wirtschaftsverkehr anders gebraucht als in der Rechtswissenschaft. Im Wirtschaftsverkehr werden häufig nur die massenweise ermittierten börsengängigen Papiere des Kapitalmarkts (Effekten) als Wertpapiere bezeichnet, während die individuell ausgestellten Papiere wie Wechsel, Scheck und Lagerschein nicht als Wertpapiere in diesem Sinne angesehen werden. Dieses Verständnis liegt z.B. § 1 I 2 Nr. 4 KWG oder § 1 DepotG zugrunde. Soweit das Gesetz den Begriff „Wertpapier" verwendet, ist jeweils aus der Systematik und dem Zweck der Vorschrift zu ermitteln, in welchem Sinn der Wertpapierbegriff zu verstehen ist. So kommt es beispielsweise für die Haftung des Gastwirts für Wertsachen nach § 702 BGB darauf an, ob es sich um „kostbare" Urkunden handelt, während § 1807 I Nr. 4 BGB auf die Mündelsicherheit der Papiere abstellt.

20 Allein die Tatsache, daß ein Papier ein Recht beurkundet, kann nicht ausreichen, um aus einer Urkunde ein Wertpapier zu machen. Welche Erfordernisse hinzukommen müssen, ist streitig. Keinesfalls ausreichen kann die bloße Beweisfunktion, da diese jeder Urkunde zukommt. Kein geeignetes Abgrenzungsmerkmal ist auch die Bedeutung der Urkundenausstellung für die Entstehung des Rechts[19]. Denn zahlreiche Urkunden haben konstitutiven Charakter (z.B. Bürgschaftsurkunde, notarielle Urkunde über Grundstückskaufvertrag), ohne jedoch Wertpapiere zu sein.

Einigkeit besteht darüber, daß Wertpapiere Urkunden sind, die ein Recht in einer besonderen Weise verbriefen, so daß eine enge Verknüpfung zwischen verbrieftem Recht und Papier entsteht.

---

[19] *Baumbach/Hefermehl*, WPR Rdnr. 3; *Zöllner*, § 3 III 4.

• Weiter Wertpapierbegriff

Fall 4: *A* hat 1000 DM auf ein Sparkonto bei der *B*-Sparkasse eingezahlt. Weitere 1000 DM hat er seinem Freund *B* als Darlehen gegeben. Bei einem Brand werden das Sparbuch und der Schuldschein, den er von *B* erhalten hat, vernichtet. *A* will wissen, ob er auch ohne diese Urkunde sein Geld abheben bzw. zurückverlangen kann.

21 *A* hat zwei Urkunden erhalten, in denen jeweils ein privates Recht, nämlich ein Anspruch auf Rückzahlung eines Geldbetrages verbrieft ist. Obwohl die darin verbrieften Rechte gleichartig sind, kommt den Urkunden unterschiedliche Bedeutung zu, wie sich gerade im Fall ihrer Zerstörung zeigt. Während *A* den Schuldschein für die Geltendmachung seines Rückzahlungsanspruches gegenüber *B* nicht benötigt, darf die *B*-Sparkasse die Leistung verweigern, wenn *A* das Sparbuch nicht vorlegt.

22 Der *Schuldschein* erleichtert dem Gläubiger den Nachweis, falls der Schuldner seine Zahlungsverpflichtung bestreitet. Der Gläubiger kann sein Recht jedoch auch geltend machen, wenn er nicht (mehr) im Besitz der Urkunde ist. Nach § 371 S. 2 BGB kann *B* zwar die Ausstellung eines öffentlich beglaubigten Anerkenntnisses verlangen, die Zahlung wegen Nichtvorlage des Schuldscheins verweigern, darf er jedoch nicht. Das Recht des Darlehensgebers ist also nicht in dem Schuldschein „verkörpert", die Urkunde ist nicht zum Vorlegungspapier ausgestaltet. Der Schuldschein ist lediglich eine (u.U. freilich für den Nachweis der Darlehenshingabe sehr wichtige) *Beweisurkunde.*

23 Beim *Sparbuch* besteht eine viel stärkere Verknüpfung zwischen Recht und Urkunde. Nach § 808 II 1 BGB ist die Sparkasse nur gegen Vorlage des Sparbuchs zur Leistung verpflichtet. Die Urkunde wird hier nicht nur zur Erleichterung der Prüfung der Berechtigung benötigt, ohne Urkunde kann das Recht nicht ausgeübt werden. In dieser Verknüpfung zwischen Recht und Urkunde, die dazu führt, daß die Geltendmachung des Rechts an die Papierinnehabung gebunden ist (Monopolisierungsfunktion), sieht die h.M. das entscheidende Kriterium für den Wertpapierbegriff.

24 Nach dem *weiten Wertpapierbegriff*[20] liegt das Wesen des Wertpapiers darin, daß zur Geltendmachung des verbrieften Rechts die Innehabung der Urkunde erforderlich ist. Die auf *Heinrich Brunner*[21] zurückgehende **Definition des Wertpapiers** lautet daher:

„Wertpapier ist eine Urkunde, die ein privates Recht in der Weise verbrieft, daß zur Geltendmachung des Rechts die Innehabung des Papiers erforderlich ist."

So wichtig der Zusammenhang zwischen Recht und Urkunde für die Qualifizierung eines Papiers als Wertpapier auch ist, die Bedeutung dieser Verknüpfung darf nicht überschätzt werden. Auch wenn ein Wertpapier als Vorlegungspapier ausgestaltet ist, bedeutet das nicht, daß mit dem Untergang oder Verlust des Papiers die

---

[20] Ihm folgen alle aktuellen Lehrbücher und Kommentare.

[21] „Die Wertpapiere" in: *Endemann*, Hdb. des dt. Handels-, See- und WechselR II, 1883, S. 148.

Rechtsausübung für immer unmöglich gemacht ist oder gar der Bestand des verbrieften Rechts von dem Vorhandensein oder der Innehabung der Urkunde abhängt.

25 Bei Verlust oder Zerstörung der Urkunde kann sich der Rechtsinhaber im Wege des sog. *Aufgebotsverfahrens* nach §§ 1003 ff. ZPO Ersatz verschaffen. Er muß hierzu beim zuständigen Amtsgericht (§§ 1005, 1006 ZPO) einen Antrag stellen, das Wertpapier für kraftlos zu erklären (vgl. §§ 799, 808 II 2, 1162 BGB; 365 II HGB, Art. 90 WG). Das Gericht erläßt das Aufgebot, d.h. eine öffentliche Aufforderung an den Inhaber, seine Rechte anzumelden und die Urkunde vorzulegen. Die Aufgebotsfrist muß nach § 1015 ZPO mindestens sechs Monate betragen. Meldet sich der Inhaber nicht, wird ein Ausschlußurteil erlassen, in dem das Wertpapier für kraftlos erklärt wird. Bei bestimmten Wertpapieren kann der Aufbieter aufgrund des Ausschlußurteils vom Verpflichteten (auf seine Kosten) die Erteilung einer neuen Urkunde verlangen.

Im *Fall 4* kann *A* daher unter Vorlage einer Ausfertigung des Ausschlußurteils Zahlung von der *B*-Sparkasse verlangen[22].

26 **• Enger Wertpapierbegriff**

Eine heute kaum noch vertretene, früher jedoch beachtliche Mindermeinung[23] sieht das wesentliche Merkmal des Wertpapiers darin, daß die Verfügung über das verbriefte Recht durch Verfügung über das Papier erfolgt. Damit wird die Form der Rechtsübertragung zum Kriterium des Wertpapiers. Wertpapiere sind danach nur diejenigen rechtsverbriefenden Urkunden, bei denen das verbriefte Recht nach sachenrechtlichen Grundsätzen übertragen wird. Dieser enge Wertpapierbegriff umfaßt nur die sog. Inhaberpapiere und die Orderpapiere, nicht aber die Rektapapiere, die lediglich als „wertpapierähnliche"[24] Urkunden angesehen werden.

Bei einer Fallösung ist eine Entscheidung für eine der beiden Auffassungen nicht erforderlich. Ausführungen zum Wertpapierbegriff sind in einem Gutachten sogar fehl am Platze, weil die Lösung des Falles nicht von der Systematisierung der Papiere abhängen kann. Für die begriffliche Einordnung wird in der weiteren Darstellung der weite Wertpapierbegriff der h.M. zugrunde gelegt.

d) Abgrenzung Wertpapier und Legitimations-(Liberations-)Papier

27 Geht man davon aus, daß die Bindung der Rechtsausübung an den Papierbesitz das entscheidende Kriterium für ein Wertpapier ist, bedeutet dies, daß ein Wertpapier einerseits nicht unbedingt alle unter Rdnrn. 11 ff. aufgezählten Funktionen haben muß, daß aber andererseits das Vorliegen irgendeiner dieser Funktionen nicht den Wertpapiercharakter einer Urkunde zu begründen vermag. Nicht ausreichend ist beispielsweise, daß einem Papier Liberationswirkung zukommt.

> *Fall 5: A* hat ihren Nerzmantel an der Theatergarderobe des *B* gegen Aushändigung einer Marke abgegeben, diese jedoch verloren. Der Finder *F* legt die Marke an der Garderobe vor. Muß *B* den Mantel herausgeben?

B ist zwar nicht verpflichtet, dem Inhaber der Marke das Kleidungsstück auszuhändigen. Denn die Ausgabe der Marke verschafft keinen Leistungsanspruch. Auch

---

22 Für Sparbücher sehen landesrechtliche Regelungen erleichterte Formen der Kraftloserklärung vor, z.B. § 31 BadWürttSparkassenG.

23 *E. Ulmer*, S. 16 ff., *Raiser*, ZHR 101 (1935), 13.

24 *E. Ulmer*, S. 93.

A selbst hätte nur aus dem Verwahrungsvertrag (§§ 688, 695 BGB), nicht aus der Urkunde (Marke) Herausgabe verlangen können. Gibt *B* aber in Unkenntnis der Nichtberechtigung dem *F* den Mantel heraus, wird er von seiner Verpflichtung gegenüber *A* frei. Die Liberationswirkung beruht hier nicht auf dem Gesetz, sondern auf einer Vereinbarung der Parteien. Sie ist dem rechtsgeschäftlichen Willen des Urkundenausstellers *(B)* unter Berücksichtigung der Verkehrsanschauung zu entnehmen. Papiere oder Marken, die zwar Liberationswirkung haben, denen aber nicht die weiteren Urkundenfunktionen eigen sind, nennt man **einfache Legitimationspapiere** oder Legitimationszeichen. Sie sind keine Wertpapiere, weil der Berechtigte auch ohne Vorlage des Papiers oder der Marke die Leistung verlangen kann.

Im *Fall 5* könnte *A* ihren vertraglichen Herausgabeanspruch auch ohne den Besitz der Marke geltend machen. Sie muß das Bestehen des Anspruchs nur auf andere Weise darlegen, etwa durch Beschreibung des Kleidungsstücks oder des Tascheninhalts.

Neben der Garderobenmarke zählt der Gepäckschein der Deutschen Bundesbahn (vgl. § 29 I 2, VI EVO) zu den einfachen Legitimationspapieren.

2. *Einteilung der Wertpapiere nach Art der Bestimmung des Berechtigten*

28 Wertpapiere lassen sich nach verschiedenen Gesichtspunkten einteilen, z.B. nach ihrer wirtschaftlichen Funktion (unten Rdnrn. 46 ff.), nach Art des verbrieften Rechts (oben Rdnr. 10) und nach der Bedeutung der Urkunde für die Entstehung des verbrieften Rechts (unten Rdnrn. 52 ff.). Die wichtigste Einteilung der Wertpapiere erfolgt danach, wie der aus der Urkunde Berechtigte bestimmt wird. Im Gegensatz zur Frage nach der Wertpapierqualität einer Urkunde hat diese systematische Einteilung der Wertpapiere auch Bedeutung für die Fallösung und zwar sowohl in materiellrechtlicher als auch in prozessualer Hinsicht. Man unterscheidet **Inhaberpapiere**, **Orderpapiere** und **Rektapapiere**.

a) Inhaberpapiere

29 Ein Inhaberpapier liegt vor, wenn das verbriefte Recht vom jeweiligen (berechtigten) Inhaber geltend gemacht werden kann; Inhaber in diesem Sinne ist, wer das Papier vorlegen kann[25]. Nach der gesetzlichen Formulierung in § 793 I BGB wird beim Inhaberpapier eine Urkunde ausgestellt, in der der Aussteller „dem Inhaber der Urkunde eine Leistung verspricht". Diese Wertpapiere lauten also nicht auf den Namen eines Berechtigten. Im Text einer Inhaberschuldverschreibung heißt es demzufolge beispielsweise: „Die B-Bank schuldet ... dem Inhaber dieser Kommunalschuldverschreibung 5000 DM."

30 • **Geltendmachung**

Nach § 793 I BGB kann der Inhaber vom Aussteller „die Leistung nach Maßgabe des Versprechens" verlangen. Unter Hinweis auf das oben Rdnr. 16 zur formellen und materiellen Berechtigung Gesagte soll an dieser Stelle wiederholt werden: Es ist keineswegs so, daß der Inhaber allein schon wegen der Innehabung der Urkunde ma-

---

[25] Der Begriff des Inhabers ist weiter als der des Besitzers. Inhaber kann z.B. auch ein Besitzdiener sein (vgl. *Baumbach/Hefermehl*, Art. 16 WG Rdnr. 1).

teriell Berechtigter ist. Der Besitz der Urkunde läßt nur eine widerlegbare Vermutung für die Berechtigung des Inhabers entstehen.

Fall 6: Kaufmann *A* ist Besitzer von 100 Sack Kaffee, die er im Lagerhaus des *B* einlagert. *B* unterschreibt einen Lagerschein, in dem er Herausgabe der Ware „an den jeweiligen Inhaber des Papiers" verspricht[26]. *C* ist durch Fund in den Besitz des Lagerscheins gelangt und fordert von *B* Herausgabe der Säcke. Wird *B* leisten, wenn er aufgrund einer Verlustanzeige des *A* weiß, daß diesem die Urkunde abhanden gekommen ist?

Der Lagerschein verbrieft den aus dem Lagergeschäft zwischen *A* und *B* folgenden Herausgabeanspruch, §§ 416 HGB, 695 BGB. Inhaberlagerscheine sind nach § 793 BGB Inhaberschuldverschreibungen, in denen der Aussteller „dem Inhaber der Urkunde eine Leistung verspricht". Es handelt sich dabei um ein Wertpapier (§ 797 BGB). Die Urkunde entfaltet **Legitimationswirkung zugunsten des Gläubigers**. Der Inhaber ist formell berechtigt, für ihn streitet die Vermutung der materiellen Berechtigung, § 793 I 1 BGB. Ein häufiger Fehler besteht darin, daß man die förmliche Berechtigung aufgrund der Innehabung der Urkunde nicht von der materiellen Berechtigung trennt. Beide Positionen können, müssen aber nicht zusammenfallen. Formell berechtigt ist, wer Inhaber der Urkunde ist; ob der Inhaber auch Gläubiger der Forderung (geworden) ist, richtet sich nach den allgemeinen Vorschriften über den Erwerb und Verlust von Rechten. Danach ist im *Fall 6* Gläubiger der verbrieften Herausgabeforderung nach wie vor *A*. *C* ist materiell nicht berechtigt und *B* wäre deshalb zur Leistung an ihn nicht verpflichtet. Sein „Versprechen" gilt dem berechtigten Inhaber. Dennoch wäre *B* unter Umständen zu raten, die Sache an *C* herauszugeben. Obwohl *C* nicht Rechtsinhaber ist, ist er als Inhaber des Lagerscheins formell als Berechtigter ausgewiesen. Im Prozeß müßte *B* den Nachweis der Nichtberechtigung führen. Diese Beweislastverteilung läßt sich der Fassung des Gesetzes entnehmen (§ 793 I 1 BGB: „es sei denn ... "). Wird nicht geklärt, auf welche Weise *C* das Papier erlangt hat, ist das Gericht nach § 286 II ZPO an die gesetzliche Beweisregel gebunden und muß vom Besitz der Urkunde auf die Berechtigung des *C* schließen.

31 Wegen des mit der Beweislastumkehr verbundenen Beweisvorteils für den Inhaber wird der Schuldner regelmäßig an den Papierinhaber leisten. Daß *B* im *Fall 6* Kenntnis von dem Verlust des Papiers hat, ist nicht allein entscheidend. Wichtiger ist, ob er die materielle Nichtberechtigung des *C* wird nachweisen können. Kann er das nicht (etwa weil *A* als Zeuge nicht zur Verfügung steht), wird er die Ware an *C* herausgeben. Dadurch wird *B* gegenüber *A* frei (**Liberationswirkung**). Mit der durch den Besitz der Urkunde geschaffenen Legitimationswirkung zugunsten des Inhabers korrespondiert beim Inhaberpapier also die Liberationswirkung zugunsten des Schuldners. Es wird dem Schuldner nicht zugemutet, einerseits zur Leistung an den formell Legitimierten verpflichtet zu sein, andererseits das Risiko zu tragen, an einen (materiell) Nichtberechtigten zu leisten. Nach § 793 I 2 BGB wird der Aussteller daher auch bei Leistung an den nicht verfügungsberechtigten Inhaber frei.

---

[26] Wegen dieser Inhaberklausel handelt es sich um einen Inhaberlagerschein.

32 • *Übertragung*

Die Übertragung des im Inhaberpapier verbrieften Rechts erfolgt durch Übertragung des Papiers, also nach den sachenrechtlichen Regeln über die Übereignung beweglicher Sachen (§§ 929 ff. BGB). Hier gilt der Satz: **„Das Recht aus dem Papier folgt dem Recht am Papier."** Dadurch wird der gutgläubige Erwerb vom Nichtberechtigten ermöglicht, sogar bei abhandengekommenen Papieren, § 935 II BGB.

Die Anwendung sachenrechtlicher Regeln auf die Übertragung von Inhaberpapieren bedeutet nach h.M. allerdings nicht, daß eine Übertragung nach zessionsrechtlichen Vorschriften ausgeschlossen ist[27]. Vielmehr bleibt daneben eine Übertragung durch Abtretung des verbrieften Rechts nach §§ 398, 413 BGB in gleicher Weise möglich. Eine Aufspaltung von Papiereigentum und Rechtsinnehabung wird in diesem Fall durch die Anwendung des § 952 II BGB vermieden. Da diese Form der Übertragung für Inhaberpapiere jedoch untypisch und unüblich ist, soll hierauf nicht näher eingegangen werden.

33 • *Arten*

Grundtypus der Inhaberpapiere ist die **Inhaberschuldverschreibung** (§§ 793 ff. BGB). Die wichtigsten Inhaberschuldverschreibungen sind die *Hypothekenpfandbriefe, Kommunal-* und *Industrieobligationen, Wandelschuldverschreibungen* (vgl. § 221 AktG) und bestimmte als Nebenpapiere zu Schuldverschreibungen ausgegebene *Zinsscheine*, die Nebenansprüche selbständig verbriefen (Kupons, vgl. § 803 BGB). Inhaberpapiere sind ferner die (eine Mitgliedschaft verbriefende) *Inhaberaktie* (§ 10 AktG), der *Inhaberscheck* (Art. 5 ScheckG), der *Inhabergrundschuld-* und *Inhaberrentenschuldbrief* (§§ 1195, 1190 BGB) und *Investmentanteilscheine* (§ 18 KAGG).

34 Eine besondere Gruppe bilden die sogenannten *Inhaberzeichen* oder Inhaberkarten i.S. des § 807 BGB, die auch als kleine oder *unvollkommene*[28] *Inhaberpapiere* bezeichnet werden. Es geht hierbei um Karten und Marken des täglichen Verkehrs, bei denen sich aus den Umständen der Ausstellung ergibt, daß der Aussteller dem jeweiligen Inhaber zur Leistung verpflichtet sein will. Treffen diese Voraussetzungen zu, sind die Zeichen als echte Inhaberpapiere anzusehen; sie werden deshalb nach § 807 BGB weitgehend wie Inhaberschuldverschreibungen behandelt.

Beispiel: B hat vom Veranstalter *A* eine Eintrittskarte für ein Rockkonzert erworben. *C* stiehlt die Karte und veräußert sie auf dem Schwarzmarkt an *D*. Hat *D* einen Anspruch gegen *A* erworben?

Es gelten hier die Vorschriften über den gutgläubigen Erwerb von Sachen, §§ 929, 932, 935 II BGB. *D* hat (Gutgläubigkeit vorausgesetzt) das Eigentum an der Karte und damit das verbriefte Recht erworben. Hätte *C* selbst von der Karte Gebrauch gemacht, wäre *A* ebenfalls frei geworden (§§ 807, 793 I 2 BGB).

Beispiele für Papiere des § 807 BGB sind neben (Theater-, Konzert- und sonstigen) Eintrittskarten einfache Eisenbahnfahrkarten. Im Einzelfall kann die Feststellung schwierig sein, ob eine bestimmte Karte ein Inhaberzeichen oder ein unbenanntes qualifiziertes Legitimationszeichen ist (vgl. dazu unten d).

---

[27] *Baumbach/Hefermehl*, WPR Rdnr. 31; *Zöllner*, § 2 II 1 b.

[28] „Klein", weil der Wert der verbrieften Forderung regelmäßig gering ist; „unvollkommen", weil das Leistungsversprechen nicht oder nicht vollständig angegeben ist.

b) Orderpapiere

35 Orderpapiere sind Papiere, die eine namentlich bezeichnete Person als berechtigt ausweisen, das im Papier verkörperte Recht geltend zu machen. Der Schuldner verspricht jedoch Leistung nicht nur an diesen namentlich Benannten, sondern auch „an dessen Order". Diese etwas unvertraut klingende Formulierung will sagen, daß der namentlich Benannte befugt ist, auf dem Papier eine andere Person als Berechtigten zu bezeichnen. Das „Ordergeben" geschieht durch eine spezifisch wertpapierrechtliche Erklärung, das **Indossament**, das gewöhnlich auf die Rückseite (italienisch: in dosso) der Urkunde gesetzt wird.

> *Beispiel: A* hat einen Wechsel (Hauptbeispiel für ein Orderpapier) an eigene Order auf *B* gezogen. Durch Annahme dieses Wechsels hat sich *B* verpflichtet, die Wechselsumme an *A* „oder dessen Order" zu zahlen (vgl. Art. 25, 28, 3 I WG). Will *A* nunmehr den akzeptierten Wechsel zur Sicherheit einer Darlehensschuld an *C* übertragen, muß er den *C* als neuen Berechtigten auf der Urkunde bezeichnen. Zu diesem Zweck wird er auf der Rückseite des Wechsels vermerken: „Für mich an die Order des *C*" oder einfacher „an *C*". Durch diesen Vermerk erklärt der das Recht Übertragende *(A)*, der in diesem Zusammenhang Indossant genannt wird, daß der Schuldner *(B)* an einen anderen, den Indossatar *(C)*, leisten soll. Der Indossatar ist nun seinerseits befugt, das Wertpapier an einen anderen zu indossieren.

Da das Indossament im Wechselrecht eine große Rolle spielt, werden die Einzelheiten, insbesondere die fall- und prüfungsrelevanten Probleme später (2. Teil III) näher behandelt.

36 • *Geltendmachung*

Während beim Inhaberpapier jeder Inhaber **(formell) legitimiert** ist, muß beim Orderpapier zur Legitimation neben der Innehabung der Urkunde noch die Benennung als Berechtigter auf dem Papier hinzukommen. Die Benennung kann vom Aussteller herrühren oder im Indossament enthalten sein. Sind mehrere Indossamente auf einer Urkunde, muß der Inhaber als letzter Indossatar bezeichnet sein; auf ihn muß eine **ununterbrochene Indossamentenkette** hinführen.

> *Beispiel: C* überträgt im vorangegangenen Beispiel den Wechsel ohne Indossament auf *D*. Dieser verlangt unter Vorlage der Urkunde Zahlung von *B*. Wird *B* zahlen?

Anders als beim Inhaberpapier reicht beim Orderpapier die Innehabung der Urkunde für die formelle Legitimation nicht aus. Der Inhaber *(D)* muß vielmehr auf der Urkunde namentlich als Berechtigter bezeichnet sein und zwar von einem Vorgänger, der seinerseits in der Urkunde als Berechtigter ausgewiesen ist. Nur bei Vorliegen einer ununterbrochenen Indossamentenkette gewährt Art. 16 I WG die (widerlegbare) Vermutung für den Inhaber, Eigentümer und Wechselgläubiger zu sein. Obwohl er den Wechsel in Händen hält, ist *D* nicht förmlich legitimiert, weil er als letzter Wechselgläubiger auf der Urkunde nicht namentlich benannt ist. Dasselbe würde gelten, wenn *C* zwar den Wechsel ordnungsgemäß an *D* indossiert, seinerseits aber ohne Indossament von *A* erworben hätte. Wegen Art. 40 III WG wird *B* nicht ohne weiteres an *D* zahlen, sondern erst, wenn *D* ihm seine sachliche Berechtigung nachweist (vgl. aber unter Rdnr. 198).

Gegenüber dem Inhaberpapier ist die Geltendmachung des verbrieften Rechts bei Orderpapieren also erschwert. Ein Dieb oder Finder der Urkunde kann (ohne

Urkundenfälschung) nie förmlich legitimiert sein, weil das letzte Indossament ihn nicht als Indossatar ausweist.

37 • *Übertragung*

Die Übertragung des Rechts erfolgt beim Orderpapier durch die Übereignung des mit dem Indossament versehenen Papiers, also nach sachenrechtlichen Grundsätzen[29]. Anders als beim Inhaberpapier gelten für den Erwerb vom nichtberechtigten Inhaber nicht die §§ 932 ff. BGB, sondern die speziellen Regeln des Art. 16 II WG[30]. Außer durch Übereignung der Urkunde kann auch beim Orderpapier das verbriefte Recht durch bloßen Abtretungsvertrag übertragen werden.

38 • *Arten*

Ob ein Wertpapier Orderpapier sein kann, bestimmt allein das Gesetz; nach h.M. besteht ein **numerus clausus der Orderpapiere**[31]. Es gibt Papiere, die kraft Gesetzes Orderpapiere sind (**geborene Orderpapiere**) und andere, die dazu gemacht werden können (**gekorene Orderpapiere**). Zu den geborenen Orderpapieren, bei denen eine Orderklausel nicht erforderlich (freilich auch nicht schädlich) ist, gehören als Prototyp eines Orderpapiers der *Wechsel* (Art. 11 I WG), der (im Rechtsverkehr selten) auf den Namen lautende *Scheck* (Art. 14 I ScheckG), die (ebenfalls ungebräuchliche) *Namensaktie* (§ 10 I, 68 I AktG), der *Zwischenschein* (§§ 10 III, 68 V AktG) und der *auf den Namen gestellte Investmentanteilschein* (§ 18 I S. 2, 3 KAGG). Beim Wechsel und Scheck kann der Aussteller die Eigenschaft als Orderpapier durch eine *negative Orderklausel* beseitigen (Art. 11 II WG, 14 II ScheckG).

Gekorene Orderpapiere sind die sechs handelsrechtlichen Wertpapiere des § 363 HGB: die *kaufmännische Anweisung*, der *kaufmännische Verpflichtungsschein*, der *Ladeschein*, das *Konnossement*, der *Lagerschein* und die *Transportversicherungspolice*. Diese Papiere sind Orderpapiere nur dann, wenn sie eine *positive Orderklausel* enthalten. Fehlt sie, handelt es sich um Rektapapiere.

Beispiel: Stellt ein Verfrachter eine Urkunde aus: „Gegen diesen Schein händige ich das mir am 3.1. zur Verladung auf dem Dampfer Lucona übergebene Ladegut an *A* oder dessen Order aus", so liegt ein Konnossement in der Form eines Orderpapiers vor, das durch Indossament übertragen werden kann. Ohne die positive Orderklausel ist die Urkunde ein Rektakonnossement, das nur durch Abtretungsvertrag übertragen werden kann.

c) Rektapapiere

39 Rekta- oder Namenspapiere sind Wertpapiere, bei denen eine bestimmte Person als Berechtigter bezeichnet ist. Der Verpflichtete soll hier nicht an den jeweiligen Inhaber der Urkunde, sondern direkt (recta) an den Berechtigten (i.d.R. den namentlich Benannten) leisten. Der benannte Gläubiger kann das verbriefte Recht weiterübertragen; der Rechtsnachfolger wird jedoch nicht mehr namentlich in der Urkunde ausgewiesen. Daraus folgt, daß beim Rektapapier der Papierbesitz keine Vermutung für die mate-

---

[29] H. M. *Baumbach/Hefermehl*, WPR Rdnr. 46; *Hueck/Canaris*, § 8 IV 2 b: a.A. *Zöllner*, § 2 I 3 b: Übereignung des Papiers nicht erforderlich (näher zu dieser Frage 2. Teil Rdnr. 132).

[30] *Baumbach/Hefermehl*, Art. 16 WG Rdnr. 8.

[31] Die Begründungen sind unterschiedlich. Teilweise wird auf den weitreichenden Verkehrsschutz abgestellt (*Zöllner, § 4 V 1*; ähnlich *Richardi*, § 33 I 1), teilweise auf den sachenrechtlichen Typenzwang (*Hueck/Canaris*, § 2 III 2 c).

rielle Berechtigung begründen und der Schuldner nicht schon durch Leistung an den Papierinhaber, sondern nur durch Leistung an den wahren Berechtigten frei werden kann. **Rektapapiere haben** also **weder Legitimations- noch Liberationswirkung**[32]. Im Vordergrund steht hier nicht das Papier, sondern das Recht.

• *Geltendmachung*

> *Beispiel:* Absender *A* hat den Frachtführer *B* beauftragt, Waren zu *C* zu transportieren, und hat sich den Lieferanspruch des *C* in einem Ladeschein (§ 444 HGB) verbriefen lassen. Als Berechtigter ist *C* gem. § 445 I Nr. 4 HGB namentlich bezeichnet. *C* überträgt die Forderung an *D*; die Rechtsübertragung ist unwirksam. *B* liefert die Waren an *D*, der ihm den Ladeschein vorlegt, aus. Wird *B* frei?

40 Wie sich aus § 448 HGB ergibt, ist der Rektaladeschein ein Wertpapier[33]. Da der Papierbesitz den Inhaber nicht legitimiert, muß der Papierinhaber seine Gläubigerstellung im Prozeß nach allgemeinen Regeln darlegen und gegebenenfalls nachweisen. Der Schuldner *(B)* muß nur gegen Aushändigung des Papiers und einer von *C* für *D* ausgestellten Abtretungsurkunde nach § 410 BGB[34] leisten. Frei werden kann der Schuldner nur durch Leistung an den Berechtigten. Da Rektapapieren eine Liberationswirkung nicht zukommt, wird *B* durch die Auslieferung an den nichtberechtigten Papierinhaber *D* nicht frei; er bleibt *C* gegenüber zur Leistung verpflichtet.

41 • *Übertragung*

Im Gegensatz zu den Inhaber- und Orderpapieren erfolgt die Übertragung des Rechts nicht durch Übereignung der Urkunde, sondern durch Abtretung der verbrieften Forderung nach den Vorschriften des Zessionsrechts, §§ 398, 413 BGB. Bei einzelnen Rektapapieren ist allerdings zur Übertragung des verbrieften Rechts neben der Abtretung der Forderung noch die Übergabe des Papiers vorgeschrieben, z.B. in § 1154 BGB für den Hypothekenbrief und in § 792 BGB für die Anweisung. Der Übergang des Eigentums am Papier ist eine gesetzliche Folge des Rechtsübergangs, § 952 II BGB. In Umkehrung der Regel bei Inhaber- und Orderpapieren lautet der Merksatz bei Rektapapieren: **„Das Recht am Papier folgt dem Recht aus dem Papier."** Da das verbriefte Recht durch Abtretung übertragen wird, besteht kein Gutglaubensschutz. Ein Einwendungsausschluß findet nur in den engen Grenzen des § 405 BGB statt. Deshalb sind Rektapapiere für den Umlauf weniger geeignet.

Daß die Rektapapiere trotz des geringen Verkehrsschutzes und des Fehlens der Legitimations- und Liberationsfunktion mit den Inhaber- und Orderpapieren auf eine Stufe gestellt und als Wertpapiere angesehen werden, beruht, wie bei der Erörterung des Wertpapierbegriffs dargestellt, darauf, daß nach h.M. nicht die Form der Rechtsübertragung für den Wertpapiercharakter maßgebend ist, sondern die Bindung der Geltendmachung des Rechts an die Papierinnehabung.

42 • *Arten*

Die wichtigsten Rektapapiere sind *Hypotheken-*, *Grundschuld-* und *Rentenschuld-*

---

[32] Dies gilt nicht für die qualifizierten Legitimationspapiere, die allerdings überwiegend zu den Rektapapieren gezählt werden, vgl. Rdnr. 43.

[33] Es handelt sich im vorliegenden Fall nicht um ein Orderpapier, da der Ladeschein nicht positiv an Order gestellt ist.

[34] Der Vorlegungszwang schließt zwar § 407 BGB aus, nicht aber die Geltung der Schuldnerschutzbestimmungen der § 409, 410 BGB.

briefe, die *bürgerlichrechtliche Anweisung* (§§ 783 ff. BGB), *die handelsrechtlichen Wertpapiere des § 363 HGB*, soweit sie nicht an Order gestellt sind, der *Rektawechsel und der Rektascheck*. Auch die qualifizierten Legitimationspapiere des § 808 BGB werden überwiegend dazu gerechnet[35].

d) Qualifizierte Legitimationspapiere

43 Qualifizierte Legitimationspapiere benennen i.d.R. wie die Rektapapiere den Gläubiger des verbrieften Rechts; der Schuldner wird jedoch anders als bei Rektapapieren bei Leistung an den Papierinhaber befreit. Die systematische Einordnung dieser in § 808 BGB geregelten Papiere wird durch ihre Doppelnatur erschwert. Es sind Wertpapiere, weil der Schuldner nur gegen Aushändigung der Urkunde zur Leistung verpflichtet ist, § 808 II 1 BGB. Innerhalb der Wertpapiere werden sie zu den Rektapapieren gezählt[36], da die Leistung an einen bestimmten, regelmäßig namentlich benannten Gläubiger zu erfolgen hat. Dementsprechend wird das Recht durch Abtretung nach § 398 BGB übertragen. Die Übergabe des Papiers ist zur Rechtsübertragung weder erforderlich noch ausreichend. § 952 II BGB stellt daher sicher, daß der Zessionar auch Eigentümer der Urkunde wird. Ein gutgläubiger Erwerb vom Nichtberechtigten scheidet aus; ein Einwendungsausschluß findet nicht statt. Auf § 407 BGB kann der Schuldner sich allerdings nicht berufen; diese Vorschrift wird durch § 808 II BGB verdrängt[37].

44 **Im Gegensatz zu** den **Rektapapieren** kommt den qualifizierten Legitimationspapieren **Liberationswirkung** zu. Der Schuldner kann mit befreiender Wirkung an den nichtberechtigten Papierinhaber leisten (§ 808 I 1 BGB). Allerdings schließt § 808 I 2 BGB eine Legitimationswirkung zugunsten des Inhabers aus. Deshalb werden diese Papiere auch (sprachlich unschön) *„hinkende Inhaberpapiere"* genannt; gelegentlich findet man auch die (umständliche) Bezeichnung *„Namenspapiere mit Inhaberlegitimationsklausel"*.

Wichtigstes Beispiel für ein qualifiziertes Legitimationspapier ist das *Sparbuch*. Daneben zählen *Leihhausscheine, Depotscheine* der Banken, *Versicherungsscheine mit Inhaberklausel* (§ 4 VVG) und *Netzkarten* der Bundesbahn zu dieser Gruppe.

45 Qualifizierte Legitimationspapiere können auch „unbenannt" sein. Fehlt die Angabe des Berechtigten, ist zu ermitteln, ob der Aussteller nur einer bestimmten, wenn auch nicht namentlich benannten Person verpflichtet sein will (dann unbenanntes qualifiziertes Legitimationspapier oder -zeichen) oder ob er sich gegenüber jedem berechtigten Inhaber verpflichtet hat (dann Inhaberkarte oder Inhaberzeichen, vgl. Rdnr. 34). Unbenannte Legitimationspapiere können beispielsweise Bus- und Straßenbahnfahrscheine sein.

---

[35] Z. B. von *Hueck/Canaris*, § 27 I 2 b; *Zöllner*, § 2 II 2; *Richardi*, § 4 C 1; *Brox*, Rdnr. 497; anders *Baumbach/Hefermehl*, WPR Rdnr. 81, der die qualifizierten Legitimationspapiere als den Rektapapieren „nahestehend" bezeichnet.

[36] Vgl. die in Fußn. 35 Genannten.

[37] *Baumbach/Hefermehl*, WPR Rdnr. 75; *Hueck/Canaris*, § 27 III 2.

3. Wirtschaftliche Bedeutung von Wertpapieren

a) Zahlungs- und Kreditmittel

46 Keiner näheren Vorstellung bedarf die Funktion des Schecks im Zahlungsverkehr.

Beispiel: Statt eine geschuldete Geldsumme bar zu bezahlen, stellt der Schuldner einen Scheck aus. Der Nehmer des Schecks legt ihn bei der bezogenen Bank vor und läßt sich den Scheckbetrag gutschreiben oder ausbezahlen. Ein ähnliches Ergebnis ließe sich zwar auch durch eine Banküberweisung erzielen, der Scheck hat allerdings den Vorteil, daß er eine Leistung Zug um Zug ermöglicht, während bei der Überweisung stets ein Teil vorleisten muß.

Im Gegensatz zu seiner früheren Funktion als Zahlungsmittel dient der Wechsel heute fast ausschließlich *Kreditschöpfungs- und Kreditsicherungszwecken.*

Beispiel: Fabrikant *A* liefert dem Händler *B* Waren im Wert von 10 000 DM. Die Zahlung des Kaufpreises soll in drei Monaten erfolgen, da *B* die Waren erst absetzen muß, um die Rechnung begleichen zu können. *A* braucht aber sofort Geld, um neue Rohstoffe einzukaufen.

Den Interessen der Beteiligten kann durch die Ausstellung eines Wechsels Rechnung getragen werden. *A* „zieht" auf *B* einen in drei Monaten fälligen Wechsel über die Kaufsumme (einschließlich Zinsen) und läßt ihn von *B* akzeptieren. Für *B* bedeutet die Wechselhingabe die Einräumung eines kurzfristigen Kredits, da der Kaufpreis bis zur Fälligkeit des Wechsels gestundet ist. *A* hat auf diese Weise ein Papier erhalten, das er leicht „zu Geld machen" kann. Er kann den Wechsel beispielsweise an einen eigenen Gläubiger zur Begleichung einer Schuld geben[38] oder einer Bank zum „Ankauf" (vgl. § 1 I Nr. 3 KWG) vorlegen. Die Bank schreibt ihm nicht die volle Wechselsumme gut, sondern zieht neben Kosten und Provision auch den Zins für die Zeit bis zur Fälligkeit ab. Diesen Zwischenzins nennt man Diskont; unter **diskontieren** versteht man demzufolge den entgeltlichen Erwerb nichtfälliger Forderungen unter Abzug von Zinsen. Die Geldinstitute geben ihrerseits die hereingenommenen Wechsel bei der Bundesbank bzw. bei Landeszentralbanken als Hauptverwaltungsstellen der Bundesbank in den Ländern zur sog. *Rediskontierung*. Die Höhe des von der Bundesbank hierbei berechneten Diskontsatzes hat nicht nur Einfluß auf den Zinssatz, den die Banken für die Diskontierung von Wechseln in Rechnung stellen[39], sondern hat auch mittelbar Auswirkungen auf die Höhe des Kreditzinses auf dem Kapitalmarkt.

§ 19 I Nr. 1 BBankG stellt für den Ankauf von Wechseln durch die Bundesbank bestimmte Erfordernisse auf; es müssen drei als zahlungsfähig bekannte Verpflichtete haften; die Wechsel müssen vom Tage des Ankaufs an gerechnet innerhalb von drei Monaten fällig sein (**Dreimonatsakzept**) und es sollen „gute Handelswechsel" sein, d.h. Wechsel, denen eine Warenlieferung (Warenwechsel) oder eine Werkleistung (sog. Handwerkerwechsel) zugrunde liegt[40].

---

[38] In diesem Fall fungiert der Wechsel als Zahlungsmittel.

[39] Dieser liegt meist 1–2% über dem Diskontsatz der Bundesbank. Allgemein zum Diskontgeschäft, das eine der wichtigsten Aufgaben der Banken ist, vgl. *Canaris*, Bankvertragsrecht, Rdnrn. 1531 ff.

[40] Nicht diskontfähig sind Finanz- oder Kreditwechsel, die nur der Geldbeschaffung dienen, ohne daß ihnen eine Warenlieferung oder ein anderes Umsatzgeschäft zugrundeliegt. Vgl. hierzu und zu weiteren Formen des Wechsels *Baumbach/Hefermehl*, Einl WG Rdnrn. 55 ff.

b) Mittel zur Erleichterung des Güterumlaufs

47 Als Beispiel sei hier der Lagerschein herausgegriffen, den der Lagerhalter über die Einlagerung eines bestimmten Gutes ausstellt. Der Aussteller verpflichtet sich darin, gegen Aushändigung des Lagerscheins das Lagergut dem legitimierten Papierinhaber herauszugeben. An dieses Papier knüpft das Gesetz besondere sachenrechtliche Wirkungen. Durch die Übergabe des Papiers läßt sich die Übergabe des eingelagerten Guts ersetzten (§ 424 HGB). Das eingelagerte Gut kann so beispielsweise vom Importeur über Zwischenhändler zum Endabnehmer veräußert werden, ohne von seinem Standort bewegt zu werden.

c) Mittel zur Kapitalaufbringung und Kapitalanlage

48 Der zahlen- und wertmäßig weitaus größte Teil der Wertpapiere dient der Kapitalbeschaffung und Kapitalanlage. Klassische Formen für diesen Zweck sind *Aktien* und *Inhaberschuldverschreibungen*, als neuere Form ist vor allem der *Investmentanteilschein* zu nennen. Charakteristisch für die Wertpapiere des Kapitalmarkts (**Effekten**) ist die massenweise Ausgabe gleichartiger Exemplare (Massenemission), mit der die Stückelung, d.h. Schaffung kleiner Einheiten (bei Aktien 50 DM, § 8 I AktG) einhergeht. Die meisten in diese Gruppe gehörenden Wertpapiere werden auf einem rechtlich besonders geregelten Markt, der Börse, gehandelt.

d) Exkurs: Vom Wertpapier zum Wertrecht

49 Die Massenemission von Kapitalmarktpapieren brachte kaum zu bewältigende Probleme mit der Verwahrung, Verwaltung und Veräußerung dieser Papiere mit sich. Eine Sonderverwahrung (§ 2 DepotG) in sog. Streifbanddepots ist aufwendig und teuer, ebenso eine reale Bewegung der einzelnen Papiere bei den täglich in Millionenzahl vorgenommenen Übertragungen z.B. von Aktien und Obligationen. Im Bereich des Massengeschäfts erweist sich die Verkörperung von Rechten, die zunächst Voraussetzung für ihre Umlauffähigkeit war, als störendes Hindernis für das Streben nach Rationalisierung. Dies führte zu einer Zurückdrängung des Verkörperungselements bei Massenpapieren bis hin zur konsequenten **Entwicklung von (körperlosen) Wertrechten**. Die Entwicklung kann hier nicht im einzelnen dargestellt und kommentiert werden[41]. Zum Verständnis sei nur soviel skizziert:

50 Am Anfang stand die Sammelverwahrung von Effekten bei *Wertpapiersammelbanken*. Dabei werden Papiere der gleichen Art gemeinsam verwahrt. Der Eigentümer verliert das Eigentum an einem bestimmten Papier und hat lediglich noch einen Miteigentumsanteil an dem Sammelbestand der Papiere (vgl. dazu im einzelnen die Vorschriften des Depotgesetzes). Die Sammelverwahrung bildet zugleich die Grundlage für den stückelosen Giroverkehr in Effekten. Nach dem Vorbild des bargeldlosen Zahlungsverkehrs wird über die Sammelbestandteile nicht durch Bewegung von einzelnen Papieren verfügt, sondern durch Umbuchung der bei den Sammelbanken verwahrten Bestände. Zu einer weiteren Vereinfachung, aber auch Zurückdrängung der für das Wertpapierrecht typischen Verkörperung führt es, wenn man anstelle des aus Einzelurkunden bestehenden Sammelbestandes eine einzige *Sammel- oder Globalurkunde* setzt. Dadurch werden die Kosten für Druck und Verwahrung vieler Millionen von Urkunden gespart. Der Gesetzgeber hat in § 9 DepotG diese Konstruktion legalisiert und damit letztlich einen Effektenverkehr mit unverbrieften Rechten zugelassen. Denn eine Sammelurkunde ist nur noch dem Namen nach ein Wertpapier. Der Berechtigte erhält überhaupt kein Papier mehr, sondern ist auf einen ideellen

[41] Ausführlich *Canaris* Bankvertragsrecht, Rdnrn. 2040 f.

Anteil an einer Bruchteilsgemeinschaft an einer Sammelurkunde beschränkt. Auf dieser Linie liegt die Weiterentwicklung von Wertpapieren zu Wertrechten. Darunter versteht man Effekten, bei denen eine Verbriefung nicht stattgefunden hat. Vollzogen wurde der Schritt zum Wertrecht bereits während des 2. Weltkriegs[42]. Beispiele für Wertrechte, bei denen die Verbriefung durch eine Eintragung in ein besonderes Register ersetzt wird, sind die Bundesanleihen und (trotz ihres Namens) die Bundesschatzbriefe. Durch diese Entwicklung hat das Wertpapier als Rechtsinstitution einen erheblichen Funktionsverlust erlitten. Die Konsequenzen für die Funktionen, die typischerweise mit der Verkörperung von Rechten in Urkunden verbunden sind, sind dogmatisch noch nicht hinreichend geklärt[43]. Die Ausführungen in den folgenden Abschnitten befassen sich mit dem traditionellen, in einer Urkunde verkörperten Recht.

II. Entstehung des verbrieften Rechts

51 In der bisherigen Darstellung wurde die Existenz des verbrieften Rechts stets vorausgesetzt. Nunmehr soll der Frage nachgegangen werden, *wie* das in dem Wertpapier beurkundete Forderungsrecht entsteht.

1. Konstitutive und deklaratorische Wertpapiere

Dabei ist zunächst danach zu unterscheiden, ob die Ausstellung der Urkunde für die Entstehung des verbrieften Rechts überhaupt erforderlich ist (konstitutive, rechtserzeugende Urkunde), oder ob das Wertpapier für die Entstehung des Rechts selbst keine Bedeutung hat (deklaratorische Wertpapiere). In diesem Fall besteht das zu verbriefende Recht bereits vor der Verbriefung, es wird durch das Wertpapier lediglich deklariert, in jenem soll es erst mit der Urkundenherstellung begründet werden.

a) Deklaratorische (und kausale) Wertpapiere

52 Zuerst soll auf die **deklaratorischen Wertpapiere** eingegangen werden, bei denen die Frage der Entstehung des verkörperten Rechts keine Probleme macht.

Beispiel: Die *Aktie* verbrieft das mit der Eintragung der Aktiengesellschaft in das Handelsregister (§§ 23 ff. AktG) außerhalb der Urkunde schon existente Mitgliedschaftsrecht des Aktionärs. Das *Sparbuch* verlautbart den mit der Einzahlung entstandenen Rückzahlungsanspruch (Sparforderung) des Kunden gegen die Sparkasse, der *Hypothekenbrief* ein Grundpfandrecht, das schon mit Einigung und Eintragung (§ 873 BGB) als Eigentümergrundschuld entstanden ist und mit Übergabe des Briefes (§ 1117 I BGB) bzw. mit der Vereinbarung gemäß § 1117 II BGB zum Fremdgrundpfandrecht wird.

Das verbriefte Recht folgt dabei bereits aus den Rechtsbeziehungen der an der Beurkundung beteiligten Personen. So ergibt sich das Mitgliedschaftsrecht des Aktionärs aus dem Abschluß des Gesellschaftsvertrages (§§ 705 ff. BGB, 23 ff. AktG), die Sparforderung aus dem Abschluß des Sparvertrages (§§ 607 bzw. 700 BGB).

---

[42] Durch die Verordnung über die Verwaltung und Anschaffung von Reichsschuldforderungen vom 5.1.1940 (RGBl I, 30) und weitere Verordnungen, vgl. *Baumbach/Hefermehl*, WPR Rdnr. 93.

[43] Dazu *Hueck/Canaris*, § 1 III 4.

Es wird jeweils ein **kausales (rechtsgrundabhängiges) Recht** verbrieft[44]. Auch die Briefhypothek beinhaltet ein kausales Recht, weil das Gesetz (§ 1163 I 1, 2 BGB) Entstehen und Fortbestehen des dinglichen Rechts als Sicherungsrecht (Fremdhypothek) von der Erreichung des Sicherungszwecks (Rechtsgrund) abhängig macht. Besteht beispielsweise die zu sichernde Forderung nicht oder fällt sie später weg, so hat das unmittelbar Bedeutung für den Bestand der Hypothek; sie entsteht erst gar nicht oder besteht nicht weiter, weil jeweils der gesetzlich vorgegebene (§ 1113 BGB) und von den Parteien angestrebte Sicherungszweck verfehlt wird. Damit bedeutet die sog. Akzessorietät in bezug auf den Rechtsgrund der Hypothekenbestellung nichts anderes, als daß das Gesetz den Sicherungszweck zwingend kausal angeordnet hat[45].

53 Wertpapiere, die ein kausales Recht, insbesondere ein kausales Forderungsrecht verbriefen (z.B. das Sparbuch), werden allgemein **kausale Wertpapiere** genannt. Freilich ist die Terminologie nicht einheitlich und es wird der unmittelbare Zusammenhang zwischen (Schuld-)Rechtsbeziehung und Existenz des verbrieften Rechts nicht immer mit der wünschenswerten Deutlichkeit hergestellt. So ist etwa ganz allgemein und unbestimmt davon die Rede, daß das kausale Wertpapier Bezug auf ein vorhandenes Recht nehme[46] oder schlicht das Grund- bzw. Kausalverhältnis widerspiegele[47] und somit nicht von ihm losgelöst, sondern abhängig sei.

54 Bei den forderungsrechtlichen Wertpapieren wird diese Abhängigkeit regelmäßig auf die Einwendungen aus den Schuldrechtsbeziehungen der Beteiligten bezogen, so daß die Bezeichnung **„kausal"** die Bedeutung von **„einwendungsabhängig"** annimmt. Besteht beispielsweise die in einem Sparbuch verbriefte Forderung nicht, etwa wegen Nichteinzahlung des ausgewiesenen Sparbetrages, so kann der Schuldner Einwendungen aus dem Kausalverhältnis (Sparvertrag) ohne weiteres unmittelbar gegen die wertpapierverbriefte Forderung und damit gegen jeden Papierinhaber geltend machen. Auch das nehmen manche Autoren zum Anlaß, von einem „kausalen Wertpapier" zu sprechen[48]. Auf das Verhältnis von Rechtsgrund und Einwendungen bei forderungsrechtlichen Wertpapieren wird unten (III) noch näher eingegangen.

---

[44] Die Bezeichnung als kausales (oder abstraktes) Rechtsgeschäft beschreibt die Einwirkung des Rechtsgrundes auf die (Forderungs-)Zuwendung, so zutreffend *Gernhuber*, Bürgerliches Recht., 3. Aufl. (1991), § 4 II, III. Bei einem kausalen Verpflichtungsgeschäft entsteht die Verpflichtung aus dem Schuldvertrag erst, wenn der (Geschäfts-)Zweck erreicht wird. Freilich wird der den gegenseitigen (entgeltlichen) Schuldverträgen zugrundeliegende Austauschzweck (ausgetauscht werden z.B. beim Darlehen die Verpflichtung zur Zinszahlung gegen Hingabe der Valuta) regelmäßig mit der Parteivereinbarung auch erreicht. Der Rechtsgrund von kausalen Verpflichtungsgeschäften findet indessen so wenig Beachtung, weil das causa-Problem fast ausschließlich aus dem Blickwinkel des Leistungsbereicherungsrecht betrachtet zu werden pflegt; vgl. näher zu dieser Frage *Weitnauer*, in: Festschr. f. von Caemmerer, 1978, S. 265, und *Flume*, Allg. Teil des BGB, 2. Bd., 3. Aufl. (1979), § 12 II.

[45] Soweit demgegenüber gewöhnlich (z.B. *Erman/Räfle*, BGB, 8. Aufl. [1989], Vorb. § 1113 Rdnr. 6) darauf hingewiesen wird, daß die Hypothek daneben abstrakt, nämlich unabhängig von der Verpflichtung zur Bestellung sei, trifft das nicht den Kern der Sache, weil dem dinglichen Zuwendungsgeschäft primär der Sicherungszweck und nicht die Erfüllung einer der Hypothekenbestellung vorausgehenden Schuldverpflichtung zugrundeliegt, vgl. § 1113 BGB.

[46] So *Zöllner*, § 5 I 2; *Bornemann*, S. 61.

[47] *Richardi*, § 5 II.

[48] Etwa *Meyer-Cording*, S. 23.

55 An dieser Stelle soll lediglich noch auf die Behauptung hingewiesen werden, alle *deklaratorischen Wertpapiere* seien *zugleich kausal*[49]. Diese Annahme erweist sich grundsätzlich als richtig, wie die eingangs erwähnten Beispiele zeigen. Allerdings ist der behauptete Zusammenhang nicht notwendigerweise gegeben. Ein Beispiel dafür ist etwa der Grundschuldbrief: Wird die Grundschuld zum Zwecke der Sicherung einer Forderung bestellt, so erfolgt dies regelmäßig abstrakt[50]. Der Begriff *„abstrakt"* ist vielschichtig (vgl. dazu unten Rdnrn. 77 ff.). Wir verwenden ihn im Sinne von *„rechtsgrundunabhängig"*. Das bedeutet für die Sicherungsgrundschuld, daß der Bestand des dinglichen Rechts vom Erreichen des in der Sicherungsabrede festgelegten Sicherungszwecks unabhängig ist. Die Grundschuld bleibt damit vom Nichtbestehen oder Wegfall der zu sichernden Verbindlichkeit unberührt, sie unterliegt in diesem Fall (Zweckverfehlung) lediglich der Kondiktion, § 812 I 1 Abt. 1 BGB. Gleichwohl haben wir es mit einem deklaratorischen Wertpapier zu tun, weil das verbriefte Sachenrecht auch ohne Verknüpfung mit dem Wertpapier besteht (als Eigentümergrundpfandrecht).

b) Konstitutive (und abstrakte) Wertpapiere

56 Bei **konstitutiven Wertpapieren** entsteht das verbriefte Recht erst im Zusammenhang mit der Urkundenausstellung (Skriptur). Diese Wertpapiere schaffen und verbriefen eine neue, eigenständige Verbindlichkeit. Wesentlich für das Entstehen der Wertpapierforderung ist insbesondere (aber nicht nur) die Unterschrift des Schuldners.

> *Beispiele:*
> *A* händigt *C* einen auf die B-Bank gezogenen, von *A* unterschriebenen Scheck aus. Im Falle der Nichteinlösung des Schecks durch *B* ist *A* gegenüber *C* gemäß Art. 12, 40 ScheckG zur Zahlung der Regreßsumme verpflichtet. Im Hinblick auf die Verbriefung dieses Rechts liegt eine konstitutive Urkunde vor.
> *A* zieht einen Wechsel über 10 000 DM auf *B* an Order des *C* bzw. *A* weist *B* an (§ 783 BGB), an *C* diese Summe zu zahlen. *B* akzeptiert die (wechselmäßige) Anweisung mit seiner Unterschrift, Art. 25 I 1 WG, § 784 BGB. Wechsel und (Rekta-)Anweisung[51] sind konstitutive Wertpapiere.

Rechtserzeugende Wirkung hat die Urkunde auch bei dem Ladeschein bzw. dem Konnossement, gleichgültig ob es sich jeweils um ein Inhaber-, Order- oder Rektapapier handelt.

---

[49] So *Zöllner*, § 5 IV; a.A. etwa *Hueck/Canaris*, § 2 VI 3.

[50] Ob die Erreichung des in der Sicherungsabrede festgelegten Sicherungszwecks (also das Bestehen der zu sichernden Forderung) zur Bedingung der Grundschuldbestellung gemacht, die Grundschuld somit kraft Rechtsgeschäft kausal (rechtsgrundabhängig) gestaltet werden kann, ist streitig; dazu *Jauernig*, § 1191, Anm. II 3 m.w. Nachw.

[51] Die Urkunde über eine nicht angenommene Anweisung gem. § 783 BGB verbrieft jedoch lediglich eine Rechtsmacht, nämlich eine Einhebungsermächtigung für den Inhaber.

Beispiel: Absender *A* beauftragt den Frachtführer *B*, eine Schiffsladung Kohle auf dem Rhein zu befördern. Nach der gesetzlichen Regelung der §§ 425, 435 HGB hat bis zur Ankunft des Gutes lediglich *A* einen Anspruch auf Lieferung an *C* (unechter Vertrag zugunsten Dritter). Unterschreibt *B* dagegen einen Ladeschein zugunsten des *C* (§ 445 Nr. 4 HGB), so entsteht bereits vor Ankunft der Ware ein eigener Anspruch des *C* auf Auslieferung, §§ 446, 447 II HGB. Da für dessen Entstehen die Verbriefung in der Urkunde erforderlich ist, haben wir es mit einem konstitutiven Wertpapier zu tun[52].

Der Ladeschein verbrieft aber nicht einen neuen, selbständigen Herausgabeanspruch des *C*, sondern den aus dem zugrundeliegenden Handelsgeschäft zwischen *A* und *B* folgenden (und bereits existenten) Anspruch auf Auslieferung des Gutes (vgl. § 444 HGB), also einen kausalen (rechtsgrundabhängigen) Anspruch, ähnlich dem Anspruch des Begünstigten beim echten Vertrag zugunsten Dritter. Damit ist der Ladeschein ein zugleich konstitutives und kausales Wertpapier[53].

57 Das stellt jedoch eine Ausnahme dar, regelmäßig enthalten konstitutive Wertpapiere abstrakte (rechtsgrundunabhängige) Forderungsrechte, so daß eine Kongruenz zwischen konstitutiven und abstrakten Wertpapieren besteht, wie etwa beim Wechselakzept gem. Art. 25, 28 WG. Hier wird im Zusammenhang mit der Ausstellung der Urkunde ein selbständiges Forderungsrecht begründet. Auch das Leistungsversprechen des Ausstellers einer Inhaberschuldverschreibung ist i.d.R. abstrakt i.S. von § 780 BGB[54].

58 Allen konstitutiven Urkunden[55] ist die Frage gemeinsam, ob die Papierausstellung als solche zur Rechtsbegründung ausreicht, oder ob dafür ein besonderer Verpflichtungstatbestand (Schuldvertrag) erforderlich ist. Sie ist Gegenstand eines ebenso heftigen wie lang andauernden Streits, bei dem die Kontrahenten bis zu den Grundlagen des Wertpapierrechts zurückgegangen sind und mit der Rechtsnatur der Wertpapiere argumentiert haben. Daher bezeichnet man die gegensätzlichen Standpunkte auch als Wertpapierrechtstheorien.

2. *Wertpapierrechtstheorien*

59 Einigkeit besteht seit jeher darüber, daß es zur Begründung einer Verpflichtung aus dem (konstitutiven) Wertpapier in jedem Falle zunächst einer Unterschrift des Schuldners (**Skripturakt**) bedarf. Fraglich und streitig ist aber, ob dies als einzige Voraussetzung für die Entstehung der Wertpapierverbindlichkeit genügt, wie eine der Grundpositionen (*Kreationstheorie*), jedenfalls im Ausgangspunkt behauptet, oder ob dem Skripturakt eine einvernehmliche Rechtszuweisung durch Aushändigung der un-

---

[52] Freilich wird der Anspruch erst mit Aushändigung der unterschriebenen Urkunde von *A* an *C* wirksam; vgl. zur entsprechenden Rechtslage bei der Anweisungsannahme § 784 II 2 BGB; ferner *Hueck/Canaris*, § 2 VI 3 sowie unten 4. Teil Rdnr. 265.

[53] Ebenso *Hueck/Canaris*, § 2 VI 3, der aber kausal nicht i.S. von rechtsgrundabhängig, sondern i.S. von einwendungsabhängig gebraucht; a.A. beispielsweise *E. Ulmer*, S. 31.

[54] Ausnahmsweise kann in einer Inhaberschuldverschreibung gem. § 793 BGB auch eine kausale Forderung verbrieft sein, vgl. Mot. II, S. 695 f., sowie *Baumbach/Hefermehl*, WPR Rdnr. 38. Ist das Recht schon vor Aufnahme in die Urkunde begründet worden, handelt es sich um ein deklaratorisches Wertpapier.

[55] Nicht nur den Inhaber- und Orderpapieren (wie man gelegentlich liest, z.B. bei *Bornemann*, S. 184), sondern auch den konstitutiven Rektapapieren, z.B. Rektawechsel (Art. 11 II WG), Rektaladeschein oder (angenommene) Anweisung.

terschriebenen Urkunde an den Gläubiger folgen muß, wie die Gegenposition (*Vertragstheorie*) fordert.

Fall 7: Die Hypothekenbank *B*-AG hat Pfandbriefe drucken lassen, auf denen sich die faksimilierte Unterschrift des Vorstandes und eines Vertreters des Aufsichtsrates befinden (vgl. §§ 793 II, 126 BGB). *A*, der durch einen Anruf bei dem Filialleiter X der *B*-AG erfährt, daß die neuen Pfandbriefe zum Verkauf bereit liegen, läßt sich Papiere im Nennwert von 10 000 DM zurücklegen. Wann entsteht die Forderung aus der Urkunde?

Fall 7 a: Vor Ausgabe an den angemeldeten Erwerber *A* stiehlt *C* die Wertpapiere. Kann er die Zinsen und bei Fälligkeit Zahlung des Nennbetrages verlangen?

a) Kreationstheorie

60 Nach der *reinen Kreationstheorie* entsteht das verbriefte Recht schon mit der formgültigen Herstellung (Kreation) der Urkunde. Der bloße Skripturakt wird danach als einseitiges, nicht empfangsbedürftiges Rechtsgeschäft (wie etwa die Auslobung, § 657 BGB) verstanden, durch das sich der Aussteller dem Ersterwerber (späteren Papierinhaber) verpflichtet[56].

Das bedeutet im *Fall 7*, daß die Forderung aus der Urkunde vor Aushändigung des Papiers aufgrund des bloßen Skripturakts besteht. Von dieser Betrachtung ist erkennbar das BGB in § 793 ausgegangen, wenn es formuliert: „Hat jemand eine Urkunde ausgestellt, ... “[57]. Das ist schon deshalb zweifelhaft, weil damit ein subjektloses Forderungsrecht geschaffen wird; soll die *B*-AG vor Ausgabe der Pfandbriefe eine Forderung gegen sich selbst haben?[58]

61 Die Kreationstheorie mußte daher bereits im Ausgangspunkt modifiziert werden. Neben dem Skripturakt hält eine Ansicht für die Rechtsentstehung das Inverkehrkommen der Urkunde für erforderlich. Das unterzeichnete Papier muß aus der Hand des Ausstellers, nicht notwendig durch bewußtes Inverkehrbringen gelangen[59]. Danach kann die Forderung gegen den Aussteller *B* erst entstehen, wenn das Papier entweder mit oder ohne Willen des Unterzeichners in den Rechtsverkehr kommt (*Fall 7 a*). Für den letzteren Fall kann sich die Kreationstheorie auf § 794 BGB stützen, wonach der Aussteller auch dann verpflichtet wird, wenn die Inhaberschuldverschreibung ohne seinen Willen in den Verkehr gebracht worden ist. Darin zeigt sich der Vorteil dieser Theorie. Sie erreicht das rechtspolitisch erwünschte Ziel (hohe Mobilität und Umlauffähigkeit von Recht und Papier). Bei wirksamem Kreationsakt hat sie keine Schwierigkeiten, dem Inhaber *(C)* einer verlorengegangenen bzw. gestohlenen Urkunde die Wertpapierforderung zuzusprechen.

---

[56] Vertreten wurde diese Theorie in der Rspr. vom Reichsgericht in *RGZ* 131, 289 (294) für die Inhaberschuldverschreibung; *RGZ* 24, 87; 77, 141; 142, 307 f. für das Wechselakzept, nicht jedoch für das Blankoakzept (*RGZ* 142, 308) und die Wechselrückgriffsforderungen, z.B. gegen den Indossanten. Hier folgte das *RG* der reinen Vertragstheorie, vgl. *RGZ* 5, 82 (83); 35, 75; ferner 112, 202, wo statt der Rechtsscheintheorie die sachenrechtlichen Vorschriften über den gutgläubigen Erwerb angewendet wurden.

[57] Vgl. auch Mot. II, S. 695.

[58] Aber diese Vorstellung ist nicht unmöglich, wie § 1976 BGB zeigt, so *Bornemann*, S. 186.

[59] So *E. Ulmer*, S. 32 ff., 38 f.; *Palandt/Thomas* vertrat bis zur 42. Aufl. (1983) in Anm. 2 zu § 793 diese Ansicht für die Inhaberschuldverschreibung.

62 Dieses an sich aus § 794 BGB folgende und vom Gesetzgeber auch gewollte Ergebnis billigen aber bei *Fall 7 a* einige Vertreter der Kreationstheorie wegen der unerträglichen Konsequenzen nicht. Der unehrliche Finder oder Dieb *C* soll sich auf die Vorschrift des § 794 BGB nicht berufen können, für ihn soll das verbriefte Recht nicht entstehen, da ihm schon das Eigentumsrecht an der Urkunde nicht zusteht (es blieb bei *B*). Nach dieser Variante der Kreationstheorie setzt die Rechtsbegründung demnach neben der Skriptur noch den Eigentumserwerb des ersten Nehmers *(C)* oder zumindest einen gutgläubigen Eigentumserwerb eines späteren Erwerbers (§§ 793, 794, 935 II BGB) voraus.

63 Trotz dieser Modifikationen befriedigt die Kreationstheorie insbesondere auch in praktischer Hinsicht nicht.

Fall 8: Der Ladenangestellte *X* hat günstig eine Rarität für den Kaufmann *B* erworben und das vom Verkäufer *A* vorgelegte Wechselakzept namens des *B* zur Zahlung des Kaufpreises unterschrieben. *X* hatte weder Einkaufsvollmacht noch Vollmacht, einen Wechsel für *B* zu akzeptieren. *B* möchte das günstige Geschäft genehmigen, *A* will nicht mehr an den Vertrag gebunden sein. Wie ist die Rechtslage?

Die Wirksamkeit des hier vorliegenden Handkaufs[60] hängt von der Genehmigung des *B* ab, § 177 I BGB. *B* kann ohne weiteres genehmigen, soweit es um die Erklärung des *X* bezüglich der Sachübereignung geht, nicht jedoch soweit die Erklärung die Ausstellung des Wechsels betrifft. Nach der Kreationstheorie ist die Wechselverpflichtung gemäß § 180 BGB unheilbar nichtig und gerade nicht – wie nach der sogleich zu besprechenden Vertragstheorie – schwebend unwirksam und genehmigungsfähig. Ohne Genehmigung kommt eine Wechselforderung für *A* nicht zustande, so daß im *Fall 8* das Geschäft insgesamt scheitert. Dasselbe gilt auch bei einer Wechselverpflichtung eines beschränkt Geschäftsfähigen (vgl. § 111 BGB). In diesem Punkt erweist sich die Kreationstheorie daher sogar als *verkehrsfeindlich*.

b) Vertragstheorie

64 Nach der *reinen Vertragstheorie* bedarf es zur Entstehung einer Wertpapierverbindlichkeit neben der Ausfertigung der Urkunde (= nur vorbereitender Realakt) der Begebung des gezeichneten Papiers aufgrund eines Vertrages zwischen Geber und Nehmer (**Begebungsvertrag**)[61]. Diese Theorie kann sich insbesondere auf das allgemeine schuldrechtliche Prinzip des § 305 BGB stützen, wonach rechtsgeschäftliche Verpflichtungen grundsätzlich durch Schuldvertrag und nicht kraft einseitigen Willensaktes entstehen. Unter der Begebung ist danach mehr als nur die Hin- bzw. die Übergabe (Besitzverschaffung) der Urkunde zu verstehen; mit ihr wird der Wille zur Begründung des verbrieften Rechts erklärt. Vor der Begebung fehlt in der Regel der

[60] Das Wesen des Handgeschäfts besteht darin, daß die Leistungen – Ware gegen Geld – unmittelbar, d.h. ohne vorgängige Verpflichtung ausgetauscht werden (Austauschzweck), und zwar so, daß jeder Teil seine Leistung (Übereignung der Kaufsache bzw. des Geldes oder des Wechsels) nur unter der Bedingung der Erreichung des Austauschzwecks, also der Wirksamkeit der Gegenleistung erbringt, vgl. *Erman/Weitnauer*, BGB, 8. Aufl. (1989), Vorb. § 433 Rdnr. 14.

[61] Begründet wurde diese Theorie von *Thöl* und *Brunner* im 19. Jahrhundert, vgl. dazu die Nachweise bei *Richardi*, § 7 II.

rechtsgeschäftliche Wille, sich verbindlich zu verpflichten. Die bloße Skriptur kann daher ohne weiteres bis zur Begebung wieder gelöscht werden. Dem entspricht auch die Regelung des Art. 29 I 1 WG.

Im *Fall 7* entsteht demnach die Forderung aus dem Papier erst mit der Begebung der Urkunden von *B* an *A*. Insoweit hat der Begebungsvertrag nach der Vertragstheorie einen notwendig obligatorischen Inhalt. Begibt im *Fall 7* die *B*-AG die Urkunde an *A*, so weist der Begebungsvertrag auch eine dingliche Seite auf, weil *B* zugleich mit der Begründung der Forderung das Eigentum an der Urkunde dem Käufer *A* gemäß § 929 S. 1 BGB überträgt. Eine solche **Kombination von obligatorischen und dinglichen Wirkungen des Begebungsvertrages** muß jedoch nicht stets vorliegen. Häufig beinhaltet der Begebungsvertrag nur eine schuldrechtliche Verpflichtung.

Beispiel: Aussteller *A* ist Eigentümer eines Wechselvordrucks, den er ausfüllt und seinem Schuldner *B* zum Akzept vorlegt. *B* unterschreibt und reicht den Wechsel zurück. Dadurch kommt der Begebungsvertrag zustande.

Hier ist der Begebungsvertrag nur auf die Begründung der wechselmäßigen Verpflichtung (Art. 28 WG) gerichtet. Durch die Vorlegung der Urkunde zur Unterschrift hat *A* sein Eigentum an der Urkunde nicht verloren[62].

65 Im *Fall 7 a* kann *C* nach der Vertragstheorie mangels Begebungsvertrages auch die Wertpapierforderung nicht erwerben (natürlich auch nicht das Eigentum an der Urkunde). In der schlüssigen Begründung dieses Ergebnisses liegt ein entscheidender Vorteil der Vertragstheorie. Das verbriefte Recht entsteht bei fehlendem bzw. bei nichtigem Begebungsvertrag von vornherein nicht, so daß der Erstinhaber der Urkunde nicht Gläubiger wird.

66 Zweiterwerbern gegenüber erweist sich die Vertragstheorie jedoch als nachteilig und verkehrsfeindlich, weil das verbriefte Recht zur Entstehung stets eines wirksamen Vertrages bedarf. Denn vom Standpunkt der Vertragstheorie aus sind viele Einwendungen gegen die Gültigkeit der wertpapiermäßigen Verpflichtung denkbar. Der Begebende kann sich etwa darauf berufen, der Begebungsvertrag sei nichtig, weil er oder der Papiernehmer geschäftsunfähig war, bzw. weil der Vertrag inzwischen wirksam angefochten ist. Die reine Vertragstheorie würde dem aus dem Papier in Anspruch genommenen *B* in allen diesen Fällen (natürlich auch im *Fall 7 a*, in dem der Begebungsvertrag von Anfang an fehlt) erlauben, sich auf das Fehlen eines wirksamen Begebungsvertrages gegenüber jedem Papierinhaber zu berufen. Dabei werden zu einseitig die Interessen des Begebenden gegen berechtigte Interessen des Rechtsverkehrs berücksichtigt. Die *isolierte Vertragstheorie* wird heute nicht mehr vertreten.

c) Rechtsscheintheorie

67 In den Fällen der fehlenden bzw. fehlerhaften Begründung des verbrieften Rechts greift ergänzend die **Rechtsscheinlehre** ein, nach der der Schuldner das Fehlen eines

[62] Fraglich und streitig ist, ob die Haftung des Ausstellers bzw. des Indossanten (Art. 9, 15 WG) durch Begebungsvertrag, also rechtsgeschäftlich, oder durch Gesetz begründet wird, dazu *Baumbach/Hefermehl*, WPR Rdnr. 28, und unten 2. Teil Rdnrn. 114, 149. Diese Zweifel betreffen auch die Kreationstheorie, die ebenfalls eine, wenn auch einseitige Willenserklärung des Wertpapierschuldners beim Skripturakt verlangt.

gültigen Begebungsvertrages nicht geltend machen kann, wenn er den Rechtsschein einer gültigen Verpflichtung in zurechenbarer Weise selbst gesetzt hat[63]. Dabei ist gleichgültig, ob der wertpapiermäßige Verpflichtungstatbestand (Begebungsvertrag) schon von Anfang an gefehlt hat oder erst später, z.B. infolge Anfechtung (wegen Irrtums oder Drohung) weggefallen ist.

Fall 9: Kaufmann *B* hat einen von ihm unterschriebenen, vom Lieferanten *A* ausgestellten Wechsel zwecks Zahlung der Warenlieferung versandbereit im Tresor aufbewahrt. Dort wird er vom Angestellten *X* entwendet und an den gutgläubigen *C* indossiert. Hat *C* bei Fälligkeit des Papiers einen Anspruch auf Einlösung?

Fall 9 a: Dem Betrüger *A* gelingt es, *B* zum Kauf einer Maschine und zur Zeichnung eines Wechsels über die Kaufsumme zu bewegen. *B* ficht Kaufvertrag und Begebungsvertrag wirksam an, §§ 142, 123 BGB.

Fall 9 b: *B*, der zwei Gläubiger hat, täuscht sich bei der Wechselhingabe über die Person des Gläubigers; nicht *A*, sondern *Y* sollte den Wechsel erhalten. Nachdem *B* den (Inhalts-)Irrtum bemerkt, ficht er die Wechselbegebung an, § 119 I BGB.

Der Erstberechtigte *A* gibt den Wechsel daraufhin jeweils unter Indossierung an *C* weiter, der von den Vorgängen zwischen *A* und *B* keine Kenntnis hat und am Verfalltag Zahlung fordert. Mit Recht?

In allen Beispielsfällen ist für *A* jeweils eine wertpapierverbriefte Forderung nicht entstanden. Gleichwohl könnte *C* Inhaber der Wertpapierforderung geworden sein. Bei der Prüfung dieser Frage sind zwei Problemkreise auseinander zu halten, die auf unterschiedlichen Ebenen angesiedelt sind. Zunächst das Problem, ob der Papierinhaber *C* das Eigentumsrecht an der Urkunde erworben hat; nur in diesem Fall ist er berechtigt, das verbriefte Recht (soweit es entstanden ist und weiter besteht!) geltend zu machen. Das Eigentumsrecht entscheidet über das Verfügungs(= Einziehungs-)recht des Papierinhabers (vgl. § 793 I 1 BGB). Vorliegend hat *C* das Eigentum an der Urkunde jeweils von seinem Vormann *A* bzw. *X* gutgläubig gemäß Art. 16 II WG erworben. Dieser Frage wird hier jedoch nicht weiter nachgegangen (dazu unten 2. Teil Rdnrn. 140 ff.).

68 In den *Fällen 9 a und 9 b* ist für unsere Ausgangsfrage vielmehr von Interesse, ob *C* (aufgrund seiner materiellen Berechtigung) den aus der Urkunde Verpflichteten *(B)* auf Leistung in Anspruch nehmen kann, obwohl es an einem gültigen Verpflichtungstatbestand fehlt. Die heute h.M. geht dabei von der Vertragstheorie aus und verlangt neben der formgültigen Urkundenherstellung einen wirksamen Begebungsvertrag[64]. Fehlt dieser, so wird das Vertrauen des gutgläubigen *C* in den Bestand des verbrieften Rechts nach der Lehre vom Rechtsschein geschützt. Mit seiner **Unterschrift** auf der Urkunde hat der Verpflichtete *(B)* in den *Fällen 9 und 7 a* den **Rechtsschein einer**

---

[63] Das gilt aber nur für die Umlaufpapiere (Inhaber- und Orderpapiere), nicht für die (konstitutiven) Rektapapiere, z.B. die Urkunde über eine angenommene Anweisung. Bei diesen wird das verbriefte Recht gem. § 398 BGB übertragen, ein gutgläubiger Forderungserwerb ist nicht möglich.

[64] Vgl. etwa *Hueck/Canaris*, § 3 I 2; *Zöllner*, § 6 V 4, und *Richardi*, § 7 III. Übrigens fehlt es in den *Fällen 9 a und 9 b* auch nach der Kreationstheorie an einem wirksamen Verpflichtungstatbestand, da der Mangel den Kreationsakt selbst erfaßt, so daß ebenfalls die Rechtsscheintheorie zur Ergänzung herangezogen werden muß; vgl. *Hueck/Canaris*, § 3 II 3.

wirksamen Wertpapierverpflichtung (Begebung) geschaffen. Die unterschriebene Urkunde begründet den Anschein, daß das verbriefte Recht entstanden ist. Demnach kommt als Vertrauenstatbestand für *C* jeweils die Skriptur (Realakt) und nicht der Urkundenbesitz des Veräußerers (letzterer ist für den gutgläubigen Erwerb des Eigentums am Papier selbst bedeutsam) in Betracht.

69 Der zugunsten des Erwerbers *C* sprechende Rechtsschein wird dem Unterzeichner *B* grundsätzlich zugerechnet. Die Zurechnung beruht auf dem Gedanken der Veranlassung bzw. der Verantwortung für diesen Rechtsschein. Sie findet daher ihre Grenze, wenn die Unterschrift nicht vom Namensträger stammt (Fälschung) oder ihm gegenüber keine Wirkung entfaltet, weil er nicht (voll) geschäftsfähig oder nicht wirksam vertreten war (Vertretung ohne Vertretungsmacht); vgl. dazu näher unten 2. Teil Rdnrn. 115 ff.).

70 Weitere Voraussetzung für den Erwerb der nicht bestehenden Wertpapierforderung neben dem zurechenbar veranlaßten Rechtsschein ist die Gutgläubigkeit des Erwerbers *C*, der den Mangel der Gültigkeit des Begebungsvertrages nicht kennen bzw. dessen Unkenntnis nicht grob fahrlässig sein darf. In allen Varianten des *Falles 9* erwirbt daher *C* zu Lasten des *B* die nicht bestehende Wechselforderung, die somit nachträglich durch gutgläubigen Erwerb „begründet" wird. Dagegen fehlt es im *Fall 7 a* zwar nicht an einem zurechenbaren Rechtsschein einer wirksamen Wertpapierverpflichtung, dafür aber an einem rechtsgeschäftlichen Zweiterwerb eines Gutgläubigen.

Zusammenfassend kann man sagen, daß nach h.M. die Wertpapierverpflichtung entweder durch Begebungsvertrag oder im Wege der (Vertrauens-)Haftung kraft erzeugten Rechtsscheins eines Begebungsvertrages entsteht. Grundsätzlich sind die Gültigkeitsmängel unbeachtlich, weil der Rechtsschein in der Urkunde (genauer: im Realakt der Skriptur) selbst begründet ist; dies gilt dann nicht mehr, wenn ein die Zurechnung ausschließender Mangel vorliegt.

71 Für die **Klausurbearbeitung** ist danach zu beachten: Bei der gutachtlichen Lösung eines *unstreitigen* Sachverhalts muß die Rechtsscheintheorie (positiv) zur Begründung des Entstehens der Wertpapierverbindlichkeit herangezogen werden. Voraussetzungen dafür sind: Vorliegen eines Rechtsscheintatbestandes, Zurechenbarkeit und guter Glaube des Erwerbers. Demgegenüber muß der Papierinhaber *im Prozeß* (streitiger Sachverhalt) die Existenz der Wertpapierforderung nicht darlegen und auch nicht beweisen. Für ihn greift die Legitimationswirkung zugunsten des Inhabers ein, die ihn als materiell Berechtigten ausweist (Rechtseinziehungsvermutung) und darüber hinaus auch eine Vermutung des Bestehens der in der Urkunde ausgewiesenen Wertpapierverbindlichkeit (Rechtsbestandsvermutung) begründet. Es liegt dann am Schuldner, sich gegen seine Inanspruchnahme aus der Urkunde zu verteidigen, also etwaige Gültigkeitsmängel des Begebungsvertrages vorzutragen (Gültigkeitseinwendungen) und zu beweisen (einschließlich der fehlenden Zurechenbarkeit und der Bösgläubigkeit des Papierinhabers). Daher entfaltet die Rechtsscheinlehre in der Praxis des Wertpapierrechts ihre Hauptbedeutung bei der Lehre von den wertpapierrechtlichen Einwendungen des Papierschuldners (dazu unten 2. Teil IV).

III. Rechtsgrund und schuldrechtliche Grundlagen des verbrieften Forderungsrechts

72 Die Entstehung der Wertpapierverbindlichkeit setzt bei konstitutiven Urkunden nach h.M. einen wirksamen Begebungsvertrag (oder einen dem Schuldner zurechenbaren Rechtsschein eines Begebungsvertrages) voraus. Geber und Nehmer der un-

terzeichneten Urkunde einigen sich über die Begründung eines Forderungsrechts aus der Urkunde. Die Rechtsbegründung bewirkt damit eine Zuwendung im Sinne einer bewußten und gewollten Vermehrung des Vermögens des Urkundennehmers[65].

Auf einer ganz anderen Ebene liegt die Frage, *warum* (zu welchem Zweck) das verbriefte Recht überhaupt geschaffen wird. Damit ist die Frage nach dem Grund, dem Rechts- bzw. Behaltensgrund für die Forderungszuwendung gestellt. Diese Frage beantwortet sich nach den **allgemeinen Regeln des Zivilrechts**. Gewöhnlich werden die schuldrechtlichen Grundlagen der Rechtsverschaffung – wenn sie in den Lehrbüchern überhaupt Berücksichtigung finden – mit dem Hinweis auf die der abstrakten Wertpapierforderung in aller Regel zugrundeliegenden Kausal- bzw. Grundgeschäfte, zu deren Erfüllung oder Sicherung sie regelmäßig dienen, erledigt[66]. Die wertpapierverbrieften Forderungsrechte (z.B. der aus dem Wechselakzept gemäß Art. 25, 28 WG folgende Wechselhauptanspruch) gelten dabei als *abstrakt*, weil – wie man liest[67] – sie von dem Bestand der Kausalverhältnisse (bzw. der Kausalforderung) *unabhängig* (losgelöst) sind. Eine genauere terminologische und systematische Erfassung der schuldrechtlichen Grundlagen des (Erst-)Erwerbs einer Wertpapierforderung setzt jedoch voraus, daß bereits im Ausgangspunkt danach unterschieden wird, ob der Wertpapierschuldner das Leistungsversprechen gegenüber der Person abgibt, die mit ihm durch das Kausalgeschäft (Grundverhältnis), damit also „kausal" verbunden ist, oder ob er die Wertpapierverbindlichkeit gegenüber einer dritten Person eingeht.

Ein Beispiel für die erste Fallgruppe ist etwa der an eigene Order des Verkäufers *A* gestellte Wechsel, den der Käufer *B* zur Zahlung seiner Kaufpreisschuld akzeptiert. Die zweite Konstellation liegt vor, wenn *A* zugleich Schuldner eines Dritten *C* ist und den auf *B* gezogenen Wechsel unmittelbar an die Order des *C* (oder dessen Rechtsnachfolger) stellt, also *B* anweist, die geschuldete Summe statt an ihn *(A)* an *C* zu zahlen. Durch die Annahme des Wechsels begründet *B* die Wechselforderung gegenüber *C*.

Regelmäßig behandelt die Literatur beide Konstellationen ohne Unterschied und geht nicht auf die je verschiedenen schuldrechtlichen Grundlagen ein[68].

1. Leistungsversprechen gegenüber dem kausal verbundenen Gläubiger

73 Der weiteren Erörterung sollen die folgenden Fallbeispiele zugrunde gelegt werden.

Fall 10: Zur Sicherung eines (künftigen) Darlehensanspruchs anerkennt *B* die Schuld bereits vor Valutierung gegenüber dem Darlehensgeber *A* (§ 781 BGB)[69] oder er begründet zu demselben Zweck eine Wechselverbindlichkeit (Kautionswechsel).

---

[65] Nicht folgen können wir *Richardi*, § 24 I 2, der das System der Güterbewegung unter Ausschluß des Leistungsversprechens auf die reale Vermögensverschiebung beschränken will.

[66] Ausführlich dazu jedoch *Bornemann*, S. 107 ff.; auch *Zöllner*, § 5 III 3; eher beiläufig äußert sich *Hueck/Canaris*, § 17 I 1 a.

[67] Z.B. bei *Brox*, Rdnr. 508.

[68] Eine Unterscheidung nehmen aber beispielsweise vor *Staudinger/Marburger*, § 780 Rdnr. 30, sowie *Hüffer*, in: MünchKomm, § 780 Rdnrn. 43-45.

[69] In der Praxis bestellt der Schuldner zugleich zur Sicherung der anerkannten Schuld eine Hypothek, so daß der Gläubiger schon vor Valutierung Sicherheit erhält.

Fall 11: Zur Erfüllung (vgl. § 364 II BGB) einer Kaufpreisforderung gibt der Käufer *B* ein abstraktes Zahlungsversprechen gem. § 780 BGB gegenüber dem Verkäufer *A* ab oder er begründet zu demselben Zweck (durch Abschluß eines Begebungsvertrages mit *A*) eine Wechselverbindlichkeit für *A*.

Fall 12: Vom Anlageberater *X* der Hypothekenbank *B*-AG überzeugt, erwirbt *A* sofort (ohne vorgängiges Verpflichtungsgeschäft) zehn Pfandbriefe im Nennwert von jeweils 1000 DM, wobei der Gegenwert dem Konto des *A* bei *B* belastet wird.

a) Rechtsgrund

Wie bei jeder Zuwendung stellt sich auch bei der Zuwendung einer bloßen Forderung die Frage nach dem Rechtsgrund. Sie wird nicht einheitlich beantwortet, insgesamt werden drei Ansichten vertreten:

74 (1) Die früher herrschende Lehre[70] sieht den *Rechtsgrund* für das Leistungsversprechen in dem zugrundeliegenden *Schuldverhältnis* (Kausalgeschäft bzw. Kausalforderung), das erfüllt oder gesichert werden soll. Diese Betrachtung entspricht ganz dem bei Übereignung beweglicher Sachen bekannten Denkschema, wonach das Übereignungsgeschäft in dem vorausgehenden Kaufvertrag (genauer: im Anspruch auf Besitz- und Eigentumsverschaffung, § 433 I BGB) seinen Rechtsgrund finden soll (**Lehre vom objektiven Rechtsgrund**)[71].

Aber im Gegensatz zu dem aus dem allgemeinen Zivilrecht bekannten Muster zielt in den Beispielsfällen die (Grund-)Verpflichtung des Versprechenden *(B)* gerade nicht auf die bewirkte Leistung selbst (Begebung eines Wertpapiers), sondern ausschließlich auf Zahlung einer bestimmten Geldsumme (so in den *Fällen 10 und 11*). Im *Fall 12* fehlt von vornherein ein solches Grundgeschäft des Urkundenausstellers (*B*-AG). In keinem der Fälle kann danach die Zuwendung (Forderungsbegründung) als Erfüllung einer dahin gehenden Verpflichtung verstanden werden.

75 (2) Aus diesem Grund versucht eine andere, weit verbreitete Auffassung – auf dem Boden der Lehre vom objektiven Rechtsgrund – eine eigene schuldrechtliche Leistungspflicht zur Urkundenausstellung (als leistungskongruentes Grundgeschäft) zu konstruieren[72]. Sie soll aus einer zusätzlichen **Versprechensabrede** folgen, die unterschiedlich bezeichnet wird, nämlich als Sicherungsabrede im *Fall 10*, als Erfüllungs- bzw. als Begebungsabrede bei Wechselhingabe (*Fall 11*). Die Bezeichnung „Begebungsabrede" ist schon deshalb wenig glücklich, weil sie leicht mit dem Begebungsvertrag verwechselt werden kann, durch den die Wechselforderung begründet wird.

Rechtsgrund der Forderungsbegründung bzw. Wertpapierbegebung soll nach dieser Ansicht die *Begebungsabrede* im Sinne eines selbständigen Verpflichtungstatbestands sein (Versprechensabrede). Der Begebungsvertrag wird danach zum Zwecke

---

[70] *Larenz*, SchuldR II, 12. Aufl. (1981), § 68 I b (S. 529); *Staudinger/Lorenz*, § 812 Rdnrn. 15, 75 ff.; *Flume*, Allg. Teil des BGB, 2. Bd., § 12 II 4 (S. 168); *Bülow*, Art. 17 WG Rdnr. 57; *Köhler*, WM 1977, 245; wohl auch *Brox*, Rdnr. 508; vgl. ferner *BGH*, WM 1958, 620, 622; 1982, 671.

[71] Vgl. dazu beispielsweise *Lieb*, in: MünchKomm, § 812 Rdnrn. 137 ff.; *Staudinger/Lorenz*, § 812 Rdnrn. 75 ff.

[72] *Hueck/Canaris*, § 17 I 1 a; *Canaris*, JuS 1971, 441, 446; *Reuter/Martinek*, Ungerechtfertigte Bereicherung, 1983, S. 120; *Lieb*, in: MünchKomm, § 812 Rdnr. 319; *Gursky*, S. 48.

der Erfüllung einer besonderen Begebungsabrede geschlossen, so daß scheinbar die Anwendbarkeit des gewohnten Erklärungsmodells gesichert ist.

Dagegen werden zwei Bedenken vorgebracht: Zum einen läuft die Behauptung, Inhalt der Begebungsabrede sei eine Verpflichtung zur Wertpapierausstellung, auf eine Fiktion hinaus, wie insbesondere im *Fall 12* deutlich wird, wo die Parteien an einen solchen Verpflichtungstatbestand überhaupt nicht denken[73], Aber auch in den *Fällen 10 und 11* ist ein entsprechender Verpflichtungswille des *B* nicht erkennbar. Andererseits stößt die Lehre schon bei den einfachen Fällen fehlender, nichtiger oder weggefallener Grundverhältnisse auf erhebliche Erklärungsprobleme, etwa wenn in den *Fällen 10 und 11* die zu erfüllende Kauf- bzw. die zu sichernde Darlehensforderung infolge Anfechtung des Vertrages nicht mehr besteht. Die allein zutreffende Lösung ist evident: *B* muß sein Leistungsversprechen nach § 812 II i.V. mit I 1 Alt. 1 BGB kondizieren können. Solange aber die Begebungsabrede (als angeblicher Rechtsgrund) intakt ist, kann die Aufhebung der Wechselforderung im Wege der Kondiktion nicht gefordert werden. Die Begebungsabrede bleibt aber trotz Wegfalls des Grundverhältnisses selbständig gültig. Deshalb ist diese Lehre gezwungen, die Versprechungsabrede mit demselben konstruktiv-fiktiven Aufwand, der zu ihrer Begründung geführt hat, wieder zu beseitigen. Sie bezieht die Mängel der Kausalforderung gemäß § 139 BGB auf die Begebungsabrede oder erklärt die Begebungsabrede über die Lehre vom Wegfall der Geschäftsgrundlage für unwirksam[74]. Diese Ansicht befriedigt schon deshalb nicht, weil sie zu dem selbstverständlichen Ergebnis nur mit Hilfe komplizierter Konstruktionen gelangt[75].

76 (3) Demgegenüber stellt die sog. **subjektive Rechtsgrundtheorie** für das Vorliegen des Rechtsgrundes auf den Parteiwillen ab. Sie sieht das entscheidende Kriterium für den *Rechtsgrund* in der *Erreichung des* mit der Zuwendung vom Zuwendenden verfolgten (und in der Begebungsabrede vereinbarten) *Leistungszwecks*[76].

Danach kommt als causa (Rechtsgrund) im *Fall 10* der Sicherungszweck[77], im *Fall 11* der Erfüllungszweck und im *Fall 12* der Austauschzweck (ausgetauscht werden Kapital und verbrieftes Forderungsrecht[78]) in Betracht.

Die Auffassung (3) fügt sich somit nahtlos in die Theorie der Leistungskondiktion ein, deren *finaler Leistungsbegriff* bekanntlich eine zweckbestimmte Vermehrung fremden Vermögens voraussetzt. Aber anders als bei sonstigen (Erfüllungs-)Leistungen[79] wird bei der Zuwendung eines abstrakten Leistungsversprechens die bloß ein-

---

[73] Dazu insb. *Zöllner*, ZHR 148 (1984), 313, 321; *Staudinger/Marburger*, § 780 Rdnr. 24. Eine Parallele besteht zu den Handgeschäften (z.B. zum Handkauf), wo nach der Lehre vom objektiven Rechtsgrund die Rechtsordnung den Parteien den (fehlenden) Verpflichtungswillen zurechnen soll, so *Larenz*, SchuldR II/1, 13. Aufl. (1986), § 39 II a (S. 12).

[74] So etwa *Hueck/Canaris*, § 17 I 1 a; *Reuter/Martinek* (Fußn. 72), S. 120; *Lieb*, in: MünchKomm, § 812 Rdnr. 314.

[75] *Reuter/Martinek* (Fußn. 72), S. 120 sprechen von einer „Überkomplizierung" und „konstruktiven Überlastung", meinen aber, auf die Konstruktion nicht verzichten zu können; gegen diese Lehre zu Recht *Zöllner*, § 5 III 3, und ZHR 148, 322.

[76] *Zöllner*, § 5 III 3; *ders.*, ZHR 148, 318 ff.; *Staudinger/Marburger*, § 780 Rdnr. 23; *Gernhuber*, Bürgerliches Recht, 3. Aufl. (1991), § 45 II 1; *Weitnauer*, in: Festschr. f. von Caemmerer, 1978, S. 255 ff.

[77] A.A. *Zöllner*, ZHR 148, 321, 322, der die selbständige Bedeutung des Sicherungszwecks als Rechtsgrund nicht anerkennt, vielmehr entgegen seinem Ansatz auf den objektiven Rechtsgrund in Form der Sicherungsabrede als Verpflichtungstatbestand zurückgreift.

[78] Schuldrechtlich ist der Vertrag zwischen der Bank und dem Erwerber ein Kaufvertrag (vgl. schon *RGZ* 56, 299; 104, 120), im *Fall 12* ein Handkauf, und nicht Darlehen (so wohl *Hueck/Canaris*, § 24 I 3).

[79] Vgl. dazu und zum Leistungsbegriff der h.M. *Loewenheim*, BereicherungsR, 1987, S. 21 sowie *Reuter/Martinek* (Fußn. 72), S. 92 ff.

seitige Festlegung des Leistungszwecks für das Zustandekommen des Rechtsgrundes nicht für ausreichend gehalten. Vielmehr soll eine Vereinbarung über den mit der Forderungsbegründung verfolgten Leistungszweck erforderlich sein[80]. Das wird zu Recht damit begründet, daß der Versprechende regelmäßig – wie etwa in den *Fällen 10 und 11* – zur Urkundenbegebung nicht verpflichtet ist. Die Parteien müssen sich daher über den Zweck des Zuwendungsgeschäfts einigen. Diese Leistungszweckvereinbarung ist wesentlicher Inhalt der Begebungsabrede bei Begründung des Leistungsversprechens; daneben enthält die Begebungsabrede regelmäßig noch schuldrechtliche Vereinbarungen über die Modalitäten der Verwertung des zugewendeten Forderungsrechts. Die Vereinbarung des Leistungszwecks (Begebungsabrede) und die Begründung der abstrakten Forderung (Begebungsvertrag) werden in der Regel zeitlich zusammenfallen.

Im *Fall 12* wird man ebenfalls die Vereinbarung des Leistungszwecks zwischen *A* und *B* für erforderlich halten müssen, weil durch die lediglich einseitige Leistungszweckbestimmung eine schuldrechtliche Grundlage für die Forderungszuweisung nicht entstehen kann. Tatsächlich sind sich die Parteien auch hier ohne weiteres bei Aushändigung der Wertpapiere über den Austausch von Kapital und Wertpapierforderung einig. Dieser Zweck wird erreicht, wenn das Konto des *A* Deckung aufweist. *A* darf dann Forderungsrecht und Urkunde endgültig behalten.

Bei Verfehlung des Leistungszwecks, etwa wenn das Konto des *A* keine Deckung aufweist oder – in den *Fällen 10 und 11* – die zu sichernde, erfüllende Forderung nicht oder nicht mehr besteht, kann der Versprechende das abstrakte Versprechen kondizieren, § 812 II BGB. Am Rechtsgrund (Zweckerreichung) fehlt es aber auch schon dann, wenn die Zweckvereinbarung (Begebungsabrede) als solche unwirksam ist, z.B. durch Anfechtung beseitigt wird, oder etwa wegen Dissenses der Beteiligten nicht zustandekommt[81].

b) *Unabhängigkeit vom Rechtsgrund (Abstraktion)*

77 Die Art und Weise, wie der Rechtsgrundmangel auf die Zuwendung einwirkt, wird durch die Begriffe „abstrakt“ und „kausal“ beschrieben. Eine kausale (rechtsgrundabhängige) Zuwendung liegt vor, wenn der Rechtsgrund zur Wirksamkeitsvoraussetzung des Rechtsgeschäfts gemacht wird, so daß der Zuwendungserfolg bei seinem Fehlen oder Wegfall nicht eintritt oder wieder entfällt[82]. In den *Fällen 10 und 11* kann der Wechselschuldner *B* das Bestehen der zu sichernden bzw. zu erfüllenden Forderung (genauer: die Erreichung des Sicherungs- oder Erfüllungszwecks) jedoch nicht in diesem Sinne zur Bedingung seiner Akzepterklärung gegenüber *A* machen, weil nach dem Gesetz das Wechselakzept zwingend abstrakt erklärt werden muß, Art. 26 I Halbs. 1 WG.

Die *Abstraktion* bezeichnet das Verhältnis zwischen einer rechtsgeschäftlichen Zuwendung zu dem sie tragenden Rechtsgrund im Sinne der **Rechtsgrundunab-**

---

[80] So *Zöllner*, ZHR 148, 318 f.; *Staudinger/Marburger*, Vorb. § 780 Rdnr. 1.

[81] So auch *Staudinger/Marburger*, § 780 Rdnr. 26.

[82] So *Kreß*, Allg. SchuldR. 1929, S. 41 ff., vgl. schon oben Fußn. 44. Die in Lehrbüchern zu lesende Formulierung, kausal sei ein Rechtsgeschäft, weil es den Rechtsgrund in sich aufgenommen habe (vgl. etwa *Flume* [Fußn. 70], § 12 II 4 [S. 170]), hat demgegenüber einen vergleichsweise geringen Erklärungswert.

hängigkeit[83]. Sie hat zur Folge, daß in den *Fällen 10-12* die Leistungsversprechen des *B* selbst bei Ausfall des Rechtsgrundes (Zweckverfehlung) wirksam sind. Der Rechtsgrundmangel erstreckt sich nicht von selbst auf die abstrakte Wechsel- bzw. Wertpapierforderung. Der Versprechende kann aber sein Versprechen kondizieren, bzw. seiner Inanspruchnahme die Bereicherungseinrede entgegensetzen, §§ 812 II, 812 I 1 Alt. 1, 821 BGB.

78 Man könnte daher annehmen, daß der Begriff „Abstraktion" oder „Abstraktheit" wegen des korrespondierenden Rechtsgrundverständnisses entsprechend der soeben (Rdnrn. 73 ff.) beschriebenen Auffassungen unterschiedlich interpretiert wird, nämlich als Unabhängigkeit (Loslösung) vom zugrundeliegenden Kausalgeschäft bzw. von der (verpflichtenden) Begebungsabrede. Diese Konsequenz wird jedoch von der Auffassung (2) gerade nicht gezogen. Ihre Vertreter beschreiben die Wechselforderung gleichfalls in Bestand und Inhalt als selbständig (unabhängig) von der zugrundeliegenden Kausalforderung[84], und kommen daher letztlich doch wieder auf den von ihnen als unzulänglich erkannten Rechtsgrundbegriff zurück. Nicht anders auch *Zöllner*, der zwar vom subjektiven Rechtsgrundbegriff (3) ausgeht, aber die Abstraktheit nicht als Unabhängigkeit von Zweckvereinbarung und -erreichung, sondern – der allgemeinen Ansicht folgend – als Loslösung von dem Grundverhältnis (objektiver Rechtsgrund!) begreift und damit den Bezug zum subjektiven Rechtsgrund gerade nicht herstellt[85]. Die Einbeziehung des zugrundeliegenden objektiven Rechtsverhältnisses bedeutet freilich bei Anwendung der subjektiven Rechtsgrundtheorie einen inneren Bruch. Da die Lehre bei der Beschreibung der Abstraktion (Rechtsgrundunabhängigkeit) nicht am Bezugspunkt (abstrakt wovon?) festhält, kommt es zu einer nur schwer durchschaubaren und kaum verständlichen Mehrdeutigkeit des Begriffs „abstrakt". Schon die Anwendung des weiten und undifferenzierten objektiven Rechtsgrundbegriffs führt zwangsläufig zu einem unbestimmten und konturenlosen Verständnis des korrespondierenden Abstraktionsbegriffs, der nur noch als eine allgemeine Beschreibung des bloßen Verhältnisses zwischen dem verbrieften Recht und dem zugrundeliegenden Kausalgeschäft (wenn es als Verpflichtungsgeschäft je vorliegt, vgl. *Fall 12*) figuriert. Aus dieser allgemeinen Beschreibung leitet man denn auch schon zwei Bedeutungen der Abstraktheit ab: einmal die Loslösung (Unabhängigkeit) des Rechtsbestandes (z.B. der Wechselforderung) von dem Kausalverhältnis (objektiver Rechtsgrund) und zum anderen die Loslösung des verbrieften Forderungsrechts von Einwendungen und Einreden aus dem Kausalverhältnis[86]. Beide Bedeutungen werden nicht immer auseinander gehalten, was insbesondere bei Leistungsversprechen gegenüber Dritten zu Mißverständnissen führt (vgl. unten Rdnrn. 88 ff.).

79 Beim Leistungsversprechen gegenüber dem kausal verbundenen Gläubiger ist die Frage streitig geworden, wie weit der Abstraktionsgrundsatz im Sinne der zweiten Bedeutung (**Einwendungsunabhängigkeit**) reicht.

---

[83] Vgl. *Gernhuber* (Fußn. 76), § 4 II 2 u. III 2, und *Staudinger/Marburger*, § 780 Rdnr. 1, sowie Fußn. 44. Im Wertpapierrecht wird jedoch dieser klare Ansatz nicht durchgeführt, vielmehr vertreten, daß der Begriff „Abstraktheit" verschiedene Bedeutungen annehmen könne, vgl. dazu *Zöllner*, § 5 II und *Hueck/Canaris*, § 2 VI 1.

[84] *Hueck/Canaris*, § 2 VI 1, § 17 I 1 a; *Canaris*, JuS 1971, 441, 446.

[85] *Zöllner*, § 5 I 1, II 1, § 19 I 2; *ders.*, ZHR 148, 313. Zutreffend jedoch *Staudinger/Marburger*. Vorb. § 780 Rdnr. 1.

[86] *Hueck/Canaris*, § 2 VI 1, trägt zu weiteren terminologischen Komplikationen bei, wenn er beide Bedeutungen der Abstraktion zusammenfassend als „Nichtakzessorität" bezeichnet (dagegen *Zöllner*, § 5 I 1 und *Meyer-Cording*, S. 24), und schließlich (§ 17 I 1 a) den Begriff der Abstraktion vor allem mit „Einwendungsunabhängigkeit" besetzt.

Beispiel (nach *BGHZ* 85, 346): *B* hat zur Erfüllung einer Werklohnforderung des *A* eine Wechselverbindlichkeit begründet. Stellt sich nun das Werk als mangelhaft heraus, so ist fraglich und streitig, ob *B*, dem im Grundgeschäft ein Nachbesserungsrecht gegen *A* gem. § 633 BGB zusteht, die (dilatorische) Einrede des nichterfüllten Vertrages gem. § 320 BGB, die an sich nur das Grundverhältnis betrifft, auch der Wechselforderung mit Erfolg entgegensetzen kann. Diese Frage wird von Teilen der Literatur mit dem Hinweis auf die „Abstraktheit der Wechselforderung" verneint[87], vom BGH aber mit dem Argument bejaht, die „sogenannte" (?) Abstraktheit der Wertpapierverbindlichkeit entfalte jedenfalls zwischen den Parteien des Kausalverhältnisses nicht so weitgehende Wirkungen (vgl. unten 2. Teil *Fall 28*).

80 Damit ist aber die Bedeutungsvielfalt des Abstraktionsbegriffs noch nicht erschöpft. Nach einer weit verbreiteten Ansicht[88] soll mit der Bezeichnung „abstrakt" zusätzlich noch die Loslösung des (verbrieften) Rechts von einem bestimmten Vertragstypus beschrieben sein. Abstrakt sei ein Leistungsversprechen auch, wenn es keinen Bezug zum Typus des Kausalgeschäfts mehr erkennen lasse (**Typuslosigkeit**, Farblosigkeit). In diesem Sinne abstrakt seien Zahlungsversprechen, denen man nicht mehr ansehe, warum geschuldet werde, wie beispielsweise das Schuldversprechen gem. § 780 BGB und die Wechselforderung. Demnach könnte man solche Forderungen, die sowohl vom Kausalverhältnis (als Rechtsgrund bzw. von Einwendungen daraus) als auch von seinem Typus losgelöst sind, als „vollkommen" abstrakt bezeichnen.

81 Die eigenwillige Begriffsbildung erklärt sich im Hinblick auf die Wertpapiere des Güterumlaufs (Konnossement, Ladeschein, Lagerschein), bei denen nicht sämtliche Bedeutungen der Abstraktheit zutreffen, weil der verbriefte (Herausgabe-)Anspruch nicht als typusabstrakt gelten kann. Diese Papiere verbriefen nämlich lediglich ein Forderungsrecht, dem man die Herkunft aus dem Fracht- oder Lagervertrag unmittelbar ansieht (vgl. zum Inhalt etwa des Ladescheins die nach § 445 HGB erforderlichen Angaben).

Beispiel: Absender *A* beauftragt den Frachtführer *B* mit dem Transport einer Schiffsladung Kohle auf dem Rhein. *B* stellt zugunsten des *C* einen Ladeschein aus, der einen eigenen Anspruch des *C* gegen *B* aus dem zugrundeliegenden Frachtvertrag zwischen *A* und *B* verbrieft (vgl. Rdnr. 56). Als *C* von *B* Lieferung und Herausgabe unter Vorlage des Papiers (vgl. §§ 364 III, 448 HGB) verlangt, wendet *B* ein:

(1) sein Vertrag sei unwirksam, bzw. *A* schulde ihm aus anderen Verträgen noch die Gegenleistung, weshalb er ein Zurückbehaltungsrecht geltend mache;

(2) er habe in Wirklichkeit gar nicht die im Ladeschein angegebene Menge Güter geladen, bzw. das Gut sei auf dem Transport durch ein von ihm nicht zu vertretendes (zufälliges) Ereignis untergegangen.

Die Einwendungen der ersten Kategorie betreffen die schuldrechtliche Beziehung von *A* und *B*. Der Schuldner *B* kann sie nach § 446 HGB dem Anspruch des *C* nicht entgegensetzen, wenn sie sich nicht aus dem Text der Urkunde selbst ergeben. Der wertpapierverbriefte Anspruch des *C* gilt demnach als abstrakt im Sinne von einwendungsunabhängig. Damit läßt sich jedoch nicht in Übereinstimmung bringen, daß die spezifisch frachtrechtlichen Einwendungen der zweiten Kategorie ausnahmsweise zulässig sein sollen. Aus diesem Grunde hat man den Begriff „abstrakt" aufgespalten und angenommen, mangels Loslösung des verbrieften Rechts vom Vertragstypus seien Einwendungen des Schuldners aus den gesetzlichen Regelungen über den zugrundeliegenden Vertrag möglich, während sonstige Einwendungen infolge der Loslösung

[87] *Zöllner*, § 5 III 2, § 21 V I; *ders.*, ZHR 148, 330 f.; sowie *Canaris*, JZ 1986, 685; *Hueck/Canaris*, § 17 I 1 b (beachtlich ist hier etwa die Bemerkung gegen *Zöllner*, der ein unterschiedliches Verständnis der Abstraktion zugrundeliegt). Zu dieser Frage auch *Schnauder*, JZ 1990, 1046.

[88] Vgl. etwa *Hueck/Canaris*, § 2 VI 1, 2; auch *Zöllner*, § 5 I 3.

(Abstraktheit) ausgeschlossen seien[89]. Wegen dieser Zwitternatur sind die Papiere auch „halbabstrakte“ Wertpapiere genannt worden[90].

82 Damit hat sich die Theorie selbst durch einen unpräzisen, auf den objektiven Rechtsgrund bezogenen Abstraktionsbegriff in unnötige Schwierigkeiten gebracht[91]. Mit der dem Begriff unterlegten Bedeutungsvielfalt hat sie die eigentliche und originäre Bedeutung von **abstrakt als rechtsgrundunabhängig** aus den Augen verloren.

83 In Wirklichkeit zielt der Regelungsgehalt des § 446 HGB nicht auf die Abstraktheit i.S. von Rechtsgrundunabhängigkeit[92]. Die gesetzliche Anordnung betrifft vielmehr Einwendungen aus der persönlichen Schuldbeziehung des *B* zu *A*, die nicht im Verhältnis zu dem Forderungsberechtigten *C* wirken sollen. Es geht dem Gesetz hier (im Gegensatz zu der allgemeinen schuldrechtlichen Regel des § 334 BGB) um einen insoweit einredefreien Rechtserwerb des *C*[93]. Der verbriefte (vertragliche) Herausgabeanspruch, auf dem der mittelbare Besitz von *A* und *C* beruht, bezieht sich auf die übernommenen Güter, und zwar gleichgültig, ob der zugrundeliegende Vertrag wirksam ist oder nicht. Der Anspruch ist somit auch bei Unwirksamkeit des Lager- bzw. Beförderungsvertrages aus dem Besitzmittlungsverhältnis gegeben.

Demgegenüber sind Einwendungen aus der spezifischen Natur des Frachtgeschäfts dem Schuldner schon deshalb gestattet, weil das verbriefte Recht lediglich eine frachtrechtliche Forderung ist (vgl. die nach § 445 Nr. 5-7 HGB erforderlichen Angaben), der Berechtigte somit nach dem Inhalt des Papiers (gleichgültig ist, ob ein Inhaber-, Order- oder Rektapapier vorliegt) mit solchen Einwendungen rechnen muß. Freilich ist der Schuldner *B* bei (auch unverschuldet) falschen Angaben über das geladene Gut im Ladeschein dem Empfänger *C* zum Schadensersatz verpflichtet, vgl. § 73 BinnenschiffahrtsG.

84 Daher sollte man nicht zuletzt unter systematischen Gesichtspunkten überdenken, ob nicht eine schärfere Erfassung und einheitliche Terminologie der Abstraktheit angezeigt ist. Beschränkt man – unter Zugrundelegung der subjektiven Rechtsgrundtheorie – den Begriff auf die Bedeutung von *Rechtsgrundunabhängigkeit*, so folgt für die Zahlungsversprechen in den *Fällen 10-12*, daß sie sowohl von der Zweckvereinbarung als auch von der Zweckerreichung abstrahiert (unabhängig) sind. Der Rechtsgrund (causa) wird bei der Rechtsbegründung zunächst zurückgestellt, sein Fehlen bzw. Wegfall jedoch über das Bereicherungsrecht ausgeglichen. Die abstrakte Verbindlichkeit bleibt demnach trotz Zweckausfalls bestehen, ist jedoch mit der Bereicherungseinrede zu entkräften, § 821 BGB. Damit bewirkt die Abstraktheit im praktischen Ergebnis, daß der Inhaber des Wertpapiers den Rechtsgrund für das verbriefte Forderungsrecht im Prozeß weder darlegen noch beweisen muß. Es ist vielmehr Sache des Schuldners, das Scheitern der Zweckvereinbarung bzw. die aus anderen Gründen (z.B. wegen Fehlens eines wirksamen Grundgeschäfts) sich ergebende Zweckverfeh-

---

[89] So etwa *Hueck/Canaris*, § 22 II 1 b.

[90] Etwa von *Rehfeldt*, Wertpapierrecht, bis zur 11. Aufl. (auch unter der Bearbeitung von *Zöllner*); ablehnend nunmehr *Zöllner*, § 5 I 3.

[91] Die so weit gehen, daß sich etwa *Zöllner*, § 5 I 3, § 25 III außer Stande sieht, die aufgeworfenen Fragen im Rahmen eines Kurzlehrbuches zu beantworten. Damit gewinnt das Wertpapierrecht den Anschein eines esoterischen Rechtsgebietes. Auch der Ratschlag von *Rehfeldt*, JuS 1967, 203, 205, das Abstraktionsprinzip wende richtig an, wer damit zu einem Ergebnis gelangt, „zu dem er vernünftigerweise auch ohne seine Anwendung gekommen sein würde“, kann dem Studenten nicht recht weiterhelfen.

[92] Der Ladeschein verbrieft die kausale Herausgabeforderung aus dem Frachtgeschäft zugunsten des *C*, vgl. oben Rdnr. 56.

[93] Nicht anders als etwa bei der Regelung des § 784 I Halbs. 2 BGB (dazu Rdnr. 92) oder des Art. 17 WG (dazu 2. Teil Rdnr. 130).

lung einredeweise geltend zu machen. Insoweit kommt es zugunsten des Gläubigers zu einer Verschiebung der Behauptungs- und Beweislast (Umkehr der Beweislast).

85 Freilich spielt die Umkehr der Beweislast hinsichtlich des Zustandekommens des Rechtsgrundes der abstrakten Verpflichtung keine Rolle mehr, wenn, wie bei den Umlaufpapieren (Wechsel, Inhaberschuldverschreibung), bereits eine Rechtsbestandsvermutung für den Rechtsinhaber streitet, Legitimationswirkung zugunsten des Gläubigers, § 793 I 1 BGB, Art. 16 I WG (vgl. Rdnr. 16). Die Verschiebung der Beweislast infolge der Abstraktion hat aber eine eigenständige Bedeutung bei den Rektapapieren (denen eine Rechtsbestandsvermutung nicht zukommt), wie z.B. bei dem Rektawechsel und dem Anweisungsakzept gem. § 784 BGB; ebenso bei den urkundenverbrieften Forderungen aus einem abstrakten Schuldvertrag i.S. von §§ 780, 781 BGB.

Bei einer Klage aus dem zugrundeliegenden Kauf- bzw. Darlehensvertrag müßte jeweils der Gläubiger darlegen, aus welchem Grund der Schuldner zur Zahlung verpflichtet ist, damit also gegebenenfalls auch das Zustandekommen des Kausalgeschäfts beweisen. Insoweit verbessert die abstrakte Forderung die Stellung des Gläubigers.

86 Eine weitere Schärfungswirkung der Abstraktion liegt in der Möglichkeit des Urkundenprozesses (§ 592 S. 1 ZPO) für den Gläubiger. Er kann die Ansprüche aus der Urkunde leichter und rascher verfolgen, weil der beklagte Schuldner Widerklage nicht erheben kann und für seine Verteidigung auf Einwendungen beschränkt ist, die er durch Urkunden und Parteivernehmung beweisen kann, § 595 ZPO. Das läuft im Ergebnis auf einen vorläufigen (prozessualen) Ausschluß von Einwendungen bis zum Nachverfahren hinaus. In der Zwischenzeit kann der Gläubiger aus dem Vorbehaltsurteil ohne Sicherheitsleistung vollstrecken, §§ 599, 708 Nr. 4 ZPO.

87 In materieller Hinsicht ist der Gläubiger der abstrakten Forderung in der Frage der Verjährung bessergestellt, weil der (wertpapierverbriefte) Anspruch einer neuen, in der Regel längeren (30jährigen, §§ 780 f., 195 BGB bzw. dreijährigen. Art. 70 WG) Verjährungsfrist unterliegt. Weitere Wirkungen können aus der Abstraktheit (Rechtsgrundunabhängigkeit) nicht entnommen, insbesondere kann damit nicht, wie behauptet wird[94], die Kondiktionssperre des § 814 BGB erklärt werden.

Beispiel: Der Schuldner *B* hat im *Fall 11* in Kenntnis des Nichtbestehens der Kaufpreisforderung zugunsten des *A* die Wechselforderung zum Zwecke der Erfüllung begründet. Da er nach §§ 814, 812 II BGB sein Leistungsversprechen von *A* nicht wieder kondizieren kann, steht ihm gegen die Wechselforderung auch die Bereicherungseinrede nicht zu.

Der in § 814 BGB angeordnete Einwendungsverlust beruht auf dem Gesetz; ratio legis ist das Verbot des venire contra factum proprium[95]. Der in Kenntnis der Nichtschuld Leistende kann sich auf die Verfehlung des Erfüllungszwecks nicht berufen.

2. Leistungsversprechen gegenüber Dritten

88 Eine rechtlich andere Bewertung erfordert der Fall, daß der Schuldner das abstrakte (in der übergebenen Urkunde verbriefte) Leistungsversprechen gegenüber einem Dritten erklärt, mit dem ihn ein Kausalverhältnis bzw. eine Zweckvereinbarung

---

[94] Etwa von *Hueck/Canaris*, § 2 VI 2, § 17 I 1 a; *Zöllner*, § 5 II 4.

[95] So *Larenz*, SchuldR II, 12. Aufl. (1981), § 69 I (S. 553 f.)

nicht verbindet. Die dabei entstehenden Rechtsbeziehungen sollen die folgenden Fälle verdeutlichen.

Fall 13: A (Anweisender) weist *B* (Bezogener) in einer Urkunde an, die ihm *(A)* geschuldete Summe an *C* (Anweisungsbegünstigter), einen Gläubiger des *A*, zu zahlen, § 783 BGB[96].

Fall 13 a: B nimmt die Anweisung gegenüber *C* an, § 784 II BGB.

Fall 14: A ist Gläubiger des *B* und zugleich Schuldner des *C*. Er (Aussteller) zieht einen Wechsel auf *B* (Bezogener), in dem er diesen anweist, an *C* (Wechselnehmer, Remittent) eine bestimmte Geldsumme zu zahlen, und übereignet dem *C* die Urkunde[97].

Fall 14 a: B (Akzeptant) nimmt den Wechsel gegenüber *C* an, Art. 25, 28 WG.

Fall 15: Schuldner *A* (Aussteller) stellt dem Gläubiger *C* (Nehmer) zur Zahlung einen Scheck aus. Darin weist er seine Bank *B* an, von seinem Konto die geschuldete Summe an *C* zu zahlen[98].

Gemeinsam ist diesen Fällen, daß der Bezogene *B* zur Zahlung (bzw. zur Annahme) aus der Urkunde selbst nicht verpflichtet wird. Der Begünstigte *C* ist ebenfalls nach dem Urkundeninhalt nicht verpflichtet, die ihm von *A* geschuldete Zahlung bei *B* zu erheben. Ob jeweils eine entsprechende Verpflichtung besteht, entscheidet sich nach den einzelnen Schuldverhältnissen im Verhältnis *A–B* (Deckungsverhältnis) und *A–C* (Valutaverhältnis). Im *Fall 15* wird *B* regelmäßig aufgrund Bankvertrages gegenüber *A* verpflichtet sein, bei einem Guthaben des *A* den („gedeckten") Scheck einzulösen.

In den *Fällen 13, 14, 15* soll die eine Zahlung im Verhältnis *B–C* (Außenverhältnis) zwei Schuldverhältnisse zum Erlöschen bringen und sie bewirkt das auch. Damit werden die mit einer doppelten Vermögensverschiebung von *B* über *A* nach *C* verbundenen Kosten und Gefahren vermieden. Das gilt auch dann, wenn – wie in den *Fällen 13 a und 14 a* – B nicht sofort an *C* zahlt, sondern Zahlung lediglich verspricht. Auch hier wird ein unnötiger Umweg der Forderungszuwendung (*A* könnte sich das Leistungsversprechen von *B* erst geben lassen und es sodann auf *C* übertragen) erspart.

Die rechtliche Begründung des im Prinzip einfachen Vorgangs wird äußerst kontrovers diskutiert[99]. In dem vorliegenden Zusammenhang kann freilich nicht die gesamte Auseinandersetzung, sondern nur das für unsere Ausgangsfrage nach dem Rechtsgrund der forderungsrechtlichen Wertpapiere Notwendige dargestellt werden.

---

[96] Die Anweisungsurkunde ist Wertpapier, arg. § 785 BGB. Vor Annahme der Anweisung durch den Bezogenen verbrieft das Papier kein Forderungsrecht, sondern lediglich die Rechtsmacht für den Inhaber *C*, Zahlung bei dem Bezogenen *B* für Rechnung des Anweisenden *A* zu erheben.

[97] Wir haben es hier schon mit einem vollständigen Wechsel zu tun, auch wenn mangels Akzept des *B* eine Wechselforderung gem. Art. 28 WG nicht entstanden ist. In der Wechselurkunde verbrieft ist daher lediglich die aufschiebend bedingte (vgl. 2. Teil Rdnr. 97) Forderung des *C* gegen *A* aus Art. 9 WG.

[98] Eine Annahme der Zahlungsanweisung durch *B* scheidet aus, Art. 4 ScheckG. Der Scheck verbrieft daher die durch Nichtzahlung der bezogenen Bank aufschiebend bedingte Ausstellerhaftung, Art. 40, 12 ScheckG.

[99] Vgl. zum Streitstand *Loewenheim* (Fußn. 79), S. 23 ff.; *Reuter/Martinek* (Fußn. 72), S. 407 ff.

a) Rechtsgrundfrage

89 Die Frage nach dem Rechtsgrund der Zuwendung und der Einwirkung des Rechtsgrundes auf den Zuwendungserfolg (Zahlung bzw. Zahlungsversprechen) stellt sich hier unter veränderten Umständen, weil der Zuwendende *(B)* nach allgemeiner Ansicht im Außenverhältnis einen Leistungszweck gegenüber dem Empfänger *(C)* nicht verfolgt. Er bewirkt nur eine *zweckneutrale Zuwendung, keine Leistung* i.S. der Theorie der Leistungskondiktion[100]. Selbstverständlich kann man auch hier sagen, Zahlung bzw. Zahlungsversprechen des *B* finden ihren Grund im Deckungs- und Valutaverhältnis. Aber damit ist nicht viel gewonnen und vor allem nicht erklärt, weshalb beispielsweise die anweisungsgemäße Zahlung des *B* an *C* Erfüllung in beiden Kausalverhältnissen bewirkt. Die zutreffende Erklärung findet sich allein in den „allseits richtig verstandenen Zweckbeziehungen", oder m.a.W. in den „übereinstimmenden Zweckbeziehungen der Beteiligten"[101]. *B* vereinbart mit *A* und *A* mit *C* als Zweck der Zuwendung jeweils die Erfüllung seiner Verpflichtung aus Kauf, Darlehen etc., so daß die maßgeblichen Leistungsverhältnisse nach zutreffender Ansicht zwischen den kausal verbundenen Parteien bestehen[102].

90 Bei *Zahlung* des *B (Fälle 13, 14, 15)* wollen sich *A* im Verhältnis zu *B* und *C* im Verhältnis zu *A* so behandeln lassen, als ob sie jeweils das Geschuldete von ihrem Schuldner selbst erhalten hätten, Leistung an Erfüllungs Statt, § 364 I BGB. Daß auch hier die Erfüllungszweckvereinbarung zum Rechtsgrund bzw. zum Behaltensgrund für *A* und *C* führt, deckt sich mit den Erörterungen zur subjektiven Rechtsgrundtheorie bei Zuwendung einer Forderung (vgl. Rdnr. 76)[103]. Kommt es im Deckungs- oder Valutaverhältnis nicht zu einer Zweckvereinbarung oder scheitert der angestrebte Erfüllungszweck aus einem anderen Grund (wegen Nichtigkeit eines oder beider Kausalverhältnisse), so hat das auf die Wirksamkeit von Anweisung und anweisungsgemäßer Zahlung keinen Einfluß; beide sind in ihrer Gültigkeit regelmäßig von dem Deckungs- und dem Valutaverhältnis nicht abhängig, sie gelten als „abstrakt". Die erforderliche *bereicherungsrechtliche Rückabwicklung* der Zahlung *B–C* findet *in der umgekehrten Richtung der Leistungsverhältnisse*, also innerhalb des fehlerhaften Deckungs- und/oder Valutaverhältnisses statt[104].

91 Nicht anders verhält es sich, wenn *B*, statt Zahlung an *C* zu bewirken, lediglich *verspricht*, an *C zu zahlen (Fälle 13 a, 14 a)*. In diesem Fall vereinbart *B* den Zweck für die mit dem Begebungsvertrag *B–C* entstehende Wertpapierforderung nicht mit dem Papiernehmer *C*, sondern mit seinem Vertragspartner *A*, der seinerseits den Zweck für die Forderungszuwendung gegenüber *C* bestimmt. Die Zuwendung der Akzeptforderung erfolgt dabei gewöhnlich nicht an Erfüllungs Statt (§ 364 I BGB), weil die Gläubiger ihre Grundforderungen im Deckungs- und Valutaverhältnis in der Regel erst verlieren wollen, wenn sie Zahlung erhalten haben; daher werden sie im Zweifel

[100] So *Staudinger/Marburger*, § 780 Rdnr. 30, § 784 Rdnr. 10.

[101] Wie der *BGH* seit *BGHZ* 61, 289, in ständiger Rspr. hervorhebt.

[102] Vgl. dazu *Loewenheim* (Fußn. 79), S. 20, 23; sehr streitig ist jedoch, was als Leistungsgegenstand im Deckungs- und Valutaverhältnis anzusehen ist, vgl. dazu *Schnauder*, AcP 187 (1987), 142 ff., 162 ff.

[103] Gleichwohl wird die Theorie der Zweckvereinbarung bei Zuwendung von realen Gegenständen von der h.M. nicht übernommen; dazu *Reuter/Martinek* (Fußn. 72), S. 96 ff.

[104] Näher dazu z.B. *Loewenheim* (Fußn. 79), S. 26, 27.

nur Leistung erfüllungshalber vereinbaren, §§ 364 II, 788 BGB. Mit dieser Zweckvereinbarung legen die Parteien den (Rechts-)Grund dafür fest, warum *B* verspricht und warum *C* das verbriefte Forderungsrecht erhalten soll. Zugleich abstrahieren sie die Forderungszuwendung jeweils von der Zweckvereinbarung und der Zweckerreichung im Deckungs- und Valutaverhältnis. Das Wechselgesetz schreibt dies sogar zwingend vor, was im *Fall 14 a* zu beachten ist. Nach Art. 26 I WG ist die Wechselzeichnung bedingungsfeindlich, *B* kann seine Akzepterklärung im Wechseltext nicht von einer Bedingung abhängig machen. Deshalb kann er die Wechselforderung für *C* nicht kausal (d.h. unter der Bedingung der Zweckerreichung im Deckungsverhältnis) begründen. Ebensowenig kann *A* die wechselmäßige Zahlungsanweisung unter eine Bedingung stellen (Art. 1 Nr. 2 WG) oder seine Haftung als Aussteller von der Zweckerreichung im Valutaverhältnis abhängig machen; ein entsprechender Vermerk macht den Wechsel zwar nicht unwirksam, gilt jedoch als nicht geschrieben, Art. 9 II Halbs. 2 WG.

Daraus folgt schließlich für den Fall der Zweckverfehlung, daß der Bereicherungsausgleich nicht zwischen den Parteien des Begebungsvertrages *B–C* (im Außenverhältnis liegt mangels Leistungszweckbestimmung des *B* keine Leistung i.S. von § 812 II BGB vor), sondern wie bei der realen Zuwendung (Zahlung) innerhalb der fehlerhaften Zweckbeziehung vorzunehmen ist. Der Kondiktionsanspruch des *B* gegen *A* richtet sich dabei auf Freistellung von der Akzeptverpflichtung, während *A* im Valutaverhältnis Schuldaufhebung (Erlaß) bzw. Rückgabe des Wertpapiers von *C* verlangen kann.

b) Einwendungsfrage

92 Obwohl die Rechtsbegründung im Verhältnis *B–C* ohne Leistungszweckbestimmung, damit auch nicht abstrakt i.S. von rechtsgrundunabhängig erfolgt, bezeichnet die auf den objektiven Rechtsgrund ausgerichtete Lehre von der Abstraktion das Anweisungs- wie das Wechselakzept als *„abstrakt“* (von der Kausalforderung *A–B* rechtlich losgelöst, unabhängig) und folgert *daraus*, daß die Akzeptforderung Einwendungen aus dem Grundgeschäft nicht ausgesetzt sei[105].

Beispiel: Der Akzeptant *B*, von *C* aus dem Papier in Anspruch genommen, verteidigt sich mit dem Einwand, er habe die Anweisung *(Fall 13 a)* bzw. den Wechsel *(Fall 14 a)* zum Zwecke der Erfüllung einer Forderung des *A* angenommen, die nicht oder nicht mehr bestehe; bzw. er habe von *A* die Gegenleistung noch nicht erhalten, weshalb er selbst zur Leistung (vorübergehend) nicht verpflichtet sei.

Auch hier führt der undifferenzierte Abstraktionsbegriff zu Schwierigkeiten. Die Vertreter des weiten Rechtsgrund- und Abstraktionsbegriffs sehen sich mit dem Problem konfrontiert, daß die Akzeptverpflichtung „an sich bei fehlendem Rechtsgrund gemäß § 812 II BGB (sc. vom Schuldner *B* gegenüber *C*) kondizierbar sein müßte“[106]. Um dieses von niemandem für vertretbar gehaltene Ergebnis zu vermeiden, werden verschiedene Stufen der Abstraktheit unterschieden. Man nimmt an, daß die Verpflichtung aus der Annahme der (Wechsel-)Anweisung gegenüber der „normal“ abstrakten Verpflichtung aus § 780 BGB „in höherem Maße“, oder „in noch höherem Grade“

[105] Bezüglich der Forderung aus angenommener Anweisung: *Baumbach/Hefermehl*, WPR Rdnr. 74; *Zöllner*, § 8 V 2 c; *Gursky*, S. 30; *Jauernig/Vollkommer*, § 784 Anm. 2 b; bezüglich des Wechselakzepts: *Meyer-Cording*, S. 23, 35; *Hueck/Canaris,* § 17 I 1.

[106] So *Staudinger/Lorenz*, § 812 Rdnr. 56.

bzw. „endgültig" abstrakt sei[107]. Dem liegt das bereits aufgezeigte Mißverständnis über den Inhalt des Abstraktionsbegriffs zugrunde. Selbstverständlich besteht die Akzeptverpflichtung des *B* selbständig und unabhängig von Deckungs- und Valutaverhältnis. Aber dieser Befund reicht nicht aus, sie als abstrakt i.S. von rechtsgrundunabhängig zu qualifizieren. Hier wird deutlich, wie wenig die gängige Nomenklatur auf diesem Teilgebiet des Schuldrechts für ein in sich schlüssiges System zu leisten vermag. Ihre Vertreter sehen sich ständig gezwungen, den Begriff der Abstraktion neu zu beschreiben und der jeweiligen Lage anzupassen[108]. Zutreffender ist es daher, unter Zugrundelegung der subjekten Rechtsgrundtheorie von Rechtsgrund, Abstraktion und Kondiktion nur da zu sprechen, wo die Parteien neben der Zuwendung auch die Zweckvereinbarung treffen, nämlich im Deckungs- und im Valutaverhältnis. Damit scheidet eine Begriffsverwechslung von vornherein aus und die Bezeichnung „abstrakt" für die Wechselforderung im Verhältnis *B–C* kann nur im Sinne von „einwendungsunabhängig" verstanden werden. Der *Einwendungsverlust* des Schuldners *B folgt* dann gerade *nicht aus* der *Abstraktheit der Wertpapierforderung (Rechtsgrundunabhängigkeit), sondern aus* den *gesetzlichen Bestimmungen* des § 784 I BGB sowie des Art. 17 WG.

Im Falle der Anweisungsannahme kann *B* dem *C* nur die in § 784 BGB genannten Einwendungen entgegensetzen, das sind urkundliche, unmittelbare (im Verhältnis *B–C* selbst begründete) sowie Gültigkeitseinwendungen (die gegen die Wirksamkeit der Rechtsbegründung im Begebungsvertrag gerichtet sind). Solche Einwendungen erhebt *B* jedoch nicht, er macht vielmehr nur die Einrede des mangelnden Rechtsgrundes, § 821 BGB, bzw. des nichterfüllten Vertrages, § 320 BGB geltend. Diese Einreden aus der schuldrechtlichen Beziehung des *B* zu *A*, sog. persönliche Einreden i.S. der Einwendungslehre sind gegenüber einem Dritten *(C)* nach § 784 BGB ausgeschlossen. Auch Art. 17 WG läßt Einreden des Wechselschuldners *B* aus seiner unmittelbaren Zweckbeziehung zu *A* gegenüber Dritten *(C)* grundsätzlich nicht zu, so daß *C* mit dem Wechselakzept ebenfalls eine einredefreie Wertpapierforderung erworben hat (näher dazu 2. Teil *Fall 28 a*).

---

[107] *Palandt/Thomas*, § 784 Rdnr. 6; *Jauernig/Vollkommer*, § 784 Anm. 2 a; *Gursky*, S. 31; *Staudinger/Lorenz*, § 812 Rdnr. 56; *E. Ulmer*, S. 62, 63, 142; krit. nunmehr *Staudinger/Marburger*, § 784 Rdnr. 13 unter Aufgabe der Auffassung der Vorauflagen und *Hüffer*, in: MünchKomm., § 780 Rdnr. 45.

[108] Diese Folge hat schon *Enneccerus*, Recht der Schuldverhältnisse, 15.-17. Aufl. (1922), § 420 IV, S. 571 (vgl. auch *Enneccerus/Lehmann*, Recht der Schuldverhältnisse, 14. Bearb. [1954]) vorausgesagt: „So führt die übliche Definition, in dem sie die Abstraktion mit der Unabhängigkeit vom Schuldgrund verwechselt, fast mit Notwendigkeit dazu, verschiedene Grade der Abstraktion (!) anzunehmen und immer mehr von dem, was nicht zum Wesen des Geschäfts gehört, sondern über seine Folgen vom Rechte bestimmt ist, in die Natur dieser graduell verschiedenen abstrakten (!) Geschäfte hineinzutragen, sehr zum Schaden der bei richtigem Ausgangspunkt so klaren und einfachen Lehre und nicht ohne Gefahr bedenklicher Irrungen".

2. Teil: Wechselrecht

93 Im Wertpapierrecht nimmt der Wechsel eine zentrale Stellung ein. Sein Name führt zurück auf die Praxis des Geldumtausches (vgl. heute noch: Wechselkurse) und der Geldübermittlung im Handelsverkehr des Mittelalters.

Der Kaufmann, der nach Italien reiste, nahm das Reisegeld nicht mit auf den Weg (Transportgefahr), sondern zahlte es bei einem Geldwechsler in seiner Heimatstadt ein. Er erhielt dafür einen Wechselbrief, der neben einer Empfangsbestätigung ein Zahlungsversprechen des Geldwechslers für den Zahlungsort, z.B. in florentinischer Währung entsprechend der Höhe der eingezahlten Summe enthielt. In einer späteren Entwicklungsstufe des Wechsels zahlte der Geldwechsler die Fremdwährung nicht mehr selbst am Zahlungsort, sondern stellte eine zweite Urkunde aus, in der er einen oberitalienischen Schuldner oder Geschäftsfreund bat (anwies), auf seine Rechnung Zahlung an den Urkundeninhaber zu leisten. Das Leistungsversprechen des Geldwechslers (Urkundenausstellers) galt nunmehr als Garantie für den Fall, daß der Angewiesene die Urkunde nicht einlösen sollte[1].

Infolge des modernen Post- und Überweisungsverkehrs ist diese Funktion des Wechsels weitgehend zurückgedrängt worden. Für die heutige Praxis des Wirtschaftsverkehrs hat der Wechsel vor allem als *Kredit- und Sicherungspapier* große Bedeutung. Die Wertschätzung des Wechsels beruht darauf, daß der Inhaber die Wechselsumme nicht erst am Tage der Fälligkeit, sondern sofort bekommt, wenn er den Wechsel diskontiert, d.h. zu einem Preis verkauft, der den Nominalbetrag des Wechsels um den Zwischenzins (sog. Diskontsatz) vermindert. Freilich wird die Bank den Wechsel nur ankaufen, wenn das mit dem Erwerb verbundene rechtliche Risiko so gut wie ausgeschlossen ist. Das setzt voraus, daß die Wechselzeichner (Aussteller, Akzeptant, Indossanten, Wechselbürgen) strikt haften und sich nicht auf irgendwelche Einwendungen in der Person ihrer jeweiligen Vertragspartner berufen können.

Wegen seiner überstaatlichen Bedeutung hat das Wechselrecht schon früh eine internationale Regelung erfahren. Das auf der Genfer Wechselrechtskonferenz 1930 beschlossene Abkommen über ein Einheitliches Wechselrecht gilt heute in fast allen europäischen Ländern. In Deutschland ist das Abkommen durch das am 1.4.1934 in Kraft getretene Wechselgesetz vom 21.6.1933 in nationales Recht umgesetzt[2].

Im folgenden geht es darum, ein Grundverständnis der besonderen wechselrechtlichen Probleme und Fragestellungen, insbesondere auch in ihrer Beziehung zum allgemeinen Zivilrecht zu schaffen. Nach der Betrachtung der allgemeinen Grundlagen des Wechsels (I) werden die Entstehung des wechselverbrieften Anspruchs für den Ersterwerber (II) und seine Übertragung auf weitere Erwerber (III) erörtert. Die Fragen, wie sich der Wechselschuldner gegen seine Inanspruchnahme verteidigen kann (IV) und was die Folgen von Erfüllung (V) bzw. Nichterfüllung (VI) der wechselrechtlichen Forderung sind, bilden den Abschluß dieses Teils.

---

[1] Näher zur Geschichte des Wechsels *Richardi*, § 13; *Hueck/Canaris*, § 5 IV.
[2] Dazu im einzelnen *Baumbach/Hefermehl*, Einl. WG Rdnrn. 3 ff.

I. Grundlagen des Wechsels

Grundlage für das Verständnis des Wechsels ist die *bürgerlichrechtliche Anweisung* (§§ 783 ff. BGB), obwohl der Wechsel in nicht wenigen Punkten von ihr abweicht. So ist der Wechsel beispielsweise im Gegensatz zur Anweisung vom Gesetz als verkehrsfähiges Gut auf die (Umlauf-)Interessen des Verkehrs zugeschnitten. Das hat Folgen schon für die Ausstellung des Wertpapiers, die beim Wechsel besonders strengen Formvorschriften unterliegt. Auch das wechselrechtliche Haftungssystem weicht von der Regelung des Anweisungsrechts ab.

1. Rechtsnatur und Arten des Wechsels

94 Nach der allgemein üblichen **Definition** ist der *Wechsel ein forderungsrechtliches, abstraktes und konstitutives Wertpapier*, das auf unbedingte Zahlung einer bestimmten Geldsumme lauten und den strengen Formvorschriften des Wechselgesetzes genügen, insbesondere die Bezeichnung „Wechsel" enthalten muß. Dabei denkt man primär an den angenommenen Wechsel, der die Forderung aus Art. 28 I WG verbrieft, und es entsteht leicht der Eindruck, das Akzept des Bezogenen sei notwendigerweise Voraussetzung eines Wechsels. In erster Linie geht es jedoch beim Wechsel – wie bei der bürgerlichrechtlichen Anweisung – um eine Zahlungsanweisung des Ausstellers *A* an den Bezogenen *B* zugunsten des Wechselnehmers (Remittenten) *C*.

Fall 16: Fabrikant *A* hat aus Warenverkauf Forderungen gegen *B*, zugleich schuldet er seinem Rohstofflieferanten *C* Kaufpreiszahlung. Deshalb stellt *A* einen Wechsel aus, in dem er *B* anweist, die Kaufsumme nach drei Monaten an *C* zu zahlen. Erlangt *C* mit Aushändigung der Urkunde einen Zahlungsanspruch aus dem Wechsel?

Selbstverständlich ist *B* mangels Annahme des Wechsels dem *C* aus der Wechselurkunde nicht verpflichtet. Er schuldet lediglich *A* Zahlung des Kaufpreises. Diese (kausale) Forderung wird jedoch im Wechsel nicht verbrieft. Dennoch handelt es sich auch bei dem Wechsel im *Fall 16* um ein **forderungsrechtliches Wertpapier**. Die Urkunde verlautbart die Haftung des Ausstellers *A* im Fall der Nichtannahme, jedenfalls aber der Nichtzahlung des Wechsels durch *B*, damit also einen aufschiebend bedingten (Rückgriffs-)Anspruch des Wechselnehmers, Art. 43 WG. Dieser Anspruch kommt durch die Begebung des Wechsels im Verhältnis *A-C* zustande. Streitig und ungeklärt ist dabei allerdings, ob die Ausstellerhaftung auf rechtsgeschäftlicher Verpflichtung des *A* oder auf Gesetz beruht (dazu unten Rdnr. 114). Jedenfalls kann *A* seine Verpflichtung aus der Urkunde nicht von der Wirksamkeit des Kaufvertrages im Valutaverhältnis (= Erreichung des Erfüllungszwecks) abhängig machen; ein entsprechender Vermerk gilt als nicht geschrieben, Art. 9 II WG. Insoweit verbrieft die Wechselurkunde eine zwingend abstrakte Forderung, so daß wir es auch im *Fall 16* mit einem **abstrakten Wertpapier** zu tun haben[3].

---

[3] Daß und in welchem Sinne die *Akzeptverpflichtung* eine abstrakte Forderung darstellt, wurde schon oben im 1. Teil Rdnrn. 77 ff., 94 gezeigt.

Neben diesem Forderungsrecht beinhaltet der Wechsel – nicht anders als die Anweisung nach §§ 783 ff. BGB – eine Doppelermächtigung, nämlich eine Ermächtigung für *C* (Zahlung bei *B* zu erheben) und eine für *B* (durch Zahlung an einen Dritten die Schuld im Deckungsverhältnis zu erfüllen). Daher erhält *C* im *Fall 16* mit dem Eigentum am Wechsel die Regreßforderung gegen seinen Schuldner *A* und zugleich die Einhebungsermächtigung gegenüber dem Bezogenen *B*.

Aus Art. 11 I, 77 WG folgt, daß der Wechsel ein geborenes Orderpapier ist; als Rektapapier (negative Orderklausel, Art. 11 II WG) kommt er nur selten vor. Auf jeden Fall muß die Wechselurkunde zwingend den Namen des Ersterwerbers (hier *C*) enthalten, Art. 1 Nr. 6 WG. Deshalb kann der Wechsel (im Gegensatz zum Scheck, Art. 5 I ScheckG) nicht als Inhaberpapier ausgestellt werden.

95 Anders als bei der Anweisung nach BGB erfordert der Wechsel nicht notwendig eine Beziehung zwischen drei Personen. So entfällt die Person des Bezogenen *B*, wenn im *Fall 16* der Aussteller *A* selbst dem Wechselnehmer *C* Zahlung im Wechsel verspricht.

> Gegen diesen Wechsel *zahle ich* am 1.9.1992 Herrn *C* in Heidelberg DM 20000.
> Heidelberg, den 1.6.1992 Unterschrift *A*

Diesen Wechsel nennt man *Eigenwechsel* (oder auch Solawechsel, da von ihm nicht mehrere Ausfertigungen hergestellt werden können, Art. 64, 77 WG). Diese Wechselart wird wegen ihrer geringen praktischen Bedeutung im Gesetz nur am Rande erwähnt, Art. 75 ff. WG. Dem Eigenwechsel fehlt das Deckungsverhältnis, er stellt ein in Form und Wirkung gesteigertes abstraktes Schuldversprechen (§ 780 BGB) dar.

96 In der Praxis kommt regelmäßig der *gezogene* Wechsel, die sog. *Tratte* (von trahere = ziehen) vor. Dabei „zieht" der Aussteller den Wechsel auf den Bezogenen, der angewiesen (aber dadurch nicht schon verpflichtet) wird, eine bestimmte Geldsumme zu zahlen. Die Rechtslage ist die gleiche wie bei der nicht angenommenen Anweisung (die neben Geld auch auf Wertpapiere oder andere vertretbare Sachen lauten kann, § 783 I BGB). Im *Fall 16* weist *A* den *B* an, an *C* zu zahlen, oder wie man auch sagt, *A* stellt den Wechsel an Order des *C*, Art. 1 Nr. 6 WG. Damit haben wir es mit dem gesetzlichen Normalfall einer Tratte zu tun.

> Gegen diesen Wechsel *zahlen Sie* am 1.9.1992 Herrn *C* in Heidelberg DM 20000.
> Herrn *B*
> Heidelberg, den 1.6.1992 Unterschrift *A*

In der kaufmännischen Praxis gibt sich meist der Aussteller *A* selbst als Wechselnehmer (Remittent) an, er stellt den Wechsel an „eigene Order", Art. 3 I WG.

> Gegen diesen Wechsel *zahlen Sie* am 1.9.1992 an mich in Heidelberg DM 20000.
> Herrn *B*
> Heidelberg, den 1.6.1992 Unterschrift *A*

A wird von dieser Möglichkeit Gebrauch machen, wenn er noch nicht weiß, ob und wem er den Wechsel übertragen wird. Bei dieser Variante besteht Identität zwischen Aussteller und Wechselnehmer, es fehlt somit das Valutaverhältnis.

Art. 3 II WG läßt es darüber hinaus zu, daß sich der Aussteller *A* selbst als Bezogener angibt, also den Wechsel auf sich selbst zieht (trassiert eigener Wechsel). Aussteller und Bezogener sind identisch, es fehlt somit das Deckungsverhältnis. Die Kombination der beiden ersten Absätze von Art. 3 WG ergibt sogar die Möglichkeit, daß der Aussteller sich sowohl als Bezogenen als auch als Wechselnehmer im Urkundentext nennt (trassiert eigener Wechsel an eigene Order). Hier liegt dann weder ein Deckungs- noch ein Valutaverhältnis vor. Der trassiert eigene Wechsel spielt jedoch in der Praxis kaum eine Rolle.

2. Das wechselrechtliche Haftungssystem

97 In Übereinstimmung mit dem Recht der Anweisung setzt die Leistungsverpflichtung des Bezogenen auch im Wechselrecht dessen schriftliche Annahmeerklärung voraus, § 784 II BGB, Art. 25 I WG. Mit Begebung des unterschriebenen Wechsels entsteht die Wechselhauptverbindlichkeit, Art. 28 WG. Daneben haftet – im Gegensatz zum Anweisungsrecht – auch der Aussteller für die Annahme, jedenfalls aber für die Zahlung des Wechsels, Art. 9, 43 WG. Verweigert *B* im *Fall 16* die Annahme bzw. die Zahlung, so kann der Wechselinhaber *C* den *A* als Regreßschuldner in Anspruch nehmen. Der (aufschiebend bedingte) Regreßanspruch entsteht schon im Augenblick der Weigerung des *B* (in den Fällen des Art. 43 II Nr. 2 und 3 WG unabhängig von der Vorlage des Wechsels). Die Feststellung dieser Tatsache in der Protesturkunde (Art. 44 WG) ist nicht materielle Voraussetzung für die Entstehung des Regreßrechts, vielmehr nur formelle Voraussetzung des Rückgriffs[4].

Löst der Aussteller *A* entsprechend seiner Verpflichtung den Wechsel ein, so kann er seinerseits gegen *B* nur vorgehen, wenn dieser den Wechsel akzeptiert hat, Art. 47 III, 28 II WG. Zahlt hingegen *B* den Wechsel, so steht ihm ein Rückgriffsrecht gegen *A* nicht zu, da *B* der Wechselhauptschuldner ist.

Überträgt der Wechselnehmer *C* (Indossant) die im angenommenen Wechsel verbrieften Forderungsrechte (gegen *B* und gegen *A*) durch **Übereignung des indossierten Wechsels** (in Kurzbezeichnung oft nur **„Indossament"** genannt), so entsteht mit der (subsidiären) Haftung des Indossanten für Annahme und Zahlung des Wechsel gemäß Art. 15, 43 WG eine weitere Wechselverbindlichkeit. Das Indossament ist ein vom Indossanten zu unterschreibender (Art. 13 I 2 WG) Übertragungsvermerk, durch den der Indossant *C* den Bezogenen *B* anweist, statt an ihn *(C)* nunmehr an *D* (Indossatar) zu zahlen. Dafür übernimmt *C* (mangels entgegenstehenden Vermerks) die (Einlösungs-)Garantie gegenüber *D* bzw. dessen Rechtsnachfolger (Nachmänner), an deren Order der Wechsel möglicherweise noch weiterbegeben wird. Dem neuen Wechselinhaber *D* haften somit als Gesamtschuldner (Art. 47 I WG) der Akzeptant *B*, der Aussteller *A* sowie der Indossant *C*. Mit jeder neuen Unterschrift (und Begebung der unterschriebenen Urkunde) wird die Wechselzahlung sicherer, weil und soweit ein neuer Rückgriffsschuldner hinzutritt; ganz im Gegensatz zu der gewöhn-

---

[4] *BGHZ* 21, 155; *Baumbach/Hefermehl,* Art. 44 Rdnr. 1.

lichen Forderung, bei der mit der Zahl der Abtretungen die Stellung des Gläubigers immer unsicherer wird. Hinzu kommt, daß das Wechselgesetz mit dem Grundsatz der Unabhängigkeit (Selbständigkeit) der einzelnen Wechselverpflichtungen (Art. 7 WG) das Vertrauen in den Inhalt des Umlaufpapiers noch weiter schützt. Die Unwirksamkeit einer Wechselverpflichtungserklärung (z.B. wegen fehlender Vertretungsmacht, mangelnder Wechselfähigkeit oder wegen Fälschung) führt nicht zur Ungültigkeit der übrigen „Unterschriften", gemeint ist: der übrigen Wechselverpflichtungen.

Beispiel: Hat *A* im *Fall 16* vor Begebung des Wechsels an *C* die Unterschrift des *B* gefälscht, so haftet *B* nicht, selbst wenn *C* an den Abschluß eines wirksamen Begebungsvertrages glaubt (vgl. unten Rdnr. 118). Jedoch bleibt *A* wegen seiner Unterschrift (Wechselbegebung) dem *C* selbständig verpflichtet. Im übrigen trägt aber der Erwerber *C* das Risiko der Ungültigkeit der Akzeptverpflichtung, etwa wenn er im Hinblick auf das Akzept seine Unterschrift auf den Wechsel setzt und das Papier an *D* übereignet. Als Wechselverpflichtete haften dem *D* dann *A* und *C* aus Art. 9 bzw. 15 WG.

3. Wechselausstellung

98 Vor der Frage, ob eine wirksame Wechselverpflichtung des Wechselzeichners begründet wurde, ist (im Gutachten) immer zu prüfen, ob ein *formgültiger* Wechsel vorliegt. Erforderlich ist nicht lediglich die Einhaltung der Schriftform (§ 126 BGB), vielmehr muß die Wechselurkunde den bestimmten inhaltlichen Anforderungen des Art. 1 WG genügen. Fehlt es schon daran, können wechselmäßige Verpflichtungen nicht begründet werden. Es liegt überhaupt kein gezogener Wechsel vor.

a) Formalien der Wechselausstellung

99 Der Aussteller eines Grundwechsels muß insgesamt neun Voraussetzungen berücksichtigen, Art. 1 Nrn. 1-8 WG (Art. 1 Nr. 7 enthält zwei Voraussetzungen). Diese Formbestandteile müssen sich, soweit sie nicht nach Art. 2 II-IV WG verzichtbar (entbehrlich oder ersetzbar) sind, in jedem Fall aus der Wechselurkunde ergeben. Zur Auslegung einzelner Wechselbestandteile dürfen außerhalb des Wechseltextes liegende Umstände nicht herangezogen werden[5]. In der Praxis üblich sind Wechselvordrucke, die folgenden Inhalt haben:

Ort ⑦, Datum ⑥	
Gegen diesen Wechsel ①	– erste Ausfertigung –
zahlen Sie am ⑨	
an ④	DM ②
Bezogener ③	
in ⑧	
zahlbar in . . .	Anschrift, Unterschrift
bei . . . Kto Nr.	Aussteller ⑤

[5] Das gilt jedoch nicht, wenn es um die Auslegung des Begebungsvertrages geht: zum Ganzen vgl. *Baumbach/Hefermehl*, Einl. WG Rdnrn. 55 ff.; *Bülow,* Art. 2 Rdnr. 3 sowie BGHZ 64, 11 (14 ff.) zur Wechselbegebung und *BGH,* NJW 1992, 1380 zur Scheckbegebung.

100 ① *Wechselklausel, Art. 1 Nr. 1 WG:* Im Text der Wechselurkunde und nicht etwa nur in der Überschrift muß die Bezeichnung als „Wechsel" in der Sprache, in der die Urkunde ausgestellt ist, erscheinen. Ausreichend sind auch Bezeichnungen wie „Wechselbrief", „wechselmäßige Anweisung", nicht jedoch „Urkunde" oder „Tratte" allein.

101 ② *Zahlungsklausel, Art. 1 Nr. 2 WG:* Die wechselmäßige Anweisung muß *unbedingt* sein und auf eine bestimmte *Geldsumme* lauten. An einer Leistungsaufforderung des Ausstellers fehlt es beim eigenen Wechsel; hier muß der Aussteller ein eigenes unbedingtes Zahlungsversprechen abgeben. Die Anweisung muß unbedingt sein, weil sich die Voraussetzungen der wechselmäßigen Haftung ohne weiteres aus der Urkunde ergeben müssen. Andernfalls wäre die Umlauffähigkeit des Wechsels nicht gewährleistet.

Eine unzulässige Verknüpfung der Wechselanweisung mit dem Kausalgeschäft liegt etwa vor, wenn *A* im *Fall 16* schreibt: „Gegen diesen Wechsel zahlen Sie gemäß Kaufvertrag vom ... "; oder: „Zur Befriedigung meiner Kaufpreisforderung ... ". Das hat die Wirkungslosigkeit des Wechsels zur Folge[6].

Die Wechselsumme kann in Buchstaben oder/und in Ziffern angegeben werden. Bei Abweichungen gilt der in Buchstaben angegebene Betrag, Art. 6 I WG.

Wenn *A* dem *B* im *Fall 16* den Kaufpreis nur gegen Zinsen kreditieren will, darf er nicht schreiben: „Zahlen Sie gegen diesen Wechsel 20 000 DM nebst 4% Zinsen". Ein solcher Zinsvermerk bei einem Wechsel mit fester Laufzeit (bestimmter Verfalltag) gilt als nicht geschrieben, Art. 5 I 2 WG; der Wechsel ist daher (ohne diesen Vermerk) gültig. *A* kann ohne weiteres bei einem Dreimonatsakzept die Höhe der Zinsen bis zum Verfalltag berechnen und zur Hauptforderung schlagen.

102 ③ *Name des Bezogenen, Art. 1 Nr. 3 WG:* Im Wechseltext muß der Name des Bezogenen stehen (Ausnahme: eigener Wechsel, dort gibt es keinen Bezogenen, vgl. Art. 75 WG). Bezogene können natürliche oder juristische Personen sein, auch OHG und KG (unter ihrer Firma, §§ 124 I, 161 II HGB). Diese Personen(-zusammenschlüsse) können Träger von Rechten und Pflichten aus dem Wechsel sein; sie sind *wechselrechtsfähig* (vgl. Art. 91 WG).

Fraglich und streitig ist, ob der Wechsel auch auf eine BGB-Gesellschaft, eine Erbengemeinschaft oder einen nichtrechtsfähigen Verein gezogen oder von einem solchen Personenzusammenschluß ausgestellt bzw. indossiert werden kann. Nach der Rechtsprechung soll ein auf eine nicht wechselrechtsfähige Person oder Gesellschaft als solche gezogener Wechsel (z.B. auf „B & Co, GbR") formnichtig sein. Firmiert die Gesellschaft bürgerlichen Rechts dagegen wie eine Handelsgesellschaft und wird sie entsprechend im Wechsel bezeichnet, so soll der Wechsel formgültig sein, weil es für die Formgültigkeit auch ansonsten nicht darauf ankommt, ob es den im Wechsel Bezeichneten tatsächlich gibt[7]. Nach anderer Ansicht ist der Wechsel ohne Rücksicht auf die Rechtsfähigkeit des Personenzusammenschlusses stets formal gültig, weil man die Wechselerklärungen namens der Gruppe als im Namen der einzelnen (rechtsfähigen!) Gruppenmitglieder abgegeben ansehen kann[8]. Zum Problem, ob die Mitglieder einer GbR eine Wechselverbindlichkeit eingehen können, vgl. auch noch unten Rdnr. 115.

---

[6] Unschädlich sind aber Klauseln, die keine wechselrechtliche, sondern lediglich bürgerlichrechtliche Bedeutung haben, dazu *Baumbach/Hefermehl*, Art. 2 Rdnrn. 17 ff.

[7] *BGHZ* 59, 179 (184); 61, 59 (68); *Baumbach/Hefermehl*, Einl. WG Rdnr. 20.

[8] So *Zöllner*, § 12 I; *Hueck/Canaris*, § 6 I 1.

103 Ob der Name zutreffend ist, spielt für die förmliche Gültigkeit des Wechsels keine Rolle. Es genügt vielmehr, daß der Bezogene mit einem möglichen Namen bzw. einer möglichen Firma einer wechselfähigen Person bezeichnet wird. Gleichgültig ist weiter, ob der Bezogene den (Firmen-)Namen tatsächlich oder in rechtlich zulässiger Weise (§§ 17 ff. HGB) führt. Selbst ein erdichteter Name eines nicht existierenden Bezogenen reicht zur Formgültigkeit des Wechsels aus (sog. Kellerwechsel). Ein möglicher Wechselnehmer muß lediglich aus der Urkunde ersehen können, ob die Formerfordernisse des Art. 1 WG gewahrt sind. Für ihn ist dieser Wechsel nicht wertlos, da ihm in jedem Fall die Rückgriffsschuldner haften (Art. 7 WG).

104 ④ *Wechselnehmer, Art. 1 Nr. 6 WG:* Der Wechsel muß den Namen des Erstberechtigten (Wechselnehmer, Remittent) enthalten. Wie beim Bezogenen genügt die Angabe eines Namens bzw. einer Firma, die als mögliche Bezeichnung einer wechselfähigen Person(engruppe) gedacht werden kann. Da das Wechselgesetz Inhaberwechsel nicht zuläßt, kann der Wechsel als Remittent nicht den „jeweiligen Wechselinhaber" bezeichnen. Ist sich der Aussteller im *Fall 16* nicht schlüssig, ob er *C* als Wechselnehmer bezeichnen soll, kann er sich selbst eintragen, den Wechsel damit an eigene Order stellen (Art. 3 I WG), und die Urkunde später indossieren. Dieser Fall, vom Gesetz als Ausnahme behandelt, kommt in der Praxis häufig vor.

105 ⑤ *Unterschrift des Ausstellers, Art. 1 Nr. 8 WG:* Die Unterschrift des Ausstellers (§ 126 BGB) als des rechtlichen Urhebers der Wechselurkunde[9] schreibt zwingend Art. 1 Nr. 8 WG vor. Der Aussteller muß aber nicht in Person unterschreiben, denn bei wechselmäßigen Erklärungen ist Vertretung zulässig, vgl. Art. 8 WG. Im Falle der Vertretung kann der Vertreter mit dem eigenen Namen und Vertretungszusatz oder mit dem Namen des Vertretenen zeichnen. Auch die gefälschte Unterschrift bzw. die Unterschrift einer erdichteten Person genügt für die Formgültigkeit des Wechsels. Freilich ist es eine andere Frage, ob der Namensträger aus der Urkunde in Anspruch genommen werden kann. Das trifft bei Fälschung und Vertretung ohne Vertretungsmacht mangels eines wirksamen Begebungsvertrages nicht zu. Gleichwohl ist der Wechsel für den Inhaber nicht wertlos, weil er noch Forderungen gegen andere Zeichner verbriefen kann.

106 ⑥ *Ausstellungstag, Art. 1 Nr. 7 WG:* Unverzichtbares Element des Wechsels ist ferner die Angabe des Ausstellungstages, die regelmäßig in der linken oberen Ecke der Urkunde erfolgt. Gleichgültig ist, ob das angegebene Datum zutrifft, es muß sich nur um einen möglichen Kalendertag handeln. Der Wechsel kann auch vordatiert sein. Allerdings darf der Ausstellungstag nicht *nach* der Verfallzeit (Art. 1 Nr. 4 WG) liegen, da eine solche Anweisung auf eine unmögliche Leistung gerichtet ist[10].

107 ⑦ *Ausstellungsort, Art. 1 Nr. 7 WG:* Die Angabe des Ausstellungsortes im Text der Wechselurkunde ist ersetzbar durch die Angabe eines Ortes beim Namen des Ausstellers (Art. 2 IV WG). Steht auch dort kein (tatsächlich existierender) Ort, ist der Wechsel formnichtig.

108 ⑧ *Zahlungsort, Art. 1 Nr. 5 WG:* Die Angabe des Zahlungsortes ist ebenfalls unentbehrlich, aber durch die – nach Art. 1 Nr. 3 WG an sich nicht erforderliche –

---

[9] Aussteller im Rechtssinne ist nicht, wer tatsächlich den Wechseltext schreibt, sondern wer als verantwortlicher Wechselzeichner die Urkunde in den Verkehr bringt.

[10] *BGHZ* 53, 11 (13 f.); str., a.A. *Zöllner*, § 12 V 6.

Angabe der Adresse des Bezogenen ersetzbar, Art. 2 III WG. Gibt es den angegebenen Ort nicht, so ist der Wechsel nichtig.

Nach Art. 87 WG ist der Inhaber gehalten, alle wechselrechtlich erheblichen Handlungen (insbesondere Vorlegung zur Annahme bzw. Zahlung oder Protesterhebung) in den Geschäftsräumen, hilfsweise in der Wohnung des Bezogenen vorzunehmen. Liegt der Wohnort ungünstig, erlaubt Art. 4 WG im Interesse des Wechselinhabers, den Wechsel an einem anderen Ort (als dem Wohnort des Bezogenen) zur Zahlung zu stellen, sog. *Domizilwechsel*. Dem dient der in den Wechselvordrucken enthaltene Zahlungsvermerk „zahlbar in ... ". Ferner ist es möglich, daß der Aussteller einen Dritten als *Zahlstelle* im Wechsel angibt (vgl. den Vermerk: zahlbar „bei ... Kto Nr."), sog. *Zahlstellenwechsel*, Art. 4 WG. Der Dritte wird nur für den Zahlungsvorgang eingeschaltet und wechselrechtlich zu nichts, auch nicht zur Mitwirkung an der Zahlung verpflichtet. In der Praxis werden als Zahlstellen die Banken benannt. Sie berechnen Provision für ihre Tätigkeit. Hat die Bank ihren Sitz an einem anderen Ort als dem Wohnort des Bezogenen, ist der Zahlstellenwechsel zugleich auch ein Domizilwechsel. Den Zahlungsort muß der Aussteller bei der Wechselausstellung angeben, den Zahlstellenvermerk kann u.U. auch der Bezogene in die Wechselurkunde aufnehmen.

Fall 17: A hat einen vom Wohnort des Bezogenen (Heidelberg) abweichenden Zahlungsort (Mannheim) angegeben, jedoch mangels Kenntnis einer Bankverbindung des *B* eine Vorlagestelle für den Wechsel nicht bezeichnet. Als *B* die Urkunde zur Annahme vorgelegt wird, bringt er links unten den Vermerk an: „bei der Deutschen Bank, Mannheim". Liegt ein formgültiger Wechsel vor?

Zur Formgültigkeit des Wechsels müssen alle Erfordernisse des Art. 1 WG vom Aussteller beachtet sein. Daher muß die Angabe des Zahlungsortes (Mannheim) von ihm stammen[11]. Der Bezogene kann einen Domizilwechsel nicht schaffen, jedoch gemäß Art. 27 I WG bei Annahme des Wechsels einen Zahlstellenvermerk anbringen, sofern *A* wie im *Fall 17* einen Dritten als Zahlstelle nicht bezeichnet hat. Dann muß der Wechsel in den Geschäftsräumen der Deutschen Bank in Mannheim zur Zahlung vorgelegt werden. Diese ist zur Einlösung nicht verpflichtet und wird ohne entsprechendes Guthaben bzw. ohne Kredit des *B* auch nicht zahlen. In diesem Fall wird der Wechselinhaber *gegen B* Protest erheben.

109 ⑨ *Verfallzeit, Art. 1 Nr. 4 WG:* Die Angabe der Verfallzeit in der Urkunde ist entbehrlich; ohne sie ist der Wechsel nicht nichtig, sondern gilt als Sichtwechsel, Art. 2 II, Art. 34 WG. Verfalltag ist der Fälligkeitstag, der nicht notwendig mit dem Zahlungstag zusammenfallen muß, Art. 71 I 1 WG. Ist eine Verfallzeit im Urkundentext angegeben, muß sie dem gesetzlichen Katalog des Art. 33 I WG entsprechen. Dort sind nur vier Möglichkeiten zugelassen (numerus clausus).

- *Sichtwechsel:* Er wird „bei Sicht" (Vorlegung), also jederzeit fällig, Art. 34 WG. Der Wechsel lautet: „Zahlen Sie auf Sicht, bei Vorlage." Eine solche Zahlungsanweisung wird der Bezogene nur ausnahmsweise akzeptieren.

---

[11] Das ist auch dann der Fall, wenn mangels ausdrücklicher Angabe des Zahlungsortes durch *A* die Hilfsregel des Art. 2 III WG eingreift.

- *Nachsichtwechsel:* Er lautet auf eine bestimmte Zeit (z. B. eine Woche, einen Monat) nach Sicht, Art. 35, 23 WG. Wegen der damit verbundenen Fristberechnung (vgl. Art. 36 WG) kommt dieser Wechsel nur selten vor.
- *Datowechsel:* Dieser Wechsel wird eine bestimmte Zeit nach der Ausstellung fällig („Zahlen Sie vier Wochen a dato"). Auch dieser Wechsel ist wegen der notwendigen Fristberechnung nach Art. 36 WG selten.
- *Tagwechsel:* Er gibt einen bestimmten Tag an (i.d.R. nach dem Kalender, vgl. aber Auslegungsregel des Art. 36 III WG). Die Formel lautet z. B. „Zahlen Sie am 1.9.1992".

Jede andere Anordnung der Fälligkeit (z. B. einen Monat nach der Indossierung, auf der Hannover-Messe) ist verboten und macht den Wechsel nichtig, Art. 33 II WG. Das gleiche gilt, wenn die Wechselsumme an mehreren aufeinanderfolgenden Terminen fällig werden soll (Ratenwechsel).

b) Rechtsfolgen eines Formverstoßes

110 Enthält die Urkunde nicht alle in Art. 1 bestimmten Angaben, ist der Wechsel grundsätzlich nichtig, Art. 2 I WG. Eine Wechselverpflichtung kann nicht entstehen. Fraglich ist allerdings, in welchem Zeitpunkt die Formerfordernisse erfüllt sein müssen.

Fall 18[12]*:* *A* zieht einen Wechsel an eigene Order auf *B*, den dieser akzeptiert. Dabei hat *A* vergessen, das Ausstellungsdatum einzutragen. Anschließend indossiert er den Wechsel an *C*. Als dieser den Mangel feststellt, setzt er eigenmächtig das fehlende Ausstellungsdatum selbst ein. Haften die Wechselzeichner *A* und *B*?

Daß im Zeitpunkt der Präsentation des Wechsels alle Formerfordernisse erfüllt sind, reicht für eine wechselmäßige Haftung von *A* und *B* nicht aus. *C* konnte durch die nachträgliche Ergänzung den unvollständigen Wechsel nicht rückwirkend zu einem gültigen Wechsel machen. Zum Zeitpunkt des Abschlusses der Begebungsverträge *B-A* und *A-C* lag ein formungültiger Wechsel vor, Art. 1 Nr. 7 WG. Damit fehlt die für eine wechselmäßige Verpflichtungserklärung von *B* und *A* erforderliche Form[13]. Eine *rechtsgeschäftliche* Haftung der beiden Wechselzeichner kommt nicht in Betracht.

Auch eine Haftung nach Rechtsscheingrundsätzen ist nicht gegeben. Art. 10 WG greift nicht ein, da er die Rechtslage bei einem zur Ergänzung bestimmten unvollständigen Wechsel (Blankowechsel) betrifft; Art. 69 WG findet keine Anwendung, da diese Vorschrift die nachträgliche Verfälschung eines vollständigen Wechsels regelt. Auch aus allgemeinen Rechtsscheingesichtspunkten folgt eine Haftung der Altzeichner *A* und *B* nicht. Zwar kann der Rechtsschein einer wirksamen Rechtsbegründung (Begebungsvertrag) sowohl *A* als auch *B* zugerechnet werden, weil beide

---

[12] Nach *BGH*, NJW 1957, 1837. Im Originalfall hat *A* (= Aussteller, Beklagter) nicht direkt an *C* (= Klägerin) indossiert, vielmehr lediglich ein Blankoindossament auf die Urkunde gesetzt, das es *B* ermöglichte, den Wechsel nach seinem Akzept an die Klägerin zu übereignen; diese wiederum ließ sich von einem Dritten *(H)* noch eine weitere Unterschrift auf die Rückseite des Wechsels (= Indossament, Art. 13 II 2 WG) setzen. Zum Verständnis dieser Entscheidung: Statt indossieren sagt man auch „girieren", *Baumbach/Hefermehl*, Art. 11 Rdnr. 1.

[13] So z.B. *Baumbach/Hefermehl*, Art. 10 Rdnr. 2; im Ergebnis, aber nicht in der Begründung ebenso *Köhler*, JA 1977, 1 f.

einen erkennbar formungültigen Wechsel unterschrieben haben[14]. Es fehlt jedoch am guten Glauben des *C*, der die Urkunde selbst korrigiert hat. Die *nachträgliche unbefugte Vervollständigung des formnichtigen Wechsels bedeutet* eine *Verfälschung der Wechselurkunde*[15].

Im *Fall 18* käme eine wechselmäßige Haftung von *A* und *B* nur dann in Betracht, wenn *C* die Urkunde mit deren Einverständnis ergänzt hätte. In jedem Falle, also auch ohne Zustimmung von *A* und *B*, würde *C* als Neuzeichner haften, wenn er den nunmehr (ex nunc) formwirksamen Wechsel an einen Dritten weiterindossieren würde, Art. 15 WG. Im übrigen bleibt bei Vorliegen eines formunwirksamen Wechsels stets zu prüfen, ob der nichtige Wechsel gem. § 140 BGB in ein anderes Verpflichtungsgeschäft umgedeutet werden kann[16].

c) Blankowechsel

111 Von dem nicht zur Ergänzung bestimmten, unbewußt unvollständigen (= fehlerhaften) Wechsel ist der Blankowechsel zu unterscheiden. Hier ist die Unvollständigkeit beabsichtigt, sie soll von einem späteren Wechselinhaber entsprechend dem Inhalt der bei Wechselbegebung getroffenen Ausfüllungsabrede beseitigt werden. Die rechtliche Zulässigkeit des Wechselblanketts wird in Art. 10 WG vorausgesetzt. Auch praktisch besteht ein großes Bedürfnis für den Blankowechsel, wenn bei Wechselausstellung und Begebung die von Art. 1 WG geforderten Angaben noch nicht vollständig gemacht werden können, wie z. B.[17]:

- die Wechselsumme (Art. 1 Nr. 2 WG), weil Lieferumfang und Kaufpreis (Höhe der Schuld) noch nicht feststehen; oder weil dem Wechselnehmer, einem bekannten Fußballspieler, die Eintragung der Summe überlassen sein soll (§§ 315 ff. BGB), um ihn zum Verbleib bei oder zum Wechsel zu einem bestimmten Fußballverein zu bewegen;
- der Name des Remittenten (Art. 1 Nr. 6 WG), weil der Aussteller *A* noch dessen Gegenleistung abwarten will[18];
- die Wechselsumme und die Verfallzeit (Art. 1 Nr. 2 und 4 WG), weil z. B. bei einem Kautionswechsel der Umfang der gesicherten Schuld und der Fälligkeitszeitpunkt noch nicht feststehen.

---

14 *Baumbach/Hefermehl*, Art. 10 Rdnr. 13; *Bülow*, Art. 69 Rdnr. 23; *Hueck/Canaris*, § 9 II 3 c (a.E.); *Zöllner*, § 12 VIII 2; *Brox*, Rdnr. 547. Zum anders gelagerten Fall bei bloß fälschungserleichternder Ausfüllung vgl. unten *Fall 23 a*.

15 So *BGH*, NJW 1957, 1837; vgl. auch *BGH*, NJW 1969, 322. Dasselbe gilt übrigens bereits dann, wenn ein bloßer Schreibfehler berichtigt wird, vgl. *Baumbach/Hefermehl*, Art. 2 Rdnr. 4.

16 Zur Umdeutung der Verpflichtung des Akzeptanten in eine bürgerlichrechtliche Haftung, vgl. *Hueck/Canaris*, § 6 V 4; eine Umdeutung der Haftung der Rückgriffsschuldner wird wegen der grundsätzlich andersartigen Rechtsfolgen des WG regelmäßig nicht möglich sein, vgl. *Baumbach/Hefermehl*, Art. 2 Rdnr. 10; *Bülow*, Art. 2 Rdnr. 10; ferner auch *BGH*, NJW 1957, 1838.

17 Im Fall *BGHZ* 54, 1, fehlten dem Wechselblankett alle nicht vorgedruckten Angaben, vgl. *Fall 19*.

18 In diesem Falle könnte *A* den Wechsel auch an eigene Order stellen und ein Blankoindossament auf die Rückseite des Wechsels setzen, Art. 13 II WG.

Fall 19: *B* hat dem *A* zur Behebung von Zahlungsschwierigkeiten ein Blankoakzept gewährt, wobei *A* sich verpflichtet hat, den Wechsel spätestens zum Fälligkeitstermin einzulösen, damit *B* aus dem Akzept nicht in Anspruch genommen wird (Gefälligkeitsakzept). Auf der Urkunde fehlen alle nicht vorgedruckten Angaben, insbesondere die Unterschrift des Ausstellers, das Ausstellungsdatum, die Wechselsumme, die Fälligkeit und der Name des Remittenten. *A* soll und will die Angaben selbst einsetzen, wenn er weiß, wem er die Urkunde diskontieren kann. Alsbald überträgt er den Wechsel an *C*, nachdem er den Wechseltext bis auf die Angabe der Person des Wechselnehmers vervollständigt hat. *C* trägt sich als Wechselnehmer ein. Bei Verfall des Wechsels kann *A* den Wechsel nicht einlösen, so daß *C* den *B* in Anspruch nimmt. Zu Recht?

Fall 19 a[19]*:* Wie ist es, wenn *A* bereits bei Weitergabe des Wechsels an *C* zahlungsunfähig war und wußte, daß er seiner Verpflichtung, dem *B* spätestens am Verfalltag den Wechselbetrag zur Verfügung zu stellen, nicht mehr werde nachkommen können, und *C* sich nach Erhebung der Klage gegen *B* in Kenntnis der Umstände als Wechselnehmer in die Urkunde einträgt?

Mit der Hingabe des unvollständigen Wechsels vereinbaren Geber und Nehmer (hier *A* und *B*), daß der Nehmer zur Ausfüllung des Blanketts befugt sei. Vervollständigt der Blankettnehmer daher die Urkunde absprachegemäß, so kommt die Wechselverpflichtung des Blankettzeichners zustande. Der Blankowechsel begründet dann dessen wechselrechtliche Haftung rückwirkend vom Zeitpunkt der Begebung[20]. Diese Haftung beruht auf Rechtsgeschäft. Zwar ist die Komplettierung des Wechsels nur ein Realakt; der daneben noch erforderliche, mit dem Inhalt des Wechseltextes übereinstimmende Begebungsvertrag wurde jedoch bereits bei der Begebung des Blanketts geschlossen. Im Gegensatz zum fehlerhaften Wechsel ist damit die Veränderung des Wechseltextes vertraglich gedeckt. Die Rechtsnatur der Ausfüllungsermächtigung ist umstritten, vielfach wird eine selbständige Ermächtigung des Blankettnehmers angenommen[21]. Danach ist im *Fall 19* der *A* zur Ausfüllung ermächtigt. Soweit *A* das Blankett nicht vollständig ausgefüllt an *C* übertragen hat, besteht eine Vermutung dafür, daß er – was zulässig ist – die Ausfüllungsbefugnis (im übrigen) auf den Nachmann *C* übertragen hat, § 413 BGB[22]. Da zu diesem Zeitpunkt die Ausfüllungsermächtigung des *A* noch bestand (solange *A* nicht zahlungsunfähig war), durfte sich *C* als Wechselnehmer einsetzen. Daraus folgt, daß *B* aufgrund des Begebungsvertrages mit *A* zur Zahlung der Wechselsumme verpflichtet worden ist.

112 Bei abredewidrig erfolgtem Ausfüllen der Urkunde deckt der ursprüngliche[23] Begebungsvertrag zwischen Geber und Nehmer des Blanketts nicht den (vollen) Inhalt der Skriptur. Es kommt daher insoweit nicht zu einer rechtsgeschäftlichen Haftung des Blankettzeichners. Zwar entsteht mit der Komplettierung der Formalien ein gültiger Wechsel, jedoch eine Wechselverpflichtung des Zeichners nur in dem von der Ausfüllungsbefugnis gedeckten Umfang.

---

[19] Nach *BGHZ* 54, 1.

[20] *BGHZ* 54, 1 (3); *BGH*, WM 1992, 907; *Baumbach/Hefermehl*, Art. 10 Rdnr. 1.

[21] Dazu *Hueck/Canaris*, § 10 II 2.

[22] Die Ausfüllungsermächtigung ist damit auch vererblich und pfändbar, vgl. *BGH*, NJW 1969, 2050; *Baumbach/Hefermehl*, Art. 10 Rdnr. 4.

[23] Eine nachträgliche Einigung auf einen skripturgemäßen Inhalt ist freilich noch möglich.

Beispiel: *B* gibt *A* ein Blankoakzept für einen Betrag von maximal 15 000 DM. *A* setzt 25 000 DM ein.

A kann von *B* nach dem Inhalt des Begebungsvertrages nur 15 000 DM aus dem Wechsel fordern, über die restliche Wechselsumme fehlt der Begebungsvertrag. Der Schutz des Art. 10 WG kommt *A* nicht zugute, da er lediglich Ersterwerber des Wechsels und wegen seines vertragswidrigen Verhaltens nicht schutzwürdig ist. Anders liegt es, wenn *A* den zuvor abredewidrig ausgefüllten Wechsel an den gutgläubigen Zweiterwerber *C* weiterbegeben hat. *C* ist hinsichtlich der durch Begebungsvertrag nicht entstandenen Wechselverbindlichkeit in Höhe von 10 000 DM schutzwürdig, weil er grundsätzlich nicht feststellen kann, ob der (nunmehr formgültige) Wechsel ursprünglich vollständig war oder erst später unter Überschreitung des Umfangs des Ausfüllungsrechts hergestellt worden ist. Von dieser Interessenlage geht Art. 10 WG aus, dem das allgemeine Rechtsscheinprinzip zugrundeliegt. *B* hat durch seine Unterschrift den ihm zurechenbaren Rechtsschein geschaffen, daß er eine dem später eingefügten Text entsprechende Wechselverpflichtung begründen wollte. An diesem Rechtsschein muß er sich gutgläubigen[24] Dritten gegenüber festhalten lassen. Damit haftet *B* in unserem Beispiel dem *C* wechselmäßig auf 25 000 DM.

113 Im *Fall 19 a* ist *C* ebenfalls Eigentümer eines nunmehr formwirksamen Wechsels. Zweifelhaft ist jedoch, ob *B* als Akzeptant verpflichtet ist, und zwar aus zweifachem Grund. Zum einen, weil *C* einen noch nicht vollständig ausgefüllten Wechsel zu einem Zeitpunkt erhalten hat, als das Ausfüllungsrecht des *A* infolge seiner Zahlungsunfähigkeit[25] nicht mehr bestand; und zum anderen, weil *C* bei Ausfüllung des Wechsels nicht mehr gutgläubig war.

Anders als im Beispiel (Rdnr. 112) geht es hier nicht mehr um das Vertrauen des *C* in das Bestehen eines mit dem Wechseltext kongruenten Begebungsvertrages, sondern lediglich um den *Rechtsschein einer Ausfüllungsbefugnis* für *A*. Nach h.M. greift Art. 10 WG zugunsten des zweiten Blankettnehmers *(C)* auch hinsichtlich der ihm übertragenen Ausfüllungsbefugnis ein. *C* darf nicht schlechter stehen, als er bei Erwerb des schon *vorher* abredewidrig ausgefüllten Wechsels stünde[26]. Daher ist der Zeitpunkt des Erwerbs und nicht der Ausfüllung des Blanketts für das Vorliegen des guten Glaubens maßgeblich[27]. Die nachträgliche Kenntnis der Tatsachen, die den Wegfall der Ausfüllungsbefugnis begründen, schadet *C* im *Fall 19 a* nicht. Die Wechselklage hat Erfolg.

Von *Fall 19 a* ist der Fall zu unterscheiden, daß ein fehlerhafter (und deshalb nach Art. 2 I WG nichtiger) Wechsel den Anschein eines Blanketts erzeugt. Trotz Fehlens einer Ausfüllungsermächtigung kann die lückenhafte Wechselurkunde *wie* ein Blankett aussehen. Wer hier auf die

---

[24] Gutgläubigkeit des *C* wird nach Art. 10 WG vermutet („es sei denn, daß ... "). *B* muß daher die Bösgläubigkeit (Vorsatz bzw. grobe Fahrlässigkeit) des *C* beweisen; vgl. § 292 ZPO.

[25] *BGHZ* 54, 1 (5), hat bei Eintritt der Zahlungsunfähigkeit eine auflösende Bedingung der Ausfüllungsbefugnis beim gefälligkeitshalber gegebenen Blankoakzept gesehen.

[26] Der Wortlaut des Art. 10 WG deckt auch diesen Fall, vgl. dazu *Baumbach/Hefermehl*, Art. 10 Rdnr. 8; *Köhler*, JA 1977, 1, 3, will Art. 10 WG analog anwenden; ebenso Bülow, Art. 10 Rdnr. 13.

[27] So die h.M.; vgl. *BGHZ* 54, 1 (3) gegen *RGZ* 129, 338.

Ausfüllungsbefugnis des Veräußerers vertraut, kann sich u.U. auf eine wechselmäßige Haftung des Wechselzeichners nach Rechtsscheingrundsätzen (Art. 10 WG analog) berufen[28].

II. Forderungserwerb des Erstgläubigers

Dem Wechselinhaber steht aus einem (form-)gültigen Wechsel ein Wechselrecht nur zu, wenn er das Eigentum am Papier (sachliche Berechtigung) und die Forderung aus dem Papier erlangt. Im folgenden geht es um die im Wechsel verbriefte Forderung, zunächst um die Rechtsbegründung (1), sodann um das Verhältnis von Wechselforderung und Grundforderung (2).

1. Rechtsentstehung

114 Zur Entstehung der Wechselverpflichtung ist neben der Kreation der Urkunde ein Vertrag zwischen Geber und Nehmer erforderlich. Dieser (Begebungs-)Vertrag hat regelmäßig ein schuldrechtliches Verpflichtungs- und ein auf Übertragung des Eigentums an der Wechselurkunde gerichtetes sachenrechtliches Übereignungsgeschäft zum Gegenstand (vgl. oben 1. Teil Rdnr. 64).

a) Abschluß und Mängel des Begebungsvertrages

Die Wechselurkunde verbrieft regelmäßig mehrere Wechselforderungen. Mit ihrer Unterschrift können sich Aussteller, Bezogener und Indossant wechselmäßig verpflichtet haben. Deshalb muß jeweils geprüft werden, ob neben der Wechselzeichnung auch eine wirksame Wechselbegebung vorliegt. Im Mittelpunkt der Betrachtung steht gewöhnlich das Wechselakzept gemäß Art. 25, 28 WG. Die Haftung des *Akzeptanten* beruht unzweifelhaft auf seiner rechtsgeschäftlichen Verpflichtungserklärung im Begebungsvertrag (dazu näher unter b). Für die subsidiäre Haftung des *Ausstellers* (Art. 9 WG) und der *Indossanten* (Art. 15 WG) ist fraglich und streitig, ob sie auf Gesetz oder Rechtsgeschäft beruht[29]. Tatsächlich wird ein konkreter, auf die Regreßhaftung gerichteter Verpflichtungswille des Ausstellers/Indossanten nicht selten zweifelhaft sein. Gleichwohl liegt in der Aushändigung („Begebung") der unterzeichneten Urkunde an den Nachmann nicht nur die Übereignung der Wechselurkunde, sondern auch die Begründung einer eigenen Verpflichtung des Wechselgebers. Das kann man mit einem gesetzlich typisierten Inhalt des Begebungsvertrages erklären, wonach der Verpflichtungstatbestand selbstverständlicher (bei der Ausstellerhaftung sogar unabdingbarer, vgl. Art. 9 II WG) Bestandteil der Wechselbegebung ist.

115 Der Erwerb einer Wechselforderung setzt daher stets einen wirksamen Begebungsvertrag voraus. Freilich kann dieser aus unterschiedlichen Gründen nicht zustande-

---

[28] Das gilt insbesondere dann, wenn Angaben fehlen, die häufig offen gelassen werden, wie z.B. die Wechselsumme oder der Name des Remittenten, nicht jedoch beispielsweise im *Fall 19 a*, wo das Ausstellungsdatum fehlte, so *BGH*, NJW 1957, 1837; zustimmend *Baumbach/Hefermehl*, Art. 10 Rdnr. 14; s. auch *BGH*, NJW 1973, 282, 283.

[29] Für gesetzliche Haftung: *Bülow*, Einl. WG Rdnr. 4 u. Art. 9 Rdnr. 1; *Zöllner*, § 6 V, § 12 IX 3 a; *Hueck/Canaris*, § 3 I 2 b, § 6 VIII, § 8 IV 3 a; für vertragliche Haftung: *Baumbach/Hefermehl*, Einl. WG Rdnr. 28, Art. 9 Rdnr. 1 (vgl. jedoch auch Art. 15 Rdnr. 2).

kommen. So etwa, wenn der Wechselzeichner mangels Rechtsfähigkeit nicht *wechselfähig* ist und sich somit wechselrechtlich nicht wirksam verpflichten kann.

Fall 20: Der Architekt *B sen.* unterzeichnet namens des „Architektenbüro *B & B GbR*" einen Wechsel an eigene Order des *A* für eine Büromöbellieferung. Als die Inhaber des Büros, *B sen.* und *B jun.*, von *A* aus dem Wechsel in Anspruch genommen werden, wenden sie ein, durch das Akzept des *B sen.* nicht wirksam verpflichtet worden zu sein.

Nach der Rechtsprechung ist der Fall schnell gelöst. Der Wechsel entbehrt der Form (Art. 1 Nr. 3, Art. 2 I WG), weil der im Urkundentext angegebene Name des Bezogenen eindeutig auf eine nichtrechtsfähige BGB-Gesellschaft hinweist und nicht die Möglichkeit bzw. den Anschein offen läßt, daß eine Handelsgesellschaft und damit ein wechselfähiger Personenzusammenschluß vorliegt[30]. Deshalb können auch Wechselrechte nicht begründet werden[31].

Nach anderer Ansicht[32] kann man die Wechselerklärung einer BGB-Gesellschaft zwanglos als im Namen ihrer Mitglieder abgegeben ansehen. *B* sen. begibt das Akzept auch namens seines Mitgesellschafters. Fraglich ist dann allein, ob er insoweit Vertretungsmacht hatte. Das richtet sich nach allgemeinen Regeln, §§ 164, 709, 714 BGB[33].

116 Ein wirksames Wechselversprechen kann auch mangels *Wechselgeschäftsfähigkeit* des Zeichners fehlen.

Fall 21: Die 17jährige *A* zieht einen Wechsel an eigene Order auf ihren Freund *B*, der – infolge eines schizophrenen Schubs vorübergehend geschäftsunfähig – den Wechsel akzeptiert. *A* indossiert mit Zustimmung ihrer Eltern die Urkunde an *C*, der schließlich von *A* und *B* Zahlung aus dem Wechsel verlangt.

C ist Inhaber eines formgültigen Wechsels. Er hat zwar das Eigentum an der Urkunde erlangt[34], jedoch keine Wechselrechte. Gegen *B* nicht, da der Begebungsvertrag gemäß § 105 II BGB unwirksam ist; gegen *A* (Art. 9, 15 WG) nicht, weil ihre Wechselzeichnung wegen der fehlenden Genehmigung des Vormundschaftsgerichts (§§ 1643 I, 1822 Nr. 9 BGB) keine Haftungswirkung hat. Zwar haben *A* und *B* den Wechsel unterschrieben und damit den Rechtsschein eines wirksamen Begebungsvertrages gesetzt; der Rechtsschein ist ihnen jedoch nicht zurechenbar. Diesen (Gültigkeits-)Einwand können *A* und *B* jedem Wechselinhaber entgegensetzen (vgl. unten Rdnr. 176).

Der Begebungsvertrag kommt ferner nicht zustande, wenn das entsprechende Angebot des Wechselgebers *nicht* wirksam *zugeht* bzw. *nicht* wirksam *angenommen*

---

[30] *BGHZ* 59, 179 (184); 61, 59 (68) und *Baumbach/Hefermehl*, Art. 1 Rdnr. 7.

[31] Im Gegensatz zu *BGHZ* 59, 179 (wo ein formgültiger Wechsel vorlag) entstünden hier überhaupt keine Wechselrechte, auch nicht eine Wechselverpflichtung des Vertreters ohne Vertretungsmacht aus Art. 8 WG.

[32] Vgl. oben Fußn. 8.

[33] Dazu sehr instruktiv *Hüffer*, JuS 1978, 231 ff.

[34] Selbst ohne Genehmigung des Begebungsvertrages (Übereignung) durch das Vormundschaftsgericht (§§ 1643 I, 1822 Nr. 9 BGB) hat *C* nach h.M. gutgläubig nach Art. 16 II WG erwerben können; vgl. dazu unten *Fall 31*.

wird[35]. Das gleiche gilt, wenn der Geber *(B)* wegen Irrtums, Täuschung oder Drohung seine Wechselerklärung *anficht*, vgl. oben *Fall 9 a*. Gleichwohl kann in diesen Fällen die Wechselverbindlichkeit in der Person eines gutgläubigen Zweiterwerbers *(C)* aufgrund zurechenbar veranlaßten Rechtsscheins (Unterschrift des Wechselzeichners) entstanden sein. Voraussetzung dafür ist lediglich ein *wechselmäßiger* Zweiterwerb durch Indossament, das den *(C)* als Berechtigten ausweist (Transportfunktion des Indossaments; dazu unten Rdnrn. 143 ff.). Die Anfechtung vermag den Rechtsschein wirksamer Wechselbegebung nicht zu beseitigen. Die Rechtsscheinhaftung beruht nicht auf dem (angefochtenen) Rechtsgeschäft, sondern auf dem durch die zurechenbare Unterschrift (Realakt) geschaffenen Vertrauenstatbestand[36]. In jedem Fall geht aber der Schutz der nicht (voll) Geschäftsfähigen dem Verkehrsschutz vor. Anders läge es im *Fall 21* dann, wenn *B* bei der Skriptur selbst noch geschäftsfähig gewesen wäre. Dann wäre ihm der Anschein eines wirksamen Begebungsvertrages ohne weiteres zurechenbar[37].

117 Wegen der fehlenden Zurechenbarkeit des Skripturakts scheitert eine Haftung des Namensträgers der Wechselzeichnung auch in den Fällen der *Vertretung ohne Vertretungsmacht* und der *Fälschung*.

Fall 22: *A* zieht einen Wechsel an eigene Order auf seinen Schuldner *B* und will ihm das Papier zur Annahme vorlegen. Da *B* nicht anwesend ist, bittet er Frau *B*, das Wechselakzept zu erteilen. Unter dem Vorbehalt des Einverständnisses ihres Mannes schreibt sie: „i.V. Frau *B*." Herr *B* verweigert die Genehmigung. Später indossiert *A* den Wechsel an *C*, der infolge Fahrlässigkeit den Mangel der Vertretungsmacht nicht erkennt. *C* fragt, gegen wen er vorgehen kann.

Wie (fast) bei jedem Vertrag ist auch beim Wechselverpflichtungsvertrag Stellvertretung möglich. Wirksame Vertretung setzt voraus Handeln in fremdem Namen und wirksame Vertretungsmacht. Frau *B* hat ausdrücklich erklärt, die wechselmäßige Verpflichtung für ihren Mann begründen zu wollen. Sie hatte jedoch zum Abschluß des Begebungsvertrages mit *A* keine Vertretungsmacht, weder Vollmacht gemäß §§ 164, 167 BGB noch Duldungs- oder Anscheinsvollmacht[38]. Mangels Genehmigung (§ 177 BGB) kam ein wirksamer Begebungsvertrag nicht zustande. *B* haftet dem *A* nicht, ebenso nicht dem *C* nach Rechtsscheingrundsätzen, denn nicht er *(B)*, sondern seine Frau als falsus procurator hat den Rechtsschein geschaffen.

Allerdings könnte Frau *B* dem *C* haften. In Betracht kommt die bürgerlichrechtliche Haftung aus § 179 BGB neben der wechselmäßigen Haftung aus Art. 8 WG[39]. Ein Anspruch des *C* aus § 179 I BGB scheitert schon daran, daß *C* nicht Empfänger der Erklärung von Frau *B* war. Nach Art. 8 WG haftet der vollmachtlose[40] Vertreter wechselmäßig und grundsätzlich ohne die Beschränkungen des § 179 II, III 1 BGB. Hat der Wechselgläubiger aber *Kenntnis* vom Fehlen

---

[35] Dazu *Bilda*, S. 6 f.

[36] Gleichwohl schützt die Rechtsscheinhaftung bei rechtsgeschäftlichem Erwerb, vgl. dazu insgesamt *Hueck/Canarais*, § 3 II 1.

[37] *Baumbach/Hefermehl*, Art. 17 Rdnr. 34.

[38] Auch § 1357 BGB greift – jedenfalls bei Wechselgeschäften – nicht ein.

[39] Art. 8 WG verdrängt § 179 BGB nicht, *Baumbach/Hefermehl*, Art. 8 Rdnr. 9; *Bülow*, Art. 8 Rdnr. 10.

[40] Ist streitig, ob Frau *B* Vollmacht (z.B. Duldungsvollmacht) hatte, so trifft die Beweislast – gegen den Wortlaut des Art. 8 WG – den Vertreter (Frau *B*), so jetzt *BGHZ* 99, 50 (52); ihm

der Vertretungsmacht, scheidet eine Haftung nach dem Rechtsgedanken des § 179 III 1 BGB aus; nicht aber wenn die Unkenntnis des Dritten – wie im *Fall 22* – auf bloßer Fahrlässigkeit beruht[41]. Daher haftet Frau *B* dem *C* aus Art. 8 WG.

118 Die *Fälschung* eines Wechsels kann durch Herstellung einer unechten Zeichnung *(Fall 23)* oder durch Verfälschung einer echten Skriptur geschehen *(Fall 23 a)*.

Fall 23: A zieht einen Wechsel auf seinen reichen Onkel *B*, fälscht dessen Unterschrift und überträgt den Wechsel einem Gläubiger *C*, der ihn an *D* weitergibt. Gegen wen kann *D* vorgehen?

Fall 23 a[42]*:* Verkäufer *A* und Käufer *B* haben bezüglich der Bezahlung vereinbart, daß *B* dem *A* sofort einen Scheck über die Kaufsumme ausstellt und *B* sich den dafür notwendigen Kredit durch Diskontierung eines von *A* an eigene Order gestellten, mit einem Blankoindossament versehenen und von *B* akzeptierten Wechsel bei der *C*-Bank verschafft (sog. Wechsel-Scheck-Verfahren). Vor Übereignung des Wechsels an *C* fälscht *B* die Wechselsumme von 4800 DM in 104 800 DM. Die nicht erkennbare Fälschung wurde dadurch erleichtert, daß der Wechselbetrag nicht in Worten angegeben war. Kann *C* nach wirksamem Protest aus dem Wechsel gegen *A* und *B* vorgehen?

Im *Fall 23* kann *D* mangels Begebungsvertrag sowie mangels zurechenbaren Rechtsscheins *B* nicht in Anspruch nehmen. Der Onkel kann jedoch, um den Neffen zu decken, die gefälschte Namensunterschrift, genauer den Begebungsvertrag insgesamt analog § 177 BGB genehmigen[43], etwa konkludent schon dadurch, daß er die Erklärung auf Anfrage als „echt" gelten läßt oder bei Vorlage des Wechsels Zahlung leistet (§§ 182, 184 BGB). Genehmigt *B* nicht, besteht eine Rückgriffshaftung des Ausstellers/Indossanten *A* nach Art. 9, 15, 43 WG sowie des Indossanten *C* nach Art. 15, 43 WG. Dabei kann sich *C* wegen Art. 7 WG (Selbständigkeit jeder Wechselerklärung) nicht darauf berufen, er habe nur mit Rücksicht auf das Akzept des *B* seine Unterschrift auf den Wechsel gesetzt. Daneben trifft *A* die Haftung für die Wechselhauptschuld aus Art. 8 WG, obwohl sein Name in der Urkunde nicht erscheint[44].

Im *Fall 23 a* verfälscht *B* einen vollständigen Wechsel (zur Verfälschung eines unvollständigen Wechsels oben *Fall 18*). Bleibt trotz der Veränderung ein formgültiger Wechsel bestehen, kann der Wechselinhaber aus der Urkunde unterschiedliche

---

folgend auch *Baumbach/Hefermehl*, Art. 8 Rdnr. 8; eingehend zu diesem Problem *Pleyer/Hegel*, JuS 1988, 942 ff.

[41] *Baumbach/Hefermehl*, Art. 8 Rdnr. 5; *Hueck/Canaris*, § 6 II 4 a. – Die Haftung aus Art. 8 WG wird ferner noch zugunsten des Minderjährigen gemäß § 179 III 2 BGB beschränkt; vgl. *Baumbach/Hefermehl*, Art. 8 Rdnr. 5.

[42] Nach *BGH*, NJW 1986, 2834. Wir haben es beim Wechsel-Scheck-Verfahren mit einem sog. Akzeptantenwechsel zu tun. Im Unterschied zum normalen Warenwechsel verschafft sich nicht der Aussteller *A* die Wechselsumme durch Diskontierung, sondern der Akzeptant *B*. So lag es offensichtlich auch in *BGH*, NJW 1957, 1837 (oben *Fall 18*). Zur Problematik vgl. *Baumbach/Hefermehl*, Art. 17 Rdnr. 54 m.w. Nachw.; sowie *Bülow* Art. 17 Rdnr. 45.

[43] So *Baumbach/Hefermehl*, Art. 7 Rdnr. 6, Art. 17 Rdnr. 38 m.w. Nachw.; a.A. *Hueck/Canaris*, § 9 II 3.

[44] So die h.M., vgl. *Zöllner*, § 12 II 3; *Hueck/Canaris*, § 6 II 5. Das ist konsequent, weil auch der unberufene Vertreter, der mit dem Namen des Vertretenen unterschreibt, nach Art. 8 WG haftet.

Ansprüche herleiten. *A* haftet gemäß Art. 9, 15, 69 WG lediglich in Höhe von 4800 DM und zwar ohne Rücksicht darauf, ob der ursprüngliche Wechseltext noch erkennbar ist. Insoweit liegt eine gültige Wechselverpflichtung des *B* vor (Skriptur und Begebungsvertrag). Daß *A* die Fälschung (durch bloße Ziffernangabe) erleichtert hat, reicht für eine Rechtsscheinhaftung nicht aus. Der Eingriff des *B*, der den Anschein einer Wechselbegebung über 104 800 DM schafft, ist dem *A* nicht zurechenbar[45]. Dagegen haftet *B* der *C*-Bank gemäß Art. 28 i.V. mit Art. 69 WG. Das würde auch dann gelten, wenn *C* beim Erwerb des Wechsels die Verfälschung erkannt hätte.

b) Das Wechselakzept

119 Auch ohne Akzept ist der Wechsel gültig, da die Unterschrift des Bezogenen nicht zu den Formerfordernissen des Art. 1 WG gehört. Freilich spielt die Tratte im Wirtschaftsverkehr keine große Rolle. Bedeutung erlangt der Wechsel erst mit der Annahme, durch die sich der Bezogene verpflichtet, den Wechsel bei Verfall zu zahlen.

Art. 25 WG schreibt für die Annahmeerklärung Schriftform vor. Gewöhnlich setzt der Bezogene seine Unterschrift quer auf die (linke) Vorderseite der Urkunde. Damit kommt der Rechtsfolgewille hinreichend zum Ausdruck, Art. 25 I 3 WG. Wichtig ist nur, daß der Akzeptant mit dem auf dem Wechsel angegebenen Bezogenen identisch ist. Dabei genügt sachliche (wirkliche) Identität, förmliche (nominelle) Identität wird nicht vorausgesetzt[46]. Deshalb ist das Akzept des Kaufmanns, der mit seinem bürgerlichen Namen *B* unterschreibt, wirksam, obwohl er im Wechseltext mit seiner Firma (vgl. § 17 HGB), z.B. Möbelhaus *X*, bezeichnet ist.

Art. 21 WG sieht vor, daß der jeweilige Inhaber der Urkunde (Remittent *C*, Indossatar *D, E*) die Tratte dem Bezogenen zur Annahme vorlegen kann. Dieser Fall kommt in der Praxis kaum vor, weil gewöhnlich nur angenommene Wechsel (Akzepte genannt) in Umlauf gebracht werden. Zur Annahme ist der Bezogene aber wechselrechtlich nicht verpflichtet. Lehnt er die Annahme ab, muß der Urkundeninhaber Protest mangels Annahme erheben (Art. 44, 53 I 2. Fallgruppe WG), um gegen seine Vormänner Rückgriff nehmen zu können, Art. 43 I, II Nr. 1 WG. Das gilt nicht, wenn der Aussteller ein Annahmeverbot auf den Wechsel geschrieben hat (Art. 22 II, III WG) oder den Protest erlassen hat (Art. 46 WG).

Bei einem Nachsichtwechsel (Art. 33 I WG) kann die Vorlegung nach Art. 22 II WG nicht untersagt werden, da sie für die Berechnung des Verfalltages notwendig ist, Art. 35 I WG. Aus diesem Grunde muß die Annahmeerklärung ausnahmsweise auch datiert werden, Art. 25 II WG[47]. Für diese Wechsel gilt ein gesetzliches Vorlegungsgebot (binnen Jahresfrist ab Ausstellung), Art 23 I WG. Bei Fristversäumung verliert der Inhaber alle Rückgriffsrechte, Art. 53 I 1. Fallgruppe WG. Das gleiche gilt, wenn die vom Aussteller vorgeschriebene Frist zur Annahme versäumt worden ist, Art. 22 I, 53 II WG.

Der Bezogene kann den Wechsel nur entsprechend dem geschriebenen Wechselinhalt annehmen. Jedoch ist ein Teilakzept, in dem er seine Haftung auf einen Teil der Wechselsumme beschränkt, gültig, Art. 26 I WG. Jede (schriftliche[48]) Bedingung macht das Akzept aber nichtig. Nimmt *B* den Wechsel an mit dem Vermerk „falls ich das Darlehen vom Aussteller bekomme",

---

[45] So *BGH*, NJW 1986, 2384 m.w. Nachw. und bereits *BGHZ* 47, 95 (99 ff.); a.A. *Hueck/Canaris*, § 9 II 3 c; vgl. die Fallbesprechung von *Hadding*, JuS 1986, 469.

[46] *Baumbach/Hefermehl*, Art. 25 Rdnr. 2; str. vgl. *Pleyer/Hegel*, JuS 1988, 942, 945.

[47] Falls der Protest mangels Datierung (Art. 25 II 2 WG) unterbleibt, verliert der Wechselinhaber sämtliche Rückgriffsrechte (nicht jedoch die Wechselhauptforderung gegen den Annehmer), Art. 35 II WG; näher dazu *Baumbach/Hefermehl* Art. 35 Rdnr. 2.

[48] Vgl. dazu noch unten *Fall 43*.

so gilt das als Verweigerung der Annahme. Eine Haftung des *B* kommt selbst dann nicht in Betracht, wenn die skripturmäßige Bedingung eintritt (str.). Andere Abweichungen der Akzepterklärung vom Wechselinhalt (z.B. hinsichtlich der Zahlungszeit) behandelt Art. 26 II WG.

Neben dem Skripturakt ist für eine wirksame Wechselannahme ein Begebungsvertrag oder der zurechenbare Rechtsschein eines solchen erforderlich; gegen die Kreationstheorie spricht schon Art. 29 I 1 WG.

Näherer Untersuchung bedarf jedoch die Frage, wie der Begebungsvertrag im Einzelfall zustandekommt. Das kann freilich bei der Vorlage des Wechsels zur Annahme durch den jeweiligen Inhaber *C, D* (Art. 21 WG) nicht zweifelhaft sein. Ebenso unproblematisch ist der Fall, daß der Aussteller *A* als erster Nehmer (Remittent) den an eigene Order ausgestellten Wechsel dem Bezogenen *B* zum Akzept vorlegt. In beiden Fällen kommt der Begebungsvertrag jeweils mit Aushändigung (Rückgabe) der unterzeichneten Urkunde an den Wechselgläubiger (*A* bzw. *C, D*) zustande.

120 Anders verhält es sich, wenn die Akzeptverpflichtung nicht gegenüber dem Vorlegenden, sondern gegenüber einem Dritten begründet werden soll. Das kommt im Wechselverkehr nicht selten vor.

Fall 24: A hat einen auf *B* gezogenen, an Order des *C* gestellten Wechsel nach dem Akzept des *B* an *C* ausgehändigt.

Fall 24 a: B hat *A* ein Blankoakzept übereignet und ihn ermächtigt, die Wechselsumme und den Wechselnehmer einzusetzen, um von einem seiner (des *A*) Gläubiger weiteren Zahlungsaufschub zu erhalten. *A* stellt den Wechsel aus und trägt seinen Gläubiger *C* als Erstberechtigten ein.
Wie wird *C* jeweils Wechselgläubiger?

Die Situation wird in der Literatur, soweit ersichtlich, für die Wechselbegebung nicht näher untersucht. Gleichwohl wirft die wechselrechtliche Verpflichtung des *B* einige Zweifelsfragen auf. Der zur Rechtsbegründung erforderliche Begebungsvertrag kommt hier wie sonst auch nur zwischen dem Geber *(B)* und dem Nehmer *(A)* der unterzeichneten Urkunde zustande. Indessen wird die Urkunde nicht direkt an den Erstberechtigten (Remittenten) begeben. Daher fragt es sich, ob die Forderung aus dem Papier schon mit der Hingabe des Wechsels von *B* an *A* entsteht, so daß *C* schon vor Aushändigung des Papiers an ihn Wechselgläubiger wäre. Dann stünde ihm (und nicht dem *A*) nach § 952 II BGB analog sogar das Eigentum am Wechsel und deshalb gemäß § 985 BGB bereits ein Anspruch auf Herausgabe der Wechselurkunde gegen *A* zu, was wohl kaum der Interessenlage und dem mutmaßlichen Willen der Parteien entsprechen dürfte. *Canaris*[49] nimmt daher für eine ähnliche Lage an, daß der Begebungsvertrag erst mit Aushändigung des Papiers an *C* zustandekomme. Dabei soll *A* das Angebot des *B* als dessen Bote dem *C* überbringen. Demzufolge wird das Forderungsrecht erst mit der Begebung der Urkunde an *C* begründet.

Indessen dürfte eine andere Konstruktion sachgerechter sein. Richtig ist zwar, daß *B* die Wechselforderung *C* zuwenden will. Andererseits verfolgt aber *B* gegenüber *C*

---

[49] *Hueck/Canaris*, § 4 V 2 (Anweisungsannahme) und § 24 I 3 a (Ladeschein, Konnossement). Die Botentheorie bereitet indessen „Schwierigkeiten ... in der Frage des Einwendungsausschlusses", so *Hueck/Canaris*, § 24 I 3 a; vgl. zum Anweisungsakzept auch *Zöllner*, § 8 V 2 b und *Staudinger/Marburger*, § 784 Rdnr. 7.

nicht den maßgeblichen Leistungszweck; vielmehr vereinbart er den Rechtsgrund seiner Verpflichtung (i.d.R. Erfüllungszweck, Leistungsversprechen erfüllungshalber) mit seinem Vertragspartner *A* (vgl. oben 1. Teil *Fälle 13, 14*). Daher liegt es nahe, daß *B* auch das Zuwendungsgeschäft selbst (= Abgabe des Leistungsversprechens) mit *A* abschließt: *B* verspricht *A*, an *C* aus dem Wechsel zu zahlen. Der Begebungsvertrag zwischen *B* und *A* beinhaltet demnach ein Leistungsversprechen zugunsten des ersten Wechselnehmers *C* i.S. eines Vertrages zu Rechten Dritter, § 328 BGB[50]. Aber abweichend von der Rechtslage bei dem berechtigenden Vertrag zugunsten Dritter wird *C* nicht schon mit Abschluß des Begebungsvertrages zwischen *B* und *A* Inhaber der im Wechsel verbrieften Forderung, mithin nicht in analoger Anwendung des § 952 II BGB Eigentümer der Wechselurkunde. Diese Folge kommt bereits für die Anweisungsannahme (also bei bloßen Rektapapieren) nicht in Betracht. § 784 II 2 BGB bestimmt vielmehr, daß die – infolge der Papierbegebung zwischen Anweisendem *A* und Angewiesenem *B* schon begründete – Forderung aus der Annahme der Anweisung erst mit der Aushändigung der Urkunde durch *A* an den Anweisungsbegünstigten *C* wirksam wird[51]. Entsprechend gilt beim Orderwechsel, daß erst die Übertragung des Papiereigentums von *A* an *C* den (mit der Wechselbegebung von *B* an *A* schon begründeten) Anspruch des *C* wirksam macht. Daß *C* erst dann Wechselgläubiger wird, dürfte regelmäßig auch dem Willen von *A* und *B* entsprechen. Deshalb wird man auch davon ausgehen können, daß *A*, jedenfalls mit Zustimmung des Wechselzeichners *B*, vor Aushändigung der Urkunde den Namen des Wechselnehmers *C* streichen und durch einen anderen ersetzen darf.

In den *Fällen 24, 24 a* haben wir es daher mit einem mehraktigen Entstehungstatbestand zu tun: neben der Skriptur des *B* und dem Begebungsvertrag von *B-A* setzt die Akzeptverpflichtung zu ihrer Wirksamkeit ein weiteres Wechselbegebungsgeschäft, nämlich die Eigentumsübertragung von *A* an *C* voraus.

121 Die Verpflichtung des *B* entsteht aber nicht nur durch Weitergabe der Urkunde von *A* an *C*, sondern nach Rechtsscheingrundsätzen bereits dann, wenn die Urkunde auf andere Weise in den Verkehr gelangt.

Fall 25[52]*: B* gibt seinem Schwager *A* ein Blankoakzept (Gefälligkeitsakzept) zur Sicherheit für den Gläubiger *C. A* sollte das Blankett entsprechend ausfüllen und an *C* weiterbegeben. Zuvor stiehlt *X* den Blankowechsel, setzt sich – unter falschem Namen – als Remittent ein und überträgt die Urkunde mittels Indossament an den gutgläubigen *D*. Dieser verlangt Zahlung von *B*.

---

[50] Nicht jedoch zugunsten der jeweils weiteren Wechselnehmer (Indossatare), wie früher unter der Herrschaft der Offertentheorie (dazu noch unten Rdnrn. 136 u. 216) angenommen wurde. Vielmehr wird der Wechselhauptanspruch bei Weiterindossierung unmittelbar auf die Nachmänner des *C* übertragen. Hinsichtlich der Einwendungen des Wechselschuldners *B* gegen *C* (bzw. dessen Nachmänner) gilt Art. 17 WG, nicht § 334 BGB; vgl. dazu unten *Fall 28 a*.

[51] Vgl. auch *Staudinger/Marburger*, § 784 Rdnr. 5. Wie sehr das Leistungsversprechen gem. § 784 BGB der Forderungsbegründung beim Vertrag zugunsten Dritter konstruktiv entspricht, zeigt *BGH*, WM 1982, 155 (156; unter II 2 b der Gründe), wo zu Recht erwogen wird, ob die mangels Aushändigung der Urkunde unwirksame) Akzepterklärung in einen echten Vertrag zugunsten Dritter umgedeutet werden kann, hierzu auch *Staudinger/Marburger*, § 783 Rdnr. 32.

[52] Nach *RGZ* 142, 307; zum Gefälligkeitsakzept vgl. schon *Fall 19*.

D ist aufgrund gutgläubigen Erwerbs Eigentümer der (nunmehr formgültigen) Wechselurkunde geworden, Art. 16 II WG (dazu unten Rdnrn. 140 ff.). Die Wechselverbindlichkeit ist entgegen der Ansicht des *RG*[53] nicht schon mit Abschluß des Begebungsvertrages zwischen *B* und *A* wirksam begründet. Sie entsteht vielmehr erst mit der Weiterbegebung der Urkunde an *C* nach Vervollständigung des Wechseltextes durch *A*. Da es daran fehlt, kann *D* die Wechselforderung gegen *B* nur kraft Rechtsscheins erworben haben. Durch die Unterschrift hat *B* den ihm zurechenbaren Rechtsschein einer bereits gültigen Akzeptverpflichtung geschaffen. Daß der Wechsel später von *X* abredewidrig ausgestellt wurde, hindert gemäß Art. 10 WG den Erwerb des gutgläubigen *D* nicht. Demnach ist die Akzeptverpflichtung des *B* gegenüber *D* wirksam entstanden.

122 Die Konstruktion des Begebungsvertrages in diesen Fällen ist nicht beliebig oder gar akademischer Natur. Vielmehr wird die Frage, zwischen wem der Vertrag zustandekommt, unmittelbar praktisch, wenn es bei Anfechtung des Begebungsvertrages durch den Akzeptanten um die Person des richtigen Anfechtungsgegners (§ 143 II BGB) oder um den Anfechtungsgrund (§123 II BGB) geht. Desweiteren macht die hier vorgeschlagene Konstruktion in besonderem Maße deutlich, daß die Rechtsstellung, die der Remittent *C* aus dem Wechsel erlangt, über diejenige eines unmittelbar mit dem Wechselgeber kontrahierenden Wechselnehmers hinausgeht. Zwar ist *C* Erstberechtigter aus dem Wechsel, seine Position entspricht aber, da er nicht aufgrund Begebungsvertrages von *B* erwirbt, in allen Punkten einem wechselmäßigen Zweiterwerber.

Fall 26[54]*:* *A* hat einen Wechsel an die Order des *C* gestellt, von *B* akzeptieren lassen und schließlich *C* übereignet. *C* klagt gegen *B* auf Zahlung, *B* bestreitet schon den Eigentumserwerb des *C*, da *A* geschäftsunfähig gewesen sei. Aus diesem Grunde sei auch der Begebungsvertrag zwischen ihm und *A* unwirksam und eine Wechselforderung aus Art. 28 WG nicht entstanden. Können diese Einwendungen die prozessuale Lage des *C* erschweren?

Zunächst kommt *C* die formelle Legitimation der Wechselurkunde zugute, wonach die sachliche Berechtigung (also das Eigentum des *C*) widerleglich vermutet wird, Art. 16 I WG. Zwar führt auf *C* nicht eine ununterbrochene Kette von Indossamenten hin, wie Art. 16 I WG voraussetzt. Das ist aber auch nicht erforderlich, weil *C* in der Urkunde als erster Wechselnehmer namentlich bezeichnet und somit ausgewiesen (legitimiert) ist. Daher besteht bereits für *C* eine Rechtserwerbs- und zugleich eine Rechtsbestandsvermutung (vgl. oben 1. Teil Rdnr. 16 und unten Rdnr. 137). Auch wenn *B* der Nachweis der Geschäftsunfähigkeit des *A* gelingt, ist der Eigentumserwerb des *C* nicht ausgeschlossen. *B* müßte vielmehr zusätzlich noch vollen Beweis dafür erbringen, daß *C* bei Erwerb insoweit bösgläubig gewesen ist, Art. 16 II WG (zum gutgläubigen Erwerb des Eigentums an der Urkunde vom Geschäftsunfähigen vgl. unten Rdnr. 142.

---

[53] *RGZ* 142, 307 (310), wo noch unter Geltung der alten Wechselordnung für das Blankoakzept die reine Vertragstheorie vertreten wurde, vgl. dazu 1. Teil Fußn. 56.

[54] Nach *Bornemann*, S. 231 (Beispiel 283).

Wegen der (nachgewiesenen) Geschäftsunfähigkeit des *A* kommt jedoch der Begebungsvertrag zwischen *A* und *B* nicht zustande, § 105 I BGB. Damit ist rechtsgeschäftlich die Wechselverbindlichkeit des *B* nicht wirksam begründet worden. Dennoch könnte der (geschäftsfähige) *B* dem *C* wegen zurechenbaren Rechtsscheins eines wirksamen Begebungsvertrages haften. Das setzt jedoch zunächst einen wechselmäßigen Zweiterwerb voraus, der im *Fall 26* vorliegt. *C* hat *wechselmäßig* erworben, weil er schon durch seine Benennung als erster Wechselnehmer (Art. 1 Nr. 6 WG) legitimiert ist. *Zweiterwerb* ist gegeben, weil *C* das Papier von *A* und gerade nicht von dem sich Verpflichtenden *(B)* erhält. Damit steht *C* ebenso, wie wenn er den Wechsel durch Indossament von *A* erworben hätte[55]. Im übrigen wird die Gutgläubigkeit des *C* vermutet, so daß *B*, wenn ihm der Gegenteilsbeweis nicht gelingt, nach Rechtsscheingrundsätzen haftet.

2. Verhältnis von Wechselforderung und Kausalforderung

Im Wirtschaftsverkehr wird der Wechsel überwiegend zahlungs- bzw. sicherungshalber für eine Kausalforderung hingegeben. Wir haben es daher mit zwei Forderungen zu tun, die streng auseinander gehalten werden müssen. Im folgenden sollen noch die Fragen nach der schuldrechtlichen Verknüpfung von Wechsel- und Kausalforderungen (dazu a) und nach den Einwendungen des Schuldners gegen diese Ansprüche (dazu b) erörtert werden.

a) Schuldrechtliche Verbindung der Forderungsrechte

123 Der weiteren Erörterung soll folgender Fall zugrunde gelegt werden:

Fall 27: A hat einen Wechsel an eigene Order auf *B* gezogen, der ihn zur Zahlung einer Schuld akzeptiert. *A* indossiert die Urkunde seinerseits zur Erfüllung einer Schuld an *C*, dieser wiederum zahlungshalber an seinen Lieferanten *D*. *D* indossiert den Wechsel sicherungshalber an seinen Gläubiger *E*, während er die (gesicherte) Kaufpreisforderung gegen *C* im Wege des verlängerten Eigentumsvorbehalts ebenfalls zur Sicherheit an seinen Rohstofflieferanten *X* abtritt. Kann sowohl *E* als auch *X* Zahlung von *C* verlangen?

In einem solchen Fall erhält jeder Gläubiger (*C* bzw. *D*) zusätzlich zu seiner Grundforderung noch eine (Art. 28 WG) oder sogar mehrere Wechselforderungen (Rückgriffsrechte aus Art. 9 bzw. 15 WG). Die mit der Hingabe des Wechsels jeweils verbundene Verschaffung (Zuwendung) der Wechselrechte erfolgt nicht ohne Grund (vgl. oben 1. Teil Rdnr. 76). Mit der Wechselhingabe verfolgen *B*, *A* und *C* jeweils den Erfüllungszweck, sie begründen bzw. übertragen die Wechselansprüche zahlungshalber, § 364 II BGB. Die mit der Weitergabe des Wechsels durch *D* gewährte Rechtsverschaffung an *E* erfolgt sicherungshalber. Da weder der Akzeptant *B* noch die Indossanten *A, C* und *D* schon nach dem Inhalt der jeweiligen Grundverhältnisse zur Wechselbegebung vertraglich verpflichtet sind, ist für das Zustandekommen eines Rechtsgrundes der Forderungszuwendung die *Vereinbarung* des Erfüllungs-

---

[55] Aus diesem Grunde gilt bei Einwendungen des Wechselschuldners *B* aus seiner Rechtsbeziehung zum Aussteller *A* Art. 17 WG zugunsten des Remittenten *C*; vgl. dazu unten *Fall 28 a*.

bzw. Sicherungszwecks[56] in der sog. Begebungsabrede erforderlich (vgl. oben 1. Teil Rdnr. 73 ff.).

Neben dem Erfüllungs- bzw. Sicherungszweck können die Parteien auch andere Zwecke für die Wechselhingabe verfolgen. So etwa den Austauschzweck in dem praktisch wichtigen Fall der Diskontierung des Wechsels (ausgetauscht werden der Wechsel sowie die darin verbrieften Rechte und der Kaufpreis[57]) oder den Unentgeltlichkeitszweck, wenn der Wechsel geschenkt wird (vgl. dazu unten Rdnr. 187).

Mit der erfüllungshalber erfolgten Wechselbegebung erlischt der (Kaufpreis-)Anspruch im Grundverhältnis noch nicht (näher dazu unten Rdnr. 200). Daher blieb *D* auch nach Entgegennahme des Wechsels Gläubiger der Kaufpreisforderung gegen *C*[58]. Kaufpreis- und Wechselforderung können selbständig und unabhängig voneinander übertragen werden[59]. Das folgt aber nicht aus der Abstraktheit der Wechselforderung[60] (hier des *D* gegen *C*, Art. 15 WG), sondern ist, wie bei sonstigen Anspruchskonkurrenzen auch, ganz selbstverständlich möglich. Daher konnte *D* im *Fall 27* die Forderungen unterschiedlichen Personen übertragen[61].

Damit ist aber nicht gesagt, daß der Schuldner *C* Gefahr läuft, doppelt (von *X* und *E*) in Anspruch genommen zu werden. Er muß den geschuldeten Betrag nicht zweimal zahlen. Der Schutz des *C* wird dadurch gewährleistet, daß er dem Gläubiger der kausalen Forderung *(X)* bei zahlungshalber hingegebenem Wechsel die **Einrede der Wechselhingabe** entgegenhalten kann. Das ist ein wie eine Stundung wirkendes Leistungsverweigerungsrecht, das nach § 404 BGB auch dem Zessionar gegenüber gilt. Es folgt nicht schon unmittelbar aus der Erfüllungszweckvereinbarung[62], vielmehr aus deren Sinn und Zweck. Da die Parteien mit der Wechselhingabe einen Erfüllungsversuch (§ 364 II BGB) verabreden, ist der Wechselnehmer *D* verpflichtet, zunächst Befriedigung aus dem Wechsel zu suchen. Die Durchsetzung der Grundforderung ist bis zur Nichteinlösung des fälligen Wechsels gehemmt.

Zwar muß der Wechselnehmer die Wechselforderung nicht einklagen, aber gleichwohl alles tun, um den Wechsel einzuziehen. Insbesondere ist er verpflichtet, den Wechsel rechtzeitig zur Zahlung vorzulegen und rechtzeitig zur Erhaltung der Rückgriffsansprüche protestieren zu lassen[63]. Allerdings besteht diese Pflicht nur solange, als der Gläubiger (im *Falle 27* der *D*) nicht

---

[56] Gemeint ist die Sicherungsabrede i.S. der Zweckvereinbarung, nicht der Begründung einer Leistungsverpflichtung, vgl. 1. Teil Rdnr. 76.

[57] Rspr. und h.L. sehen in der Diskontierung einen Kaufvertrag, vgl. *Baumbach/Hefermehl*, Anh. Art. 11 Rdnr. 15; *Meyer-Cording*, S. 36, 57; a.A. (Darlehensvertrag) *Hueck/Canaris*, § 17 II 2; ebenso für den Regelfall *Bülow*, Art. 11 Rdnr. 20.

[58] Die rechtliche Trennung der beiden Forderungen hat jedoch entgegen *Brox*, Rdnr. 508 nichts mit dem Abstraktionsgrundsatz zu tun.

[59] Ein Abtretungsverbot für die Kaufpreisforderung gemäß § 399 BGB ist ohne ausdrückliche Vereinbarung nicht anzunehmen.

[60] Wie *Hueck/Canaris*, § 17 I 2 und *Zöllner*, § 19 I 3 meinen.

[61] Nach Nr. 44 AGB der Banken (Fassung Jan. 1988) werden allerdings mit der Diskontierung des Wechsels zugleich die dem Wechsel zugrundeliegenden Forderungen auf die Bank übertragen.

[62] Wie *Zöllner*, § 19 III 2 meint; jedenfalls folgt die Einrede auch nicht aus dem Begebungsvertrag als solchem, so aber *Baumbach/Hefermehl*, Einl. WG Rdnr. 41.

[63] Verletzt der Gläubiger diese schuldrechtliche Neben- (sog. Diligenz-)Pflicht schuldhaft, wird er dem Schuldner aus positiver Vertragsverletzung schadensersatzpflichtig, soweit dieser bei Nichteinlösung des Wechsels durch den vermögenslosen Bezogenen wegen des Verlustes

seinerseits den Wechsel weiterbegeben hat, wozu er mangels entgegenstehender Anordnung des *C* (Art. 15 II WG) jederzeit befugt ist.

124 Aber auch nach Fälligkeit des Wechsels, wenn der Wechselinhaber *E* Zahlung vom Bezogenen *B* nicht erlangt hat, darf der Gläubiger *D* auf die Grundforderung nur zugreifen, wenn er gleichzeitig (Zug um Zug) den Wechsel herausgeben kann. Der Kaufpreisschuldner *C* braucht ohne Rückgabe des Wechsels nicht zu leisten, § 273 BGB. Das kann er auch dem Neugläubiger *X* entgegenhalten, § 404 BGB. Zahlt der Wechselschuldner *C* (oder *B*) bei Verfall die Wechselschuld an *E*, so erlischt zugleich auch die Kaufpreisforderung des *D*; der Erfüllungsversuch hat zum Erfolg geführt (vgl. unten Rdnr. 200). Auch diese (rechtsverneinende) Einwendung kann der Schuldner *C* dem Zessionar *X* entgegenhalten, § 404 BGB[64].

b) Einwendungen des Schuldners

125 Die vorstehenden Überlegungen zeigen, daß Kausal- und Wechselforderung nicht unverbunden nebeneinander stehen. Vielmehr führt die Zweckvereinbarung immer auf das in Bezug genommene Schuldrechtsverhältnis hin, das erfüllt oder gesichert werden soll. Die Frage ist nur, ob alle Einwendungen des Schuldners im Grundverhältnis ohne weiteres auch gegen seine Wechselverpflichtung wirken.

Fall 28: Der Schuldner *B* hat einen von seinem Warenlieferanten *A* an eigene Order gestellten Wechsel akzeptiert. Anschließend erweist sich
(1) ein Erklärungsirrtum des *A*, der den Kaufvertrag wirksam anficht;
(2) ein Mangel der Kaufsache, den *B* rechtzeitig anzeigt[65];
(3) daß die Kaufsache gestohlen war, so daß der Käufer *B* ohne die zwar in Aussicht gestellte, aber noch nicht erfolgte Genehmigung des Eigentümers Eigentum nicht erwerben kann. Kann sich *B* jeweils erfolgreich gegen die Inanspruchnahme aus dem Wechsel zur Wehr setzen?

Fall 28 a: Wie ist die Rechtslage, wenn der Aussteller *A* den Wechsel an Order des *C* gestellt und diesem den von *B* akzeptierten Wechsel übereignet hat?

Bei diesem Fall geht es um die Frage, ob der Wechselnehmer (A bzw. *C*) eine einredefreie Wechselforderung erworben hat. Die von dem Wechselschulder *B* geltend gemachten Einwendungen richten sich sämtlich gegen die Kaufpreisforderung; es handelt sich um eine rechtsvernichtende Einwendung (1) sowie um rechtshemmende Einreden (2) und (3).

Mit der Einwendung (1) macht *B* geltend, die zu erfüllende Verbindlichkeit sei nichtig. Wegen der Nichtigkeit des Kaufvertrages wird der bei Wechselbegebung verfolgte Erfüllungszweck verfehlt, was zur Kondiktion des Wechsels führt. Infolgedessen steht der Wechselschuld die Bereicherungseinrede entgegen. Eine Rechtsgrundeinrede gegen die Wechselforderung begründet auch die Einrede (2). Dabei handelt es sich mangels Vollziehung der Wandelung (§ 465 BGB) nicht schon um die Wandelungseinrede, sondern um die rechtshemmende Sachmängeleinrede gemäß

---

der Rückgriffsrechte nicht mehr auf seine Vormänner zurückgreifen kann, str., vgl. *Baumbach/Hefermehl*, Einl. WG Rdnr. 45 und unten *Fall 49 c*.

[64] *Baumbach/Hefermehl*, Einl. WG Rdnr. 54.

[65] Vgl. dazu *BGH*, NJW 1986, 1872.

§ 478 BGB, die sich gegen die Leistungspflicht aus dem Kausalverhältnis richtet. Soweit die Mängelanzeige in unverjährter Zeit (§ 477 BGB) abgesandt wurde, liegt eine dauernde (peremptorische) Einrede vor[66]. Sie bewirkt gemäß §§ 812 II, 813 I 1 BGB, daß *B* das zum Zwecke der Erfüllung (erfüllungshalber) gegebene Wechselakzept kondizieren kann, weil der Erfüllungszweck bei einer mit einer solchen Einrede entkräftbaren Schuld ebenso wie bei einer bloßen Nichtschuld auf Dauer nicht erreicht werden kann. Deshalb steht *B* gegen die Wechselforderung des *A* die Bereicherungseinrede zu.

126 Im Ergebnis kann man daher festhalten, daß Einwendungen gegen die Kausalforderung sich nur auf dem Umweg über das Bereicherungsrecht (Bereicherungseinrede) gegen die Wechselforderung richten. Insoweit bestand seit jeher ein nahezu allgemeiner Konsens. In jüngster Zeit sind jedoch Zweifel aufgekommen. Der *BGH* ist nämlich der Ansicht, auf die Begründung aus dem Bereicherungsrecht verzichten und sie statt dessen aus dem allgemeinen Satz herleiten zu können, daß eine **Vertragspartei *(A)* gegenüber ihrem Vertragspartner *(B)* nicht mehr Rechte aus dem Wechsel für sich in Anspruch nehmen dürfe, als ihr aus dem Grundgeschäft zustehen**[67]. Das soll aus dem zwischen *A* und *B* vereinbarten Erfüllungszweck folgen; denn „aus der vertraglichen Zweckbestimmung ergebe sich ohne weiteres, daß der Verkäufer *(A)* ... nicht berechtigt sei, aus ... dem Wechsel vorzugehen, soweit die Geltendmachung durch den vereinbarten Zweck nicht gerechtfertigt sei, also ein Erfüllungsanspruch nicht oder noch nicht bestehe"[68]. Diese Begründung dürfte einer dogmatischen Überprüfung kaum standhalten[69]. Aus der Zweckvereinbarung als solcher ergibt sich keine schuldrechtliche Einrede gegen die Wechselforderung. Mit der Vereinbarung des Erfüllungszwecks legen die Parteien lediglich Zweck und Rechtsgrund für die mit der Wechselhingabe verbundene Forderungszuwendung fest. Mehr leistet die Lehre von der Zweckvereinbarung nicht, der *BGH* überschätzt ihren dogmatischen Gehalt[70].

127 Im übrigen erweist sich die Ausgangsthese des *BGH* schon deswegen als bedenklich, weil der Wechselnehmer *(A)* aus der Urkunde eben doch mehr Rechte als aus dem Grundgeschäft für sich in Anspruch nehmen kann. So kann die Kaufpreisforderung des *A* im *Fall 28* der kurzen (zweijährigen) Verjährung des § 196 BGB, seine Akzeptforderung dagegen gemäß Art. 70 WG der dreijährigen Verjährung unterlie-

---

[66] Das Leistungsverweigerungsrecht des § 478 BGB setzt freilich voraus, daß der Schuldner noch nicht gezahlt hat. Das hat *BGH*, NJW 1986, 1872, zu Recht verneint, da in der bloßen Zeichnung des Wechsels keine Zahlung gesehen werden kann. Anderer Ansicht sind *Zöllner*, ZHR 148 (1984), 315 f., 333; *Hueck/Canaris*, § 17 I 1 b und *Canaris*, JZ 1986, 684, die die Zahlungsfunktion der Wechselhingabe (zu sehr) hervorheben.

[67] *BGHZ* 57, 292 (300); *BGH*, NJW 1976, 1451; NJW 1986, 1872; zustimmend *Baumbach/Hefermehl*, Einl. WG Rdnr. 10, Art. 17 Rdnrn. 67 ff., ebenso *Bülow*, Art. 17 Rdnr. 57, 69.

[68] *BGH*, NJW 1986, 1872, 1873; ähnlich *BGHZ* 85, 346 (348): ebenso bereits *Bornemann*, S. 212 f.

[69] Soweit *Canaris* (Fußn. 66) und *Zöllner*, ZHR 148, 330 f., der Rechtsprechung vorwerfen, sie zerstöre die Abstraktheit des Wechsels, verfängt dies wegen der Mehrdeutigkeit des Begriffs nicht so recht, vgl. oben 1. Teil Rdnrn. 77 ff.

[70] Krit. auch *Tiedtke*, ZIP 1986, 954 und *Zöllner*, ZHR 148, 326 ff.; vgl. ferner *Schnauder*, JZ 1990, 1046 ff.

gen[71]. In jedem Fall bietet der Wechsel dem Inhaber *A* schon deshalb eine bessere Rechtsstellung, weil nicht er die Rechtsentstehung, sondern der Wechselschuldner *B* deren Mangel darlegen und beweisen muß (formelle Legitimation der Urkunde).

128 Bei der Einrede (3) führt die Begründung des *BGH* schließlich zu einem von der bisher geltenden bereicherungsrechtlichen Linie abweichenden Ergebnis. Im *Fall 28* begründet der behebbare Rechtsmangel die aufschiebende (dilatorische) Einrede des nicht vollständig erfüllten Vertrages gegen den *Kaufpreisanspruch*, §§ 440 I, 320, 322 BGB. Nach der Rechtsprechung des *BGH* wirkt die Einrede unmittelbar auch gegen die *Wechselforderung* des *A*[72]. Dieses Ergebnis verstößt aber gegen das gesetzliche Regelungssystem der §§ 812 II, 813 II, 821 BGB[73]. Danach führen lediglich dauernde Einreden gegen die zu erfüllende Schuld zur Rückforderung der Erfüllungsleistung, weil nur sie gleichsam den Bestand der Schuld berühren, so daß das zum Zwecke ihrer Erfüllung Geleistete ebenso wie das zur Erfüllung einer Nichtschuld Geleistete mit der condictio indebiti zurückgefordert werden kann. Demgegenüber steht die nur einer verzögerlichen Einrede ausgesetzte Schuld einer Nichtschuld gerade nicht gleich[74]. Dem Schuldner *B* bleibt aber die Möglichkeit, das Schuldverhältnis gemäß §§ 326 I, 346, 440 I BGB in ein endgültiges Rückgewährschuldverhältnis zu überführen und danach die Rückgabe des Wechsels von *A* zu verlangen[75].

Im übrigen können dilatorische Einreden gegen die Grundforderung nur ganz ausnahmsweise über § 242 BGB auch der Wechselforderung des Gläubigers entgegengesetzt werden[76].

129 Darüber hinaus können dem Wechselschuldner *(B)* ausschließlich gegen die Wechselforderung selbst gerichtete Einreden zustehen aufgrund besonderer (nicht aus dem Wechsel ersichtlicher) Abreden mit dem Wechselgläubiger *(A)*, wie z.B. die Einrede der Stundung oder aufgrund Gesetzes, wie z.B. die Einrede des Käufers, daß er den Wechsel zur Erfüllung eines Abzahlungsgeschäftes begeben habe und ihm infolgedessen ein Anspruch auf Herausgabe der Urkunde gem. § 10 II 3 VerbrKrG gegen den Verkäufer (Wechselinhaber) zustehe. Ob solche persönlichen Einreden auch im Verhältnis zu wechselmäßigen Zweiterwerbern wirken, entscheidet sich nach Art. 17 WG (dazu näher unten Rdnrn. 179 ff.).

130 Im *Fall 28 a* kann *B* der Wechselforderung von vornherein weder Einwendungen (1) noch peremptorische (2) oder dilatorische (3) Einreden aus seiner Schuldbeziehung zu *A* entgegenhalten. *B* verfolgt den Zweck der Begründung der Wechselforderung

---

[71] Darauf weisen insb. *Zöllner*, ZHR 148, 332, und *Canaris* (Fußn. 66) hin.

[72] *BGHZ* 85, 346; danach müßte im *Fall 28* (3) Verurteilung zur Zahlung der Wechselsumme Zug um Zug gegen Verschaffung des Eigentums an der Kaufsache erfolgen; zustimmend *Baumbach/Hefermehl*, Art. 17 Rdnr. 67 e.

[73] So *Zöllner*, § 21 V 1 a und *Hueck/Canaris*, § 17 I 1 b.

[74] Dilatorische Einreden lassen sich nicht auf den Nenner eines Bereicherungsanspruches bringen, so zutreffend *Baumbach/Hefermehl*, Art. 17 Rdnr. 67 a.

[75] Im übrigen hätte der Wechselschuldner schon bei Wechselhingabe erklären können, aus dem Wechsel nur haften zu wollen, wenn er die versprochene Leistung im Grundverhältnis (rechts-)mängelfrei erhält. Eine solche Erklärung kann jedoch nicht im Wege der Zurechnung aus der Erfüllungszweckvereinbarung „herausgeholt" werden; vgl. noch unten *Fall 43*.

[76] Die Geltendmachung des Wechsels durch den Gläubiger kann unzulässige Rechtsausübung sein, wenn dem Schuldner im Kausalverhältnis eine (aufschiebende) Einrede zusteht. So zutreffend *BGHZ* 57, 292 (300); vgl. auch *Zöllner*, ZHR 148, 325 ff.

für *C* nur gegenüber seinem Vertragspartner *A*; an diesen muß er sich bei Mängeln und Einreden auch halten. Gegenüber *C* besteht eine strikte Haftung des *B*, die Wechselforderung ist Einreden des *B* aus seiner Zweckbeziehung zu *A* grundsätzlich nicht ausgesetzt (einwendungsunabhängige Forderung, vgl. oben 1. Teil Rdnr. 92). Das folgt aus Art. 17 WG, der (auch ohne Vorliegen eines Indossaments) zugunsten des *C* eingreift[77], weil *C* die Rechtsstellung eines wechselmäßigen Zweiterwerbers zukommt (vgl. *Fall 26*).

III. Rechtsübertragung

131 Der erste Wechselgläubiger wird den Wechsel häufig zu Bargeld machen (diskontieren) oder seinerseits zur Begleichung einer Verbindlichkeit verwenden wollen. Dazu muß er das Eigentum am Wechsel sowie die wechselverbrieften Rechte übertragen.

1. Möglichkeiten der Rechtsübertragung

> *Fall 29: A* hat einen von ihm ausgestellten, an eigene Order lautenden Wechsel auf *B* gezogen, den dieser mit einem ordnungsgemäßen Akzept versehen hat. *A* will den Wechsel zur Begleichung einer eigenen Verbindlichkeit gegenüber seinem Gläubiger *C* verwenden. Er will wissen, ob und wie er den Wechsel übertragen kann.

Wer auf der Suche nach einer Antwort zunächst unbefangen Art. 14 I WG liest, könnte in zweierlei Hinsicht irregeführt werden. Der Gesetzeswortlaut legt die Vermutung nahe, daß zur Rechtsübertragung ein Indossament notwendig und ausreichend sei. Beides trifft, wie im einzelnen auszuführen sein wird, nicht zu. Wie Art. 11 I WG zu entnehmen ist („kann"), ist eine Indossierung nicht zwingend vorgeschrieben. Für die Übertragung eines Wechsels bzw. der wechselverbrieften Rechte stehen dem Inhaber drei Möglichkeiten zur Verfügung:

- die Abtretung der verbrieften Forderung nach den Vorschriften des BGB, §§ 398 ff.
- die Übereignung des Wechsels nach §§ 929 ff. BGB
- und als spezifisch wertpapierrechtliche Form: die Übereignung des indossierten Wechsels.

a) Zession

132 Daß die Wechselforderung durch Abtretung übertragen werden kann, wird vom Gesetz als selbstverständlich vorausgesetzt und steht außer Streit. Umstritten ist, ob hierfür die bloße Einigung nach § 398 BGB genügt oder ob es zusätzlich der Übergabe (nicht: Übereignung) der Wechselurkunde bedarf.

---

[77] Obwohl Art. 17 WG im 2. Abschnitt: „Indossament" steht, vgl. dazu *Baumbach/Hefermehl*, Art. 17 Rdnr. 94. Art. 17 WG verdrängt hier, wo das Akzept des *B* zugunsten des *C* konstruktiv wie ein echter Vertrag zugunsten Dritter erscheint (vgl. Rdnr. 120) die schuldrechtliche Regel des § 334 BGB.

Beispiel: Als *C* im *Fall 29* seinen Schuldner *A* telefonisch an die Begleichung der offenen Forderung erinnert, einigen sich *A* und *C*, daß *C* „zur Sicherheit" die Wechselforderung des *A* gegen *B* erhalten soll.

Falls – wovon hier ausgegangen werden soll – die Forderung hinreichend bestimmt wurde, könnte *C* durch die mündliche Einigung über die Forderungsübertragung Inhaber der Wechselforderung geworden sein. Eine Übergabe des Papiers schreibt das Gesetz nicht vor. Gleichwohl läßt die h.M. – jedenfalls beim Orderwechsel – die Einigung für den Rechtsübergang nicht ausreichen[78]. Folgt man dieser Meinung, ist *C*, solange der Wechsel nicht übergeben ist, auch noch nicht Wechselgläubiger; man wird ihm jedoch einen obligatorischen Anspruch auf Übergabe der Urkunde einräumen müssen. Die Übergabe könnte durch ein Besitzkonstitut ersetzt werden, wobei dieses auch vorweggenommen (antizipiert) sein kann[79].

Nach der Gegenauffassung, die auf die Übergabe der Urkunde als Voraussetzung für den Rechtsübergang verzichtet, stehen *C* zwar die Rechte aus dem Wechsel bereits zu, *ausüben* kann er sie wegen Art. 39 WG erst, wenn er im Besitz des Wechsels ist. Auf die Besitzverschaffung hat der Zessionar nach dieser Auffassung allerdings nicht nur einen obligatorischen, sondern wegen § 952 II BGB auch einen dinglichen Anspruch.

Die Abtretung der Forderung stellt beim Rektawechsel die einzig mögliche Form der Übertragung dar (Art. 11 II WG); beim Orderwechsel ist sie zwar möglich, aber unüblich. Da der Rektawechsel kein Umlaufpapier, insbesondere nicht Gegenstand gutgläubigen Erwerbs ist, kann bei seiner Abtretung auf das Übergabeerfordernis verzichtet werden[80]. Bei einer Übertragung der Wechselforderung durch Zession können auch nur die Wirkungen einer normalen Abtretung eintreten. Dies wird für den Rektawechsel in Art. 11 II WG ausdrücklich hervorgehoben, gilt aber auch für den Orderwechsel. Durch die Abtretung wird der Zessionar *C* Inhaber der Forderung, zugleich erlangt er nach § 952 II BGB kraft Gesetzes das Eigentum an der Wechselurkunde. Den spezifisch wechselrechtlichen Schutz des Erwerbers genießt er hingegen nicht. Das bedeutet:

- Wird die Abtretung und damit die materielle Berechtigung des Zessionars bestritten, so muß dieser sein Recht beweisen. Für ihn besteht **keine formelle Legitimation nach Art. 16 I WG**.
- Ist der Zedent nicht Inhaber der Forderung, kann sie der Zessionar auch **nicht gutgläubig erwerben.** Art. 16 II WG, der einen gutgläubigen Erwerb einer Wechselforderung möglich

---

[78] *BGH*, NJW 1958, 302; *BGHZ* 104, 145; *Baumbach/Hefermehl*, Art. 11 Rdnr. 5; *Hueck/Canaris*, § 8 I 1 a; a.A. *Zöllner*, § 14 I 2. Mit einer analogen Anwendung des § 792 I 3 BGB (so *Brox*, Rdnr. 561; *Meyer-Cording*, S. 58 f.) dürfte sich das Übergabeerfordernis allerdings kaum rechtfertigen lassen. Denn dann müßte man konsequenterweise auch auf der Einhaltung der Schriftform (§ 792 I 2 BGB) bestehen, was aber gerade nicht geschieht. Überzeugender ist der Hinweis auf das sachenrechtliche Traditionsprinzip, vgl. dazu näher *Hueck/Canaris*, aaO. Da diese Lösung eine Spaltung von Inhaberschaft der Forderung und Ausübungsmöglichkeit vermeidet, ist sie auch aus Gründen der Rechtsklarheit vorzuziehen.

[79] *BGH*, NJW 1958, 302; *Hueck/Canaris*, § 8 I 1 a. Auf diese Weise können Vorausabtretungen bei Sicherungsgeschäften auch Wechselforderungen erfassen.

[80] *Hueck/Canaris*, § 8 I 1 b; anders *Richardi*, § 16 II 2. Auch beim präjudizierten Wechsel (vgl. Art. 53 WG) ist eine Übergabe nicht erforderlich, da dieser nach Art. 20 I 2 WG nur nach den Vorschriften des bürgerlichen Rechts übertragen werden kann, vgl. *BGHZ* 104, 145 (150) und unten Rdnr. 158. Zur Rechtslage beim Rektalagerschein vgl. *Schnauder*, NJW 1991, 1642, 1648.

macht, knüpft an Abs. 1 dieser Vorschrift an, verlangt also eine Übertragung durch Indossament.

- Dem Erwerber können gem. § 404 BGB alle Einwendungen entgegengesetzt werden, die zur Zeit der Forderungsabtretung gegen den bisherigen Inhaber begründet waren. Ein wechselrechtlicher **Einwendungsausschluß findet** bei einer Übertragung des Wechsels nach Zessionsrecht **nicht statt**; Art. 17 WG gilt nicht.
- Eine **wechselrechtliche Haftung des Zendeten** für die Einlösung des Wechsels wird **nicht begründet;** Art. 15 WG gilt nicht.

b) Übereignung der Urkunde

133 Obwohl diese Form der Rechtsübertragung häufig nicht einmal erwähnt wird, kann an ihrer Zulässigkeit kein Zweifel bestehen[81]. Das Eigentum am Papier kann nach §§ 929 ff. BGB übertragen werden. Mit dem Eigentum am Papier gehen die verbrieften Rechte auf den Erwerber über. Ein Indossament braucht man hierfür nicht. Ist alles in Ordnung, d.h. war der Übertragende auch tatsächlich Eigentümer des Papiers und Inhaber der Forderung und liegen auch sonst keine Mängel (z.B. fehlende Geschäftsfähigkeit) vor, gelingt die gewollte Rechtsübertragung auch ohne Indossament.

> *Beispiel: A* hat im *Fall 29* den von *B* akzeptierten Wechsel an *C* übergeben. Dieser übereignet das Papier ohne Indossament an *D*. Mangels Zahlung erhebt *D* Protest. Im Prozeß bestreitet *B* die Aktivlegitimation des *D*.

Durch die Übereignung des Papiers nach § 929 BGB ist *D* Eigentümer der Wechselurkunde und damit auch Inhaber der verbrieften Forderung geworden. Im Prozeß gegen *B* kann er sich jedoch nicht auf eine formelle Legitimation berufen; für ihn spricht kein Rechtsschein. Art. 16 I WG knüpft die formelle Legitimation an den Nachweis durch eine Reihe von Indossamenten. *D* muß also seine (bestrittene) Berechtigung auf andere Weise darlegen. Will er sich an *C* halten, etwa weil *B* zahlungsunfähig ist, ist er auf die Rechte aus dem zugrundeliegenden Kausalverhältnis (z.B. § 437 BGB) angewiesen. Eine „wechselmäßige" Haftung des *C* hätte sich nur durch ein Indossament begründen lassen, vgl. Art. 15 I WG. Der Rechtsübertragung durch bloße Übereignung der Wechselurkunde haften somit dieselben Schwächen und Nachteile an wie der Zession der Wechselforderung. Deshalb ist die spezifisch wertpapierrechtliche Form der Übertragung vorzuziehen.

c) Übereignung der Urkunde und Indossament[82]

134 „Jeder Wechsel kann durch Indossament übertragen werden." So formuliert es **Art. 11 I WG**. Die Ausdrucksweise des Gesetzes ist auch hier **ungenau und irreführend**. Der Skripturakt des Indossaments reicht nicht aus, um den Wechsel bzw. die in ihm verbrieften Rechte zu übertragen, genau so wenig wie er bei der Ausstellung der Urkunde zur Entstehung des Rechts genügte. Erforderlich ist auch hier ein Vertrag zwischen Veräußerer und Erwerber, ein **Begebungsvertrag**[83].

---

[81] *Baumbach/Hefermehl*, Art. 14 Rdnr. 2; *Harms*, S. 71.

[82] Verkürzt wird oft von der „Übertragung durch Indossament" gesprochen (z.B. *Brox*, Rdnr. 562).

[83] *Baumbach/Hefermehl*, Art. 11 Rdnr. 1; *Zöllner*, § 14 I 1 b.

Beispiel: Hat *A* im *Fall 29* bereits vor Eintreffen des *C* ein Indossament auf den Wechsel gesetzt, die Urkunde dann aber wieder weggesteckt, weil er es sich anders überlegt hatte, so ist die Übertragung des Wechsels zwar vorbereitet, aber nicht vollzogen worden.

Wie schon bei der Entstehung der Wertpapierverbindlichkeit[84] ist auch bei der Übertragung des entstandenen Rechts umstritten, was Inhalt des Begebungsvertrages ist. Nach überwiegender Auffassung ist der Begebungsvertrag auf die Eigentumsübertragung der Urkunde gerichtet[85]. Da die Rechte aus dem Papier automatisch mit dem Eigentum am Papier auf den Erwerber übergehen, bedarf es einer zusätzlichen Einigung über den Übergang der verbrieften Rechte nicht. Im Rahmen der dinglichen Einigung kann die Übergabe des Papiers durch ein Surrogat nach §§ 930, 931 BGB ersetzt werden[86], was allerdings wegen Art. 39 WG wenig praktisch ist.

Nach *Zöllner*[87] soll sich der Begebungsvertrag nicht auf die Übereignung des Wechsels, sondern auf die Übertragung der im Wechsel verbrieften Wechselberechtigung beziehen. Der Unterschied zur h.M. besteht darin, daß nach *Zöllners* Auffassung die Übereignung des Wechsels nach §§ 929 ff. BGB zwar in der Regel ausreichend für die vertragliche Begebung, die Verschaffung des Eigentums aber nicht notwendiger Inhalt des Begebungsvertrages ist.

Ob der Begebungsvertrag wegen der mit der Wechselweitergabe begründeten Haftung des Indossanten (Art. 15 I WG) daneben auch ein Verpflichtungsgeschäft enthält, ist streitig (vgl. unten Rdnr. 149). Die Bedeutung und die Vorteile des Indossaments liegen darin, daß es besondere Rechtswirkungen auslöst, die mit einer gewöhnlichen Abtretung der Forderung oder einer bloßen Übereignung der Urkunde nicht verbunden sind. Das Indossament kann dem Erwerber „helfen", wenn z.B. der Veräußerer nicht Eigentümer des Wechsels ist oder wenn die Wechselforderung nicht oder nicht einredefrei besteht. Wie *Bornemann* treffend formuliert[88], ist das Indossament für die Rechtsübertragung zwar ein Luxus, aber ein Luxus, den sich jeder Erwerber leisten sollte. Das soll im folgenden gezeigt werden.

2. Übereignung der indossierten Wechselurkunde

a) Form und Inhalt des Indossaments

135 Das Indossament ist der schriftliche, meist auf der Rückseite des Wechsels befindliche Vermerk des Indossanten, daß ein anderer (der Indossatar) die Rechte aus dem Wechsel haben soll.

Beispiel: „An Herrn *D*" oder „für mich an Frau *D*" oder „Für mich an die Order der Firma *D*"

Das Indossament bedarf nach Art. 13 I 2 WG der Schriftform. Die Plazierung auf der Rückseite der Urkunde ist üblich, aber nicht notwendig. Wird die Unterschrift auf die Vorderseite gesetzt, muß durch einen Übertragungsvermerk deutlich zum Ausdruck gebracht werden, daß es sich um ein Indossament handeln soll[89]. Eine

---

[84] Vgl. dazu 1. Teil Rdnr. 64 u. 2. Teil Rdnr. 114.
[85] *BGH*, NJW 1958, 302; *Baumbach/Hefermehl*, Art. 11 Rdnr. 1.
[86] *BGH*, NJW 1958, 302; *Baumbach/Hefermehl*, Einl. WG Rdnr. 31.
[87] *Zöllner*, § 14 I 1 b.
[88] *Bornemann*, S. 161.
[89] *Baumbach/Hefermehl*, Art. 13 Rdnr. 1; *Richardi*, § 17 II 1.

Datierung des Indossaments ist anders als bei der Ausstellung des Wechsels nicht erforderlich. Unentbehrlich ist die *eigenhändige Unterschrift* des Indossanten. Ist der Name des Indossatars angegeben, spricht man von einem **Voll**[90]**- oder Namensindossament**. Fehlt die Angabe des Namens, was nach Art. 13 II WG zulässig ist, liegt ein Blankoindossament vor, das aus der bloßen Unterschrift des Indossanten besteht, die dann allerdings nach Art. 13 II 2 WG zwingend auf die Rückseite des Wechsels (oder auf einen Anhang, sog. Allonge) gesetzt werden muß.

> *Beispiel:* Finden sich auf der Rückseite eines Wechsels folgende Vermerke: „An Herrn *C*", Unterschrift *A* und darunter die Unterschrift des *C*, so steht an erster Stelle ein Namensindossament des *A*, an zweiter Stelle ein Blankoindossament des *C*.

Indossatar kann jede Person, auch der Bezogene, der Aussteller oder ein früherer Indossant sein (Art. 11 III WG), sog. *Rückindossament*.

> *Beispiel:* Ein von *A* auf *B* gezogener Wechsel ist vom Nehmer *C* über *D* etc. bis zu *H* gewandert. Dieser indossiert ihn zurück an *F*.

F erlangt zwar alle Rechte aus dem Indossament, nach dem Grundsatz „dolo facit, qui petit, quod statim redditurus est", kann *F* allerdings keine Ansprüche geltend machen gegen diejenigen, denen er seinerseits aus dem Wechsel haftet[91] (also *G* und *H*).

Unzulässig sind das bedingte und das Teilindossament. Die Hinzufügung einer Bedingung macht das Indossament nicht wie bei der Ausstellung (Art. 1 Nr. 2 WG) und beim Akzept (Art. 26 I WG) nichtig. Die Bedingung gilt als nicht geschrieben (Art. 12 I 2 WG), das Indossament ist also als unbedingtes gültig. Ein Teilindossament (= ein Indossament über einen Teil der Wechselforderung) ist nach Art. 12 II WG nichtig.

b) Rechtsnatur des Indossaments

136 Bevor nun die einzelnen Wirkungen des Indossaments behandelt werden, soll eine Streitfrage erwähnt werden, die in Lehrbüchern zum Wertpapierrecht häufig recht ausführlich erörtert wird, die aber für die Fallösung ohne große Relevanz ist. Es handelt sich um die Frage nach der Rechtsnatur des Indossaments. Hierzu haben sich mehrere Theorien herausgebildet, die wegen der geringen praktischen Bedeutung nur kurz dargestellt werden.

Die (ältere) *Anweisungstheorie*[92] sieht in dem Indossament keine auf Übertragung eines Rechts gerichtete Erklärung, sondern eine neue Anweisung an den Bezogenen, nicht an den Indossanten, sondern an eine andere, (durch das Indossament) näher bezeichnete Person zu leisten. Diese Auffassung vermag nicht zu erklären, warum der Indossatar Ansprüche gegen die bisherigen Wechselverpflichteten erwirbt. Denn durch die bloße Anweisung kann der Indossatar keine Ansprüche erlangen.

Diese Erklärung versucht die *Offertentheorie*[93] zu geben, nach der sowohl der Aussteller als auch jeder weitere Zeichner eines Wechsels ein Haftungsangebot gegenüber allen späteren Indossataren machen, das diese konkludent annehmen. Ein Indossatar erwirbt nach dieser Theorie Rechte also nicht derivativ vom Indossanten, sondern originär durch entsprechende Erklärun-

---

[90] Die Bezeichnung „Vollindossament" wird im Hinblick auf die Form gebraucht, aber auch im Hinblick auf die Wirkungen (im Unterschied zu den Indossamenten mit beschränkter Wirkung, vgl. dazu Rdnrn. 159 ff.).

[91] *Baumbach/Hefermehl*, Art. 11 Rdnr. 6; *Hueck/Canaris*, § 8 III 3; *Zöllner*, § 14 IV 5.

[92] Näher dazu *Richardi*, § 17 I 2.

[93] Vertreten z.B. vom Reichsgericht, RGZ 84, 121 (126); heute noch von *Harms*, S. 83 ff.

gen der Wechselverpflichteten. Folge davon ist, daß das Gläubigerrecht eines Indossanten trotz Weiterübertragung des Wechsels bestehen bleibt. Die Rechtsverfolgung durch den Indossanten wird allerdings ausgeschlossen, solange der Indossatar rechtmäßiger Wechselinhaber ist.

Nach der *Bedingungstheorie*[94] werden zwar die Rechte auf den Indossatar übertragen, der Rechtsübergang steht jedoch unter der auflösenden Bedingung der Wiedereinlösung im Regreßfall. Mit Eintritt der Bedingung soll das Recht wieder dem Indossanten zustehen.

Bei einer Bewertung und Kritik dieser Auffassungen ist zu beachten, daß sie vor allem dazu dienen sollen, das „Wiedereinrücken" eines Indossanten beim Wechselrücklauf zu erklären (dazu unten Rdnr. 216). Daß es dazu solcher künstlicher Konstruktionen nicht bedarf, ist heute absolut herrschende Meinung[95]. Diese sieht in der Indossierung eine echte Rechtsübertragung, die wie eine Zession bzw. eine Übereignung zu einem derivativen (abgeleiteten) und unbedingten Rechtserwerb führt.

3. *Wirkungen des Indossaments*

Die Wirkungen des Indossaments pflegt man mit den Begriffen **Legitimationsfunktion** (Ausweiswirkung), **Transportfunktion** (Übertragungswirkung) und **Garantiefunktion** (Haftungswirkung) zu umschreiben.

a) Legitimationsfunktion

Fall 30: *C* hat den von *A* an Order des *C* gestellten und von *B* akzeptierten Wechsel an *D*, dieser an *E*, dieser an *F* und dieser an *G* indossiert. Als *G* von *B* Zahlung begehrt, will *B* einen Nachweis, daß *G* tatsächlich Gläubiger der Wechselforderung ist.

Fall 30 a: Ändert sich etwas, wenn das erste Indossament nicht von *C* an *D*, sondern von *A* an *C* lautet?

137 Nach Art. 16 I WG gilt als rechtmäßiger Inhaber des Wechsels, wer diesen in Händen hält und sein Recht durch eine ununterbrochene Reihe von Indossamenten nachweist. *G* hat den Wechsel in Besitz. Das auf ihn lautende Indossament stammt von *F*, der in dem von *E* stammenden Indossament als Indossatar bezeichnet ist. *E* wiederum ist im Indossament des *D*, dieser im Indossament des *C* als Indossatar benannt. Damit ist *G* durch eine ununterbrochene Indossamentenkette (formell) legitimiert.

Um es noch einmal zu wiederholen (vgl. schon 1. Teil Rdnr. 16): Die formelle Legitimation bedeutet nicht, daß der Legitimierte auch der materiell Berechtigte, d.h. der Gläubiger der Wechselforderung ist. Die ununterbrochene Indossamentenkette schafft aber eine (widerlegbare) Vermutung (ähnlich wie die Grundbucheintragung im Liegenschaftsrecht, § 891 BGB und der Besitz bei beweglichen Sachen, § 1006 BGB), daß der so Ausgewiesene auch materiell Berechtigter ist. Deshalb muß nicht der legitimierte Inhaber im Prozeß seine Berechtigung darlegen und beweisen, vielmehr muß der in Anspruch genommene Wechselschuldner den Nachweis erbringen, daß dem formell Berechtigten die sachliche Berechtigung fehlt. Umgekehrt kann *B* beruhigt an *G* leisten. Er wird nach Art. 40 III WG frei, wenn er an den förmlich Berechtigten zahlt (Liberationswirkung).

---

[94] *Hueck*, Recht der Wertpapiere, 10. Aufl. (1967), S. 53.

[95] *Baumbach/Hefermehl*, Art. 14 Rdnr. 2; *Hueck/Canaris*, § 12 IV 3; *Richardi*, § 17 I 2.

Für die Frage, ob eine ununterbrochene Reihe von Indossamenten i.S. des Art. 16 I WG vorliegt, kommt es auf die *äußerliche* Übereinstimmung an[96]. Dies bedeutet, daß jedes Indossament mit dem möglichen Namen einer wechselfähigen Person unterzeichnet sein muß. Ein gefälschtes oder auf den Namen einer nicht existierenden Person lautendes Indossament unterbricht die Kette ebensowenig wie das Indossament eines Geschäftsunfähigen. Erforderlich ist die äußere Namensgleichheit (förmliche Identität) zwischen der Unterschrift des Indossanten und dem Namen des Vorindossatars; auf Personengleichheit (materielle Identität) kommt es nicht an. Die Reihe beginnt mit dem Indossament des Wechselnehmers, beim Wechsel an eigene Order mit dem des Ausstellers. Da es sich im *Fall 30 a* um einen Wechsel an fremde Order (des *C*) handelt, hätte die zum Inhaber führende Kette mit dem Indossament des Remittenten *(C)* beginnen müssen. Das Indossament von *A* an *C* zerstört jedoch die Legitimationswirkung nicht, da es nur eine überflüssige, aber unschädliche Wiederholung der im Wechsel enthaltenen Zahlungsanweisung darstellt[97].

Den Wechselnehmer erwähnt Art. 16 I WG nicht; die Vorschrift ist auf den umlaufenden Wechsel zugeschnitten. Die Stellung des ersten Wechselnehmers kann hinsichtlich der formellen Legitimation jedoch nicht schlechter sein als die eines Indossatars. Da die den letzten Inhaber legitimierende Kette jeweils beim ersten Nehmer beginnt, setzt das Gesetz erkennbar dessen eigene Legitimation bis zur Weitergabe des Wechsels voraus[98]. Der erste Wechselnehmer ist somit als förmlich legitimiert anzusehen, wenn er den Wechsel besitzt und in ihm als Nehmer bezeichnet ist (vgl. oben *Fall 26*).

138 Probleme bereitet angesichts der Vielgestaltigkeit der Indossamentsformen die Frage, wann die Indossamentenkette „unterbrochen" ist. Zwei Sonderfälle regelt das Gesetz in Art. 16 I WG: die Behandlung des Blankoindossaments und die Ausstreichung von Indossamenten. Das zte Indossament darf auch ein Blankoindossament sein (Art. 16 I 1 letzter Halbs. WG). Keine Unterbrechung der Kette liegt vor, wenn sich dazwischen ein Blankoindossament befindet und diesem ein weiteres (Blanko- oder Namens-)Indossament folgt. Es gilt dann die Rechtsvermutung, daß der Indossant durch das Blankoindossament erworben hat (Art. 16 I 3 WG).

Beispiel: Im *Fall 30* hat *D* ein Indossament auf die Rückseite des Wechsels gesetzt, ohne den Indossatar zu bezeichnen. Das nächste Indossament stammt von *E* und lautet auf *F*.

Nach Art. 16 I 3 WG wird angenommen, daß *E* den Wechsel durch das Blankoindossament erworben hat. Ausgestrichene Indossamente gelten als nicht geschrieben, Art. 16 I 2 WG. Das ausgestrichene Indossament unterbricht also, wenn das folgende Indossament sich daran anschließt; es verbindet, wenn sich das folgende Indossament an das dem ausgestrichenen vorangehende anschließt.

---

[96] *BGH*, NJW 1977, 1633; *Baumbach/Hefermehl*, Art. 16 Rdnr. 4; *Bülow*, Art. 16 Rdnr. 6; *Zöllner*, § 20 I 2 b.

[97] *Baumbach/Hefermehl*, Art. 16 Rdnr. 3; *Bülow*, Art. 16 Rdnr. 5; *Hueck/Canaris*, § 8 V 1; a.A. *RGZ* 47, 128.

[98] *Baumbach/Hefermehl*, Art. 16 Rdnr. 3 a.E. sowie *Bülow*, Art. 16 Rdnr. 1.

Beispiel: Lautet die Kette von *A* an *C*, von *C* an *X*, von *C* an *D*, so kann *D* seine formelle Legitimation herstellen, wenn er das Indossament des *C* an *X* streicht. Ob er hierzu berechtigt ist, ist eine andere Frage[99]. Da das äußere Bild entscheidet, ist *D* nach der Streichung jedenfalls formell legitimiert.

Lücken in der Indossamentenkette können durch **außerwechselmäßige Rechtsnachfolge** (Abtretung, Erbfolge) entstehen.

Beispiel: *C* indossiert einen Wechsel an *D*. Nach dessen Tod indossiert sein Alleinerbe *E* den Wechsel an *F*.

Die Kette *C-D, E-F* ist unterbrochen; es fehlt das Glied *D* an *E*. Zwar ist *E* als Alleinerbe des *D* dessen Rechtsnachfolger und als solcher auch Inhaber der Wechselforderung geworden. Für den *förmlichen* Nachweis der Berechtigung mangelt es jedoch an der äußeren Namensgleichheit. Das Fehlen der formellen Legitimation in diesem Fall bedeutet indes nicht, daß *F* keine Wechselansprüche geltend machen könnte[100]. Es bleibt ihm selbstverständlich unbenommen, den Nachweis zu führen, daß er Berechtigter ist, so wie es dem nichtbesitzenden Eigentümer, der sich nicht auf § 1006 BGB berufen kann, freisteht, seine materielle Berechtigung auf andere Weise darzulegen.

Schließlich kommt die Legitimationsfunktion nicht nur dem Wechselinhaber und dem Wechselschuldner zugute. Auch der Erwerber kann davon profitieren, weil die Indossamentenkette nach Art. 16 II WG die Grundlage für den gutgläubigen Erwerb vom Nichtberechtigten bildet (dazu sogleich im Zusammenhang mit der Transportfunktion).

b) Transportfunktion

139 Nach Art. 14 I WG überträgt das Indossament „alle Rechte aus dem Wechsel". Der Wortlaut des Gesetzes verleitet, wie bereits erwähnt, zu Fehlschlüssen. Ein Indossament, verstanden als bloße Skriptur, ist weder erforderlich noch ausreichend, um „Rechte aus dem Wechsel" zu übertragen; neben dem Indossierungsvermerk (Skripturakt) ist zum Rechtsübergang ein Begebungsvertrag zwischen Veräußerer und Erwerber notwendig. **Den „Transport"** des Wechselanspruchs **bewirkt nicht das Indossament, sondern die Übereignung der Wechselurkunde** nach §§ 929 ff. BGB. Die ihm zugeschriebene Transportfunktion hat das Indossament beim Erwerb vom Berechtigten strenggenommen also überhaupt nicht. Seine eigentliche, ebenfalls unter dem Stichwort Transportfunktion erörterte Bedeutung liegt darin, daß es den Erwerber schützt, wenn

- der Veräußerer nicht Eigentümer des Wechsels ist (1)
- der Veräußerer nicht Inhaber der Wechselforderung ist (2)
- der Wechselforderung Einreden entgegenstehen (3).

---

[99] Vgl. hierzu *Baumbach/Hefermehl*, Art. 16 Rdnr. 5. Wer kein Recht zum Ausstreichen hat, verfälscht den Wechsel. Zum Streichungsrecht des einlösenden Indossanten s. Art. 50 II WG.

[100] *RGZ* 114, 365 (368); *Hueck/Canaris*, § 8 V 2 a.

(1) *Gutgläubiger Eigentumserwerb*

Fall 31: Im *Fall 30* war *F* bei den Übertragungsakten unerkannt geisteskrank. Kann der Inhaber *G* aus dem Wechsel gegen *B* vorgehen?

140 *G* kann aus dem Wechsel Rechte geltend machen, wenn er materiell berechtigt ist. Eigentümer des indossierten Wechsels konnte er nicht werden, da die im Begebungsvertrag liegende dingliche Einigung zwischen ihm und *F* nach § 105 I BGB nichtig war. *F* könnte somit das Eigentum am Wechsel nicht wirksam auf *G* übertragen haben. In Betracht kommt jedoch ein gutgläubiger Erwerb des Wechsels nach Art. 16 II WG, der im Wechselrecht die allgemeinen Vorschriften der §§ 932 ff. BGB verdrängt. Die Anwendung des Art. 16 II WG bereitet einige Probleme. Schuld daran sind (auch) die ungewohnten, auf den Text internationaler Abkommen zurückgehenden Formulierungen im Gesetz. Häufig wird Art. 16 II WG nicht als Regelung des gutgläubigen Erwerbs erkannt. Denn nach ihrem Wortlaut betrifft die Vorschrift nur das Herausgabeverlangen des früheren Inhabers. Aus dem Ausschluß der Herausgabepflicht des neuen Inhabers folgt jedoch positiv, daß er als gutgläubiger Erwerber Eigentümer des Wechsels geworden ist[101].

Weiter fällt auf, daß Art. 16 II WG im Unterschied zu § 932 II BGB nur die positive Kenntnis als Bösgläubigkeit bezeichnet. Da aber die grob fahrlässige Unkenntnis ausdrücklich der Bösgläubigkeit gleichgestellt wird, handelt es sich nur um eine Abweichung in der Terminologie ohne sachlich-inhaltliche Unterschiede[102].

141 Dagegen hat der wechselrechtliche Begriff des Abhandenkommens nicht denselben Sinn wie der bürgerlichrechtliche in § 935 BGB. Mit der (für einen Gesetzestext ungewöhnlichen) Formulierung **„irgendwie abhanden gekommen"** wird der Anwendungsbereich dieser Vorschrift und damit der Verkehrsschutz weit ausgedehnt. „Irgendwie abhanden gekommen" i.S. des Art. 16 II WG ist nach allgemein anerkannter Definition ein Wechsel dann, **wenn er ohne wirksamen (dinglichen) Begebungsvertrag in fremde Hände gelangt ist**, d.h. wenn der ursprünglich Berechtigte den Besitz ohne wirksamen Übertragungsakt verloren hat[103]. Mit dieser Auslegung werden nicht nur wie bei § 935 I BGB die Fälle des unfreiwilligen Besitzverlusts erfaßt, sondern auch Fälle der freiwilligen Besitzaufgabe, etwa wenn der Wechsel infolge eines Willensmangels aus der Hand gegeben oder von einem Vertreter ohne Vertretungsmacht in den Verkehr gebracht wurde. Art. 16 II WG kommt also nicht nur in Betracht beim Erwerb vom Nichtberechtigten, sondern auch beim Erwerb vom Berechtigten, wenn der Begebungsvertrag unwirksam ist. Auch einem geschäftsunfähigen Eigentümer kommt der Wechsel in diesem Sinn „irgendwie abhanden", weil die Aushändigung an den Indossatar ohne wirksame dingliche Einigung erfolgt.

142 Mit der Feststellung, daß einem Geschäftsunfähigen bei einer unwirksamen Übertragung der Wechsel irgendwie abhanden kommt, ist allerdings noch nicht gesagt,

---

101 *Baumbach/Hefermehl*, Art. 16 Rdnr. 8; *Bülow*, Art. 16 Rdnr. 12; *Zöllner*, § 14 V I 1.
102 *Zöllner*, § 14 VI 1 b; *Richardi*, § 18 II 2 d.
103 *BGH*, NJW 1951, 402; NJW 1992, 316, 317; *Baumbach/Hefermehl*, Art. 16 Rdnr. 9.

daß der gute Glaube an die Geschäftsfähigkeit geschützt ist. Zwar besteht Einigkeit darüber, daß Art. 16 II WG nicht wie § 935 I BGB nur den guten Glauben an das Eigentum schützt, sondern auch an die Verfügungsbefugnis[104], an die Vertretungsmacht[105] und sogar an die Identität des Indossanten mit dem auf dem Wechsel genannten letzten Namensindossatar[106]. Hinsichtlich der Geschäftsfähigkeit ist dies jedoch sehr umstritten. Rechtsprechung und ein Teil der Literatur wollen im Interesse der Umlauffähigkeit des Wechsels auch einen gutgläubigen Erwerb vom Geschäftsunfähigen anerkennen[107]. Dagegen wird vorgebracht, daß die Indossamentenkette keinerlei Rechtsschein für die vorhandene Geschäftsfähigkeit begründe[108]. Dieses Argument ließe sich allerdings auch gegen den Schutz des guten Glaubens an die Identität des Veräußerers und gegen die Anwendung des Art. 16 II WG auf Fälle der Nichtigkeit des Begebungsvertrages wegen Willensmängeln ins Feld führen. Auch insoweit kann die Indossamentenkette keine Vermutungswirkung entfalten. Wenn mit dem Rechtsscheinprinzip ohnehin nicht alle Fälle des Gutglaubensschutzes erklärt werden können, ist es sinnvoller, den Anwendungsbereich des Art. 16 II WG von vornherein nach dem Schutzzweck der Norm unter Berücksichtigung der Interessenlage zu bestimmen[109]. Die Umlauffähigkeit des Wechsels rechtfertigt es, dem Verkehrsinteresse den Vorrang zu geben. Der Vorrang des Verkehrsschutzes gilt jedoch nur, soweit es um den Rechtsübergang geht. Der Erwerber, der hinsichtlich der Geschäftsfähigkeit gutgläubig ist, soll vom Geschäftsunfähigen lediglich das Eigentum am Wechsel und die in ihm verkörperten Rechte erhalten; eine **Haftung des Geschäftsunfähigen wird nicht begründet**[110]. Deshalb bestehen keine durchgreifenden Bedenken gegen die Anerkennung eines gutgläubigen Erwerbs vom Geschäftsunfähigen.

143 Leicht übersehen wird eine weitere Voraussetzung für den gutgläubigen Erwerb: der Erwerber muß formell legitimiert sein, d.h. er muß sein Recht durch eine lückenlose Indossamentenkette nachweisen. Insoweit kann auf die Ausführungen zur Legitimationsfunktion verwiesen werden (Rdnrn. 137 ff.).

144 Ergänzend sei schließlich bemerkt, daß das Indossament eines nicht formell Berechtigten die Möglichkeit eines gutgläubigen Erwerbs nicht ausschließt.

---

[104] *Zöllner*, § 14 VI 1 c; *Meyer-Cording*, S. 53. Eine Ausnahme besteht hinsichtlich des guten Glaubens an die Verfügungsbefugnis des Gemeinschuldners im Konkurs. Nach h.M. gehen die konkursrechtlichen Regelungen (§§ 6, 7 KO) vor, *Baumbach/Hefermehl*, Art. 16 Rdnr. 10; *Hueck/Canaris*, § 8 IV 2 b.

[105] *RGZ* 75, 184; *Zöllner*, § 14 VI 1 c.

[106] *Baumbach/Hefermehl*, Art. 16 Rdnr. 10; *Hueck/Canaris*, § 8 IV 2 b. Der Schutz des guten Glaubens an die Identität des Veräußerers wird im Interesse der Umlauffähigkeit des Wechsels bejaht. Allerdings werden strenge Anforderungen an die Prüfungspflicht des Erwerbers gestellt. Ein gutgläubiger Erwerb käme z.B. bei einer Indossierung unter Vorlage eines gefälschten Personalausweises in Betracht, *Zöllner*, § 14 VI 1 c.

[107] *BGH*, NJW 1951, 402; *Baumbach/Hefermehl*, Art. 16 Rdnr. 10; *Bülow*, Art. 16 Rdnr. 15; *Brox*, Rdnr. 568; *Sedatis*, Rdnr. 122; *Meyer-Cording*, S. 54.

[108] *Hueck/Canaris*, § 8 IV 2 b cc; *Zöllner*, § 14 VI 1 c. Weiter wird eingewandt, daß der Schutz des guten Glaubens an die Geschäftsfähigkeit beim Wechselerwerb in einem nicht begründbaren Gegensatz zur Regelung bei den Inhaberpapieren stehe, für die es bei §§ 932, 935 II BGB bleibe.

[109] *Baumbach/Hefermehl*, Art. 16 Rdnr. 10; *Sedatis*, Rdnr. 122; *Brox*, Rdnr. 568.

[110] Allg. Meinung, vgl. *Richardi*, § 18 II 2 und oben *Fall 21*.

Fall 32: Ein Wechsel wird von *C* an *D* indossiert, sodann die Wechselforderung unter Übergabe der Urkunde von *D* an *E* abgetreten. *E* wiederum indossiert den Wechsel an *F*. Dessen Ehefrau verwendet den Wechsel ohne Wissen und Billigung des *F* zur Begleichung einer eigenen Verbindlichkeit gegenüber *G*, indem sie sich als Berechtigter ausgibt, den Wechsel mit „*F*" unterzeichnet und an *G* indossiert. Kann *G* aus dem Wechsel vorgehen?

G, Inhaber des formgültigen Wechsels, wäre materiell berechtigt, wenn er Eigentümer des Wechsels ist. Ein Eigentumserwerb nach § 929 BGB scheitert an der fehlenden Berechtigung der Frau *F*, da diese nicht Eigentümerin des Papiers und auch nicht zur Übertragung ermächtigt war. Einem gutgläubigen Erwerb nach Art. 16 II WG könnte entgegenstehen, daß *G* sein Recht nicht nach den Vorschriften des Absatzes 1, also durch eine ununterbrochene Kette von Indossamenten nachweisen kann. Die vom ersten Wechselnehmer *(C)* auf *G* hinführende Kette weist insofern eine Lücke auf, als ein Indossament von *D* an *E* fehlt. Die Übertragung des Rechts von *D* auf *E* hat durch eine bürgerlichrechtliche Abtretung stattgefunden.

Allgemein formuliert geht es in diesem Zusammenhang um die Frage, welche Auswirkungen das Fehlen der formellen Legitimation des Indossanten auf die sonstigen Funktionen des Indossaments hat. Während früher überwiegend angenommen wurde, das Indossament eines nicht förmlich Berechtigten sei nichtig[111], selbst wenn der förmlich Nichtberechtigte sachlich berechtigt sei, und besitze weder Ausweis-, Haftungs- noch Übertragungswirkung, wird von der heute h.M.[112] dem Indossament eines sachlich, aber nicht förmlich Berechtigten, Übertragungs- und Haftungswirkung zugesprochen. Dem ist zuzustimmen, da das Wechselgesetz an keiner Stelle die förmliche Berechtigung zur Voraussetzung für die Wirksamkeit eines Indossaments macht. Denn die förmliche Berechtigung soll die Grundlage für einen gutgläubigen Eigentumserwerb bei fehlender sachlicher Berechtigung bilden, nicht aber soll die fehlende förmliche Berechtigung dem sachlich Berechtigten das Recht zu einer wirksamen Indossierung des Wechsels nehmen[113].

145 Für den gutgläubigen Erwerb des *G* nach Art. 16 II WG ist jedoch eine Legitimation, die sich auf die äußere Ordnungsmäßigkeit stützt, erforderlich, an der es bei einer Lücke in der Indossamentenkette *(D-E)* fehlt. Nach h.M. wird aber eine Lücke in der Indossamentenkette dann als geschlossen angesehen, wenn eine außerwechselmäßige Rechtsnachfolge, sei es Gesamt- oder Einzelnachfolge, nachgewiesen ist[114]. Dann gilt für die sich anschließenden Indossamente wieder die Vermutung des Art. 16 I WG. Die durch die Abtretung von *D* an *E* entstandene Lücke in der Indossamentenkette hindert also einen gutgläubigen Erwerb des *G* im vorliegenden Fall nicht. Da *G* an die Identität des Indossanten (Frau *F*) mit dem auf dem Wechsel genannten letzten Namensindossatar (Herr *F*) glaubt, konnte er von der nichtberechtigten Ehefrau gutgläubig das Eigentum am Wechsel erlangen.

146 (2) *Forderungserwerb*

Der bloße Erwerb des Papiereigentums hätte freilich wenig Sinn, wenn der

---

[111] *RGZ* 114, 365; *BGH*, WM 1959, 1091.

[112] *Baumbach/Hefermehl*, Art. 16 Rdnr. 13, der allerdings die Gegenauffassung (vertreten z.B. von *Bülow*, Art. 16 Rdnr. 12) als die herrschende bezeichnet; *Hueck/Canaris*, § 8 V 2.

[113] *Baumbach/Hefermehl*, Art. 16 Rdnr. 13.

[114] *Baumbach/Hefermehl*, Art. 16 Rdnr. 13; *Hueck/Canaris*, § 8 V 2; *Richardi*, § 18 II 2.

gutgläubige Erwerber nicht auch die mit dem Papier verbundenen Forderungen erhielte. Gegenstand des gesteigerten Verkehrsschutzes sind daher nicht nur das Eigentum am Wechsel, sondern auch die in ihm verbrieften Rechte. **Im Gegensatz zu** den allgemeinen Vorschriften des **BGB ermöglicht** das **Wechselrecht** in Art. 16 WG somit einen **gutgläubigen Forderungserwerb**. Insoweit entwickelt das Indossament in der Tat eine „Transportfunktion". Dies gilt uneingeschränkt für diejenigen im Wechsel verbrieften *Forderungen, die tatsächlich bestehen*, nur eben dem (nichtberechtigten) Veräußerer nicht zustehen.

Davon zu unterscheiden ist die Frage, ob auch ein gutgläubiger Erwerb *nicht bestehender Forderungen* möglich ist.

> *Beispiel:* Ein von *C* an *D* indossierter Wechsel wird von *E* gestohlen, der nach Fälschung eines Indossaments (von *D* an *E*) den Wechsel an den gutgläubigen *F* indossiert.

F erwirbt zwar nach Art. 16 II WG den Wechsel sowie die Forderungen gegen den Akzeptanten, den Aussteller und gegen *C*. Denn diese Forderungen existieren, sie standen nur dem *E* nicht zu. Anders verhält es sich mit der Haftung des *D*. Dieser hat den Wechsel nicht indossiert und nicht weitergegeben; ihn daher (rechtsgeschäftlich) nach Art. 15 WG haften zu lassen, besteht kein Anlaß. Nicht bestehende Forderungen können im Wechselrecht allerdings nach den Grundsätzen der Rechtsscheintheorie erworben werden (Einzelheiten unten Rdnrn. 176 ff.).

147 (3) *Einredefreier Erwerb*

Dem gutgläubigen Erwerber würden Papiereigentum und Gläubigerstellung wenig nützen, wenn der Schuldner den Anspruch durch Einwendungen zu Fall bringen könnte. Der einredefreie Erwerb der Wechselforderung ergibt sich nicht unmittelbar aus Art. 16 II WG. Die Möglichkeit des gutgläubigen Erwerbs wird jedoch ergänzt durch den sog. wechselrechtlichen Einwendungsausschluß (Art. 17 WG), den man ebenfalls als eine Folge der Transportfunktion des Indossaments anzusehen pflegt. Das Indossament transportiert gleichsam das Wechselrecht als solches, befreit von bestimmten Einwendungen.

> *Beispiel:* Hatte *B* gegen *A* die Bereicherungseinrede (weil der mit der Wechselhingabe verfolgte Erfüllungszweck wegen Unwirksamkeit des zugrundeliegenden Kaufvertrages nicht erreicht wurde), so überträgt das Indossament des *A* an *C* die Rechte ohne die (im Wechseltext nicht ausgewiesene) Einrede des *B* (Art. 17 WG). Die gegenteilige Regelung des § 404 BGB wird ausgeschlossen (näher dazu unten Rdnr. 182).

c) Garantiefunktion

148 Am einfachsten zu verstehen ist diejenige Wirkung des Indossaments, die man als Garantiefunktion oder Haftungswirkung bezeichnet. Nach Art. 15 I WG haftet der Indossant für die Annahme und die Zahlung des Wechsels – ein wichtiger, für den Erwerber vorteilhafter Unterschied gegenüber der Übertragung der Wechselforderung durch Abtretung oder durch Übereignung der Wechselurkunde ohne Indossament. Der Indossant wird dadurch nicht zum primären Wechselschuldner, sondern lediglich wie der Aussteller (Art. 9 WG) zum Rückgriffsschuldner.

149 • *Voraussetzung der Garantiehaftung:*

Im Normalfall ist die Haftung die Folge einer wirksamen Übertragung der Rechte aus dem Wechsel. Da der bei der Übertragung geschlossene Begebungsvertrag primär auf die Übereignung des Wechsels gerichtet ist, wird teilweise angenommen, die Haftung des Indossanten sei lediglich gesetzliche Nebenfolge der Indossierung und beruhe nicht auf einer rechtsgeschäftlichen Verpflichtungserklärung[115]. Nach dieser Auffassung ist der bei der Übertragung des Wechsels geschlossene Begebungsvertrag ein reiner Verfügungsvertrag. Demgegenüber wird die Auffassung vertreten, daß trotz der gesetzlichen Regelung die Haftung des Indossanten auf einem Verpflichtungsvertrag beruhe[116]. Das Gesetz lege in Art. 15 WG nur den sozialtypischen Sinn, den die Unterschrift des Indossanten habe, fest (vgl. oben Rdnr. 114).

Die Frage könnte relevant werden, wenn es um die Anwendung der Vorschriften über Willensmängel auf den Begebungsvertrag geht.

Beispiel: Als der Indossant *C* als Regreßschuldner in Anspruch genommen wird, verweigert er die Zahlung mit der Begründung, die Haftungswirkung seines Indossaments sei ihm nicht bewußt gewesen; eine etwaige Verpflichtungserklärung fechte er wegen Irrtums an.

Für die Auffassung, die von einer Haftung des Indossanten kraft Gesetzes ausgeht, ist die Lösung einfach: Als gesetzliche Folge der Erklärung braucht die Haftung nicht vom rechtsgeschäftlichen Willen des Indossanten umfaßt zu sein; eine Anfechtung kommt schon deshalb nicht in Betracht. Sieht man die Haftung des Indossanten als auf seiner vertraglichen Verpflichtungserklärung (mit gesetzlich typisiertem Inhalt) beruhend an, sind auf diese Erklärung die allgemeinen Vorschriften über Rechtsgeschäfte und Willenserklärungen anwendbar. Erfolgreich anfechten kann *C* seine Erklärung gleichwohl nicht. Ein Irrtum über die gesetzlich angeordneten Rechtsfolgen einer Erklärung begründet kein Anfechtungsrecht[117].

150 Haftungswirkung hat jedes Indossament, das von einem formell Legitimierten ausgeht, der zugleich materiell berechtigt ist. Es haftet aber auch der Indossant, der *nicht* durch eine Indossamentenkette *formell legitimiert* ist, den Wechsel jedoch materiell erworben hat[118] (z.B. ein Erbe oder der Zedent *D* im *Fall 32*). Da das Fehlen der formellen Berechtigung das Indossament nicht nichtig macht und ohne Einfluß auf die Transportfunktion bleibt, muß man folgerichtig auch die Haftungswirkung eines solchen Indossaments bejahen. Auch wenn einem formell ausgewiesenen Indossanten die *materielle Berechtigung* fehlt, kann die Haftungswirkung eintreten[119].

Fall 33: D hat einen Wechsel durch Indossierung erworben; der Begebungsvertrag ist nach § 138 BGB nichtig. *D* begibt den Wechsel mittels Indossament an *E*, der die Sittenwidrigkeit kennt. *E* indossiert den Wechsel an den gutgläubigen *F*. Bestehen Rückgriffsansprüche gegen *D*?

Da der bösgläubige *E* das Eigentum am Wechsel und die in ihm verbrieften Rechte nicht erworben hat, kann er auch den *D* nicht nach Art. 15 WG in Anspruch nehmen. Ist die Übertragung unwirksam, entfällt auch die Garantiehaftung des Übertragenden[120]. Dem gutgläubigen *F*, der den Wechsel nach Art. 16 II WG wirksam erwirbt, haftet *D* hingegen nach Rechtsscheingrundsätzen.

---

115 *Bülow*, Art. 15 Rdnr. 2; *Hueck/Canaris*, § 3 I 2 b u. § 8 IV 3.

116 *Baumbach/Hefermehl*, Einl. WG Rdnr. 28, vgl. aber Art. 15 Rdnr. 2.

117 *Palandt/Heinrichs*, § 119 Rdnr. 15; *Gursky*, S. 70, leitet dieses Ergebnis aus Art. 9 II WG her.

118 *Hueck/Canaris*, § 8 V 2 d; *Zöllner*, § 14 VII 4.

119 *Baumbach/Hefermehl*, Art. 15 Rdnr. 4; *Zöllner*, § 14 VII 4.

120 *Hueck/Canaris*, § 8 V 2 d.

151 Nachdem sowohl der (nur) förmlich als auch der (nur) sachlich berechtigte Indossant haften kann, schließt sich zwangsläufig die Frage an, ob auch dem Indossament eines *weder formell noch materiell* Berechtigten Haftungswirkung zukommt. Die Frage ist nicht so weit hergeholt, wie es zunächst scheint. Sie kann sich bei folgenden Konstellationen stellen:

> *Beispiel*[121]: Der vermeintliche Erbe *E* indossiert einen Wechsel, auf dem als letzter Indossatar der Erblasser genannt ist, unter Vorlage eines Erbscheins an *F*.

Als nur vermeintlicher Erbe war *E* durch den Erbfall weder Eigentümer des Wechsels geworden noch ist er im Sinne des Art. 16 I WG formell legitimiert. Nach § 2366 BGB gilt jedoch zugunsten des Erwerbers *F* der Inhalt des Erbscheins als richtig, d.h. *F* wird so gestellt, als habe er den Vertrag mit dem wahren Erben (= dem Berechtigten) geschlossen. *F* hat somit den Wechsel wirksam erworben; das Indossament des formell und materiell nichtberechtigten *E* entfaltet in diesem Fall in Verbindung mit der erbrechtlichen Legitimation Haftungswirkung.

Von weit größerer praktischer Bedeutung ist die Frage nach der Haftung eines Indossanten ohne formelle und materielle Berechtigung beim sog. Garantieindossament.

152 • *Garantieindossament:*

Dabei handelt es sich um ein Indossament, das nach dem übereinstimmenden Willen der Beteiligten nur dazu dienen soll, die Haftung des Indossanten zu begründen, ohne daß eine Übertragung des Eigentums am Wechsel und der in ihm verbrieften Rechte gewollt ist. Das Garantieindossament soll den Wechsel sicherer machen und erfüllt somit einen ähnlichen Zweck wie die Wechselbürgschaft (vgl. Art. 30 WG)[122].

> *Fall 34: E*, die Ehefrau des *B*, versieht einen von *B* akzeptierten Wechsel an eigene Order des Ausstellers auf der Rückseite mit ihrer Unterschrift. Danach folgt ein Blankoindossament des Ausstellers (und Nehmers) *A*. Der Inhaber des Wechsels *D* will bei *E* Rückgriff nehmen.

153 Vor der Frage, ob *E* überhaupt wechselrechtlich verpflichtet ist, ist zu klären, ob die besonderen Rückgriffsvoraussetzungen der Art. 43 ff. WG erfüllt sind (vgl. im einzelnen unten Rdnr. 208). Dazu zählt grundsätzlich die rechtzeitige und formgerechte Protesterhebung. Nach herrschender, freilich umstrittener Auffassung ist für eine wirksame Protesterhebung erforderlich, daß der den Protest Erhebende formell legitimiert ist[123]. Nach dem äußeren Erscheinungsbild scheint es hieran zu fehlen, weil vor dem Indossament des *A* die Unterschrift der *E* steht, die nach Art. 13 II WG als Blankoindossament gilt. Grundsätzlich muß die den Inhaber legitimierende Reihe mit dem Indossament des ersten Wechselnehmers beginnen, beim Wechsel an eigene Order mit dem Indossament des Ausstellers. Es schadet jedoch nicht, wenn bei einem Wechsel an eigene Order als erster nicht der Aussteller, sondern ein Dritter, der im

---

[121] Nach *Zöllner*, § 14 VII 4.

[122] Da die Wechselbürgschaft Zweifel an der Zahlungsfähigkeit des Hauptschuldners entstehen läßt, wird die verdeckte Bonitätsstärkung mittels Garantieindossament bevorzugt.

[123] *RGZ* 114, 365 (368); *BGH*, NJW 1977, 1634; NJW 1991, 2770; *Zöllner*, § 20 II 3; differenzierend *Baumbach/Hefermehl*, Art. 16 Rdnr. 15. Vgl. auch unten Fußn. 210.

Wechsel nicht als Berechtigter ausgewiesen ist, seine Unterschrift auf den Wechsel gesetzt hat. Es handelt sich um ein Garantieindossament, dem **keine Übertragungswirkung**, wohl **aber Haftungswirkung** zukommt. Das Garantieindossament unterbricht dann nicht die Indossamentenkette, wenn als nächstes Indossament dasjenige des ersten Nehmers – beim Wechsel an eigene Order das Indossament des Ausstellers – folgt[124]. Damit ist der Inhaber hier formell legitimiert; seine Protesterhebung wäre wirksam.

154 Die Frage, ob der Garantieindossant nach Art. 15 I WG haftet, wird allgemein bejaht[125]. Die Begründung dieses Ergebnisses bereitet jedoch einige Probleme. Sie ergeben sich daraus, daß eine Übertragung von Wechselrechten an den und von dem Garantieindossanten nicht gewollt ist. Ihm wird der Wechsel nicht zu Übertragungszwecken, sondern lediglich zur Unterschriftsleistung ausgehändigt. Auch bei der Rückgabe des Wechsels ist eine Rechtsübertragung weder erklärt noch gewollt. Da eine Übertragung von Wechselrechten fehlt, kann die Haftung des Indossanten nicht kraft Gesetzes als Nebenfolge der Übertragung, sondern nur durch die auf Eingehung einer wechselmäßigen Verpflichtung gerichtete rechtsgeschäftliche Willenserklärung (Begebungsvertrag) entstehen. In der Indossierung liegt konkludent eine wechselmäßige Verpflichtungserklärung, die – vom Empfänger angenommen – zu einer Haftung des Indossanten *(D)* aufgrund Verpflichtungsvertrages führt. Das Garantieindossament ist somit ein Indossament mit Garantie-, aber ohne Transportfunktion.

155 • *Ausschluß und Beschränkung der Haftung:*

Aus dem Wortlaut des Art. 15 I WG folgt, daß der Indossant seine Haftung ausschließen kann. Der die Haftung ausschließende Vermerk, den man salopp als „Angstklausel" bezeichnet, könnte etwa lauten: „ohne obligo" oder „ohne Gewähr". Zulässig ist es, daß der Indossant seine Haftung auf einen Teil der Wechselsumme beschränkt oder seine Haftung lediglich für die Annahme, nicht aber für die Zahlung ausschließt. Aus einem Indossament mit Angstklausel haftet der Indossant weder dem Indossatar noch dessen Rechtsnachfolgern.

Fall 35: *C* indossiert einen Wechsel mit dem Vermerk: „Indossierung verboten" an *D*. Dieser indossiert den Wechsel weiter an *E*, der im Wege des Rückgriffs gegen *C* und *D* vorgehen will.

Nach Art. 15 I WG haftet der Indossant für die Zahlung des Wechsels, es sei denn, er hat seine Haftung ausdrücklich ausgeschlossen. *C* hat hier zwar seine Haftung nicht generell ausgeschlossen, er hat jedoch von der in Art. 15 II WG vorgesehenen Möglichkeit Gebrauch gemacht und durch einen Vermerk auf dem Wechsel die Indossierung untersagt. Dieses Verbot macht das Indossament von *D* an *E* nicht unwirksam. Denn durch das Indossierungsverbot eines Indossanten wird der Wechsel – im Unterschied zum Indossierungs-(Order-)Verbot des *Ausstellers* (vgl. Art. 11 II WG) –

---

[124] *BGH*, NJW 1977, 1634; NJW 1991, 2770; *Baumbach/Hefermehl*, Art. 16 Rdnr. 3.

[125] *BGHZ* 13, 87; *Baumbach/Hefermehl*, Art. 15 Rdnr. 3; *Bülow*, Art. 11 Rdnr. 11 u. Art. 15 Rdnr. 7; *Hueck/Canaris*, § 8 IV 3 b.

nicht zum Rektawechsel[126]. *C* haftet aber wechselmäßig nur seinem unmittelbaren Nachmann *D*, nicht dagegen weiteren Erwerbern (Art. 15 II WG). Was die Haftung des *D* angeht, so entfaltet sein Indossament an *E* die vollen Rechtswirkungen.

4. Besondere Indossamente

Bevor einige bisher noch nicht erwähnte Formen des Indossaments vorgestellt werden, soll wegen der großen praktischen Bedeutung noch einmal auf das Blankoindossament eingegangen werden.

a) Blankoindossament

156 Die Unterschiede zum Namensindossament betreffen nicht die Funktion: das Blankoindossament hat, wie Art. 16 I a.E. WG zeigt, Legitimationsfunktion, ebenso Transportfunktion (vgl. Art. 14 II WG) und Garantiefunktion. Seine Vorteile gegenüber dem normalen Indossament liegen in der Steigerung der Umlauffähigkeit des Wechsels.

Fall 36: Auf die Rückseite eines von *A* ausgestellten und von *B* akzeptierten Wechsels setzt der Remittent *C* lediglich seine Unterschrift und händigt ihn dem *D* aus. Dieser will den Wechsel an *E* weiterübertragen. Welche Möglichkeiten hat er?

Fall 36 a: D wird der Wechsel von *F* gestohlen. Der Dieb übergibt den Wechsel dem gutgläubigen *G* zur Bezahlung einer Schuld. Ansprüche des *G*?

D hat den Wechsel im *Fall 36* durch ein Blankoindossament (Art. 13 II WG) erhalten. Zur Klarstellung sei darauf hingewiesen, daß auch bei der Übertragung mittels Blankoindossament ein Begebungsvertrag zum Rechtsübergang erforderlich ist. Will *D* nun den Wechsel weiterübertragen, stellt das Wechselgesetz eine überraschende Vielfalt von Möglichkeiten zur Verfügung (Art. 14 II WG):

- *D* kann das Blankoindossament zu einem Namensindossament ergänzen und zwar entweder mit seinem Namen (dann müßte er zur Indossierung an *E* allerdings noch ein Namensindossament an *E* oder sein Blankoindossament unter die Unterschrift des *C* setzen) oder mit dem Namen des Indossatars *(E)*.
- *D* kann den Wechsel sofort weiterindossieren und zwar durch ein Blankoindossament (so daß mehrere Blankoindossamente aufeinanderfolgen) oder durch ein Namensindossament.
- *D* kann schließlich den Wechsel ohne Ausfüllung weitergeben. Dazu bedarf es nur einer Begebung durch Übereignung der Wechselurkunde. Auf diese Weise kann ein Wechsel wie ein Inhaberpapier übertragen werden, ohne jedoch ein solches zu werden, da der Inhaber jederzeit das Blanko- zum Namensindossament umwandeln kann (Art. 14 II Nr. 1 WG)[127]. Diese Blankobegebung ist zwar keine Indossierung, aber ein wechselrechtlicher Übertragungsakt (auf der Grundlage des vorhandenen Blankoindossaments), der alle Rechte aus dem Wechsel übergehen läßt, ohne zu einer Haftung des Blankogebers, dessen Name auf dem Wechsel nicht erscheint, zu führen.

157 Mit einer Blankobegebung wird nicht nur – auf unverdächtige Weise – die Garantiehaftung des Art. 15 WG vermieden, es wird auch verhindert, daß Schwierig-

[126] Deshalb ist die Bezeichnung des Indossierungsverbots als Rektaindossament (z.B. *Brox*, Rdnr. 574) wenig glücklich.

[127] Da der Wechsel nicht zum Inhaberpapier gemacht werden kann, ordnet Art. 12 III WG, an, daß ein Indossament „an den Inhaber“ als Blankoindossament gilt.

keiten bei der Weiterübertragung, etwa ein fehlgeschlagener Diskontierungsversuch, erkennbar werden. Der Einreicher kann den blankoindossierten Wechsel von der Bank ohne Rückindossament zurücknehmen. Die erhöhte Umlauffähigkeit erleichtert freilich auch die unredliche Verwertung des Wechsels. Der Dieb, der dem Blankoindossatar einen Wechsel entwendet *(Fall 36 a)*, kann ohne Fälschung einer Unterschrift einem gutgläubigen Dritten *(G)* Eigentum und Wechselrechte verschaffen, weil er nach Art. 16 I WG formell legitimiert ist.

b) Nachindossament

158 Normalerweise findet die Weiterübertragung eines Wechsels vor Verfall statt. Mit Verfall hat der Wechsel seine Aufgabe als Umlaufpapier erfüllt. Solange die Protestfrist nicht abgelaufen und solange Protest mangels Zahlung nicht erhoben ist, hat aber auch ein Indossament nach Verfall noch dieselben Wirkungen wie ein Indossament vor Verfall (Art. 20 I 1 WG). Bei einem nicht datierten Indossament wird widerlegbar vermutet, daß es vor Ablauf der Protestfrist auf den Wechsel gesetzt wurde (Art. 20 II WG). Nach Protesterhebung oder nach Ablauf der Protestfrist des Art. 44 III WG hat ein Indossament (sog. Nachindossament) nach Art. 20 I 2 WG nur noch die Wirkung einer gewöhnlichen Abtretung. Dem Erwerber eines ersichtlich notleidenden Wechsels läßt das Gesetz keinen besonderen Schutz mehr zuteil werden[128]. Dies bedeutet insbesondere, daß das **Nachindossament keine Garantiefunktion** hat und zu **keinem Einwendungsausschluß** führt.

Fall 37: Wechselnehmer *C* geht aus einem am 1.9. fälligen Wechsel deshalb nicht gegen den Akzeptanten *B* vor, weil dieser eine Gegenforderung (z.B. einen Herausgabeanspruch) gegen ihn hat. Stattdessen versieht er den Wechsel mit einem Namensindossament und übergibt ihn am 6.9. an *D*, der von der Gegenforderung nichts weiß. Als *D* am 1.10. gegen *B* vorgeht, beruft sich dieser auf ein Zurückbehaltungsrecht (§ 273 BGB).

Trotz Versäumung der Protestfrist des Art. 44 III WG blieb der Anspruch des *C* aus Art. 28 WG gegen *B* erhalten (Art. 53 I WG). Das dem Schuldner *B* zustehende Zurückbehaltungsrecht wäre bei einer Übertragung des (nicht präjudizierten) Wechsels mittels Indossament grundsätzlich dem Einwendungsausschluß zum Opfer gefallen (vgl. unten Rdnrn. 181 ff.). Im *Fall 37* erwirbt *D* zwar die existente Forderung aus Art. 28 WG gegen *B*. Da das Nachindossament nur noch die Wirkung einer Zession hat, kann *B* dem *D* nach § 404 BGB alle in der Person des Vormanns begründeten Einwendungen entgegensetzen, ohne daß es auf die Gutgläubigkeit des *D* ankommt. Wegen § 274 BGB würde *B* also nur zu einer Zug-um-Zug-Leistung verurteilt werden.

c) Indossamente mit beschränkter Wirkung

Während die bisher dargestellten Indossamente stets auf eine vollständige Übertragung der Wechselrechte gerichtet waren, kann der Begebungsvertrag auch auf die Verpfändung (Pfandindossament) oder die Einziehung (Vollmachtsindossament) des Wechsels beschränkt werden. Dies kann „offen" durch einen Zusatz beim Indossament geschehen, aber auch „verdeckt" bleiben.

---

[128] Der Wechsel sinkt gleichsam auf die Stufe eines Rektapapiers (bleibt aber Orderpapier).

159 • *Pfandindossament*

Ähnlich wie die Übertragung des Wechsels kann auch seine Verpfändung in wechselrechtlicher Form oder nach den Vorschriften des BGB erfolgen.

Im letzteren Fall wird das Pfandrecht durch Einigung und Übergabe des (nicht indossierten) Wechsels bestellt, § 1274 BGB. Diese bürgerlichrechtliche Form der Verpfändung hat die von der Abtretung der Forderung her bekannten Nachteile. Ein gutgläubiger Pfandrechtserwerb ist ausgeschlossen; der Pfandgläubiger muß sich gemäß §§ 1275, 404 BGB alle Einwendungen entgegenhalten lassen, die gegen den Verpfänder (Wechselgläubiger) bestehen.

Wechselmäßig erfolgt die Verpfändung durch Einigung (Begebungsvertrag) und Übergabe des mit einem Pfandindossament versehenen Wechsels. Die maßgebliche Regelung findet sich allerdings nicht im Wechselgesetz, sondern im BGB, § 1292. Das Pfandindossament kann ein offenes oder ein verdecktes sein. Das in Art. 19 WG geregelte **offene Pfandindossament**, das durch Vermerke wie „Wert zum Pfand" oder „Wert zur Sicherung" gekennzeichnet ist, hat volle Legitimationswirkung. Der Pfandgläubiger wird als Pfandrechtsinhaber ausgewiesen. Er hat ein eigenes Recht zur Geltendmachung der Wechselrechte, d.h. er kann z.B. den Wechsel einziehen, Protest erheben oder Rückgriff nehmen. Da er (erkennbar) nicht Eigentümer ist, kann er das Eigentum am Wechsel nicht wirksam auf andere übertragen. Sein Indossament hat nach Art. 19 I WG nur die Wirkung eines Vollmachtsindossaments (dazu sogleich).

Die Rechtsbeziehungen zwischen Pfandindossatar und Pfandindossant, insbesondere die Pfandverwertung, bestimmen sich nach bürgerlichem Recht. Abweichend von § 1228 II BGB kann der Pfandindossatar die Wechselforderung schon vor Pfandreife einziehen und kündigen, § 1294 BGB[129]. Eine Garantiehaftung i.S. des Art. 15 WG hat das Pfandindossament nicht zur Folge. Dies ergibt sich daraus, daß der Pfandindossatar nicht Wechselgläubiger wird, sondern nur ein Pfandrecht erlangt.

160 Das **verdeckte Pfandindossament** ist äußerlich ein unbeschränktes Vollindossament, das eine materiellrechtliche Verpfändung verdeckt. Die Zulässigkeit des verdeckten Pfandindossaments folgt aus § 1292 BGB, der für eine Verpfändung eine Einigung über die Begründung des Pfandrechts und eine Übergabe des indossierten Papiers voraussetzt[130]. Die Rechtsstellung des Indossatars ist die gleiche wie beim offenen Pfandindossament. Der Unterschied zwischen beiden Formen der Verpfändung liegt darin, daß der Pfandindossatar bei verdeckter Rechtsübertragung durch das äußerlich unbeschränkte Indossament als Eigentümer und Wechselgläubiger legitimiert ist und deshalb nach Art. 16 II WG einem gutgläubigen Erwerber das Eigentum am Wechsel und die in ihm verbrieften Rechte verschaffen kann.

• *Vollmachtsindossament*

Fall 38: Der Indossant *C* fügt dem Indossament an *D* folgenden Vermerk bei: „Wert zum Inkasso" oder „Wert zur Einziehung". Welche rechtliche Position hat *D* durch dieses Indossament erlangt?

---

129 Dies erklärt sich daraus, daß der Wechsel am Verfalltag, der vor der Pfandreife liegen kann, zur Zahlung vorgelegt werden muß.

130 Von der Sicherungsübereignung des Wechsels unterscheidet es sich dadurch, daß die Einigung lediglich auf Begründung eines Pfandrechts (und nicht auf Eigentumsübertragung) gerichtet ist.

161 Der Zusatz beim Indossament[131] läßt erkennen, daß *C* den Wechsel und die in ihm verbrieften Rechte nicht auf *D* übertragen, sondern diesen nur zur Geltendmachung bevollmächtigen wollte. Es handelt sich im vorliegenden Fall um ein in Art. 18 WG geregeltes sog. **offenes Vollmachts- oder Prokuraindossament**, das lediglich eine besondere wechselrechtliche Ausformung der Vollmacht darstellt[132]. Der Vollmachtsindossant bleibt Wechseleigentümer und Wechselgläubiger (keine Transportfunktion), der Indossatar ist berechtigt, alle Rechte aus dem Wechsel geltend zu machen. Er kann insbesondere den Wechsel einziehen, einklagen[133], protestieren, nach Art. 45 WG benachrichtigen, jedoch alles nur im Namen des Vollmachtsindossanten. Übertragen darf der Indossatar nur durch weiteres Vollmachtsindossament, Art. 18 I 2 Halbs. 2 WG[134].

Der Wechselschuldner kann nach Art. 18 II WG dem Inhaber nur die ihm gegen den Indossanten – und nicht die ihm gegen den Indossatar (Inhaber) – zustehenden Einwendungen entgegenhalten. Art. 18 II WG drückt insoweit nur die Selbstverständlichkeit aus, daß es auf die Person des Wechselgläubigers und nicht auf die des Bevollmächtigten ankommt. Natürlich hat ein Vollmachtsindossament auch keine Haftungswirkung.

162 Praktisch bedeutsamer als das offene ist das im Gesetz nicht geregelte **verdeckte Vollmachtsindossament**, bei dem die Beschränkung des Inhabers nicht erkennbar ist. Nach außen sieht das verdeckte Vollmachtsindossament wie ein normales rechtsübertragendes Indossament aus, in Wahrheit ist der Indossatar jedoch nur zur Einziehung ermächtigt (Ermächtigungsindossament[135]). Zweck eines verdeckten Vollmachtsindossaments kann es sein, dem Indossatar die Einziehung (das Inkasso) der Wechselforderung (verdecktes Inkassoindossament) oder die Veräußerung des Wechsels an einen Dritten, insbesondere an eine Bank (verdecktes Diskontierungsindossament) zu ermöglichen.

Der im Rahmen seiner Ermächtigung (§ 185 BGB) handelnde Indossatar macht kein eigenes Recht geltend – Eigentümer und Gläubiger ist der Indossant geblieben. Da der Indossatar jedoch formell legitimiert ist, kann er einem gutgläubigen Erwerber nach Art. 16 II WG Eigentum verschaffen. Der Wechselschuldner kann dem Indossatar alle gegen den Indossanten bestehenden Einwendungen entgegenhalten, nicht aber die Einwendungen, die er gegen den Indossatar hat. Der Indossatar trägt allerdings die Beweislast für den beschränkten Charakter der Übertragung, wenn er persönliche Einwendungen, die der Schuldner ihm gegenüber hat, abwehren will[136]. Haftungswirkung hat das Ermächtigungsindossament nicht, weil eine Rechtsübertragung nicht vorliegt und auch ein Garantieindossament nicht gewollt ist[137].

---

131 Er könnte auch lauten: „in Prokura" oder „für meine Rechnung".

132 *Hueck/Canaris*, § 8 VIII 1; *Bornemann*, S. 222.

133 Der Indossatar handelt insoweit als Vertreter, nicht als Prozeßstandschafter, *Baumbach/Hefermehl*, Art. 18 Rdnr. 4.

134 Indossiert er ohne Vermerk, ist dies nicht unwirksam; vielmehr ist das Indossament in ein Vollmachtsindossament umzudeuten, *Baumbach/Hefermehl*, Art. 18 Rdnr. 3.

135 In der Terminologie folgen wir *Baumbach/Hefermehl*, Art. 18 Rdnrn. 7 ff.; *Hueck/Canaris*, § 8 VIII 3, spricht von Ermächtigungstreuhand und Vollrechtstreuhand; *Bülow*, Art. 18 Rdnr. 8 von Legitimationszession.

136 *Zöllner*, § 14 IX 2; *Richardi*, § 17 IV 3 b. Umgekehrt muß der Wechselschuldner beweisen, daß es sich trotz äußeren Anscheins eines Vollindossaments nur um ein verdecktes Vollmachtsindossament handelt, wenn er dem Indossatar Einwendungen entgegenhalten will, die ihm dem Indossanten gegenüber zustehen.

137 *Hueck/Canaris*, § 8 VIII 3 a.

Von dem Ermächtigungsindossament, bei dem der Indossant (verdeckt) Eigentümer und Wechselgläubiger bleibt, abzugrenzen ist die Vollübertragung des Rechts mit fiduziarischer Bindung im Innenverhältnis (Treuhandindossament).

d) Treuhandindossament

163 Wie jedes Recht kann auch die Wechselforderung treuhänderisch übertragen werden, mit der Folge, daß der Indossatar Eigentümer und Wechselgläubiger wird, im Innenverhältnis jedoch verpflichtet ist, von seinen Rechten nur entsprechend den Vereinbarungen in der Begebungsabrede Gebrauch zu machen. Da die treuhänderische Bindung nach außen nicht erkennbar ist, ist die Abgrenzung zum verdeckten Vollmachtsindossament im Einzelfall schwierig, etwa wenn der Wechsel bei einer Bank eingereicht wird. Ob ein Treuhand- oder ein verdecktes Vollmachtsindossament vorliegt, hängt vom Parteiwillen ab, der durch Auslegung der bei Wechselhingabe abgegebenen Erklärungen zu ermitteln ist[138]. Liegt die Indossierung allein im Interesse des Indossanten – wie z.B. bei einem reinen Inkassoauftrag – ist im Zweifel ein bloßes Ermächtigungsindossament anzunehmen. Dient die Indossierung auch (oder nur) den Interessen des Indossatars, z.B. bei einer Sicherungstreuhand[139], liegt ein Treuhandindossament näher.

Da der Indossatar beim Treuhandindossament Eigentümer und Wechselgläubiger geworden ist, hat er auch die Rechtsmacht zur Weiterübertragung des Wechsels. Wenn ihm dies aufgrund der Vereinbarungen mit dem Indossanten untersagt ist, so hat dies nach § 137 BGB nur obligatorische Wirkung[140]. Ein Wechselschuldner kann dem Treuhandindossatar alle ihm gegen diesen zustehenden Einwendungen entgegenhalten. Ob er sich daneben auch auf die gegenüber dem Indossanten begründeten Einwendungen berufen kann, hängt davon ab, in wessen Interesse die Treuhandindossierung erfolgt ist[141].

IV. Einwendungslehre

164 Nachdem das Wechselgesetz in Art. 16 I für den Wechselinhaber widerleglich nicht nur das Eigentum, sondern auch den Bestand der in der Urkunde ausgewiesenen Wechselforderungen vermutet[142], konzentriert sich der Wechselprozeß auf die Verteidigung des Schuldners. Er kann entsprechend den Voraussetzungen seiner Inanspruchnahme einwenden,

- der Wechsel sei formungültig (1),
- der Inhaber sei nicht der Eigentümer (2),
- die Wechselforderung bestehe nicht bzw. nicht einredefrei (3).

Die Einwendungslehre befaßt sich *nur* mit solchen Einwendungen, die sich gegen die *Haftung des Wechselschuldners* (Akzeptant, Aussteller, Indossant, Wechselbürge) richten. Die Frage, ob der Wechselinhaber Eigentum an der Wechselurkunde hat (2),

---

[138] *BGHZ* 5, 285 (292); *Baumbach/Hefermehl*, Art. 18 Rdnr. 7; *Bülow*, Art. 19 Rdnr. 17; *Hueck/Canaris*, § 8 VIII 3.

[139] Näher dazu *Baumbach/Hefermehl*, Art. 18 Rdnr. 11.

[140] *Hueck/Canaris*, § 8 VIII 3 b.

[141] Näher dazu *Baumbach/Hefermehl*, Art. 18 Rdnrn. 10, 11; *Bülow*, Art. 19 Rdnr. 22; *Hueck/Canaris*, § 8 VIII 3 b.

[142] *Baumbach/Hefermehl*, Einl. WG Rdnr. 35; vgl. auch schon oben 1. Teil Rdnr. 16.

liegt auf einer anderen Ebene. Sie ist der Frage nach der wechselmäßigen Verpflichtung vorgelagert und in einer Klausur auch vorrangig zu prüfen, weil Wechselforderungen überhaupt nur dem sachlich berechtigten Inhaber der Urkunde zustehen können. Fehlt es daher bereits am Eigentum des Wechselinhabers, so kann er nicht Gläubiger der wechselverbrieften Rechte sein. Dann kommt es auf Einwendungen des Wechselschuldners gegen die Wechselforderung nicht mehr an. Die **Lehre von den wechselmäßigen Einwendungen setzt** damit das **Eigentum des Inhabers am Papier voraus** und gibt Antwort auf die Frage, wann der Inanspruchgenommene zur Zahlung *nicht* verpflichtet ist, obwohl der Vorlegende Eigentümer der formgültigen Wechselurkunde ist[143].

Das Schuldnerinteresse, möglichst mit allen Einwendungen gehört zu werden, tritt gegenüber dem Verkehrsinteresse am Wechselumlauf weitgehend in den Hintergrund. Einwendungen des Schuldners sind grundsätzlich auf das Verhältnis zu dem unmittelbaren Wechselnehmer beschränkt und können Dritten (Zweiterwerbern) nicht entgegengesetzt werden. Man spricht von einem Einwendungsausschluß.

1. Terminologie und Einteilung der Einwendungen

165 Seit jeher versucht man, das Problem des Einwendungsausschlusses durch Bildung von zwei Gruppen von Einwendungen zu lösen:

- sog. persönliche (subjektive, relative) Einwendungen, die *unmittelbar*, d.h. nur gegen einen bestimmten Gläubiger wirken;
- sog. dingliche (objektive, absolute) Einwendungen, die gegenüber *jedem* Erwerber bestehen, weil sie sich aus dem Inhalt der *Urkunde* ergeben (urkundliche Einwendungen) oder die *Gültigkeit* der verbrieften Verpflichtungserklärung betreffen (Gültigkeitseinwendungen).

Von diesem Einteilungsschema gehen die §§ 796 BGB (vgl. auch § 784 I BGB) und 364 II HGB aus. Im Wechselgesetz selbst fehlt eine solche positive Aufzählung der zulässigen Einwendungen. Art. 17 WG enthält lediglich die (negative) Anordnung, daß der Wechselschuldner Einwendungen aus der unmittelbaren Beziehung zum Aussteller oder zu einem früheren Inhaber grundsätzlich nicht geltend machen kann. Mit der Bestimmung, daß *persönliche* (unmittelbare) Einwendungen des Wechselschuldners gegenüber Dritten, also außerhalb der Rechtsbeziehung zwischen Wechselschuldner und unmittelbarem Wechselnehmer, unzulässig sind, knüpft die Regelung aber erkennbar an die überkommene Einteilung an.

Freilich trifft sie damit für einen Teilbereich der Einwendungen eine Entscheidung. Die Genfer Wechselrechtskonferenz war sich bewußt, mit Art. 17 WG eine lückenhafte Regelung zu schaffen und den Kreis der unzulässigen Einwendungen nicht vollständig zu erfassen[144]. Gültigkeitseinwendungen fallen daher nicht in den

---

[143] So *Bornemann*, S. 200, 201; *Baumbach/Hefermehl*, Art. 17 Rdnr. 3, und bereits *E. Ulmer*, S. 243. Häufig wird aber unter die Einwendungslehre alles gebracht, was der Wechselschuldner zu seiner Verteidigung vortragen kann, also auch der Einwand der Formungültigkeit und der fehlenden Legitimation, so z.B. von *Zöllner*, § 21 I und *Gursky*, S. 89.

[144] Dazu *Hefermehl*, ZHR 144 (1980), 34, 37.

Regelungsbereich des Art. 17 WG[145], ihre Behandlung wurde Rechtsprechung und Wissenschaft überlassen.

a) Nach der Rechtsscheinlehre

166 Das alte gesetzliche Einteilungsprinzip in persönliche (unmittelbare), urkundliche und Gültigkeitseinwendungen hat mit der Entwicklung der Rechtsscheintheorie seine ordnende Funktion eingebüßt, weil nunmehr Gültigkeitseinwendungen dem redlichen Zweiterwerber nicht mehr ohne weiteres entgegengesetzt werden können (vgl. Rdnr. 116). Die nach Rechtsscheingrundsätzen *ausgeschlossenen* Gültigkeitseinwendungen haben ihre ursprüngliche Wirkung gegenüber jedem Inhaber verloren, sie sind aus dem Kreis der dinglichen (absoluten) Einwendungen ausgeschieden. *Insoweit* folgt der im Interesse des Verkehrsschutzes angestrebte Einwendungsausschluß aus dem Rechtsscheinprinzip. Das hat *Canaris* zum Anlaß genommen, im Gegensatz zur h.L., die im Prinzip an der überkommenen Einteilung und Terminologie festhält, die *gesamte* Einwendungslehre dem „– letztlich allein ausschlaggebenden – Rechtsscheingedanken" zu unterwerfen und „folgerichtig" die Einteilung der Einwendungen aus dem „Grundgedanken der Rechtsscheinhaftung" zu entwickeln[146]. Zunächst leitet er aus den allgemeinen Tatbestandsvoraussetzungen der Rechtsscheinlehre die angestrebte Zweiteilung der Einwendungen in nichtausschlußfähige und ausschlußfähige (präklusionsfähige) ab. Zur ersten Kategorie (nichtausschlußfähige Einwendungen) sollen gehören:

- sog. *unmittelbare* Einwendungen zwischen Wechselgeber und Wechselnehmer: Bei ihnen soll sich der Einwendungsausschluß aus dem Fehlen des Papierumlaufs ergeben, das einen Verkehrsschutz von vornherein entbehrlich mache;
- die *urkundlichen* (oder inhaltlichen) Einwendungen: Soweit Einwendungen aus der Urkunde ersichtlich seien, fehle für einen Zweiterwerber der Rechtsschein einer gültigen Verpflichtung;
- sog. *Zurechenbarkeitseinwendungen*: Hier liege zwar ein Scheintatbestand für eine Wechselverpflichtung (Unterschrift) vor, aber dieser sei vom Schuldner nicht zurechenbar veranlaßt worden (Fälle der Fälschung, fehlenden bzw. beschränkten Geschäftsfähigkeit und der Vertretung ohne Vertretungsmacht).

Alle übrigen Einwendungen gegen die Wechselforderung seien ausschlußfähig und ließen sich in zwei Untergruppen einteilen:

- *persönliche Einwendungen*: Darunter seien diejenigen Einwendungen zu zählen, die sich aus der schuldrechtlichen Beziehung des Wechselverpflichteten zu einem bestimmten Wechselgläubiger ergeben,
- *Gültigkeitseinwendungen*: Hier fehle zwar – wie bei den Zurechenbarkeitseinwendungen – ein (wirksamer) Begebungsvertrag, aber es liege im Gegensatz zu diesen ein dem Wechselschuldner zurechenbarer Rechtsschein eines Begebungsvertrages vor.

Damit erweitert sich der Kreis der zu unterscheidenden Einwendungen gegen die Wechselforderung. Die komplizierte, vom gesetzlichen Einteilungsschema ab-

---

[145] So die h.M., vgl. *Baumbach/Hefermehl*, Art. 17 Rdnr. 2; *Bülow*, Art. 17 Rdnr. 55. Nach der Mindermeinung sollen die auf einen Willensmangel (infolge Irrtums, Täuschung, Drohung) des Urkundenzeichners zurückzuführenden Gültigkeitseinwendungen als „unmittelbare Einwendungen" unter Art. 17 WG fallen; dagegen mit Recht *Hueck/Canaris*, § 9 I 3 a. Die Mindermeinung knüpft an die Kreationstheorie an, vgl. unten Fußn. 150 u. 152.

[146] *Hueck/Canaris*, § 9 I 2; *Canaris*, JuS 1971, 441, 443 ff.

weichende Begriffsbildung[147] hat insgesamt wohl mehr Unsicherheit als Klarheit gebracht und vielleicht auch dazu beigetragen, daß viele Studenten die ganze Einwendungslehre ohne Verständnis einfach auswendig lernen.

167 Überhaupt scheint der Versuch der Zurückführung *aller* Einwendungen auf *ein* allgemeines Prinzip im Sinne einer Einheitslösung mehr Probleme zu schaffen als zu lösen und zu einer Überstrapazierung des Rechtsscheingedankens als Erklärungsmodell zu führen. So wird etwa mit der Trennung in Zurechenbarkeits- und Gültigkeitseinwendungen das dahinter stehende gemeinsame Sachkriterium dieser Einwendungen verdeckt, das im Fehlen einer Wechselverpflichtung besteht. Und soweit die Lehre vom Rechtsschein die sog. „unmittelbaren und die urkundlichen Einwendungen" dogmatisch begründen soll, wird ihr Erklärungswert nicht recht deutlich, weil auch ohne sie unmittelbar einleuchtet, daß zum einen dem Wechselschuldner Einwendungen gegen den Partner seines Begebungsvertrages ohne weiteres zustehen und zum anderen sich Einwendungen aus der Urkunde gegenüber jedermann richten.

Daher sollte man die **Rechtsscheinlehre auf den Bereich der Gültigkeitseinwendungen** (fehlender oder unwirksamer Begebungsvertrag) **beschränken**. Hinsichtlich der persönlichen Einwendungen des Wechselschuldners vermag sie ohnehin zur Erklärung des Einwendungsausschlusses nicht beizutragen, wie *Canaris* selbst einräumt[148].

b) Nach Kriterien des allgemeinen Zivilrechts

168 Können daher die wechselmäßigen Einwendungen nicht in einen übergreifenden Sachzusammenhang gebracht werden, so kommt es darauf an, durch die Erfassung ihrer jeweils verschiedenen Zielrichtung zu einfacheren Strukturen zu gelangen. Das auf Wirkung und Rechtsfolgen (gegen jeden oder nur gegen einen bestimmten Papierinhaber) ausgerichtete alte Ordnungsprinzip ist dabei durch eine Einteilung nach Sachgründen zu ersetzen[149]. Danach wird im Ansatz nur noch zwischen *urkundlichen* und *nichturkundlichen* Einwendungen unterschieden.

169 Die *urkundlichen* Einwendungen des Wechselschuldners treffen jeden Wechselinhaber. Jeder Wechselerwerber kann nicht mehr Rechte aus der Wechselurkunde für sich herleiten, als die Wechselurkunde ergibt. So kann sich der in Anspruch genommene Wechselzeichner durch Hinweis auf die Angstklausel (Art. 15 I WG; Gültigkeitseinwand wegen Fehlens einer Wechselverpflichtung), durch die Einwendung der auf dem Wechsel quittierten Teilzahlung (Art. 39 III WG; Gültigkeitseinwand) bzw. durch die Einrede der mangelnden Fälligkeit (Art. 1 Nr. 4, 28 I WG; persönliche Einrede) erfolgreich gegenüber jedem Wechselinhaber verteidigen. Darüber hinaus kann der Wechselschuldner den Urkundeninhalt nicht nur gegen die Wechselforderung ins Feld führen, sondern daraus auch die Einwendung des Formmangels (Art. 1 WG) und der fehlenden Legitimation des Wechselinhabers (Art. 16 I WG) ableiten. Insoweit handelt es sich aber nicht um Einwendungen i.S. der Einwendungslehre.

---

[147] Kritisch insbesondere wegen der mißverständlichen Bezeichnung „Zurechenbarkeitseinwendung" *Zöllner*, § 21 II 2 c, dessen Terminologie aber gleichfalls nicht einfach ist.

[148] *Canaris*, JuS 1971, 441, 445: „Die Frage ist nun nicht mehr mit den Kategorien der Rechtsscheinlehre zu lösen."

[149] So *Baumbach/Hefermehl*, Art. 17 Rdnr. 5; ebenso der Sache nach *Bülow*, Art. 17 Rdnr. 6.

170 Die *nichturkundlichen* Einwendungen richten sich gegen den Verpflichtungstatbestand, sei es, daß sie den Bestand der Wechselforderung leugnen (rechtsverneinende Einwendungen), sei es, daß sie der Geltendmachung des Wechselrechts lediglich ein Leistungsverweigerungsrecht (rechtshemmende Einrede) entgegensetzen. Die rechtsverneinenden (rechtshindernden bzw. rechtsvernichtenden) Einwendungen sind mit den Gültigkeitseinwendungen, die rechtshemmenden Einreden mit den persönlichen Einwendungen identisch[150]. Auf diese findet Art. 17 WG (das Tatbestandsmerkmal „Einwendungen" ist nicht im technischen Sinne zu verstehen), auf jene die Lehre vom Rechtsschein Anwendung.

171 Aus dieser Einteilung ergibt sich zwar nicht, ob und unter welchen Umständen die nichturkundlichen Einwendungen absolut, also gegenüber jedem Wechseleigentümer wirken. Das ist jedoch im Vergleich zu dem überkommenen Einteilungsschema kein wesentlicher Nachteil. Der entscheidende Vorteil liegt darin, daß mit der Abgrenzung nach der Zielrichtung der Einwendungen der Anschluß an die Lehre von den Einwendungen (Gegenrechten) im allgemeinen Zivilrecht erfolgt. Im Einklang mit der Unterscheidung des materiellen Rechts zwischen Recht und Gegenrecht ist auch die prozessuale Situation des Wechselschuldners zu sehen. Seine Verteidigung mit Gültigkeitseinwendungen (Tatsachenvorbringen) wird ohne weiteres von Amts wegen beachtet und auf die Wechselverpflichtung bezogen, während persönliche Einreden gegen den schuldrechtlich verbundenen Wechselnehmer die Wechselforderung nicht von selbst hemmen, sondern erst nach Erhebung der Einrede (Geltendmachung des Leistungsverweigerungsrechts) berücksichtigt werden.

172 Damit können die gegen die wechselmäßige Haftung gerichteten (nichturkundlichen) Einwendungen ohne weiteres nach der gewohnten juristischen Terminologie als Berufung auf Gegennormen verstanden werden. Auf einer anderen Ebene (nämlich der prozessualen Darlegungs- und Beweislast) liegt der Umstand, daß im Prozeß infolge der gesetzlichen Rechtsbestandsvermutung für den klagenden Wechselinhaber (§ 292 ZPO) das einfache Bestreiten (= Klageleugnen) der Existenz der Wechselforderung durch den beklagten Schuldner nicht genügt, sondern vielmehr erforderlich ist, daß der Schuldner die Tatsachen vorträgt (und gegebenenfalls beweist), die die Rechtsvermutung zugunsten des Klägers vollständig widerlegen. Das ist jedoch keine Besonderheit im Vergleich zum allgemeinen Recht, sondern lediglich eine Folge der gesetzlichen Vermutungswirkung. Insbesondere läßt sich daraus nicht die Behauptung ableiten, der wechselmäßige Einwendungsbegriff sei weiter als der materiellrechtliche[151].

2. *Urkundliche (inhaltliche) Einwendungen*

173 Aus der Urkunde ergeben sich die Formgültigkeit des Wechsels sowie die formelle Legitimation des Inhabers. Darüber hinaus kann der Wechselschuldner unter Umständen auch Einwendungen gegen den wechselmäßigen Haftungstatbestand aus der Urkunde erheben, wenn der Text Einwendungen bzw. Einreden gegen die Wechselverpflichtung verlautbart. Solche urkundlichen Einwendungen können sich entweder direkt (vgl. Rdnr. 169) oder indirekt (mittelbar) aus dem Wechseltext ergeben.

---

[150] So auch *Zöllner*, § 21 V. Die Unterscheidung ist auf dem Boden der Kreationstheorie nicht möglich, weil Willensmängel bei Begebung der im übrigen fehlerfrei ausgestellten Urkunde nicht zu Gültigkeitseinwendungen führen und daher auch nur als persönliche Einwendungen verstanden werden können; vgl. *Canaris*, JuS 1971, 441, 447.

[151] So aber *Meyer-Cording*, 1. Aufl. (1980), S. 68; vgl. auch *Brox*, Rdnrn. 619, 642.

Fall 39: *A* hat einen Wechsel nach Art. 3 I WG ausgestellt, von *B* akzeptieren lassen und an *C* indossiert. Als *B* am Verfalltag (1.3.1989) nicht zahlt, erhebt *C* am 6.3. Protest und verklagt *A* auf Zahlung der Wechselsumme.

Fall 40: Nachdem im *Fall 39* die Klage abgewiesen wurde, klagt *C* am 15.5.1992 im Wechselprozeß gegen den Wechselhauptschuldner *B*. Dieser erhebt die Verjährungseinrede.

Im *Fall 39* haben wir es mit einer urkundlichen Gültigkeitseinwendung zu tun, Einwand der Präjudizierung, Art. 44, 53 WG. Bei Nichteinlösung des Papiers durch den Wechselhauptschuldner verliert *C* seine wechselmäßigen Rückgriffsansprüche gegen *A* (Art. 9, 15 WG), wenn er nicht fristgerecht Protest erhebt. Da sich aus dem Protestvermerk auf dem Wechsel oder auf einem besonderen, mit der Wechselurkunde verbundenen Blatt (vgl. Art. 81 WG) ergibt, daß die Protestfrist des Art. 44 III 1 WG nicht eingehalten ist (Art. 80 I Nr. 3 WG), folgt der Verlust des Regreßanspruchs gemäß Art. 53 I (2. Fallgruppe) WG mittelbar aus der Urkunde. *A* steht demnach ein urkundlicher Einwand gegen *C* zu.

Fall 40 betrifft materiellrechtlich die Einrede der Verjährung (Leistungsverweigerungsrecht), Art. 70 I WG. *B* kann diese Einrede schon aus der im Wechseltext enthaltenen Angabe des Verfalltages (Art. 1 Nr. 4, 33 WG) herleiten.

Die Gegenrechte, auf die sich die Wechselschuldner in beiden Fällen berufen, verlieren durch Aufnahme in die Urkunde nicht ihren materiellrechtlichen Charakter als Einrede und Einwendung. So braucht *A* im *Fall 39* sich nicht auf die Rechtsfolge des Art. 53 I WG zu berufen, es genügt, wenn er die dafür erforderliche Tatsache (verspätete Protesterhebung) vorträgt. Demgegenüber genügt es im *Fall 40* nicht, daß *B* die Leistung verweigern darf, er muß sich gegenüber *C* auf das Leistungsverweigerungsrecht ausdrücklich berufen; daß die Einrede als urkundliche Einwendung erhoben wird, ändert daran nichts.

3. Nichturkundliche Einwendungen

174 Nichturkundliche Einwendungen sind Einwendungen (i.w.S.) gegen die wechselmäßige Verpflichtung, die sich nicht schon aus der Urkunde ergeben. Der Wechselschuldner kann sie ohne weiteres dem durch den Begebungsvertrag mit ihm unmittelbar verbundenen Wechselnehmer entgegenhalten. Die Frage, ob die nicht geschriebenen Einwendungen und Einreden auch gegenüber Dritten (Zweiterwerbern) durchgreifen, wird im Wechselrecht nach Verkehrsschutzinteressen entschieden – ganz im Gegensatz zum allgemeinen Schuldrecht, das in § 404 BGB dem Schuldner erlaubt, alle gegenüber einem früheren Gläubiger bestehenden Einwendungen dessen Rechtsnachfolgern entgegenzusetzen. Im Wertpapierrecht unterliegen sowohl (Gültigkeits-) Einwendungen als auch (persönliche) Einreden dem sog. Einwendungsausschluß.

a) Gültigkeitseinwendungen

175 **Gültigkeitseinwendungen richten sich gegen den Bestand** (die Existenz) **der Wechselforderung selbst**. Sie betreffen nicht den Realakt der Skriptur, sondern

behaupten einen fehlerhaften bzw. fehlenden Begebungsvertrag (vgl. oben Rdnrn. 115 ff.)[152].

Fall 41: B hat von einem Gläubiger *A* einen Wechselvordruck erhalten, an Order des *A* gezeichnet und die Urkunde zur Rückgabe an *A* bereitgelegt. Als *B* erfährt, daß über das Vermögen des *A* demnächst das Konkursverfahren eröffnet werden soll, verweigert er *A* die Herausgabe des bereits unterschriebenen Wechsels. *A* gelingt es jedoch, den Wechsel an sich zu bringen und ihn bei der C-Bank zu diskontieren. Deren Direktor *X* hatte *B* zuvor erzählt, daß er *A* verdächtige, einen von ihm *(B)* akzeptierten Wechsel entwendet zu haben. *X* denkt bei dem Diskontgeschäft, es werde sich nicht gerade um diesen Wechsel handeln. Als *B* von *C* in Anspruch genommen wird, beruft er sich auf das Fehlen des Begebungsvertrages. Zu Recht?

Fall 41 a: Wie ist es, wenn
(1) nicht *X* selbst, sondern der Bankangestellte *Y* die Diskontierung für *C* vorgenommen hätte;
(2) *C* den Wechsel an *D* weiterindossiert hätte, der über alles im Bild war?

Rechtsverneinende Einwendungen kann der Wechselschuldner seinen unmittelbaren Wechselnehmer (im *Fall 41* dem Ersterwerber *A*) gegenüber stets, anderen Wecheigentümern nicht immer entgegenhalten, jedenfalls nicht mit der sich für andere Papiere aus §§ 796 BGB, 364 II HGB oder etwa auch aus § 404 BGB ergebenden Selbstverständlichkeit.

176 Der **Einwand des mangelnden Begebungsvertrages** kann bei wechselmäßiger Übertragung an einen Zweiterwerber **nach Rechtsscheingrundsätzen ausgeschlossen** sein. Dies setzt – wie erörtert (vgl. oben Rdnr. 116) – voraus, daß der aus dem Wechsel Inanspruchgenommene den ihm zurechenbaren Rechtsschein einer gültigen Wechselverpflichtung geschaffen hat.

An einem veranlaßten Rechtsschein fehlt es schon **bei Fälschung** der Unterschrift, vgl. oben *Fall 23*, bzw. bei Verfälschung des Wechselinhalts (*Fall 23 a*) sowie **bei Zeichnung eines Vertreters ohne Vertretungsmacht** (*Fall 22*). Bei **unwiderstehlicher Gewalt** (vis absoluta) sowie **bei fehlender oder beschränkter Geschäftsfähigkeit** (vgl. *Fall 21*) liegt an sich der die Haftung rechtfertigende Rechtsschein infolge der Unterschrift des Inanspruchgenommenen vor; er ist ihm jedoch *nicht zurechenbar*. Solche Einwendungen können jedem (auch dem gutgläubigen)

[152] Nach der Kreationstheorie liegen regelmäßig nur unmittelbare (relative) Einwendungen vor, die nach Art. 17 WG behandelt werden (müssen), so *E. Ulmer*, S. 51 f., 243; ebenso *U. Huber*, in: Festschr. f. Flume II, 1978, S. 114 ff. Danach handelt es sich lediglich um eine persönliche Einwendung, wenn beispielsweise dem Wechselzeichner das Erklärungsbewußtsein fehlte, weil er die ihm zur Unterschrift vorgelegten Schriftstücke ohne Brille nicht lesen konnte und deshalb unwissentlich einen Wechsel als Akzeptant unterschrieb (so auch *BGH*, NJW 1968, 2102). Richtig ist, daß bei fehlendem Erklärungsbewußtsein entweder der Begebungsvertrag nicht zustandekommt oder jedenfalls infolge Anfechtung des Zeichners unwirksam wird. In jedem Fall liegt eine rechtshindernde (Gültigkeits-)Einwendung des Wechselschuldners vor und nicht eine persönliche Einrede (ein Leistungsverweigerungsrecht steht gar nicht in Rede), so richtig *BGH*, NJW 1973, 283; *Hueck/Canaris*, § 9 II 3 d; *Zöllner*, § 21 IV 1; *Baumbach/Hefermehl*, Art. 17 Rdnr. 45.

Wechselinhaber (Zweiterwerber) entgegengesetzt werden. Insoweit spricht man von ausschlußunfähigen Gültigkeitseinwendungen[153].

Bei allen anderen, die Gültigkeit der Wechselverpflichtung betreffenden Einwendungen hat der Zeichner den in der Unterschrift (Skriptur) liegenden Rechtsschein eines wirksamen Begebungsvertrages regelmäßig zurechenbar veranlaßt. Er kann sich dem gutgläubigen Wechselerwerber gegenüber nicht auf den Begebungsmangel berufen. Gleichgültig ist dabei, ob er selbst oder ein anderer den Wechsel in den Verkehr gebracht hat.

Zurechenbar veranlaßt ist der Rechtsschein etwa dann, wenn der Begebungsvertrag von Anfang an gefehlt hat (abhandengekommener, unterschriebener Wechsel, *Fälle 41 und 25*), oder wenn der Begebungsvertrag mangels Zugangs der unterschriebenen Urkunde oder infolge abredewidrigen Ausfüllens des Wechselblanketts nicht zustandekam (vgl. das *Beispiel* oben Rdnr. 112), unverbindlich (wegen Spiel, Wette, Ehevermittlung, §§ 762, 656 II BGB) oder nichtig war (von Anfang an, §§ 138, 134 BGB oder nachträglich wegen Anfechtung, §§ 119 ff., 123, 142 BGB[154]), oder wenn die Verpflichtung aus dem Begebungsvertrag infolge Erfüllung der Wechselhauptschuld erloschen ist[155].

177 Diesen Einwendungen des Wechselschuldners kann der Wechseleigentümer mit dem Hinweis auf die Rechtsscheintheorie begegnen (ausschlußfähige Gültigkeitseinwendungen). Der Erwerber wird in diesen Fällen geschützt, wenn er gutgläubig auf den Rechtsschein vertraut hat. An einem schutzwürdigen Vertrauen fehlt es, wenn der Erwerber weiß oder infolge grober Fahrlässigkeit nicht weiß, daß die Wechselforderung nicht entstanden ist oder nicht mehr besteht (Maßstab des Art. 10 WG[156]). Dabei wird – wie sonst auch – der gute Glaube des Erwerbers vermutet (vgl. die Formulierung des Art. 10 WG: „es sei denn, daß ... “), so daß der Wechselschuldner die Darlegungs- und Beweislast für die Bösgläubigkeit des Erwerbers trägt.

178 Im *Fall 41* konnte *X* (vgl. § 166 I BGB) schon bei Anwendung geringer Sorgfalt erkennen, daß mangels Begebungsvertrages eine Akzeptverpflichtung des *B* nicht bestand. Ihm ist vorzuwerfen, daß er trotz Bedenken Erkundigungen beim Wechselzeichner nicht eingeholt hat. Damit scheidet eine Haftung des *B* aus. Im *Fall 41 a (1)* kommt es nicht auf die Kenntnis bzw. grobfahrlässige Unkenntnis des *X* an (§ 166 II BGB ist nach Sachlage nicht gegeben). *B* haftet der C-Bank; die rechtshindernde Einwendung des Schuldners ist nach Rechtsscheingrundsätzen ausgeschlossen. Insoweit wird zu Recht von einem **Einwendungsausschluß** gesprochen. Denn selbstverständlich kann der Zeichner bis zum gutgläubigen Erwerb der Wechselforderung gegenüber dem Wechseleigentümer geltend machen, daß die Forderung nicht besteht und deshalb

---

[153] Der Gültigkeitseinwand kann jedem Papierinhaber entgegengesetzt werden; vgl. *BGH*, NJW 1992, 117 (zum Scheck).

[154] Da die Anfechtung des Begebungsvertrages auch den dinglichen Übereignungsvertrag (soweit vorhanden, vgl. oben Rdnr. 64) erfassen kann, muß vor der Gültigkeitseinwendung des Wechselschuldners geprüft werden, ob der Wechselinhaber Eigentümer der Urkunde ist (Art. 16 II WG).

[155] Str.; vgl. *Hueck/Canaris*, § 9 II 4 c und unten *Fall 45*.

[156] Auch Art. 16 II WG kann als Redlichkeitsmaßstab herangezogen werden, sehr instruktiv zum Ganzen *Baumbach/Hefermehl*, Art. 17 Rdnr. 9.

auch nicht übertragen werden konnte[157]. Erst der gutgläubige Erwerb der Wechselforderung durch *C* schließt die rechtsverneinende Einwendung des *B* aus. Er begründet die vorher nicht bestehende Wechselverbindlichkeit endgültig, so daß *D* im *Fall 41 a (2)* die Wechselforderung gegen *B* von *C* erwirbt, ohne daß seine Kenntnis von der ursprünglichen Einwendung des *B* schadet[158].

b) Persönliche Einwendungen

179 **Persönliche Einwendungen** im Sinne der wechselrechtlichen Einwendungslehre sind rechtshemmende Einreden im Sinne des materiellen Rechts. Als Leistungsverweigerungsrechte **richten** sie **sich lediglich gegen die Geltendmachung, nicht gegen den Bestand der Wechselforderung**. Sie dürfen aber nicht mit Einreden verwechselt werden, die sich gegen die Grundforderung richten. Deshalb ist es ungenau zu formulieren, die persönlichen Einwendungen folgen „aus den zugrundeliegenden Kausalgeschäften" oder „aus dem Kausal- bzw. Grundgeschäft"[159].

Die erste Gruppe von Einreden gegen die Wechselforderung ergibt sich vielmehr aus der Nichterreichung des bei der Wechselhingabe (mit der Begebungsabrede) vereinbarten Leistungszwecks, Einrede der ungerechtfertigten Bereicherung, § 821 BGB. Eine zweite Gruppe von Einreden folgt aus der besonderen schuldrechtlichen Abrede des Wechselschuldners mit einem bestimmten Wechselgläubiger, wie z.B. die (nichturkundliche) Stundungseinrede. Denkbar ist ferner, daß die Einrede gegen die Wechselforderung aus einer gesetzlichen Bestimmung folgt, wie z.B. beim Abzahlungsgeschäft, wo der Käufer dem Verkäufer den Anspruch auf Herausgabe des Wechsels nach § 10 II 3 VerbrKrG einredeweise entgegenhalten kann (vgl. oben Rdnr. 129)[160]. Fraglich ist die Reichweite dieser innerhalb eines bestimmten Schuldverhältnisses und damit an sich nur gegenüber einem bestimmten Gläubiger begründeten Einreden. Bleiben sie auf die jeweilige Schuldrechtsbeziehung beschränkt oder wirken sie auch gegenüber den Rechtsnachfolgern des betreffenden Wechselgläubigers?

Fall 42: A soll auf Abruf dem *B* innerhalb von drei Monaten Waren liefern. Da weder Liefermenge noch Höhe der Kaufpreisforderung des *A* feststehen, akzeptiert *B* zur Sicherheit einen an eigene Order gestellten Wechsel, der auf Sicht lautet und als Wechselbetrag die geschätzte Kaufpreissumme enthält. Den Wechsel soll *A* nach Erstellung der Schlußrechnung verwerten dürfen, wenn er nicht anderweitig befriedigt wird. *A* indossiert den Wechsel an *C*

(1) nach Rechnungsstellung, weil *B* nicht zahlt. *B* hat den Kaufvertrag inzwischen wirksam wegen Irrtums angefochten bzw. Mängel der Lieferung rechtzeitig angezeigt;
(2) vor Rechnungsstellung, aber nach der letzten Lieferung, weil *A* dringend Bargeld braucht.

---

[157] Im allgemeinen Schuldrecht stellt daher § 404 BGB, soweit er rechtsverneinende Einwendungen betrifft, eine selbstverständliche und an sich überflüssige Regelung dar.

[158] So die h.M., vgl. *Baumbach/Hefermehl*, Art. 17 Rdnr. 9 a.E.

[159] Das gilt insbesondere dann, wenn man ein generelles Hinüberwirken von Einreden aus dem Grundverhältnis auf die Wechselansprüche im Gegensatz zu Rechtsprechung und Teilen der Literatur ablehnt, vgl. dazu oben Rdnr. 128 *Fall 28*.

[160] *Bülow*, Art. 17 Rdnr. 96; *Müller*, WM 1991, 1781, 1786.

Fall 42 (Fortstzg.): Kann *B* sich gegen die Wechselforderung erfolgreich verteidigen? Macht es einen Unterschied, wenn dem *C* neben der Wechselforderung auch die Kaufpreisforderung übertragen wurde?

Fall 42 a: Wie ist die Rechtslage, wenn *A* vor dem Indossament mangels Zahlung des *B* Protest erhoben hatte?

Fall 42 b: Wie ist es, wenn *C* bei Erwerb des Wechsels die die Einwendungen des *B* begründenden Tatsachen bekannt waren? Wie, wenn *C* davon nichts wußte, jedoch *D*, an den *C* den Wechsel weiterindossierte, im Bild war?

180 Der Wechselschuldner *B* kann sich gegen den Wechseleigentümer *C* überhaupt nur erfolgreich verteidigen, soweit er bereits dem Wechselanspruch des *Erstgläubigers A* eine Einrede entgegenhalten konnte. Das ist jedenfalls im Ergebnis nicht zweifelhaft, wenn sich – wie im *Fall 42* die peremptorischen Einwendungen gegen die Grundforderung (1) in die Einrede der ungerechtfertigten Bereicherung verwandeln[161]. Bei bloß dilatorischen Einreden gegen die Grundforderung (2) gilt dies jedoch nicht (vgl. oben Rdnr. 128). Soweit man in der Literatur diesen Einreden im Grundverhältnis die Wirkung auf die Wechselforderung versagt, wird dies mit der gesetzlichen Wertung der §§ 813, 814 BGB begründet. Das Argument trifft jedoch nur bei dem *erfüllungshalber* hingegebenen Wechsel, nicht jedoch bei dem sog. Kautionswechsel im *Fall 42* zu. Während ein Gläubiger eines zahlungshalber gegebenen Wechsels verpflichtet ist, zunächst Befriedigung aus dem Wechsel zu suchen (auch durch Diskontierung), darf sich der Gläubiger aus einem zum Zwecke der Sicherung gegebenen Wechsel erst befriedigen, wenn die zu sichernde Forderung fällig geworden ist und er anderweitig nicht befriedigt wird (Sicherungsfall). Das folgt, wenn nicht ausdrücklich, so doch aus dem Sinn der Vereinbarung des Sicherungszwecks in der Begebungsabrede. Danach darf der Sicherungsnehmer *A* im *Fall 42* (2) den Wechsel abredegemäß nur verwerten, wenn die zu sichernde Forderung sowohl fällig (also keine Verwertung vor Rechnungsstellung) als auch einredefrei ist (also keine Verwertung *vor* der letzten Lieferung, weil hier der Wechselforderung die dilatorische Einrede des nichterfüllten Vertrags gem. § 320 BGB entgegengehalten werden kann). **Gegen den sicherungshalber hingegebenen Wechsel** wirken demnach kraft *besonderer Abrede* zwischen Schuldner und erstem Wechselgläubiger **alle Einreden aus dem Grundverhältnis**.

181 Die somit gegen den Aussteller *A* bestehende Einrede (Gegenrecht) des *B* (sog. Einwand des Sicherungsakzepts) ist aber infolge der Transportwirkung des Indossaments gegenüber dem *Zweiterwerber C* nach Art. 17 WG grundsätzlich nicht zulässig oder – wie man ganz allgemein sagt – ausgeschlossen. *Canaris* begründet dies mit dem aus dem allgemeinen Abstraktionsprinzip abgeleiteten sog. „echten wertpapierrechtlichen Einwendungsausschluß" des Art. 17 WG, der gerade in den Fällen Anwendung finde, „in denen der Papierinhaber aus *abgeleitetem* Recht vorgeht und daher eigent-

[161] Allerdings greift § 813 I BGB, der die Verfolgung des Erfüllungszwecks voraussetzt, im *Fall 42* (1) Alt. 2 (peremptorische Sachmängeleinrede) wegen der sicherungshalber erfolgten Wechselhingabe nicht ein. Gleichwohl muß der Kautionswechsel zurückverlangt werden können, da die Einrede der zu sichernden Forderung auf Dauer entgegensteht (vgl. auch die für akzessorische Sicherungsrechte geltende Wertung der §§ 886, 1169, 1253 BGB). Damit hat sich der Sicherungszweck erledigt. Eine Ausnahme gilt wegen § 222 II 2 BGB, wenn die zu sichernde Forderung verjährt ist.

lich (scil. ohne Geltung des Einwendungsausschlusses) den Einwendungen aus der Person seiner Vormänner ausgesetzt sein müßte"[162]. Diese Betrachtung begegnet jedoch Bedenken. Im Gegensatz zu den Gültigkeitseinwendungen (vgl. Rdnr. 178) geht es bei den rechtshemmenden Einreden **nicht** um einen **Einwendungsausschluß** im Wege des Rechtsscheinschutzes. Vielmehr ist allgemein anerkannt, daß der Verlust der persönlichen Einwendungen gerade nicht aus der Rechtsscheinlehre folgt; deshalb wird die Begründung in dem „Abstraktionsprinzip des BGB – Gesetzgebers" (!)[163] gesucht. Schon aus diesem Grund ist es nicht unproblematisch, wenn Art. 17 WG als Gutglaubensvorschrift verstanden und von einem für den Einwendungsausschluß erforderlichen „guten Glauben" gesprochen wird, für den lediglich ein anderer (weniger strenger) Redlichkeitsmaßstab als bei Gültigkeitseinwendungen (wo schon grobe Fahrlässigkeit schadet, Art. 10, 16 II WG) gelten soll[164].

182 Demgegenüber ist zunächst zu prüfen, ob der aus abgeleitetem Recht vorgehende Wechselerwerber tatsächlich Einreden des Wechselschuldners ausgesetzt ist, die durch Art. 17 WG im Interesse des Wechselumlaufs abgeschnitten bzw. ausgeschlossen werden müssen[165]. Die *Frage der Drittwirkung von Einreden* gegen die Wechselforderung stellt sich nämlich nicht als Problem des Ausschlusses von (an sich gegebenen) Gegenrechten des Schuldners, sondern umgekehrt dahin, ob die Gegenrechte über ihren schuldrechtlichen Wirkungskreis hinaus überhaupt gegenüber dritten, am Schuldverhältnis nicht beteiligten Personen Geltung erlangen können. Grundsätzlich steht einer Drittwirkung die Relativität des Schuldverhältnisses entgegen, in dem die Gegenrechte entstanden sind. Sollen daher Einreden des Schuldners gegenüber einem bestimmten Gläubiger auch dessen Rechtsnachfolgern entgegengehalten werden können, ist eine gesetzliche (oder rechtsgeschäftliche) Erstreckung der Einreden auf den neuen Gläubiger erforderlich. Deshalb hat die Vorschrift des § 404 BGB, soweit sie die im Zeitpunkt des Rechtsübergangs bestehenden rechtshemmenden Einreden des Schuldners gegen den Zedenten auf den Zessionar erstreckt, rechtsbegründenden Charakter[166]. Im Gegensatz zu § 404 BGB entscheidet Art. 17 WG die allgemeine Fragestellung nach der Drittwirkung von Einreden (Leistungsverweigerungsrechten)

---

[162] *Hueck/Canaris*, § 4 V 2; s. auch § 2 VI 2.

[163] So *Meyer-Cording*, 1. Aufl. (1980), S. 69; ebenso *Canaris*, JuS 1971, 441, 445 f. „Abstraktion" ist hier i.S. von Einwendungsunabhängigkeit zu verstehen und hat mit der eigentlichen Abstraktion i.S. von Rechtsgrundunabhängigkeit nichts zu tun; vgl. oben 1. Teil Rdnr. 92. Gegen den verschwommenen Abstraktionsbegriff der h.M. richtet sich zunehmend Kritik in der Literatur, vgl. schon *E. Ulmer*, S. 60, 61; aus neuerer Zeit *U. Huber* (Fußn. 152), S. 104 ff.; und auch die Rspr. des BGH (*BGHZ* 85, 346: „sogenannte Abstraktheit" der Scheck-(Wechsel-) Verbindlichkeit.

[164] So z.B. *Hueck/Canaris*, § 9 I 3 b, 4, und *Meyer-Cording*, S. 70; zum unterschiedlichen „Sorgfaltsmaßstab für den Verkehrsschutz" in diesem Zusammenhang vgl. *Baumbach/Hefermehl*, Art. 17 Rdnr. 5 und 8. Einen anderen Akzent setzt *Richardi*, §§ 6 III 3, 24 I, II, der Art. 17 WG als Fall der Arglisteinrede (exceptio doli) versteht.

[165] Die Einteilung der wechselmäßigen Einwendungen nach der Rechtsscheinlehre (vgl. Rdnr. 166) hat demgegenüber Begriff und Inhalt des „Einwendungsausschlusses" als apriorisch richtig vorausgesetzt und festgeschrieben, indem sie global zwischen ausschlußfähigen und nichtausschlußfähigen Einwendungen unterscheidet und zu den ausschlußfähigen auch die persönlichen Einreden zählt.

[166] So *Pflug*, Der rücklaufende Wechsel, 1967, S. 87 ff.; vgl. auch *Schnauder*, JZ 1990, 1046, 1051.

mit Rücksicht auf die im Wechselrecht ausschlaggebenden Verkehrsschutzinteressen und lehnt folgerichtig die Erstreckung von Einreden des Wechselschuldners gegenüber einem Nachmann des Wechselgläubigers ab.

Der **Einwendungsverlust** des Wechselschuldners *B* gegenüber dem Indossatar *C* im *Fall 42* **beruht** daher **auf der positiven Anordnung des Art. 17 WG**, und gerade **nicht auf dem „Abstraktionsprinzip"**[167]. Im Ergebnis haftet demnach *B* dem *C* aus dem Wechsel. Das gilt auch dann, wenn *C* mit dem Wechsel zugleich die Kaufpreisforderung erlangt, der gegenüber der Schuldner *B* sich mit den Einreden (1) und (2) verteidigen kann, §§ 398, 404 BGB. Es geht nicht an, den Wechselerwerber deswegen, weil ihm neben der Wechselforderung noch die Grundforderung übertragen wird, schlechter zu stellen als denjenigen, der nur die Wechselforderung erwirbt[168].

183 Im *Fall 42 a* wird *C* trotz Erwerbs des Eigentums an der Wechselurkunde lediglich wie ein normaler Gläubiger, also ohne den wechselrechtlichen Verkehrsschutz, behandelt, weil er den notleidenden Wechsel durch sog. „Nachindossament" erworben hat, Art. 20 I 2 WG. Danach ist gemäß § 404 BGB auch die Wechselforderung sämtlichen Einwendungen des Wechselschuldners *B* gegen den Nachindossanten *A* ausgesetzt. § 404 BGB gilt aber schon von vornherein, wenn der Wechsel als Rektawechsel ausgestellt ist und deshalb nur nach Zessionsrecht übertragen werden kann, Art. 11 II WG.

184 Im *Fall 42 b* schadet *C* nach dem Wortlaut des Art. 17 WG nicht schon die bloße Kenntnis der die Einreden begründenden Tatsachen. Art. 17 WG erstreckt die Einreden des *B* auf *C* nur für den Fall, daß zur Kenntnis noch das Bewußtsein der Schädigung des Wechselschuldners tritt. Aus der Kenntnis der Gegenrechte des *B* (im Zeitpunkt des Wechselerwerbs) folgt nicht notwendig ein Schädigungsbewußtsein des *C*. Es kann vielmehr fehlen, wenn *C* Grund zu der Annahme hatte, *B* werde seine Einreden verlieren, weil *A* bis zur Fälligkeit des Wechsels vertragsgemäß liefern bzw. nachliefern werde. In diesem Falle wäre *A* als Vormann des *C* zur Wechselweitergabe berechtigt, so daß die noch bestehenden Gegenrechte aus der Person des Vormanns mangels Schädigungsvorsatzes dem *C* gegenüber nicht geltend gemacht werden könnten[169]. Allerdings muß der Gläubiger *C* die Tatsachen dartun, auf die sich seine Annahme gründet. Denn gegen ihn spricht die – vom Schuldner *B* zu beweisende – Kenntnis der einredebegründenden Tatsachen. Freilich dürfte in der Praxis dem Schuldner regelmäßig bereits der Nachweis der positiven Kenntnis des Wechselerwerbers nicht gelingen.

185 Art. 17 WG betrifft nur Gegenrechte des Wechselschuldners gegen den *unmittelbaren* Vormann des jeweiligen Wechseleigentümers. Daher kann in der Abwandlung von *Fall 42 b* der *B* gegenüber *D* nach Art. 17 WG (letzter Halbs.) nur die Einreden

---

[167] So aber *Hueck/Canaris*, § 2 VI 2, und *Zöllner*, § 5 II 4; vgl. bereits Fußn. 163. Nach *Richardi*, § 6 II läßt „der Einwendungsausschluß sich nicht allein (?) aus der Abstraktheit der Forderung begründen"; vgl. ferner *Richardi*, § 24 I 1 und 3, wonach der „Grundgedanke des wechselrechtlichen Einwendungsausschlusses" darin zu sehen sei, daß der Wechselgläubiger so gestellt wird, als hätte der Wechselschuldner schon bar bezahlt. Aber damit ist nicht erklärt, warum der Wechselgläubiger so gestellt werden muß, als habe er statt des Wechsels Bargeld erhalten.

[168] So zutreffend *RGZ* 166, 306 (312 ff.) gegen *RGZ* 135, 41 sowie *BGH*, NJW 1953, 219.

[169] Vgl. dazu *Baumbach/Hefermehl*, Art. 17 Rdnr. 95; zu einer solchen Sachlage beim Wechsel-Scheck-Verfahren *OLG Hamm*, NJW 1986, 2839.

geltend machen, die ihm aus der Person des *C* zustanden. Daß *B* sich gegenüber *A* hätte wirksam verteidigen können, spielt keine Rolle. Jedenfalls konnte *D* bei Erwerb des Wechsels nicht mehr zum Nachteil des *B* handeln, da *B* bereits gegenüber *C* Einreden gegen die Wechselforderung aus der Person des *A* nicht zustanden.

186 Selbstverständlich könnte *B* gegenüber *C* auch nicht einwenden, daß die Wechselbegebung zwischen *A* und *C* ohne Rechtsgrund erfolgt sei, etwa weil die Schuld, zu deren Erfüllung *A* den Wechsel an *C* indossiert hat, nicht bestand. Denn der daraus folgende Bereicherungsanspruch steht *A*, nicht *B* zu. *B* kann Einreden aus dem Recht eines Dritten (exceptiones ex iure tertii) nicht erheben. Das gilt selbst dann, wenn nicht nur *A* gegen *C*, sondern auch *B* gegen *A* ein Rückgabeanspruch zusteht (Fall des Doppelmangels)[170].

c) Grenzfälle

Wegen der grundlegend verschiedenen Voraussetzungen und Rechtsfolgen ist die Unterscheidung von Gültigkeits- und persönlichen Einwendungen dringend geboten. Sie erweist sich bei einigen Fallkonstellationen allerdings als zweifelhaft.

187 • Unentgeltliche Wechselhingabe

Zweifel ergeben sich etwa, wenn *A* im *Fall 41* den Wechsel nicht diskontiert, sondern unentgeltlich dem (gutgläubigen) *C* weiterüberträgt[171]. Zwar stand *A* weder das Wechseleigentum noch die Wechselforderung zu, jedoch hat *C* Eigentum (gemäß Art. 16 II WG) und Forderung (nach der Rechtsscheinlehre) gutgläubig erworben. Gleichwohl ist er dem früheren Inhaber *B* zur Rückübertragung der Urkunde gemäß § 816 I 2 BGB verpflichtet. Fraglich und streitig ist, ob *B* dem unentgeltlichen Erwerber nach § 816 I 2 BGB die ursprünglich gegenüber dem Vormann *A* bestehende Gültigkeitseinwendung (Fehlen des Begebungsvertrages) oder nur die rechtshemmende Bereicherungseinrede entgegensetzen kann. Da der Wechselerwerber *C* nur schuldrechtlich aus § 816 BGB zur Rückübertragung verpflichtet ist, nimmt die h.M.[172] mit Recht an, daß *C* ebenfalls (in Analogie zu § 816 I 2 BGB) nur schuldrechtlich verpflichtet ist, die ehemalige rechtsverneinende Einwendung[173] gegen sich gelten zu lassen. Das Leistungsverweigerungsrecht des *B* greift daher grundsätzlich nicht mehr, wenn ein argloser *D* den Wechsel von *C* (entgeltlich) erwirbt, Art. 17 WG. Nimmt man dagegen an, daß *B* gegen *C* ein Gültigkeitseinwand zusteht, so unterliegt der Erwerb durch *D* strengeren Anforderungen, nämlich dem Gutglaubensmaßstab der Art. 10, 16 II WG.

188 • Bedingte Wechselhingabe

Je nach Inhalt der Parteivereinbarung bei Wechselbegebung können sich (rechtsver-

---

[170] Die Rückabwicklung erfolgt stets in der umgekehrten Richtung der Leistungsbeziehungen, vgl. *Reuter/Martinek*, Ungerechtfertigte Bereicherung, 1983, S. 406, 407; und oben Rdnr. 90.

[171] Hinsichtlich der dabei vom Indossanten eingegangenen Garantiehaftung (Art. 15 WG) wird es regelmäßig an der Form des § 518 I 2 BGB fehlen, so daß der Indossant der Regreßforderung seines Wechselnehmers (nicht eines redlichen Zweiterwerbers) eine Gültigkeitseinwendung (§ 125 BGB) entgegenhalten kann, vgl. *BGH*, NJW 1975, 1881; *Baumbach/Hefermehl*, Art. 17 Rdnr. 47.

[172] Vgl. *Baumbach/Hefermehl*, Art. 17 Rdnr. 26.

[173] Stand dem *A* nur eine einredebehaftete Wechselforderung gegen *B* zu (wie im *Fall 42*), so muß *C* in analoger Anwendung des § 816 I 2 BGB die rechtshemmende Einrede des *B* auch gegen sich gelten lassen.

neinende) Einwendungen oder bloß (rechtshemmende) Einreden gegen die Wechselforderung ergeben.

Fall 43: Werkbesteller *B* zeichnet einen vom Werkunternehmer *A* vorgelegten, an eigene Order gestellten Wechsel zur Zahlung der Werklohnforderung. Wegen Sachmängel steht *B* ein Nachbesserungsanspruch gem. § 633 II BGB zu, dessen Erfüllung *A* bis zum 30.4. „fest" zusagt. Aus diesem Grunde wird als Verfalldatum in den Wechsel der 1.5. eingetragen. Als seine Nachbesserungsversuche fehlschlagen, indossiert *A* den Wechsel an *C*, der von den Umständen der Wechselbegebung, nicht jedoch vom Mißerfolg der Nachbesserung des *A* Kenntnis hat. Muß *B* gleichwohl die Wechselsumme an *C* zahlen?

Wie im *Fall 42* kann sich *B* gegen seine Inanspruchnahme aus dem Wechsel erfolgreich gegen den Wechseleigentümer *C* nur zur Wehr setzen, wenn ihm schon gegen den Wechselanspruch des *A* ein Leistungsverweigerungsrecht zugestanden hat. Gegen die Werklohnforderung des *A* kann sich *B* mit der dilatorischen Einrede des § 320 BGB verteidigen. Diese wirkt aber nach zutreffender Ansicht nicht schon aufgrund der Erfüllungszweckvereinbarung zwischen *A* und *B* auf die Wechselforderung ein (vgl. oben *Fall 28*)[174]. Indessen unterscheidet sich *Fall 43* von *Fall 28* darin, daß nach der übereinstimmenden Vorstellung und Erklärung der Parteien bei der Wechselbegebung eine Vorleistung des Wechselverpflichteten *B* nicht gewollt war; vielmehr sollte der Wechselnehmer *A* seinen Verpflichtungen im Grundverhältnis vor Geltendmachung des Wechsels nachkommen. Damit steht fest, daß die Durchsetzung der Wechselforderung von der Erbringung der Gegenleistung im Grundverhältnis auf irgendeine Weise abhängig sein soll. Dies folgt aber nicht schon aus der Erfüllungszweckvereinbarung[175], sondern aus der besonderen (vom Schuldner zu beweisenden) Abrede zwischen Wechselgläubiger und Wechselschuldner. Damit kann zweierlei gemeint sein.

189 Die Parteien können als Zweck der Wechselhingabe in der *Begebungsabrede* neben der Erfüllung der Werklohnforderung die Erlangung der (mangelfreien) Gegenleistung im Grundverhältnis festlegen. Wird dieser (zusätzliche) Zweck nicht erreicht, so kann *B* von *A* den Wechsel gemäß § 812 I 2 Alt. 2 BGB zurückverlangen und deshalb der Wechselforderung, jedenfalls solange *A* Gläubiger ist, die Einrede der ungerechtfertigten Bereicherung entgegenhalten[176]. Diese Einrede verliert *B* gegenüber *C* nach Art. 17 WG, soweit *C* schon mangels Kenntnis des Zweckausfalls (Ausbleiben der Gegenleistung des *A*) ein Schädigungsbewußtsein bei Wechselerwerb nicht haben kann. *B* muß bei dieser Konstellation an *C* zahlen.

190 Anders liegt es, wenn *B* im *Begebungsvertrag* die Erfüllung des Nachbesserungsanspruchs durch *A* (und damit die Erreichung des Austauschzwecks im Grundverhältnis) zur aufschiebenden Bedingung der Wechselhingabe und somit seiner wechselmäßigen Haftung gemacht hat. Bei Ausfall der Bedingung kann *B* dann gegenüber *A* den Einwand der fehlenden Wechselbegebung erheben. Dies ist ein Gültigkeitsein-

---

174 Anders liegt es bei dem zum Zwecke der Sicherung hingegebenen Wechsel, vgl. *Fall 42*.

175 Wie *BGH*, NJW 1986, 1872; *BGHZ* 85, 346 generell und *Zöllner*, ZHR 148 (1984), 335 speziell bei Vorleistungspflicht des Wechselnehmers annehmen.

176 *Hueck/Canaris*, § 17 I 1 b bb.

wand, der auch *C* bei grober Fahrlässigkeit entgegengehalten werden kann. Grobe Fahrlässigkeit des *C* ist nach dem Sachverhalt zu bejahen, weil *C* bei Wechselerwerb von der aufschiebenden Bedingung als solcher Kenntnis hat. Damit weiß er, daß die Wechselforderung erst entsteht, wenn *A* erfolgreich nachgebessert hat. Deshalb mußte er beim Wechselzeichner zurückfragen, ob die Bedingung eingetreten ist[177]. Bei dieser Sachlage kann *C* die Wechselforderung gegen *B* nicht erwerben.

Freilich setzt diese Lösung voraus, daß die **Akzeptverpflichtung** überhaupt **unter einer** solchen **Bedingung** eingegangen werden kann. Das hält eine zutreffende Ansicht für möglich[178]. Ein Verstoß gegen zwingende Normen des Wechselgesetzes liegt nicht vor. Der Wechseltext selbst verstößt nicht gegen Art. 1 Nr. 2 WG, denn er enthält eine unbedingte Zahlungsanweisung des *A*, und Art. 26 I WG ist nicht verletzt, da er nur verbietet, eine Bedingung in den Text der Urkunde aufzunehmen, etwa einen Vermerk des *B*, „angenommen, soweit Gegenleistung des *A* noch erbracht wird". Das erklärt sich daraus, daß der Wechsel im Interesse der Umlauffähigkeit alle Voraussetzungen der Zahlungspflicht erschöpfend enthalten muß. Die im Skripturakt unzulässige Bedingung kann jedoch bei Abschluß des Begebungsvertrages mündlich erklärt werden. Der Gültigkeitseinwand wird freilich einem gutgläubigen Wechselerwerber *(C)* gegenüber nach der Lehre vom Rechtsschein ausgeschlossen.

Ob die Parteien bei Wechselhingabe die Vorleistung des Wechselnehmers als Leistungszweck oder sogar als Bedingung für das Zustandekommen des Begebungsvertrages bestimmen, ist jeweils nach dem erklärten Rechtsfolgewillen zu ermitteln. Im Zweifel wird die Bedingungskonstruktion anzunehmen sein, weil sie den Parteiinteressen bei Wechselbegebung am besten gerecht wird.

191 • Gefälligkeitsabrede

Als problematischen Sonderfall behandelt die Einwendungslehre seit jeher die Einwendung der Gefälligkeitszeichnung[179].

---

[177] Eine Erkundigungspflicht des Wechselnehmers besteht nicht generell, sondern nur bei Vorliegen konkreter Zweifel über die Berechtigung des Wechselgebers; ihre Reichweite kann im Einzelfall unterschiedlich zu beurteilen sein, vgl. *BGH*, NJW 1992, 316. Sie lähmt den Wechselverkehr nicht über Gebühr. Denn das Entstehen des Wechselrechts ist eine Frage, die den Wechselerwerber unmittelbar angeht und vor der er die Augen nicht verschließen darf. Freilich setzt die Erkundigungspflicht des *C* im *Fall 43* die Kenntnis der Bedingung des Begebungsvertrages voraus. Daran wird es häufig fehlen. Aber auch das Vorliegen einer Bedingung selbst darf nicht einfach unterstellt werden. So ist mit der Hingabe eines Kautionswechsels (vgl. *Fall 42*) nicht automatisch der Begebungsvertrag aufschiebend durch den Eintritt des Sicherungsfalls bedingt, wie *U. Huber* (Fußn. 152), S. 122, annimmt. Vielmehr ergibt sich die Beschränkung, daß der Wechselnehmer aus dem Kautionswechsel nur im Sicherungsfall vorgehen darf, auch ohne Bedingung bereits aus der Sicherungsabrede, vgl. oben Rdnr. 180 und *Baumbach/Hefermehl*, WG Einl. Rdnr. 74 und Art. 17 Rdnr. 85.

[178] So *Bornemann*, S. 196; *Hueck/Canaris*, § 7 IV 3.

[179] Zum Gefälligkeitsakzept vgl. auch die *Fälle 19, 25, 46*; zum Garantieindossament vgl. oben Rdnrn. 152 ff. Ein anderes Problem stellt die mißbräuchliche Verwendung des Gefälligkeitsakzepts bei der sog. „Wechselreiterei" dar. Dabei ziehen kreditunwürdige Personen sog. „Finanzwechsel" (denen ein Warenumsatzgeschäft nicht zugrundeliegt) aufeinander, die sie dann bei verschiedenen Banken als „gute Warenwechsel" zum Diskont geben. Werden die Wechsel fällig, wiederholen die Parteien nicht selten den Vorgang (mit entsprechend höherer Wechselsumme) bis der Schwindel auffliegt. Selbstverständlich ist der Begebungsvertrag sittenwidrig und damit nach § 138 BGB nichtig (Gültigkeitseinwendung), vgl. *Hueck/Canaris*, § 9 II 4 a.

Fall 44: C verspricht *A* ein Darlehen, falls er ihm einen Wechsel aushändigt, der außer seiner Unterschrift noch eine zweite sichere Unterschrift zur Erhöhung des Kreditwerts enthält. *A* zieht darauf einen Wechsel auf *B*, der die Urkunde, ohne *A* etwas zu schulden, aus Gefälligkeit akzeptiert. Kann *B* dem *C*, der die Gefälligkeitsabrede kennt, den Einwand entgegenhalten, er habe nur gefälligkeitshalber unterschrieben, den Wechsel solle allein *A* bezahlen?

Nach Sinn und Zweck der Vereinbarung zwischen Nehmer *(A)* und Zeichner *(B)* der Urkunde soll *B* gegenüber späteren Erwerbern in jedem Fall haften, aber *A* verpflichtet sein, den *B* von seiner Haftung gegenüber dem Wechselgläubiger rechtzeitig zu befreien, jedenfalls aber den Wechsel bei Verfall einzulösen, §§ 669, 670, 257 BGB. Meist nimmt man an, die Gefälligkeitsabrede sei eine persönliche Einwendung, weil sie auf einer besonderen schuldrechtlichen Vereinbarung bei Wechselbegebung beruhe[180]. Der Gefälligkeitszeichner *B* soll infolgedessen seinen Befreiungsanspruch einredeweise gegen den Aussteller *A* erheben können. Jedoch sei Art. 17 WG auf diese Einrede nicht anwendbar, weil sie Dritterwerbern gegenüber keine Wirkung entfalte.

Aus der Gefälligkeitsvereinbarung folgt aber weder eine (rechtshemmende) Einrede noch eine (rechtsverneinende) Einwendung. Der Gefälligkeitseinwand ist von besonderer Art, er zielt gar nicht darauf, die Wechselschuld des Gefälligkeitszeichners zu entkräften. *B* will und soll nach dem Inhalt der Abrede jedem Wechselerwerber, nur nicht dem *A* selbst aus dem Wechsel haften. Der Begebungsvertrag zwischen *A* und *B* wird ausschließlich zugunsten des *C* abgeschlossen. Da für *A* eine Wechselforderung nicht begründet wird, bedarf es im Verhältnis *A-B* auch nicht der Annahme eines Leistungsverweigerungsrechts des *B*. Nach dem Sinn der Gefälligkeitsabrede kann *A* aus dem (im Wege des Wechselrücklaufs nach Einlösung) erworbenen Wechsel einen Zahlungsanspruch gegen *B* gar nicht herleiten. Der **Einwand der Gefälligkeitsabrede unterliegt** daher **nicht** dem **Art. 17 WG**. Im *Fall 44* haftet *B* dem C, selbst wenn *C* von der Gefälligkeitszeichnung weiß.

V. Einlösung des Wechsels

192 Der Bezogene kann, wenn ihm der Wechsel zur Zahlung präsentiert wird, gemäß der Anweisung des Wechselausstellers zahlen. Er *muß* zahlen, wenn er durch Annahme (oder zurechenbaren Rechtsschein einer Annahme) dazu verpflichtet ist. In jedem Falle wirkt seine Zahlung auf die schuldrechtlichen Beziehungen der Wechselbeteiligten ein, einerseits auf die Akzeptverpflichtung (1), andererseits – bei zahlungshalber hingegebenem Wechsel – auch auf die zugrundeliegenden Kausalforderungen (2).

---

180 So *Zöllner*, § 21 V 1 b; *Baumbach/Hefermehl*, Art. 17 Rdnr. 70; *Bülow*, Art. 17 Rdnr. 74; zutreffend jedoch *Hueck/Canaris*, § 9 I 4.

1. Erfüllung der Wechselforderung

Eine Leistungsverpflichtung des Akzeptanten besteht, wenn der Wechsel zum richtigen Zeitpunkt und am richtigen Ort vorgelegt wird (a). Erfüllungswirkung hat die Zahlung des Akzeptanten, wenn sie gegenüber dem sachlich berechtigten Wechselinhaber erfolgt (b); auch die Leistung des Wechselschuldners an einen Nichtberechtigten hat unter bestimmten Umständen befreiende Wirkung (c).

a) Verfall und Vorlegung des Wechsels

193 Der Wechselakzeptant kann die Zahlung vor dem Verfalltag (Art. 33 WG) bzw. Zahlungstag (Art. 72 WG) verweigern. Er ist jedoch zur Zahlung verpflichtet, wenn der Wechsel an diesem oder an einem der beiden darauf folgenden Werktage zur Zahlung vorgelegt wird, Art. 38 WG. Einen Anspruch auf Zahlungsaufschub (Respekttage) hat der Wechselschuldner bei Präsentation des Wechsels nicht, Art. 74 WG. Allerdings darf bei Tag-, Dato- und Nachsichtwechseln der (die Rückgriffsrechte erhaltende) Protest nicht schon am Verfalltag, sondern erst an einem der beiden nächsten Werktage (nicht Sonnabend, Art. 72 I 2 WG) erfolgen, Art. 44 III 1 WG. Freilich kann der Wechselinhaber Vorlage und Protesterhebung an einem dieser beiden Tage verbinden, denn der Protest setzt nicht erst eine erfolglose Präsentation am Verfalltag voraus. Dagegen ist ein Sichtwechsel bei Vorlage innerhalb Jahresfrist seit Ausstellung (Art. 34 I WG) stets sofort zur Zahlung fällig und kann deshalb bei Vorlage, spätestens jedoch innerhalb der genannten Jahresfrist protestiert werden, Art. 44 III 2, 44 II 1, 21, 34 WG).

194 Wechselschuldner und Wechselinhaber können jedoch Stundung vereinbaren (sog. Prolongation), und zwar auf verschiedene Weise[181]. Zunächst durch einen schriftlichen Vermerk (Änderung der Angabe der Verfallzeit, Art. 1 Nr. 4 WG), was jedoch die Zustimmung aller Wechselzeichner voraussetzt. Einfacher und schneller führt die schuldrechtliche Vereinbarung der Stundung zum Ziel. Sie gewährt dem Wechselschuldner aber nur ein Leistungsverweigerungsrecht (persönliche Einrede) gegen den mit der Stundung einverstandenen Wechselgläubiger. Dieses Recht geht jedoch bei Weiterbegebung des Wechsels grundsätzlich verloren, Art. 17 WG. Im übrigen läßt die Vereinbarung die wechselrechtliche Fälligkeit unberührt, so daß die Angabe der Verfallzeit im Urkundentext für Präsentation und Protest maßgeblich bleibt. In der Praxis üblich ist daher die Hingabe eines neuen Wechselakzepts (Prolongationswechsel) mit späterer Verfallzeit, das vom Wechselgläubiger zur Diskontierung gegeben werden kann. Mit Entgegennahme dieses Wechsels wird der Gläubiger zur Rückgabe bzw. Einlösung des Erstwechsels verpflichtet. Indessen entstehen durch die Schaffung einer zweiten Wechselurkunde ebenfalls erhebliche Probleme, die aber hier nicht weiter verfolgt werden sollen[182].

195 Da der Wechselschuldner regelmäßig nicht weiß und auch nicht wissen kann, wer am Verfalltag sein Gläubiger ist, muß der Wechsel bei Fälligkeit vorgelegt werden, Art. 38 WG; Sichtwechsel werden überhaupt erst bei Vorlegung fällig, Art. 34 WG.

---

[181] Zum folgenden vgl. *Hueck/Canaris*, § 11 II.

[182] Vgl. hierzu *Baumbach/Hefermehl*, Art. 17 Rdnrn. 71 ff.; *Hueck/Canaris*, § 11 II 3; *Bornemann*, S. 242 ff.

Die Wechselschuld ist daher Holschuld, nicht Schickschuld[183], der Zahlungsort befindet sich beim Bezogenen (Geschäftsräume, notfalls Wohnung, Art. 87 WG), sofern nicht ein anderer Zahlungsort oder eine Zahlstelle im Wechseltext angegeben ist, vgl. Art. 1 Nr. 5, Art. 4 WG[184].

b) Zahlung an den Berechtigten

196 Die Wechselverbindlichkeit aus Art. 28 I WG erlischt, wenn der Akzeptant die Wechselsumme an den Wechselgläubiger zahlt, § 362 I BGB. Tilgungswirkung haben auch die Erfüllungssurrogate (Aufrechnung, Erlaß und Hinterlegung). Bei rechtzeitiger Erfüllung entstehen die durch Nichtzahlung aufschiebend bedingten Regreßansprüche von vornherein nicht[185]. Sie können aber noch entstehen, wenn die Wechselforderung wiederauflebt.

Fall 45: B zahlt den Tagwechsel, der ihm bei Verfall (an einem Freitag) vom Inhaber *C* vorgelegt wird. *C*, der versehentlich in Besitz der Urkunde geblieben ist, nutzt die Situation und indossiert noch am selben Tag den Wechsel an den nichtsahnenden *D*. Kann *D* von *B* noch einmal Zahlung verlangen bzw. bei *C* Rückgriff nehmen?

Mit der Zahlung durch *B* ist die Wechselschuld erloschen. Der Tilgungswirkung steht nicht entgegen, daß der Wechsel in der Hand des Gläubigers blieb[186]. Der Wechselschuldner kann sich daher zunächst auf die rechtsvernichtende Einwendung der Erfüllung berufen (Gültigkeitseinwendung)[187]. Mit der Erfüllung hat der Akzeptant zugleich das Eigentum an dem Wechsel analog § 952 BGB (auch ohne Aushändigung des Papiers) erlangt, so daß er ursprünglich nach § 985 BGB von *C* die Herausgabe verlangen konnte[188]. Gleichwohl kann *D* aus dem Wechsel gegen *B* vorgehen, weil er gutgläubig[189] Eigentum an der Urkunde (Art. 16 II WG) erworben hat und *B* sich außerdem den (auf seiner Unterschrift beruhenden) Anschein (noch) wirksamer Wechselverpflichtung zurechnen lassen muß. Damit entsteht die Wechselforderung in der Person des *D* neu[190]. *D* kommt gemäß Art. 20 I 1 WG die volle Transportfunktion des Indossaments (Art. 14 WG) zugute, obwohl das Indossament nach Wechselverfall erfolgt. Verweigert *B* die (nochmalige) Zahlung, entstehen auch die schon erledigten Rückgriffsansprüche wieder, weshalb *D* bei seinen Vormännern (etwa dem *C*) nach

---

[183] Das ändert sich jedoch, wenn der Wechselschuldner bei Wechselvorlage in Zahlungsverzug gerät. Dann gilt wieder § 270 BGB, Schick-, nicht Bringschuld, so aber *Baumbach/Hefermehl*, Art. 38 Rdnr. 4.

[184] Mit der Vorlegung und der Protesterhebung kann auch die Post beauftragt werden, vgl. §§ 20, 40 PostO v. 16.5.1963 (BGBl I, S. 341).

[185] Die Rückgriffsansprüche entstehen bereits mit erfolgloser Vorlage zur Zahlung bzw. Annahme und setzen eine Protesterhebung nicht voraus, vgl. schon oben Rdnr. 97.

[186] So aber *RGZ* 61, 7; dagegen *Baumbach/Hefermehl*, Art. 17 Rdnr. 56.

[187] *Baumbach/Hefermehl*, Art. 17 Rdnr. 56; *Bülow*, Art. 17 Rdnr. 50; *Hueck/Canaris*, § 9 II 4 c; a.A. *RGZ* 61, 7, wonach dem Wechselschuldner nur die Arglisteinrede zustehen soll; ebenso *OLG Düsseldorf*, WM 1992, 181, 183 ff.

[188] Dazu *Baumbach/Hefermehl*, Art. 39 Rdnr. 3 m.w. Nachw.

[189] Davon wollen wir ausgehen, obwohl ein Wechselerwerb am Fälligkeitstag Anlaß zu Zweifeln geben mag.

[190] *Baumbach/Hefermehl*, Art. 17 Rdnr. 56.

Protest (binnen der nächsten beiden Werktage, also am Montag oder Dienstag der folgenden Woche, Art. 44 I 1, 72 I 2 WG) Regreß nehmen kann, Art. 43 I WG.

Anders wäre es, wenn *C* sich mit der Wechselbegebung an *D* noch bis Mittwoch der auf die Vorlegung folgenden Woche Zeit gelassen hätte. Dann läge ein notleidender Wechsel nach Art. 20 I 2, 44 III 1 WG vor, und das Nachindossament des *C* hätte nur die Wirkung einer gewöhnlichen Abtretung. *D* könnte dann weder das Eigentum noch die Wechselforderung gutgläubig erwerben.

197 Die Frage, ob die Erfüllungswirkung der Zahlung des *B* eine Erfüllungszweckvereinbarung mit dem Wechselgläubiger voraussetzt, ist zwischen den Erfüllungstheorien bekanntlich streitig (vgl. dazu oben 1. Teil Rdnr. 90). In jedem Fall ist aber eine Verständigung über den Tilgungszweck erforderlich, wenn ein Dritter (Nichtschuldner), etwa der Aussteller *A* auf die Wechselhauptschuld des *B* gemäß § 267 BGB zahlt.

Fall 46[191]*:* *B* hat dem Aussteller *A* ein Gefälligkeitsakzept zugunsten des *C* erteilt, das *A* dem *C* zur Sicherheit für eine Darlehensforderung übereignet hat. Bei Fälligkeit verweigert *B* die Zahlung, weil die erforderlichen Mittel von *A* nicht zur Verfügung gestellt wurden. Der Wechseleigentümer *D* nimmt nach Protesterhebung den Aussteller *A* im Wege des Sprungregresses (Art. 47 II WG) in Anspruch. *A* zahlt einen Teil der Wechselsumme (nebst Kosten, Zinsen und Provision, vgl. Art. 48 I WG) an *D*. Ist insoweit die Wechselforderung gegen *B* erloschen?

Grundsätzlich wird der Regreßschuldner, wie jeder andere Schuldner auch, im Zweifel nur zur Erfüllung der gegen ihn gerichteten (Rückgriffs-)Forderung leisten. Im Wechselrecht gilt der allgemeine Auslegungsgrundsatz (Zahlung auf eigene Schuld) in besonderem Maße, weil der einlösende Rückgriffsschuldner regelmäßig seine Vormänner und vor allem den Wechselhauptschuldner im Wege des Einlösungsrückgriffs (Art. 49 WG) in Anspruch nehmen will. Nachdem *A* dem *B* aber im *Fall 46* zur Freistellung gegenüber dem Wechselgläubiger verpflichtet ist und ihm außerdem gegen *B* aus dem Wechsel Ansprüche nicht zustehen (vgl. oben *Fall 44*), wird *A* auf seine Verpflichtung aus Art. 9 WG (nicht Art. 15 WG) und zugleich ausnahmsweise gemäß § 267 BGB auf die Verpflichtung des *B* aus Art. 28 WG leisten[192]. Obwohl *A* hier zwei Tilgungsbestimmungen gegenüber *D* trifft, liegt nur eine Leistung im Rechtssinne vor. Das Vermögen des *D* ist lediglich um die gezahlte Wechselsumme vermehrt[193]. In Höhe der Zahlung erlöschen der primäre Wechselanspruch und der Rückgriffsanspruch des *D*.

c) Zahlung an den Nichtberechtigten

198 Bei Zahlung an den nichtberechtigten Wechselinhaber stellt sich die Frage, ob der Wechselschuldner befreit ist oder der Wechselgläubiger weiterhin Zahlung verlangen kann.

---

[191] Nach *RGZ* 120, 205.

[192] So *RGZ* 120, 205 (208, 211).

[193] Obgleich *A* und *B* dem *D* als Gesamtschuldner haften (Art. 47 III WG), tritt – abweichend vom Recht der Gesamtschuld (Gesamtwirkung einer Leistung, § 422 I BGB) – im Wechselverband Erfüllung einer fremden Wechselschuld nur ein, wenn dies ausdrücklich vereinbart ist. Das hat seinen Grund darin, daß im Wechselrecht der Gesamtschuldnerinnenausgleich abweichend von § 426 BGB durch das System des Einlösungsrückgriffs geregelt ist.

Fall 47: Wechselschuldner *B* zahlt an den Wechselinhaber *D*, obwohl er unschwer hätte feststellen können, daß die Unterschrift (Indossament) des *C* nicht von diesem, sondern von *D* selbst stammt.

Fall 47 a: B erkennt im *Fall 47* die Fälschung, schreckt aber vor Protest und Prozeß zurück, weil ungewiß ist, ob ihm der Nachweis im Prozeß gelingen wird, und zahlt daher an *D*.

Fall 47 b: B zahlt die Wechselsumme an *D*, der sich als *C* ausgibt und den an *C* (Namensindossament) indossierten Wechsel vorlegt.

Muß *B* noch einmal an *C* zahlen? Wie wäre es, wenn *B* vor dem Verfalltag gezahlt hätte?

C kann Zahlung von *B* nicht mehr verlangen, wenn *B* durch seine Leistung an den materiell Nichtberechtigten *(D)* freigeworden ist. Das ist eine Frage der in Art. 40 III WG geregelten Liberationswirkung. Bei Wechselvorlage bleibt dem Wechselschuldner in aller Regel nicht die Zeit zur Prüfung, ob der Vorlegende tatsächlich auch der materiell Berechtigte ist. Das Wechselrecht verlangt von ihm diese zeitraubende Prüfung nicht. Vielmehr stellt Art. 40 III WG lediglich auf die formelle Legitimation, d.h. auf die Vermutung der materiellen Berechtigung (Art. 16 I WG) des Vorlegenden ab. Der Wechselschuldner ist demgemäß nur zur **Prüfung** verpflichtet, **ob eine ununterbrochene Kette formgültiger Indossamente vorliegt**[194]. Dagegen wird ihm die Überprüfung der Echtheit der Unterschriften (der Wirksamkeit der Wechselübertragung) nicht zugemutet, Art. 40 III 2 WG. Deshalb ist *B* im *Fall 47* von der Wechselschuld freigeworden.

Selbst die bloße Kenntnis der Fälschung, d.h. des Mangels der materiellen Berechtigung des *D* schadet dem *B* nicht (*Fall 47 a*). Vielmehr stellt Art. 40 III WG auf Arglist (nicht auf Kenntnis wie Art. 16 II WG beim Wechselerwerb) ab. Das hat seinen Grund darin, daß der Wechselschuldner, der den Mangel der Berechtigung des Vorlegenden nicht oder nicht mit sicherem Erfolg nachweisen kann, Gefahr läuft, sich bei Nichtzahlung einem kreditgefährdenden Protest und einem (aussichtslosen) Prozeß auszusetzen. Das Gesetz mutet ihm daher nur bei liquiden (= im Wechselprozeß verwertbaren und aussichtsreichen) Beweismitteln die Leistungsverweigerung zu. Ein Wechselschuldner handelt nur arglistig, wenn er die mangelnde Berechtigung des Wechselinhabers *und* die leichte Beweisbarkeit des Mangels kennt. Grobe Fahrlässigkeit i.S. von Art. 40 III WG liegt vor, wenn der Schuldner beides infolge schwerer Sorgfaltspflichtverletzung nicht erkennt. Da im *Fall 47 a* der Nachweis der Fälschung ungewiß ist, hinreichend sichere Erfolgsaussicht für seine Rechtsverteidigung somit nicht besteht[195], konnte *B* befreiend an den Nichtgläubiger *D* leisten. Im *Fall 47 b* liegt dagegen grobe Fahrlässigkeit des *B* vor, weil er die Identität des Vorlegenden nicht überprüft.

199 Zahlt der Wechselschuldner *vor* Verfall, besteht die in Art. 40 III WG berücksichtigte Zwangslage nicht. *B* kann die geforderte Zahlung ablehnen, ohne Protest und

194 Weist die Indossamentenkette durch bürgerlichrechtliche Nachfolge z.B. infolge Erwerbs von Todes wegen (§ 1922 BGB) eine Lücke auf, gilt Art. 40 III WG nur, wenn die Rechtsnachfolge feststeht, bzw. durch Erbschein nachgewiesen ist, vgl. § 2366 BGB.

195 Daß dem Wechselschuldner im Wechselprozeß ein liquides Beweismittel gegen den Wechselinhaber zur Verfügung steht, wird in der Praxis die Ausnahme sein.

Prozeß befürchten zu müssen, und daher in aller Ruhe die materielle Berechtigung des formell legitimierten Wechselinhabers nachprüfen. Eine Leistung vor Fälligkeit erfolgt auf die Gefahr des Wechselschuldners, bei Nichtberechtigung des Vorlegenden nochmals an den Berechtigten leisten zu müssen, Art. 40 II WG. Zahlung vor Verfall bewirkt daher Erfüllung nur, wenn sie an den Wechselgläubiger erfolgt, § 362 I BGB. Im übrigen gilt Art. 40 III WG auch dann, wenn nicht der Wechselakzeptant *B*, sondern ein Rückgriffsschuldner auf seine Wechselverbindlichkeit an den nur formell Legitimierten zahlt[196]. Die Liberationswirkung kommt nach dem Wortlaut des Art. 40 III WG allen Wechselschuldnern zugute.

Soweit es um die Zahlung des Bezogenen geht, wird freilich das Akzept (angenommener Wechsel) vorausgesetzt. Aber Art. 40 III WG hat auch bei dem nicht angenommenen Wechsel (Tratte) Bedeutung. So befreit die Zahlung des Bezogenen an den formell Legitimierten die Rückgriffsschuldner[197]. Selbst der Bezogene kann aus der Zahlung mittelbar Vorteile für das Deckungsverhältnis zum Wechselaussteller herleiten. Er erlangt im *Kausalverhältnis* dieselbe Rechtsstellung wie bei Zahlung an den (nach der Wechselanweisung des *A*) Berechtigten. Der im Deckungsverhältnis regelmäßig verfolgte Erfüllungszweck ist erreicht, *B* damit von seiner Schuld befreit worden[198].

2. *Folgen für die Kausalforderung*

Damit sind wir bei der Frage, welche Folgen die Einlösung des Wechsels durch den Bezogenen für die der Wechselbegebung zugrundeliegenden Schuldrechtsbeziehungen der Beteiligten hat. Dies wird zunächst für die Grundfälle der störungsfreien Abwicklung bei Zahlung an den sachlich Berechtigten gezeigt (a), bevor die Komplikationen (Zahlung an den kraft gutgläubigen Erwerbs der Wechselrechte sachlich Berechtigten, Zahlung an den Nichtberechtigten sowie Präjudizierung des Wechsels) untersucht werden (b).

a) Störungsfreie Abwicklung

Fall 48: Käufer *B* hat zahlungshalber (vgl. § 364 II BGB) einen vom Verkäufer *A* an eigene Order gestellten Wechsel akzeptiert und bei Verfall bezahlt. Wie erklärt sich die Erfüllung der Kaufpreisschuld?

200 Mit Zahlung des Wechsels erlischt nicht nur die Wechselforderung, auf die sich die Erfüllungszweckbestimmung des *B* bei Wechseleinlösung bezieht, sondern auch die Kaufpreisforderung des *A*. Das unterliegt keinem Zweifel, streitig bzw. unklar ist jedoch, wie die Erfüllungswirkung zu erklären ist. Manche Autoren nehmen an, daß die mit Wechselhingabe getroffene Vereinbarung der Leistung erfüllungshalber die Kausalforderung unter die (auflösende) Bedingung der endgültigen Einlösung des Wechsels stelle und damit zu einer inhaltlichen Änderung der Kausalforderung

---

[196] Fraglich und streitig ist lediglich, ob der Regreßschuldner bei seinen Vormännern Regreß nehmen kann; die Frage ist zu bejahen, vgl. *Hueck/Canaris*, § 12 IV 4.

[197] *Baumbach/Hefermehl*, Art. 40 Rdnr. 3.

[198] *Hueck/Canaris*, § 11 V 2 e; *Baumbach/Hefermehl*, Art. 40 Rdnr. 3.

führe[199]. Andere[200] erklären die Zahlungswirkung mit dem „mutmaßlichen Parteiwillen und dem Rechtsgedanken des § 788 BGB“. Indes sind solche Konstruktionen nicht erforderlich. Das **Erlöschen der Kausalforderung** kann viel einfacher **aus der Erfüllungszweckabrede bei Wechselhingabe** und damit unmittelbar aus dem von den Parteien erklärten Rechtsfolgewillen hergeleitet werden[201]. Die Parteien haben die Wechselforderung zahlungshalber (zum Zwecke der Befriedigung des Gläubigers der Kausalforderung) begründet (vgl. oben Rdnr. 123 und bereits *Fall 11*). Wird nun die Wechselforderung bezahlt, so hat der Erfüllungsversuch der Parteien zum Erfolg geführt, der Gläubiger sein Geld erhalten. Die Kaufpreisforderung des *A* erlischt daher mit Einlösung der Urkunde ohne weitere, auf die Kaufpreisschuld bezogene Erfüllungszweckbestimmung des *B*.

Das gleiche gilt für die entsprechende Kausalschuld, wenn nicht der Akzeptant *B*, sondern ein Rückgriffsschuldner zahlt. So wenn *A* im *Fall 48* seinerseits den Wechsel erfüllungshalber an *C* weiterindossiert hätte und schließlich von *C* im Wege des Regresses in Anspruch genommen worden wäre. Mit Zahlung des *A* erlischt nicht nur die Rückgriffsschuld des *A*, sondern auch seine Schuld aus dem Grundverhältnis, ohne daß diese Folge noch einmal von *A* und *C* vereinbart werden müßte.

201 Auch in komplexen Fällen einer Leistungskette kann das Erlöschen der Kausalforderungen auf den in der Zweckvereinbarung erklärten Rechtsfolgewillen der jeweiligen Parteien der Wechselbegebung zurückgeführt werden. Das soll der folgende Grundfall zeigen.

Fall 49: A indossiert den an eigene Order ausgestellten, von dem Käufer *B* erfüllungshalber akzeptierten Wechsel zahlungshalber an *C*, der seinerseits eine Kaufpreisforderung gegen *A* hat. *C* selbst begibt den Wechsel zur Erfüllung (erfüllungshalber) einer Darlehensschuld an *D*. Am Verfalltag zahlt *B* an *D*. Welche Schulden werden getilgt?

Mit der Zahlung hat *B* eine Leistung i.S. einer zweckbestimmten Zuwendung an *D* bewirkt. Damit erlischt zunächst die gegen ihn gerichtete Wechselforderung. Zugleich sind sämtliche Verbindlichkeiten im Valutaverhältnis (des *A* gegenüber *C* bzw. des *C* gegenüber *D*) und die Schuld des *B* gegenüber *A* im Deckungsverhältnis erloschen[202], ohne daß *B* die Wechselzahlung auf diese Schuldverhältnisse (von denen er regelmäßig auch keine Kenntnis hat) zu beziehen braucht. Das ist deshalb nicht erforderlich, weil sich die Erfüllungswirkung jeweils aus der vereinbarten Inzahlunggabe des Wechsels erklärt. Danach sollte der jeweilige Gläubiger versuchen, die Erfüllung der Kausalforderung durch Einziehung des Wechsels herbeizuführen.

Im *Deckungsverhältnis* soll nach dem Inhalt der Erfüllungszweckvereinbarung der Wechselschuldner *B* nicht nur durch Zahlung an *A*, sondern auch an dessen Rechts-

---

[199] So *Bornemann*, S. 141; im Text dort kann nur eine auflösende, nicht eine aufschiebende Bedingung gemeint sein; vgl. *Bornemann*, S. 157 (Bsp. 163). Umgekehrt wird aber auch die Zahlung des Wechsels als aufschiebend bedingte Erfüllung des Kausalgeschäfts verstanden, vgl. *Hueck/Canaris*, § 17 III 3 b.

[200] *Hueck/Canaris*, § 17 III 3 a; *Zöllner*, § 19 III 1 a, gibt keine Erklärung.

[201] Vgl. auch *Baumbach/Hefermehl*, Einl. WG Rdnr. 42. Freilich reicht das Schlagwort von der Zweckverbundenheit zur Erklärung der Erfüllungswirkung nicht aus.

[202] Obwohl *A* bzw. *C* nicht mehr Gläubiger des Wechselanspruchs sind, vgl. auch *BGHZ* 96, 182 (195).

nachfolger von seiner Kaufpreisschuld befreit werden. Denn mit der Ausstellung des Wechsels an *seine Order* hat sich *A* eine neue Order im Wechseltext selbst vorbehalten. Mit dem Indossament „für mich *(A)* an die Order des *C*“ oder kurz „an *C*“ gibt *A* die entsprechende Zahlungsorder an *B*. Wenn *C* seinerseits den Wechsel durch Indossament auf *D* überträgt, wechselt die Zahlungsanweisung für *B* erneut. Mit der anweisungsgemäßen Zahlung an *D* führt der Erfüllungsversuch im Deckungsverhältnis schließlich zum Ziel.

Auch im *Valutaverhältnis* kann der Eintritt der Erfüllungswirkung nur mit Hilfe der (Erfüllungszweck-)Vereinbarung zwischen Schuldner und Gläubiger erklärt werden. Bei Weitergabe des Wechsels vereinbaren der Schuldner *A* und der Gläubiger *C*, daß die Erfüllung der Kaufpreisschuld nicht nur durch Leistung des Bezogenen *B* an *C*, sondern – bei einer entsprechenden Order des *C* – auch durch Leistung an jeden Rechtsnachfolger (Indossatar) des *C* eintreten solle. Den gleichen Inhalt hat dann die anschließende Erfüllungszweckvereinbarung des *C* mit *D*, usw. Freilich erfolgen die Abreden gewöhnlich nicht ausdrücklich, sie können aber ohne weiteres aus Sinn und Zweck des Indossaments entnommen werden. Allein **aus** dem **übereinstimmenden Willen der Wechselbeteiligten erklärt sich** somit, **daß eine einzige Leistung** (des *B* an *D*) die **ganze Schuldenkette tilgt**.

202 Entsprechendes gilt auch, wenn der Bezogene *B* den *nicht angenommenen Wechsel* (Tratte) gegenüber *D* honoriert (d.h. bezahlt). Auch hier erlöschen die zugrundeliegenden Kausalforderungen. Aber anders als beim Akzept bestimmt *B* hier den Zweck seiner Zahlung nicht gegenüber dem Zahlungsempfänger, dem er nicht schuldet, sondern gegenüber seinem Gläubiger *A*, dem er die Zuwendung (an den Dritten *D*) zu seiner (des *A*) Verfügung im Valutaverhältnis zuleitet. *A* läßt die Zahlung an *D* als Erfüllung gelten, § 364 I BGB. Im Valutaverhältnis erfolgt die Hingabe der Tratte bzw. die damit verbundene Gewährung der Regreßforderung sowie der durch die Wechselanweisung geschaffenen Einhebungsermächtigung für den Indossatar erfüllungshalber. Darauf beruht dann im Fall der Wechseleinlösung das Erlöschen der Kausalforderungen.

b) Komplikationen

203 Die Wechseleinlösung bewirkt die Erfüllung der zugrundeliegenden Kausalforderungen, selbst in dem Fall, daß eine bis zum Wechselinhaber durchlaufende Indossamentenkette nicht besteht.

Fall 49 a (Zahlung an den gutgläubigen Wechselerwerber):
Im *Fall 49* hat *X* den bereits mit einem Blankoindossament des *C* versehenen Wechsel gestohlen und an den gutgläubigen *D* übereignet, an den *B* am Verfalltag die Wechselsumme in Kenntnis des Abhandenkommens zahlt. Werden *B* und *A* jeweils von ihrer Verbindlichkeit frei?

D ist materiell Berechtigter, nachdem er gutgläubig das Eigentum am Wechsel (Art. 16 II WG) und damit die (bestehende) Wechselforderung gegen *B* sowie die aufschiebend bedingten Regreßforderungen gegen *A* und *C* (insoweit nach Rechtsscheingrundsätzen) erworben hat. Aus diesem Grund ist *B* auch zur Zahlung an *D* verpflichtet. Mit der Zahlung des *B* erlischt nicht nur die Wechselforderung[203], son-

[203] Die Tilgungswirkung folgt bereits aus § 362 I BGB, denn *D* ist Wechselgläubiger; auf die Liberationswirkung (Art. 40 III WG) braucht sich der Wechselschuldner daher nicht zu berufen.

dern auch dessen Kaufpreisschuld im Deckungsverhältnis. Dem steht nicht entgegen, daß, wie *B* weiß, der Zahlungsempfänger *D* nicht Gläubiger des *C* ist. Denn das Blankoindossament des *C* enthält für *B* die wirksame Anweisung (Order), statt an *C* an den sachlich berechtigten Wechselinhaber zu zahlen. Nach dem Inhalt der Erfüllungszweckvereinbarung mit *B* will *A* diese Zahlungsorder des *C* (in gleicher Weise wie etwa ein Namensindossament des *C*) gegen sich gelten lassen. Freilich wird auch diese Abrede nicht ausdrücklich bei Wechselbegebung getroffen, sie ist jedoch den typischen Umständen des Wechselverkehrs zu entnehmen.

Selbst für den Fall, daß der dem *C* abhandengekommene Wechsel noch kein Blankoindossament des *C* enthalten, *X* vielmehr ein Namens- oder Blankoindossament des *C* gefälscht hätte, käme man zum selben Ergebnis. Denn wegen der sachlichen Berechtigung des *D* und der Leistungsverpflichtung des *B* wird man die Erfüllungszweckvereinbarung im Deckungsverhältnis dahin auslegen – oder gemäß § 157 BGB den hypothetischen Parteiwillen dahin bestimmen – können, daß die Parteien die Zahlung jedenfalls an den materiell berechtigten Wechselinhaber als Erfüllung der Schuld im Grundverhältnis gelten lassen wollen.

Einer erneuten Erfüllungszweckvereinbarung zwischen *A* und *B* bei Einlösung des Wechsels bedarf es – wie gezeigt (Rdnr. 200) – in keinem Fall. Deswegen ist auch unerheblich, daß der Zahlung des *B* „jeder Bezug auf die Kausalforderung (sc. des *A*) fehlt", und die Befürchtung von *Canaris*[204], der Schuldner könne trotz Einlösung des Wechsels von dem Gläubiger noch einmal (aus der Kaufpreisforderung) in Anspruch genommen werden, erweist sich als gegenstandslos.

In gleicher Weise wie im Deckungsverhältnis ist die Erfüllungsabrede im Valutaverhältnis zu verstehen, so daß der mit der Wechselbegebung *A-C* eingeleitete Erfüllungsversuch auch dann Erfolg hat, wenn die Zahlung nicht an den Gläubiger des *C*, sondern an einen materiell Wechselberechtigten erfolgt. Auch insoweit kann die Tilgungswirkung nur aus den besonderen Umständen und der Übung des Wechselverkehrs entnommen werden. Im *Fall 49 a* sind demnach die Kaufpreisschulden von *A* und *B* erloschen.

Fall 49 b (Zahlung an einen Nichtberechtigten):
Im *Fall 49 a* hat *D* den Wechsel von *X* erworben, obwohl er bei Anwendung nur ganz geringer Sorgfalt dessen Nichtberechtigung hätte erkennen können. *B*, der davon weiß, es aber nicht sicher beweisen kann, zahlt an *D*. Können *C* gegen *A* bzw. dieser gegen *B* noch aus der Kausalforderung vorgehen? Wie ist es, wenn, wie *B* weiß, der Mangel der Berechtigung des *D* leicht zu beweisen ist?

204 In der Erfüllungsabrede kann auch der Fall, daß der Wechsel in die Hände eines Nichtberechtigten kommt, berücksichtigt werden. Regelmäßig wird der hypothetische Wille der Parteien im Zeitpunkt der Begebungsabrede dahin gehen, daß sie die befreiende Zahlung des *B* an jeden formell (durch eine geschlossene Kette äußerlich ordnungsgemäßer Indossamente) Legitimierten als Erfüllung der jeweiligen Kausalschuld gelten lassen wollen. Deshalb kann *B*, wenn ihm Art. 40 III WG zugutekommt, die Zahlung an *D* auch dem *A* „belasten", so daß seine Schuld aufgrund des durch Wechselhingabe eingeleiteten Erfüllungsversuchs getilgt ist[205]. Entsprechend ist auch

[204] *Hueck/Canaris*, § 17 III 3 a.
[205] So auch *Zöllner*, § 19 III 1 a.

der Inhalt der Erfüllungszweckvereinbarungen im Valutaverhältnis zu verstehen. Daher haben *A* und *C* auch im *Fall 49 b* ihre Kausalforderungen verloren. *C* muß sich wegen seines Schadens an *X* halten (§§ 987 ff., 823 ff., 812 ff. BGB). Versagt dagegen Art. 40 III WG der Zahlung des *B* die Erfüllungswirkung, scheitert auch die Erfüllung der Kausalverhältnisse. *B* muß den Wechsel an den letzten Eigentümer gemäß § 985 BGB herausgeben und noch einmal leisten.

205 Schließlich gibt es sogar den Fall, daß die Parteien die Nichteinlösung des Wechsels *wie* die Befriedigung der Grundforderungen ansehen, sich m.a.W. so behandeln lassen wollen (und müssen), als sei Erfüllung eingetreten.

Fall 49 c (Präjudizierung des Wechsels):
Bei Verfall hat *D* den Wechsel im *Fall 49* nicht fristgerecht vorgelegt und damit zugleich auch die Protestfrist (Art. 44 III WG) versäumt. Der Wechsel ist präjudiziert, Art. 53 I WG. Sind damit auch die Grundforderungen erloschen?

Nach dem Verlust der Rückgriffsrechte kann *D* weder *A* noch *C* aus dem Wechsel in Anspruch nehmen. Freilich bleibt davon die Grundforderung des *C* gegen *A* unberührt, solange *C* selbst einer bürgerlichrechtlichen Schuld im Zusammenhang mit der Wechselweitergabe ausgesetzt ist. Hat *C* den Wechsel nicht bloß zahlungshalber, sondern ausnahmsweise an Erfüllungs Statt (§ 364 I BGB) an *D* gegeben oder ihm den Wechsel geschenkt, besteht ein bürgerlichrechtlicher Anspruch des *D* gegen *C* nicht (mehr). Der Gläubiger *C* kann deshalb von seinem Nachmann überhaupt nicht mehr in Anspruch genommen werden. Das gilt auch dann, wenn *C* den Wechsel an *D* verkauft (diskontiert) hat. Da *C* für die Bonität der Wechselforderung grundsätzlich nicht einzustehen braucht, haftet er bei Zahlungsunfähigkeit des Bezogenen nicht bürgerlichrechtlich, § 437 BGB. Für diese Sonderfälle wird angenommen, daß die Grundforderung des *C* gegen *A* erlischt[206]. Diese Rechtsfolge kann unzweifelhaft nicht mehr einem typisierten Inhalt der Erfüllungsabrede entnommen werden, sie ergibt sich aber aus dem mutmaßlichen Parteiwillen, § 157 BGB[207].

Im *Fall 49 c* erlischt die Kaufpreisschuld des *A* nicht, da *C* den Wechsel für eine Darlehensverbindlichkeit in Zahlung gegeben hat und deshalb nach Präjudizierung des Wechsels nicht auch die Darlehensvaluta (Gegenwert für die Wechselhingabe) behalten darf, vielmehr weiterhin aus § 607 BGB zur Zahlung an *D* verpflichtet bleibt. Ob der Schuldner *C* dem *D* einen Schadensersatzanspruch wegen Verletzung der wechselmäßigen Diligenzpflicht (rechtzeitige Protesterhebung) entgegengehalten und aufrechnen kann, oder ob *C* von vornherein wegen des Pflichtverstoßes des *D* aus § 242 oder analog § 351 BGB ganz von der Kausalschuld befreit wird, ist streitig[208].

---

[206] *Hueck/Canaris*, § 17 III 3 b; *Zöllner*, § 19 III 1 b, sowie *BGHZ* 96, 182 (186).

[207] *Zöllner*, § 19 III 1 b.

[208] Dem kann hier nicht mehr nachgegangen werden; vgl. zum Streitstand *Hueck/Canaris*, 17 III 4.

VI. Nichteinlösung des Wechsels

Als Folge der Nichtzahlung des Bezogenen bei Wechselverfall kommen die subsidiäre Haftung des Ausstellers sowie die Garantiefunktion der Indossamente zum Tragen. Für den Wechselinhaber geht es nun darum, sich diese Regreßansprüche für den Erstrückgriff (1) zu erhalten. Der den Wechsel im Rücklauf einlösende Rückgriffsschuldner kann sich seinerseits an seine Vormänner halten, Einlösungsrückgriff (2).

1. Erstrückgriff

206 Der Rückgriff des Wechselinhabers setzt regelmäßig voraus, daß der Wechsel notleidend (a) und diese Tatsache urkundlich festgestellt wurde (b). In diesem Fall kann der Wechselinhaber seine Vormänner wechselrechtlich auf Zahlung der Wechselsumme und der Nebenforderungen in Anspruch nehmen (c). Entsprechend diesem Aufbau der Darstellung empfiehlt sich auch die Prüfung in einem Gutachten.

Fall 50: D ist Inhaber eines Dreimonatsakzepts des *B*. Vor dem Verfalltag erfährt er, daß *B* am Zahlungstag mit hoher Wahrscheinlichkeit nicht mehr werde zahlen können. *D* fragt, ob schon jetzt eine Rückgriffsmöglichkeit gegen den Aussteller *A* und den Indossanten *C* besteht, und was er tun muß, um sich seine Rechte zu sichern.

a) Materielle Voraussetzungen

207 Wechselmäßige Rückgriffsansprüche entstehen nur bei Vorliegen der in Art. 43 WG genannten Notfälle (Entstehungsbedingung), in erster Linie bei (ganzer oder teilweiser) *Nichtzahlung* durch den Bezogenen (wobei gleichgültig ist, ob dieser den Wechsel angenommen hat oder nicht) **bei Verfall**, Art. 43 I WG.

Das setzt rechtzeitige Vorlage des Wechsels am richtigen Ort voraus, Art. 38 I WG (vgl. oben Rdnr. 193). Wird die Vorlegungsfrist versäumt, ist auch ein rechtzeitiger Protest nicht mehr möglich, so daß der Wechselinhaber alle Regreßansprüche wieder verliert. Man spricht von der *Präjudizierung* des Wechsels; der Wechselhauptanspruch gegen den Akzeptanten bleibt natürlich bestehen, Art. 53 I WG.

Daneben kann in gesetzlich bestimmten Fällen, in denen die Zahlung am Zahlungstag unsicher ist, auch schon **vor Verfall** Rückgriff genommen werden. Das sind die Fälle der (ganzen oder teilweisen) *Nichtannahme* des Wechsels (nicht jedoch, wenn der Aussteller die Haftung für die Annahme ausgeschlossen oder die Vorlegung zur Annahme untersagt hat, Art. 9 II, 22 II WG), Art. 43 II Nr. 1 WG, sowie *fehlender Sicherheit des Bezogenen*, der in Konkurs oder Vergleich geraten ist[209], seine Zahlungen eingestellt hat bzw. gegen den eine Zwangsvollstreckung ohne Erfolg geblieben ist, Art. 43 II Nr. 2 WG; ferner – ausnahmsweise – auch im Falle der *Unsicherheit des Ausstellers* (bei Eröffnung des Konkurs- bzw. des Vergleichsverfahrens), wenn er die Vorlegung zur Annahme untersagt hat, Art. 43 II Nr. 3 WG. Im

---

[209] Erst recht, wenn die Eröffnung des Konkursverfahrens mangels Masse abgelehnt wurde, vgl. *Baumbach/Hefermehl*, Art. 43 Rdnr. 7; *Bülow*, Art. 43 Rdnr. 11.

Fall 50 liegt (noch) keiner der gesetzlichen Notfälle vor. Daher muß *D* den Verfalltag abwarten.

b) Formelle Voraussetzungen

208 Der bei Vorliegen der materiellen Voraussetzungen des Art. 43 WG entstandene Anspruch aus dem Wechsel kann grundsätzlich nur durchgesetzt werden, wenn die materielle Entstehungsvoraussetzung eindeutig festgestellt ist, Art. 44 WG. Die Tatsachen, die den gesetzlichen Rückgriffsgrund (Notfall) ausmachen, sind in einer öffentlichen Urkunde (§ 418 ZPO) zu protokollieren. Die Errichtung dieser Urkunde bezeichnet man als Protest, die Urkunde selbst als Protesturkunde. Es gilt grundsätzlich der **Merksatz: Kein Regreß ohne Protest.**

Hat beispielsweise der Wechselinhaber *C* erkannt, daß der Aussteller das Akzept des *B* gefälscht hat, und deswegen den Wechsel bei Verfall nicht wegen Zahlungsverweigerung des *B* protestiert, sondern sofort *A* aus dem Wechsel in Anspruch genommen, so ist die Tatsache der Nichtzahlung des *B* bei Wechselvorlage (vgl. Art. 44 I WG) nicht in einer öffentlichen Urkunde festgestellt. *C* kann seinen materiellrechtlichen Rückgriffsanspruch (aus dem Wechsel!) nicht durchsetzen, da sich nicht alle Anspruchsvoraussetzungen aus dem Wechseltext bzw. einem Wechselanhang (Allonge, vgl. Art. 81 WG) ergeben. Daher wird *D*[210] im *Fall 50* bei Zahlungsverweigerung des *B* am Verfalltag Protest nach Art. 79-88 WG durch eine Protestperson erheben lassen. Er selbst muß bei Protesterhebung nicht an der Proteststelle (dazu Art. 87 WG) anwesend sein, da er von der Protestperson (in der Praxis regelmäßig der Gerichtsvollzieher oder Notar, vgl. Art. 79 WG) vertreten wird.

Die gesetzliche Vertretungsbefugnis des Art. 84 WG ist zwingend; der Gläubiger kann sie daher nicht entziehen, etwa indem er dem Protestbeamten die Annahme von Teilzahlungen untersagt.

Der Protestbeamte legt dem Wechselschuldner, sofern er ihn antrifft (vgl. Art. 87 II WG), den Wechsel zur Zahlung vor. Diese Tatsache sowie die Weigerung des Bezogenen muß in der Protesturkunde neben dem Datum und dem Ort der Protesterhebung vermerkt werden, vgl. im einzelnen Art. 80 WG. Diese Angaben ermöglichen jederzeit den Nachweis aller anspruchsbegründenden Tatsachen im Wechselprozeß des Inhabers gegen die Rückgriffsschuldner. Der Wechselinhaber muß dabei insbesondere die Einhaltung der *Protestfrist* (Art. 44 III 1 WG) beachten. Danach muß der Protest binnen zweier Werktage nach dem Zahlungstag (Protest am Zahlungstag ist verfrüht und wirkungslos) erfolgen.

Bei einem Sichtwechsel ist für den Protest mangels Annahme und mangels Zahlung stets nur die Jahresfrist, die mit dem in der Wechselurkunde vermerkten Tag der Ausstellung (Art. 1 Nr. 7 WG) beginnt, maßgeblich, vgl. Art. 44 III 2, 44 II 1, 21, 34 WG. Mit Versäumung dieser Frist ist der Wechsel präjudiziert, Art. 53 I 1. Fallgruppe WG.

---

[210] Nach h.M. ist der Wechselinhaber zur Protesterhebung nur befugt, wenn er formell aus dem Wechsel legitimiert ist; der Protest eines formell nicht Legitimierten ist danach unwirksam. Das hat zur Folge, daß der Wechselinhaber die Rückgriffsmöglichkeit bei Zahlungsverweigerung des Bezogenen verliert, vgl. *BGH*, WM 1984, 799; NJW 1977, 1633, 1634; 1991, 2770 sowie *Baumbach/Hefermehl*, Art. 16 Rdnr. 15; krit. *Hueck/Canaris*, § 8 V 2 b.

Nach demselben Verfahren sind zu protestieren die (ganze oder teilweise) Nichtannahme des Wechsels (Art. 44 II WG, bei Fristversäumung gilt Art. 53 I 2. Fallgruppe WG) sowie die Nichtzahlung vor Verfall im Falle der Zahlungseinstellung bzw. der fruchtlosen Vollstreckung (Art. 44 V WG)[211].

Die Rückgriffsvoraussetzung der Eröffnung des Konkurs- bzw. Vergleichsverfahrens über das Vermögen des Bezogenen bzw. des Ausstellers wird durch den gerichtlichen Eröffnungsbeschluß nachgewiesen, eine Protesterhebung ist somit entbehrlich, Art. 44 VI WG[212]. Protest ist ebenfalls nicht erforderlich, wenn er dem Wechselinhaber (aus Kostengründen) vom Aussteller bzw. vom Indossanten durch unterschriebenen Wechselvermerk („ohne Kosten" oder dgl.) erlassen worden ist, Art. 46 I WG (zu einem weiteren Fall vgl. Art. 55 IV WG).

c) Rückgriffsschuldner und Rückgriffsschuld

209 Bei Vorliegen der materiellen und formellen Voraussetzungen kann der Wechselinhaber Rückgriff nehmen[213], und zwar bei allen Indossanten (sofern sie nicht wirksam ihre Haftung ausgeschlossen haben, Art. 15 I, II WG), beim Aussteller (sofern nicht Art. 9 II WG vorliegt) sowie bei den anderen Wechselverpflichteten, das sind etwa Wechselbürgen (Art. 30 ff. WG) oder der Vertreter ohne Vertretungsmacht, der nach Art. 8 WG aus dem Wechsel haftet. Der Blankoindossatar, der ohne eigenes Indossament den Wechsel weiterbegeben hat, haftet mangels Wechselzeichnung (und entsprechenden Begebungsvertrages) nicht.

Im *Fall 50* kann *D* von *A* und *C* die Wechselsumme, Verfallzinsen, Kosten (der Protesterhebung) und Provision gemäß Art. 48 I WG gegen Übergabe der Wechselurkunde (Art. 50 I WG) verlangen. *D* kann gemäß Art. 47 I WG alle Rückgriffsschuldner und den Wechselannehmer (der wegen Art. 28 II WG dasselbe wie jene schuldet) als Gesamtschuldner in Anspruch nehmen. § 603 II ZPO sieht dafür einen besonderen Gerichtsstand zugunsten des Wechselgläubigers vor. Wenn der Wechselhauptschuldner *B* nach Protesterhebung die Rückgriffssumme an *D* zahlt, erlöschen die Regreßansprüche des *D* wieder.

2. Einlösungsrückgriff

210 Dem vom Wechselinhaber in Anspruch genommenen Rückgriffsschuldner stehen kraft Gesetzes (Art. 47 III WG) Rückgriffsansprüche gegen seine Vormänner (vgl. Art. 49 WG) und natürlich auch gegen den Wechselakzeptanten wiederum als Gesamtschuldner zu. Man spricht von Einlösungsrückgriff (auch von Ersatzrückgriff

---

[211] Der Protest beweist zugleich die Tatsache der Zahlungseinstellung, das Protokoll des Gerichtsvollziehers (= ebenfalls eine öffentliche Urkunde, § 418 ZPO) die Fruchtlosigkeit der Zwangsvollstreckung.

[212] Anders liegt es, wenn nach dem Verfalltag über das Vermögen des Bezogenen das Konkursverfahren eröffnet wurde und der Wechsel nicht zu Protest gegangen ist, vgl. *BGH*, NJW-RR 1987, 878 (zum Sonderfall, daß Fälligkeit des Wechsels und Konkurseröffnung auf denselben Tag fallen).

[213] Weitere (im Gutachten vorher zu prüfende) Voraussetzungen sind das Vorliegen eines formgültigen Wechsels und das Wechseleigentum in der Hand des Wechselinhabers. Die Verletzung der Benachrichtigungs-(Notifikations-)pflicht aus Art. 45 I WG führt nicht zum Verlust des Rückgriffs, macht den Wechselinhaber aber schadensersatzpflichtig, Art. 45 VI WG.

oder Remboursregreß). Für die Wechselschuldner am Anfang der Wechselkette wirtschaftlich besonders nachteilig ist das lawinenartige Anwachsen der Regreßsumme (vgl. wegen des zu zahlenden Betrags Art. 49 WG), die mit jeder Einlösung steigt. Daher gibt das Gesetz jedem Regreßschuldner ein Recht auf Einlösung, Art. 50 I WG.

Wegen der dürftigen gesetzlichen Regelung über den Wechselrücklauf (vgl. Art. 47 III, 49, 50 ff. WG) sind viele, zum Teil sehr schwierige Fragen im Streit. Einige der Grundprobleme zeigt der folgende Fall.

Fall 51: Im *Fall 50* hat *D* nach wirksamem Protest von *C* gegen Aushändigung des Wechsels die Regreßsumme erhalten. *C* geht nunmehr gegen *A* vor. Wie ist zu entscheiden, wenn

a) *A* die Wechselbegebung noch vor Weitergabe des Wechsels von *C* an *D* wegen arglistiger Täuschung gegenüber *C* wirksam angefochten hatte, *D* aber gutgläubig war?

b) *A* nur den der Wechselbegebung zugrundeliegenden Kaufvertrag mit *C* wegen Erklärungsirrtums wirksam angefochten hatte, wovon *D* ebenfalls nichts wußte?

c) *A* mit *D* für sechs Monate Stundung der Rückgriffsschuld (mit der Zusage des *D*, vorher auch nicht gegen *C* Rückgriff zu nehmen) vereinbart und *D* den *C* vor dieser Zeit in Anspruch genommen hatte?

C können als Wechseleinlöser Regreßansprüche gegen seinen Vormann *A* aus Art. 9 bzw. 15 i.V. mit 47 III, 49 WG zustehen. Neben dem Besitz eines formgültigen Wechsels ist dafür zunächst Voraussetzung, daß ein wirksamer Protest vorliegt. Davon können wir ausgehen.

a) Gesetzlicher Erwerb des Einlösenden

211 Ein Anspruch des *C* setzt weiter voraus, daß *C* sachlich Berechtigter aus der Wechselurkunde ist, denn nur dem Eigentümer stehen die im Wechsel verbrieften (Rückgriffs-)Rechte zu. **Merksatz: Rückgriff nur für den Wechseleigentümer.** *C* kann seine formelle Legitimation (= widerlegliche Vermutung seines Eigentumsrechts an der Urkunde) ganz einfach dadurch herstellen, daß er die nachfolgenden Indossamente (hier lediglich sein eigenes, an *D* gerichtetes) streicht, wozu er nach Art. 50 II WG befugt ist. Ohne Streichung des Indossaments folgt die Vermutung der sachlichen Berechtigung des *C* aus dem Besitz des protestierten Wechsels und der quittierten Rechnung, Art. 50 I WG[214].

Fraglich ist aber, ob *C* tatsächlich auch der materiell Berechtigte ist, denn im Wechselrücklauf erwirbt der einlösende Indossant das Wechseleigentum nicht (wie im Wechselvorlauf) rechtsgeschäftlich durch dinglichen Begebungsvertrag. *Hefermehl*[215] schreibt dazu:

> „Wer als *Wechselverpflichteter* den Wechsel einlöst, erwirbt mit der Einlösung (gemeint ist: *kraft Gesetzes*, Art. 47 III WG) das *Eigentum* am Wechsel ... "

Wer diesem Satz folgt, hat zugleich über zwei Streitfragen entschieden:

---

[214] Art. 16 WG gilt für den Wechselrücklauf nicht, *Baumbach/Hefermehl*, Art. 16 Rdnr. 7.

[215] *Baumbach/Hefermehl*, Art. 49 Rdnr. 1 (Hervorhebung und Einschub nicht im Original).

212 • Muß der Einlöser *(C)* aus dem Wechsel selbst regreßverpflichtet sein, um die Regreßrechte zu erwerben?

Diese Frage ist nach dem eindeutigen Wortlaut des Art. 47 III WG zu bejahen. Danach wird vorausgesetzt, daß der Einlöser Wechselverpflichteter ist[216]. Daher kann derjenige, gegen den aus dem Wechsel ein Rückgriff nicht möglich ist (z.B. weil er sein Indossament mit einer „Angstklausel", Art. 15 I WG versehen oder ungültig unterschrieben[217] hat oder weil der Wechsel schon präjudiziert ist, Art. 53 I WG), Wechselrechte kraft Gesetzes nach Art. 47 III WG nicht erwerben, sondern allenfalls rechtsgeschäftlich kraft bürgerlichrechtlicher Zession[218]. Im *Fall 51* haftet, wie sich durch die vorprotestliche Unterschrift des *C* unmittelbar aus der Urkunde ergibt, *C* dem *D* als Regreßschuldner. Er kann daher mit der Einlösung das Eigentum am Wechsel und die darin verbrieften Ansprüche kraft Gesetzes erwerben. Konstruktiv läßt sich der Erwerb der wechselverbrieften Forderungsrechte als cessio legis begründen[219]. Der gesetzliche Forderungsübergang betrifft aber nur die gegen die Vormänner des Einlösers bestehenden Wechselrechte des befriedigten Wechselinhabers.

213 • Erlangt der Einlöser *(C)* auch dann Eigentum am Wechsel, wenn er im Wechselvorlauf gar nicht Eigentümer war?

Diese Frage wird insbesondere für den einlösenden Garantieindossanten erörtert, der seine Unterschrift nur zur Begründung der Haftung auf den Wechsel setzt und Eigentum am Papier weder erhält noch überträgt (vgl. oben Rdnrn. 152 ff.). Sie wird von der herrschenden Meinung bejaht[220]. Auch im *Fall 51 a* stellt sich diese Frage, weil *C* im Wechselvorlauf infolge der Anfechtung des (dinglichen und obligatorischen) Begebungsvertrages durch *A* nicht Eigentümer des Wechsels (und damit nicht Inhaber eines Rückgriffsanspruchs gegen *A* sowie des Akzeptanspruchs gegen *B*) war. Das ist jedoch nach zutreffender Ansicht unerheblich. Es geht nämlich nicht um das Wiederaufleben der ursprünglichen Rechtsstellung des *C* als Eigentümer, sondern um die Frage, ob *C* als Einlöser kraft Gesetzes mit der Eigentumsstellung auch die Rechte des befriedigten Wechselsinhabers *D* erworben hat[221]. Der einlösende Indossant *(C)* hat aber mit dem Eigentum am Wechsel von *D* auch die Wechselrechte gegen seine Vormänner, insbesondere auch gegen den Wechselannehmer erworben, obwohl

---

216 Inzwischen h.M.; vgl. *Hueck/Canaris*, § 12 IV 3 c; *Baumbach/Hefermehl*, Art. 49 Rdnr. 2; *Bülow*, Art. 49 Rdnr. 6 und Art. 47 Rdnr. 10; *BGH*, NJW 1977, 1633. Das gilt selbst dann, wenn der Einlösende nur irrtümlich die Wirksamkeit seines Indossaments und somit zu Unrecht seine Haftung angenommen hat, so im Fall *BGHZ* 52, 181, wo der Indossant (entgegen Art. 13 I 2 WG) mit bloßer Paraphe statt mit vollem Namen unterschrieben hat. Anderer Ansicht sind *RGZ* 77, 185 (187) (aber noch zum alten Art. 51 WO und auf der Grundlage der Offertentheorie) und *Zöllner*, § 17 IV 1.

217 So in *BGHZ* 52, 181.

218 Der Einlöser hat in diesem Fall keinen eigenen Anspruch aus Art. 49 WG; er kann nur die Rückgriffssumme (Art. 48 WG) verlangen, die er beim Rückgriff bezahlt hat, so *BGHZ* 52, 181 (184).

219 So *Pflug*, Der rücklaufende Wechsel, 1967, S. 51 ff.; *Hueck/Canaris*, § 12 IV 3 vor a; *Sedatis*, Rdnr. 199; vgl. auch *Baumbach/Hefermehl*, Art. 14 Rdnr. 4.

220 Vgl. *Hueck/Canaris*, § 12 IV 3 d; § 8 IV 3 b; *Baumbach/Hefermehl*, Art. 49 Rdnr. 3; beide gegen *BGHZ* 13, 87 (88); *Zöllner*, § 17 III 2 c, und *Brox*, Rdnr. 596. Nicht entscheidend sein kann, daß es einen Vormann des den Wechsel gefälligkeitshalbes Zeichnenden, der diesem Wechselrechte im Wechselvorlauf übertragen hat, nicht gibt.

221 *Baumbach/Hefermehl*, Art. 49 Rdnr. 3.

sie ihm im Wechselvorlauf nicht zustanden (oder noch nicht zustanden, wenn etwa der Bezogene den Wechsel erst gegenüber einem Nachmann des *C* akzeptiert hatte). Eine andere Frage ist jedoch, inwieweit die im Wechselvorlauf gegen den Einlöser *(C)* begründeten Einwendungen (z.B. des *A*) im Wechselrücklauf (wieder bzw. noch) möglich sind.

214 Die Mindermeinung[222], nach der ein Eigentumserwerb des *C* abzulehnen wäre, führt zu einer unbefriedigenden Regreßlage, weil sie im *Fall 51 a* nicht nur den Rückgriff des *C* gegen *A* versagt, sondern vor allem dem Wechselverpflichteten (!) *C* die Möglichkeit nimmt, aus dem Wechsel zumindest gegen den Wechselhauptschuldner *B* vorzugehen. Das führt zu einer Unterbrechung des Regresses, die nur dadurch behoben werden kann, daß man *A* nach der Wechseleinlösung des *C* gemäß der dinglichen Rechtslage im Wechselvorlauf als Wechseleigentümer ansieht, der den Wechsel von *C* herausverlangen (§ 985 BGB) und wie ein Einlöser seine Vormänner (bzw. hier den Akzeptanten, Art. 28 II WG) in Anspruch nehmen soll. Freilich wird dem Herausgabeverlangen des *A* regelmäßig ein Zurückbehaltungsrecht des *C* aus dem Grundverhältnis entgegenstehen, so daß der Regreß endgültig gestört ist.

b) Einwendungen

215 Nachdem der Wechselschuldner *A* auch im *Fall 51 a* nach h.M. die sachliche Berechtigung des *C* mit Erfolg nicht bestreiten kann[223], fragt es sich, ob ihm Einwendungen gegen seine Verpflichtung aus dem Wechsel zustehen. Dies könnte deswegen zweifelhaft sein, weil *A* als Rückgriffsschuldner des *D* weder die Gültigkeitseinwendung im *Fall 51 a* (infolge des gutgläubigen Erwerbs der Forderung) noch die persönliche Einrede der ungerechtfertigten Bereicherung im *Fall 51 b* (Art. 17 WG) zugestanden hätte. Gleichwohl ist man sich im Ergebnis einig, daß *alle* Einwendungen, die früher (im Wechselvorlauf) gegen die Wechselforderung des Einlösers (*C*) bestanden, beim Wechselrücklauf wieder aufleben sollen[224].

216 Ungeklärt ist jedoch seit langem die rechtliche Begründung dieses Ergebnisses. Das Problem hat mit der Frage der Rechtsübertragung im Wechselvorlauf zu tun. So nahm früher die h.L. an, der Einlöser gehe aus seinem alten Rückgriffsrecht gegen den Indossanten vor, weil dieses durch Weiterübertragung des Wechsels entweder unberührt blieb (so die *Offertentheorie*, nach der bei Indossierung stets ein neues Wechselversprechen entsteht [originärer Rechtserwerb], vgl. oben Rdnr. 136) oder nur unter der auflösenden Bedingung der Rückeinlösung übertragen worden sei (*Bedingungstheorie*). Mit diesen (zum Wiederaufleben der ursprünglichen Gläubigerstellung des Einlösenden führenden) Konstruktionen schien auch die Zulässigkeit der Einwendungen des Wechselschuldners gegen den Einlöser geklärt. Sie sind jedoch mit dem Wortlaut des Art. 14 WG nicht vereinbar. Deshalb hat sich heute die Meinung durchgesetzt, daß aufgrund des Indossaments eine *unbedingte (Voll-)Rechtsübertragung* auf den Indossatar erfolgt, derivativer Wechselrechtserwerb[225]. Entsprechend bedeutet das für den Wechselrücklauf, daß eine gesetzliche Rückübertragung der Regreßrechte vom Indossatoar *(D)* auf den Indossanten *(C)* stattfindet. Damit kommt man aber hinsichtlich der Zulässigkeit von Einwendungen erneut in einen Begründungszwang.

---

[222] *Zöllner*, § 17 III 2 a sowie *Bülow*, Art. 47 Rdnr. 13.

[223] Im *Fall 51 b* steht von vornherein außer Frage, daß *C* Wechseleigentümer ist, weil er schon im Wechselverlauf Inhaber der Wechselrechte war. Die Anfechtung des Kaufvertrags hat den Rechtsbestand aus dem Wechsel unberührt gelassen und lediglich zu einer (persönlichen) Bereicherungseinrede des Wechselschuldners geführt.

[224] *Hueck/Canaris*, § 12 IV 2 b; *Brox*, Rdnr. 596.

[225] *Baumbach/Hefermehl*, Art. 14 Rdnr. 4.

217 Die Begründung wird heute zunehmend in der Parallele zu der aus dem Sachenrecht bekannten Problematik des „Rückerwerbs vom Nichtberechtigten“ gesehen. Daraus folge, wie *Canaris*[226] argumentiert, daß die durch den Einwendungsausschluß im Wechselvorlauf zugunsten des Verkehrsschutzes dem Wechselschuldner verloren gegangenen Einwendungen bei Rückerwerb des früher nicht oder nicht voll berechtigten Wechselinhabers wieder geltend gemacht werden können. Der gute Glaube des Nachmanns *(D)* soll dem Einlöser *(C)* nicht zugute kommen.

218 Indessen ist auch hier zu differenzieren. Der aus dem Sachenrecht stammende Rechtsgedanke paßt lediglich für die (sich gegen den Bestand des Wechselrechts richtenden) Gültigkeitseinwendungen (*Einwendungen* im materiellen Sinne). Insoweit besteht auch eine Parallele zum gutgläubigen Erwerb des Eigentums im Mobiliarsachenrecht, weil der Indossant *(C)* als Nichtberechtigter über die Wechselforderung verfügt und der gutgläubige Erwerb der Wechselforderung sich über den Erwerb des Eigentums an der Wechselurkunde vollzogen hat. Das zeigt *Fall 51 a.* Durch gutgläubigen Erwerb hat der Indossatar *D* die Regreßforderung gegen *A* endgültig (mit Wirkung gegenüber jedem Wechselinhaber) erworben[227] und von diesem kraft Gesetzes (cessio legis) wiederum *C*. Darauf kann sich *C* jedoch als früherer Nichtgläubiger nicht berufen. Im *Fall 51 a* scheidet somit eine Regreßhaftung des *A* aus.

219 Bei den (bloß rechtshemmenden) *Einreden (Fall 51 b)* kann das sachenrechtliche Prinzip zur Begründung nicht mehr herangezogen werden. Hier geht es auch nicht um einen Einwendungsausschluß kraft guten Glaubens (vgl. oben Rdnr. 181). Durch „Wegerwerb“ können daher Einreden im Wechselvorlauf dem Wechselschuldner überhaupt nicht verloren gehen. Sie beruhen als Gegenrechte auf einer eigenständigen schuldrechtlichen Beziehung (entweder aus dem Grundverhältnis oder aus einer besonderen Abrede) und wirken daher, wenn das Forderungsrecht, auf das sie sich beziehen, wieder in die Hand des ursprünglichen Gläubigers gelangt, ohne weiteres diesem gegenüber[228]. Im *Fall 51 b* erwirbt *C* daher zwar mit dem Wechsel auch die Regreßforderung gegen *A*. Dieser kann jedoch dem Wechselanspruch des *C* mit der Bereicherungseinrede ein selbständiges Gegenrecht entgegensetzen, das im Wechselvorlauf nicht untergegangen ist und das deshalb im Wechselrücklauf nicht erst wieder zum Leben erweckt werden muß.

Umgekehrt kann die gegen den Rückgriff des *D* mögliche Stundungseinrede des *A* dem einlösenden *C* im *Fall 51 c* nicht schaden. Es gilt vielmehr der Grundsatz, daß Einreden (Gegenrechte) nur in der sie begründenden Rechtsbeziehung *(A-D)* erhoben werden können, Dritten *(C)* gegenüber nur, wenn eine gesetzliche (oder rechtsgeschäftliche) Erstreckung vorliegt (wie z.B. bei § 404 BGB)[229]. Dafür fehlt

---

226 *Hueck/Canaris*, § 12 IV 3 b; kritisch *Sedatis*, Rdnr. 211.

227 So die h.M., vgl. *Baumbach/Hefermehl*, Art. 17 Rdnr. 9 a.E. und oben Rdnr. 178, a.A. *Sedatis*, Rdnrn. 212, 213, der dem gutgläubigen Forderungserwerb nach Rechtsscheingrundsätzen nur eine relative Wirkung beimißt.

228 Vgl. auch *Pflug* (Fußn. 219), S. 89 ff.

229 Zwar ist richtig, daß die Vereinbarung *A-D* im Zweifel (selbst ohne ausdrückliche Erklärung) auch zugunsten der Nachmänner des Begünstigen *(A)* wirken soll; anderenfalls könnte *D* den *C* und dieser ohne weiteres den *A* in Anspruch nehmen; dazu *Hueck/Canaris*, § 11 IV 1 und § 12 IV 3 b. Wenn aber *C* von seinem Leistungsverweigerungsrecht keine Kenntnis hat und – wie in *Fall 51 c* – den Wechsel einlöst, wird das Problem der Einrede gegen den Einlöser doch relevant.

im Wechselrücklauf – nicht anders als beim Wechselvorlauf (vgl. oben Rdnr. 182) – eine entsprechende Anordnung im Wechselgesetz.

3. Teil: Grundzüge des Scheckrechts

220 Daß der Teil über das Scheckrecht wesentlich knapper ausfällt als der vorangegangene über das Wechselrecht, liegt nicht etwa an der geringeren Verbreitung oder wirtschaftlichen Bedeutung des Schecks – weiten Bevölkerungskreisen ist der Scheck wesentlich vertrauter als der vorwiegend im Handels- und Bankverkehr gebräuchliche Wechsel – oder daran, daß das Scheckrecht weniger Probleme bietet als das Wechselrecht. Viele Probleme des Scheckrechts (und teilweise auch die Lösungen) liegen parallel zu den im 2. Teil erörterten Fragen. Wegen der Ähnlichkeiten zwischen Scheck und (gezogenem) Wechsel hat das Scheckgesetz viele Regelungen des Wechselgesetzes in nahezu gleichlautenden Formulierungen übernommen. Insbesondere bei den Grundvoraussetzungen für die Formgültigkeit (Art. 1, 2 WG – Art. 1, 2 ScheckG), den Regelungen über die formelle und materielle Berechtigung (Art. 14, 16 II WG – Art. 17, 21 ScheckG), über Einwendungen (Art. 17 WG – Art. 22 ScheckG) und über Voraussetzungen und Durchführung des Rückgriffs (Art. 43 bis 54 WG – Art. 40 bis 57 ScheckG) finden sich zahlreiche Übereinstimmungen.

Im folgenden werden in einem ersten Überblick die allgemeinen Grundlagen des Schecks erörtert (I). Der Gliederung des 2. Teils entsprechend schließen sich Ausführungen über die Entstehung, Übertragung, Einlösung und den Rückgriff an (II, III). Besondere Beachtung verdient die Scheckkarte, mit der sich ein eigener Abschnitt (IV) befaßt. Soweit Übereinstimmungen zwischen Scheck und Wechsel bestehen, begnügt sich die Darstellung überwiegend mit Verweisungen auf die entsprechenden Kapitel im 2. Teil.

I. Grundlagen des Schecks

221 Der Scheck stammt wie der Wechsel aus Italien[1]. Während er beispielsweise in England bereits im 19. Jahrhundert zum allgemeinen Zahlungsmittel wurde, entwickelte sich der Scheckverkehr in Deutschland zunächst nur zögernd. Eine erste rechtliche Regelung des Scheckverkehrs trat 1908 in Kraft[2]. Die parallel zum Wechselrecht in Gang gekommenen Bestrebungen zur Vereinheitlichung führten zu drei internationalen Abkommen[3], auf denen das am 1.4.1934 in Kraft getretene und seitdem nur wenig geänderte Scheckgesetz vom 14.8.1933 beruht.

Wie der Wechsel ist der Scheck ein forderungsrechtliches Umlaufpapier, das leicht übertragbar, schnell eintreibbar und vom Grundgeschäft nicht abhängig ist sowie eine schriftgemäße Haftung begründet, die den Erwerber vor Einwendungen schützt. Diese Eigenschaften prädestinieren den Scheck zum Zahlungsmittel.

---

[1] Zur geschichtlichen Entwicklung des Schecks vgl. *Baumbach/Hefermehl,* Einl. ScheckG Rdnrn. 1-3; *Zöllner,* § 26 II.

[2] Scheckgesetz vom 11. 3. 1908 (RGBl S. 71).

[3] Im einzelnen dazu *Baumbach/Hefermehl,* Einl. ScheckG Rdnr. 3.

1. Wirtschaftliche Bedeutung und rechtliche Grundstruktur des Schecks

a) Der Scheck als Zahlungsmittel

222 Der Scheck ist ein Mittel des bargeldlosen Zahlungsverkehrs[4]. Einziehungsermächtigungen und die sich massenhaft ausbreitenden Kreditkarten werden den Scheck in seiner Bedeutung in Zukunft sicher zurückdrängen; in welchem Ausmaß, bleibt abzuwarten. Die bargeldlose Zahlung liegt im Interesse sowohl des einzelnen als auch der Volkswirtschaft. Sie ist eine relativ sichere und einfache Zahlungsweise, die die Konzentration und Nutzung ansonsten brachliegender Gelder bei den Banken ermöglicht. Deshalb hat der Staat den Scheck im Gegensatz zum Wechsel von der Steuer befreit, § 6 I Nr. 3 WechselsteuerG. Auch vom Verbot des § 10 II 2 VerbrKrG ist der Scheck, soweit er als Zahlungsmittel verwendet wird, ausgenommen. Gegenüber der ebenfalls bargeldlosen Überweisung hat der Scheck den Vorteil, daß der Gläubiger bei Nichteinlösung des Papiers wegen der zwingend vorgeschriebenen Regreßhaftung des Ausstellers (vgl. unten Rdnr. 231) sofort einen scheckrechtlichen Anspruch erhält.

Trotz seiner Zahlungsfunktion ist der Scheck kein gesetzliches Zahlungsmittel. Der Gläubiger braucht einen ihm zum Zwecke der Zahlung angebotenen Scheck nur anzunehmen, wenn diese Zahlungsweise vereinbart war. Allerdings ist inzwischen die Zahlung mit Scheck so üblich, daß der Gläubiger einen erhaltenen Scheck sofort zurücksenden muß, wenn er ihn nicht annehmen will[5]. Die unterschiedlichen wirtschaftlichen Funktionen von Scheck und Wechsel[6] bedingen den überwiegenden Teil der Abweichungen in den gesetzlichen Regelungen. Sie lassen sich im wesentlichen damit erklären, daß der Einsatz des Schecks als Kreditmittel verhindert werden soll. Diesem Ziel dienen:

- **das Akzeptverbot**, Art. 4 ScheckG mit seinen ergänzenden Bestimmungen (Art. 15 III, 25 II ScheckG),
- die Bestimmung, daß der Scheck zwingend **bei Sicht zu zahlen** ist, Art. 28 I ScheckG,
- die **kurzen Vorlegungsfristen**, Art. 29 ScheckG und
- die Regelung, daß Bezogener ein Bankier sein soll, bei dem der **Aussteller** ein **Guthaben** hat, Art. 3 ScheckG.

Wegen § 3 I Nr. 3 VerbrKrG (dreimonatiger Zahlungsaufschub) i.V. mit Art. 4, 29 ScheckG wird bei Abzahlungsgeschäften das Verbot von Sicherungsschecks in § 10 II 2 VerbrKrG praktisch keine Bedeutung erlangen.

b) Der Scheck als formalisierte Anweisung

223 Auch für den Scheck stellt die Anweisung des bürgerlichen Rechts die Grundform dar; er wird deshalb auch als gesetzlich formalisierte Zahlungsanweisung bezeichnet[7]. Die für die Anweisung charakteristische Dreiecksbeziehung mit Doppelermächtigung[8]

---

[4] Eine völlig bargeldlose Zahlung findet dann statt, wenn sich der Gläubiger das Geld nicht von der bezogenen Bank auszahlen läßt, sondern den Scheck seiner Bank, bei der er ein Konto unterhält, vorlegt und sich die Schecksumme gutschreiben läßt.

[5] *BGHZ* 44, 178 (182).

[6] Der Unterschied in den wirtschaftlichen Funktionen kommt einprägsam in der Formel zum Ausdruck: „Wer einen Wechsel gibt, braucht Geld, wer einen Scheck gibt, hat Geld.“

[7] *Meyer-Cording,* S. 72.

[8] Vgl. hierzu 2. Teil Rdnr. 94.

begegnet uns auch beim Scheck. Der Scheckaussteller (Anweisender) weist den Bezogenen (Angewiesener) – i.d.R. eine Bank – an, die Schecksumme für den Aussteller an den Schecknehmer (bzw. dessen Rechtsnachfolger) zu zahlen. Der Bezogene wird ermächtigt, dem Scheckinhaber den Scheckbetrag für Rechnung des Ausstellers zu zahlen. Der Schecknehmer erlangt dadurch zwar kein Forderungsrecht gegen den Bezogenen, wohl aber die rechtliche Ermächtigung, bei diesem Zahlung zu erheben. Leistet die bezogene Bank bei Vorlage des Schecks nicht, so steht dem Inhaber bei Einhaltung der Rückgriffsvoraussetzungen (Art. 40, 29 ScheckG) ein scheckrechtlicher Anspruch gegen den Aussteller nach Art. 12 ScheckG und gegebenenfalls auch gegen Indossanten nach Art. 18, 20 ScheckG und etwaige Scheckbürgen (Art. 25 ScheckG) zu.

224 Das Recht, die bezogene Bank zur Zahlung anzuweisen, ist dem Aussteller im Kausalverhältnis zur Bank vertraglich eingeräumt. Wegen des Akzeptverbots und des daraus resultierenden Fehlens eines scheckrechtlichen Anspruchs des Schecknehmers gegen die Bank kommt der Rechtsbeziehung zwischen Aussteller und Bank (Deckungsverhältnis) besondere Bedeutung zu. Denn nach dem Deckungsverhältnis bestimmt sich, ob die Bank bei Vorlage des Schecks tatsächlich leistet.

Zwischen Bank und Kunde besteht ein sog. Scheckvertrag, der jedoch nicht isoliert geschlossen wird, sondern i.d.R. Bestandteil eines umfassenden Bankvertrages ist. In diesem Scheckvertrag, der rechtlich als Geschäftsbesorgungsvertrag[9] einzuordnen ist, verpflichtet sich die Bank dem Aussteller gegenüber, Schecks bis zur Höhe des Guthabens bzw. eines vereinbarten Kreditrahmens einzulösen. Diese Verpflichtung geht sie aber nur gegenüber dem Kontoinhaber ein, nicht gegenüber dem Schecknehmer. Der Scheckvertrag ist kein Vertrag zugunsten Dritter[10]. Der Scheckvertrag gibt dem Kunden die Möglichkeit und das Recht, außer durch Abhebung und Überweisung auch durch Scheck über sein Bankguthaben zu verfügen. Zu diesem Zweck händigt ihm die Bank Scheckvordrucke aus, deren Verwendung sie in den Allgemeinen Bankbedingungen vorschreibt. Die Geltung der „Bedingungen für den Scheckverkehr" (ScheckB)[11] werden regelmäßig bei Vertragsschluß vereinbart. Dies wirkt sich insbesondere auf die Frage der Risikoverteilung bei Scheckfälschungen aus (dazu unten Rdnr. 242).

Keine Besonderheiten gegenüber dem Wechselrecht bestehen im Verhältnis Aussteller – Schecknehmer (Valutaverhältnis). Gewöhnlich wird ein Scheck zum Zwecke der Erfüllung einer Verbindlichkeit, seltener zur Sicherung gegeben. Trotz der Zahlungsfunktion des Schecks handelt es sich regelmäßig nur um eine Leistung erfüllungshalber, nicht an Erfüllungs Statt[12].

c) Rechtsnatur und Arten des Schecks

225 Der Scheck ist wie der Wechsel ein **forderungsrechtliches, abstraktes und konstitutives Wertpapier**, das auf unbedingte Zahlung einer bestimmten Geldsumme

---

[9] Auf die Frage, ob es sich um einen Geschäftsbesorgungsvertrag mit Werkvertragscharakter (so *Baumbach/Hefermehl,* Art. 3 Rdnr. 3; *Canaris,* Bankvertragsrecht, Rdnr. 682) oder mit Dienstvertragscharakter (so *Meyer-Cording,* S. 76) handelt, soll hier nicht näher eingegangen werden.

[10] *BGH,* NJW 1974,456; *Baumbach/Hefermehl,* Art. 3 Rdnr. 4.

[11] Abgedruckt bei *Baumbach/Hefermehl,* S. 681 ff. und (kommentiert) bei *Bülow,* S. 728 ff.

[12] Vgl. *BGHZ* 83, 96 (101); *Baumbach/Hefermehl,* Einl. ScheckG Rdnr. 19.

lauten und in einer bestimmten Form ausgestellt sein muß. Wertpapier ist der Scheck, weil die Geltendmachung des in ihm verbrieften Rechts die Innehabung der Urkunde voraussetzt, Art. 34 ScheckG. Verbrieft ist im Scheck nicht eine Forderung des Nehmers gegen die bezogene Bank. Daß eine solche Forderung nicht schon aus der Anweisung des Ausstellers an den Bezogenen folgen kann, wurde bereits erörtert. Sie kann bei einem Scheck auch nicht durch eine Annahmeerklärung (Akzept) des Bezogenen entstehen (1. Teil *Fall 15*). Art. 4 S. 1 ScheckG verbietet nämlich die Annahme eines Schecks – ein entscheidender Unterschied zum Wechsel. Ein gleichwohl auf den Scheck gesetztes Akzept gilt nach Art. 4 S. 2 ScheckG als nicht geschrieben[13]. Ein Scheck verkörpert daher keinen Primäranspruch, sondern nur bedingte Rückgriffsansprüche, die dem Schecknehmer für den Fall der Nichteinlösung zustehen.

226 Nach Art. 5 ScheckG ist der Scheck ein geborenes Orderpapier[14], das durch eine negative Orderklausel zum Rektapapier und durch Ausstellung auf den Inhaber oder durch die sog. Überbringerklausel (Art. 5 II ScheckG) zum Inhaberpapier wird. Die im Wechselrecht nicht vorgesehene Ausgestaltung zum **Inhaberpapier** ist **beim Scheck** sogar **die Regel**. Die von den Banken ausgegebenen Scheckvordrucke enthalten die Überbringerklausel „Zahlen Sie gegen diesen Scheck an ... oder Überbringer". Nach Nr. 8 S. 2 ScheckB dürfen Änderungen und Streichungen des vorgedruckten Textes nicht vorgenommen werden[15].

Der Scheck an eigene Order ist nach Art. 6 I ScheckG ebenso zulässig wie der gezogene Wechsel an eigene Order. Nach Art. 6 II ScheckG kann der Aussteller einen Scheck für Rechnung eines Dritten ziehen, sog. Kommissionsscheck[16]. Den trassiert eigenen Scheck (vgl. für den Wechsel Art. 3 II WG) verbietet das Scheckgesetz in Art. 6 III, es sei denn, es handelt sich um einen Kommandit- oder Filialscheck, den eine Niederlassung des Ausstellers auf eine andere Niederlassung zieht.

227 Schecks können als Barschecks (Zahlungsschecks) oder als Verrechnungsschecks ausgestaltet sein, je nachdem ob sie dem Bezogenen die Einlösung in bar gestatten oder durch Verrechnung (im Wege der Gutschrift, Art. 39 ScheckG) vorschreiben.

Vielfach werden auch andere Urkunden als Schecks bezeichnet, so z.B. die Effektenschecks[17], mit denen über Wertpapiere verfügt wird, die bei einer Bank deponiert sind. Daß diese Papiere keine Schecks im Sinne des Scheckgesetzes sind, ergibt sich schon daraus, daß sie nicht auf Zahlung einer bestimmten Geldsumme gerichtet sind. Die früher streitige Frage nach

---

[13] Eine Ausnahme vom Annahmeverbot gilt für Schecks der Deutschen Bundesbank bzw. der Landeszentralbanken, die gem. § 23 BBankG durch einen Bestätigungsvermerk akzeptiert werden können, vgl. *BGHZ* 96, 6. Näher zur Haftung aus bestätigtem Bundesbankscheck *Bülow,* ZIP 1991, 1469.

[14] Exakt formuliert muß es heißen: „Der Namensscheck ist ein geborenes Orderpapier", worauf *Bornemann,* S. 259 zu Recht hinweist.

[15] Überwiegend findet sich auf Scheckvordrucken sogar der ausdrückliche Vermerk: „Eine Streichung des Zusatzes [oder an Überbringer] gilt als nicht erfolgt."

[16] Dabei wird der Bezogene angewiesen, aus einem fremden Guthaben zu leisten, was natürlich voraussetzt, daß der Aussteller von dem Dritten dazu ermächtigt ist. Schecks für fremde Rechnung kommen beispielsweise vor, wenn der Aussteller Schecks auf eine an einem fremden Platz ansässige Bank ziehen will und sich deshalb von seiner Bank zur Ziehung auf ihr Konto bei der fremden Bank ermächtigen läßt.

[17] Näher dazu *Canaris,* Bankvertragsrecht Rdnrn. 2002 ff. Weitere Beispiele: Überweisungsschecks, Einkaufsschecks, Reiseschecks.

der Rechtsnatur des Postscheckverhältnisses[18] hat sich durch die Neustrukturierung der Deutschen Bundespost erledigt[19]. Die durch die Inanspruchnahme der Einrichtungen des Postwesens entstehenden Rechtsbeziehungen zum Postkunden sind jetzt privatrechtlicher Natur. Nachdem zunächst die Postgiroordnung für eine Übergangszeit weiter bestanden hatte, gelten nunmehr seit 1.7.1991 die Allgemeinen Geschäftsbedingungen der Deutschen Bundespost POSTBANK (AGB Postbank)[20].

2. *Scheckausstellung und Scheckhaftung*

Die Ausstellung eines Schecks und die haftungsrechtlichen Folgen werfen die schon vom Wechselrecht her bekannten Sachfragen auf.

a) Formvorschriften

228 Die in Art. 1 ScheckG aufgestellten Formvorschriften stimmen weitgehend mit denjenigen des Wechselrechts überein. Wegen der Einzelheiten kann daher auf die Darstellung im 2. Teil (Rdnrn. 99 ff.) verwiesen werden.

Fall 52: Als *C* seinen Schuldner *A* um die Begleichung einer alten Verbindlichkeit ersucht, erinnert sich *A*, daß *B*, sein reicher Onkel, sich bereiterklärt hat, ihm aus finanziellen Schwierigkeiten zu helfen. Im Beisein von *B* und *C* schreibt *A* auf ein Blatt Papier:

Herrn *B*. Zahlen Sie DM 10 000 an Herrn *C*.
Stuttgart, den 1.4. 1992

Diesen Text versieht *A* mit seiner Unterschrift und der Überschrift „Scheck". Nachdem auch *B* unterschrieben hat, wird das Papier *C* ausgehändigt. Dieser will wissen, ob er aus der Urkunde gegen *B* oder *A* vorgehen kann.

Zunächst ist -wie beim Wechsel- im Gutachten zu prüfen, ob eine formgültige Urkunde vorliegt. Neben der Scheckklausel (Art. 1 Nr. 1) und der Zahlungsanweisung (Nr. 2) muß angegeben werden, wer angewiesen wird (Bezogener, Nr. 3), wer die Anweisung erteilt (Aussteller, Nr. 6) sowie der Zahlungsort (Nr. 4) und der Tag und Ort der Ausstellung (Nr. 5). Der Anweisungsberechtigte (Schecknehmer) braucht in der Urkunde im Unterschied zum Wechsel nicht bezeichnet zu werden. Dies erklärt sich aus der Zulassung des Inhaberschecks (vgl. die einzelnen Möglichkeiten nach Art. 5 ScheckG). Ferner fehlt in dem Katalog der Formerfordernisse die Angabe der Verfallzeit; der Scheck ist nach Art. 28 ScheckG stets bei Sicht zahlbar.

Von den sechs vorgeschriebenen Angaben sind unersetzbar die Scheckklausel, die unbedingte Zahlungsanweisung, der Name des Bezogenen, das Datum und die Unterschrift des Ausstellers. Fehlt eines dieser zwingenden Erfordernisse, ist der Scheck als solcher ungültig[21]. Ersetzbar ist, wie sich aus Art. 2 II ScheckG ergibt, die Angabe des Zahlungs- und des Ausstellungsortes. Während bei fehlender Angabe des

---

[18] Nach überwiegender Auffassung war das Postscheckverhältnis öffentlichrechtlicher Natur, vgl. *RGZ* 161, 174 (180).

[19] PoststrukturG v. 8.6.1989 (BGBl I S. 1026).

[20] Zum Ganzen § 7 PostG v. 28. 7. 1969 i.d.F. v. 3. 7. 1989 (BGBl I S. 1449); § 65 I PostVerfG v. 8.6.1989 (BGBl I S. 1026) sowie *Müssig,* NJW 1991, 472.

[21] Eine Umdeutung nach § 140 BGB in ein anderes Verpflichtungsgeschäft des Scheckausstellers wird ebenso wie beim Wechsel (vgl. 2. Teil Rdnr. 110) regelmäßig nicht in Betracht kommen, *Baumbach/Hefermehl,* Art. 2 Rdnr. 5.

Zahlungsortes das Gesetz eine Regelung bereithält (vgl. Art. 2 III ScheckG), kann das Fehlen des Ausstellungsortes nach Art. 2 IV ScheckG schließlich doch zur Nichtigkeit des Schecks führen, nämlich wenn auch beim Namen des Ausstellers kein Ort angegeben ist.

229 Bedenken gegen die Formgültigkeit ergeben sich im *Fall 52*, weil der „Scheck" nicht auf einen Bankier[22] gezogen ist, wie es Art. 3 S. 1 ScheckG vorschreibt. Daß es sich hierbei trotz der anders klingenden Formulierung („darf nur") lediglich um eine Sollvorschrift handelt, zeigt deutlich Art. 3 S. 2 ScheckG. Der von *A* ausgestellte Scheck ist also nicht deshalb unwirksam, weil *B* kein Bankier ist[23]. Auch der Verstoß gegen Art. 4 ScheckG führt nicht zur Unwirksamkeit. Der Annahmevermerk des B gilt nach Art. 4 S. 2 ScheckG als nicht geschrieben, beeinflußt aber die Gültigkeit des Schecks im übrigen nicht. Unwirksam ist der Scheck im vorliegenden Fall aus einem eher nebensächlichen Grund. Art. 1 Nr. 1 ScheckG verlangt, daß das Wort „Scheck" im Text auftaucht, die Überschrift genügt nicht[24]. Scheckrechtliche Ansprüche des *C* bestehen daher nicht.

In der Praxis wird den Beteiligten die Beachtung der Formvorschriften dadurch erleichtert, daß die Scheckformulare auf die erforderlichen Angaben hinweisen. Ein Scheck muß zwar nicht, um wirksam zu sein, auf einem Scheckvordruck ausgestellt sein, regelmäßig verlangen jedoch die Kreditinstitute die Verwendung der Vordrucke, die sie dem Kunden (fortlaufend numeriert) bei Eröffnung des Kontos bzw. bei Abschluß des Scheckvertrages aushändigen.

230 Weniger Bedeutung als im Wechselrecht (vgl. 2. Teil Rdnrn. 111 ff.) hat im Scheckrecht die Begebung einer unvollständigen Urkunde, zu deren Vervollständigung der Geber den Nehmer ermächtigt (Blankopapier). In der Regel fehlt beim Blankoscheck nicht die Schecksumme, sondern das Ausstellungsdatum. Im übrigen stimmt die gesetzliche Regelung des Blankoschecks (Art. 13 ScheckG) ganz mit der des Blankowechsels (Art. 10 WG) überein.

b) Scheckrechtliches Haftungssystem

231 Scheckrechtlich verpflichtet sind aus einem Scheck nur der Aussteller (Art. 12 ScheckG), und zwar ohne die Möglichkeit des Haftungsausschlusses, die Indossanten (Art. 18, 20 ScheckG) mangels entgegenstehenden Vermerks und die Scheckbürgen (Art. 27 ScheckG). Alle Genannten haften dem Inhaber im Regreßwege, wenn der Bezogene den -rechtzeitig (Art. 40 ScheckG)- vorgelegten Scheck nicht einlöst. Um Umgehungen des aus Art. 4 ScheckG folgenden Akzeptverbots auszuschließen, ordnet das Gesetz die Nichtigkeit eines Indossaments (Art. 15 III ScheckG) und einer Bürgschaft (Art. 25 II ScheckG) des Bezogenen an. Das Scheckgesetz verhindert damit jede Form einer scheckrechtlichen Einstandspflicht der bezogenen Bank. Dies schließt indes nicht aus, daß sich die bezogene Bank außerhalb des Scheckrechts vertraglich zur Einlösung eines Schecks verpflichtet[25]. Diese Möglichkeit haben sich die Banken mit der Einführung der Scheckkarte zunutze gemacht (dazu unten IV).

---

[22] Zum Begriff des Bankiers s. Art. 54 ScheckG Nur Bankiers sind im Sinne des Scheckgesetzes passiv scheckfähig.

[23] Der nicht auf einen Bankier gezogene Scheck ist allerdings steuerpflichtig, wie sich aus § 6 I Nr. 3 WechselsteuerG ergibt.

[24] *Baumbach/Hefermehl,* Art. 1 Rdnr. 2; *Bornemann,* S. 265.

[25] *BGH,* WM 1956, 1293; *BGHZ* 64, 79 (81).

232 Streitig ist, inwieweit die im Bankverkehr übliche Scheckbestätigung eine vertragliche Haftung der Bank auslösen kann.

Fall 53: *C* ist Inhaber eines von *A* auf die *B*-Bank gezogenen Schecks, mit dem *A* eine Warenlieferung bezahlt hat. Vor Auslieferung weiterer, von *A* bestellter Waren fragt *C* telefonisch bei der *B*-Bank an, ob der Scheck „in Ordnung gehe".
B erteilt die Auskunft, der Scheck sei gedeckt.

Fall 53 a: B erklärt, die Einlösung werde garantiert.
Kann *C* von *B* die Auszahlung der Schecksumme verlangen?

Wegen Art. 4 ScheckG haftet die *B*-Bank scheckrechtlich nicht. Sie könnte sich jedoch durch ihre Erklärung vertraglich zur Einlösung des Schecks verpflichtet haben. Die Auskunft, der Scheck sei gedeckt oder gehe in Ordnung, stellt allerdings keine Einlösungszusage dar, die die Bank zur Zahlung verpflichtet. Eine derartige **Scheckbestätigung bedeutet** nur die **unverbindliche Auskunft**, daß die Bank den Scheck nach dem derzeitigen Kontostand bei sofortiger Vorlage einlösen würde. Im Hinblick auf das Akzeptverbot darf eine Einlösungszusage, die für die Bank eine Garantiehaftung begründen würde, nicht ohne weiteres angenommen werden[26]. Im *Fall 53* hat *C* daher keinen vertraglichen Anspruch gegen *B*.

233 Anders sieht es im *Fall 53 a* aus. Hier ergibt sich eindeutig aus der Erklärung der Bank, daß sie für die Zahlung des Scheckbetrages bei Vorlegung des Schecks einstehen will. Dadurch wird eine **selbständige Garantiehaftung** der Bank begründet[27]. *B* hat (verschuldensunabhängig) die unbedingte Gewähr für den Leistungserfolg übernommen und ist deshalb zur Zahlung an *C* verpflichtet. Die Haftung ist allerdings nicht zeitlich unbegrenzt. Auch ohne ausdrückliche Einschränkung wird eine Einlösungsgarantie nur für einen begrenzten Zeitraum abgegeben[28].

Fall 53 b: Wie ist die Rechtslage, wenn die im *Fall 53* erteilte Auskunft, der Scheck sei gedeckt, falsch war und *C* durch die Nichteinlösung des Schecks ein Schaden entstanden ist?

234 Auch wenn die Scheckbestätigung keine Einlösungspflicht begründet hat, so bleibt die (schuldhaft) unrichtige Auskunft für die Bank nicht ohne Folgen. Konstruktiv läßt sich eine Verpflichtung der Bank zum Ersatz des Schadens mit der Verletzung eines konkludent geschlossenen Auskunftsvertrages[29] oder mit dem Gedanken der Vertrauenshaftung kraft Schutzpflichtverletzung[30] begründen.

---

26 *BGHZ* 49, 167; 110, 263 (265); *Baumbach/Hefermehl*, Art. 4 Rdnr. 3. Eine Garantiehaftung der Bank wäre denkbar, wenn diese ein eigenes Interesse an der Einlösung hat.
27 *BGH*, WM 1978, 873; *BGHZ* 77, 50.
28 *BGHZ* 77, 50 (53); *BGH*, WM 1982, 924.
29 So die h.M.; *BGH*, WM 1965, 287; *Baumbach/Hefermehl*, Art. 4 Rdnr. 7.
30 *Canaris*, Bankvertragsrecht, Rdnrn. 731 ff.; *Hueck/Canaris*, § 20 II 3 b.

II. Rechtsentstehung und Rechtsübertragung

1. Forderungserwerb des Erstgläubigers

235 Wenn im folgenden von der Forderung oder dem Anspruch des Schecknehmers die Rede ist, kann es immer nur um eine Rückgriffsforderung gehen. Auch zur Entstehung der Verpflichtung aus einem Scheck ist ein Vertrag zwischen Geber (Aussteller) und (Scheck-) Nehmer erforderlich. Dieser Begebungsvertrag hat regelmäßig ein schuldrechtliches Verpflichtungsgeschäft[31] und ein auf Übertragung des Eigentums an dem Papier gerichtetes sachenrechtliches Übereignungsgeschäft zum Gegenstand. Liegt kein wirksamer Begebungsvertrag vor, kann eine Haftung kraft zurechenbar veranlaßten Rechtsscheins in Betracht kommen. Hinsichtlich der Gründe, die zur Unwirksamkeit des Begebungsvertrages führen können, kann auf das zum Wechsel Gesagte (2. Teil Rdnrn. 114 ff.) verwiesen werden.

Auch was das Verhältnis von Scheckforderung und Kausalforderung angeht, ist die Ausgangslage wie beim Wechsel. Der Scheck wird regelmäßig zahlungs- oder sicherungshalber für eine Kausalforderung hingegeben. Damit stellen sich hinsichtlich der Verknüpfung von Scheckanspruch und Kausalforderung und hinsichtlich der Einwendungen gegen diese Ansprüche die vom Wechselrecht her bekannten Fragen und Probleme (vgl. dazu 2. Teil Rdnrn. 123 ff., 164 ff.).

2. Übertragung des Schecks

236 Für die Übertragung des Schecks ist von Bedeutung, um welche Art von Scheck es sich handelt. Für den Rektascheck gilt, daß er nur in der Form und mit den Wirkungen einer gewöhnlichen Abtretung übertragen werden kann, Art. 14 II ScheckG. Beim Orderscheck wird die Scheckforderung wie beim Wechsel übertragen durch die Übereignung der Scheckurkunde. Wird die Urkunde zusätzlich mit einem Indossament versehen, sind mit dem Rechtsübergang die vom Wechselindossament bekannten Wirkungen verbunden: Legitimationsfunktion (Art. 19 ScheckG), Transportfunktion mit der Möglichkeit des gutgläubigen Erwerbs (Art. 21 ScheckG) und Einwendungsausschluß (Art. 22 ScheckG) sowie Garantiefunktion (Art. 18 ScheckG). Nach Art. 24 ScheckG hat ein Indossament nach Protesterhebung oder nach Ablauf der Vorlegungsfrist nur noch die Wirkungen einer gewöhnlichen Abtretung[32]. Zu beachten ist, daß das Indossament des Bezogenen nach Art. 15 III ScheckG nichtig ist und ein Indossament an den Bezogenen als Quittung gilt, Art. 15 V ScheckG.

237 Für die Übertragung der am weitesten verbreiteten Scheckform, des Inhaberschecks, fehlt eine ausdrückliche Regelung im Scheckgesetz. Aus der Rechtsnatur dieses Papiers folgt, daß es nach sachenrechtlichen Grundsätzen durch Einigung und Übergabe der Scheckurkunde übertragen wird[33]. Der gutgläubige Erwerb richtet sich allerdings nicht nach §§ 932 ff. BGB, sondern nach dem weitergehenden Art. 21

---

[31] Auch hier ist wie bei der Haftung des Ausstellers (und des Indossanten) im Wechselrecht streitig, ob die Haftung auf Gesetz oder Rechtsgeschäft beruht, vgl. 2. Teil Rdnrn. 114 und 149.

[32] Art. 24 ScheckG gilt entsprechend beim Inhaberscheck, *BGH,* NJW-RR 1989, 1207; *Baumbach/Hefermehl,* Art. 24 Rdnr. 1; *Bülow,* Art. 24 Rdnr. 3.

[33] *Zöllner,* § 26 III 4 c; *Richardi,* § 30 I.

ScheckG, der ausdrücklich auch den Inhaberscheck nennt und inhaltlich Art. 16 II WG entspricht[34]. Wird auf einen Inhaberscheck ein Indossament gesetzt, folgt daraus eine Haftung des Indossanten, ohne daß sich die Eigenschaft des Schecks als Inhaberpapier ändert, Art. 20 ScheckG. Es handelt sich in diesem Fall um ein Indossament ohne Transport- und Legitimationsfunktion[35], aber mit Garantiefunktion, also um den gesetzlich geregelten Fall eines Garantieindossaments[36].

238 Nicht immer muß jedoch eine Unterschrift auf der Rückseite eines Schecks ein Garantieindossament mit Haftungsfolgen bedeuten.

Fall 54: *C*, der von *A* zur Bezahlung einer Kaufpreisschuld einen auf die *B*-Bank gezogenen Scheck mit Überbringerklausel erhalten hat, legt diesen Scheck einer Filiale der *B* zur Einlösung vor. Der Bankangestellte läßt *C* auf der Rückseite des Schecks unterschreiben. *C* will wissen, welche Bedeutung seiner Unterschrift zukommt.

Der äußeren Form nach liegt ein Blankoindossament vor. Da es sich wegen der Überbringerklausel um einen Inhaberscheck handelt, hätte es eines Indossaments nicht bedurft. Nach Art. 20 ScheckG könnte C gleichwohl als Indossant eine Verpflichtung eingegangen sein. Unabhängig davon, daß ein entsprechender Verpflichtungswille des *C* fehlen dürfte, ist nach der Bankpraxis eine Unterschrift des Einreichers nur als Quittung zu werten, wenn die Einlösung durch die bezogene Bank erfolgt[37].

III. Einlösung und Nichteinlösung des Schecks

239 Von einer Einlösung des Schecks spricht man, wenn der Scheck bei der bezogenen Bank eingereicht und bezahlt wird. Handelt es sich um eine andere Bank, liegt entweder ein Auftrag zur Einziehung oder ein Diskontierungsantrag vor. Wird der Scheck bei der kontoführenden Stelle der bezogenen Bank vorgelegt, erhält der Einreicher den Gegenwert entweder in bar ausgezahlt oder -wenn er selbst ein Konto bei dieser Bank unterhält- gutgeschrieben. Reicht der Inhaber den Scheck nicht bei der kontoführenden Stelle, sondern bei einer anderen Niederlassung der Bank ein, wird ihm der Gegenwert sofort gutgeschrieben, die Gutschrift hat jedoch nur vorläufigen Charakter. Rechtlich handelt es sich nicht um eine Hereinnahme des Schecks zur Einziehung, sondern um eine vorläufige Einlösung[38]. Häufiger als die Präsentation des Schecks bei der bezogenen Bank ist der Fall, daß der Schecknehmer den Scheck seiner Bank zur Einziehung (zum Inkasso) gibt. Das Verfahren der Einziehung ist

[34] Wer einen abhandengekommenen Inhaberscheck von einem Nichtberechtigten erwirbt, ist zur Herausgabe nach § 985 BGB verpflichtet, wenn er die mangelnde Berechtigung des Gebers gekannt oder infolge grober Fahrlässigkeit nicht erkannt hat (Art. 21 ScheckG). Seine Verantwortlichkeit gegenüber dem Scheckeigentümer bestimmt sich nach dem Eigentümer-Besitzer-Verhältnis, so daß dem Eigentümer ein Schadensersatzanspruch nach §§ 989, 990 BGB zusteht, wenn der Scheck infolge Verschuldens vom Besitzer nicht mehr herausgegeben werden kann.

[35] Die Legitimation wird bei einem Inhaberpapier bereits durch die Innehabung des Papiers begründet, vgl. oben 1. Teil Rdnr. 16.

[36] *Hueck/Canaris,* § 20 II 2 b.

[37] *Baumbach/Hefermehl,* Art. 20 Rdnr. 3; *Bülow,* Art. 20 Rdnr. 3; *Zöllner,* § 26 III 4 d.

[38] Vgl. Nr. 41 der AGB der Banken.

in Abkommen zwischen den Spitzenverbänden des Kreditgewerbes[39] im einzelnen geregelt und kann hier nicht im Detail dargestellt werden. Rechtlich ist die Einreichung des Schecks eine Weisung des Kunden im Rahmen des zwischen ihm und der Bank bestehenden Geschäftsbesorgungsvertrages. Die Bank, die den Scheck entgegengenommen hat, ist verpflichtet, ihn auf schnellstem und sicherstem Wege an die bezogene Bank zur Einlösung weiterzuleiten. Dem Einreicher wird bei der Einzugsbank eine sofortige Gutschrift erteilt, die jedoch unter dem Vorbehalt des Eingangs steht (E.V. = Eingang vorbehalten). Erst wenn die bezogene Bank den Scheck durch Belastung des Ausstellerkontos effektiv eingelöst hat, ist die Gutschrift als endgültig anzusehen.

Im folgenden geht es um die Zahlung und ihre Wirkungen (1), den Widerruf eines Schecks (2) und um die Folgen der Nichtzahlung (3).

1. Zahlung des Schecks

a) Vorlegungsverfahren und Fristen

Fall 55: Um Wechselsteuer zu sparen, stellt *A* am 1.9. statt eines Wechsels einen Scheck aus, den er um drei Monate vordatiert, also mit dem Ausstellungsdatum 1.12. versieht und seinem Gläubiger *C* übergibt. Dieser legt den Scheck am 20.9. der bezogenen Bank vor. Wird diese leisten?

240 Die im Fall aufgeworfene Frage der Datierung des Schecks ist im Zusammenhang mit der Formgültigkeit zu prüfen. Die Vordatierung macht den Scheck nicht unwirksam. Zur Formgültigkeit eines Schecks reicht es aus, wenn es sich um mögliche, nicht unbedingt um richtige Angaben handelt. Nach Art. 28 II ScheckG kann der vordatierte Scheck auch schon vor dem auf der Urkunde angegebenen Ausstellungstag vorgelegt werden. Er ist unabhängig vom angegebenen Datum am Tage der Vorlegung (bei Sicht!) zahlbar. Der Bezogene darf den Scheck also am 20.9 einlösen[40], der Inhaber bei Nichteinlösung Rückgriff nehmen.

Die Vorlegungsfrist, deren Versäumung erhebliche Konsequenzen hat, läuft allerdings erst ab dem angegebenen Tag, Art. 29 IV ScheckG. Sie beträgt bei einem Inlandsscheck[41] (d.h. bei einem im Inland ausgestellten und zahlbaren Scheck) acht Tage. Bezüglich der Einzelheiten der Fristberechnung, die in Art. 55 ff. ScheckG geregelt sind, kann auf die Darstellung der inhaltlich gleichlautenden Bestimmungen zum Wechsel verwiesen werden (vgl. 2. Teil Rdnr. 193). Wird ein Scheck nicht innerhalb der vorgeschriebenen Fristen vorgelegt, verliert der Inhaber, wie sich aus Art. 40 ScheckG („rechtzeitig") ergibt, sein Recht zum Rückgriff und damit sämtliche

[39] Ausführliche Darstellung bei *Canaris,* Bankvertragsrecht, Rdnrn. 758 ff.; *Baumbach/Hefermehl,* Art. 28 Anh. Rdnrn. 5 ff. Zu den konkursrechtlichen Folgen beim Scheckinkasso vgl. *BGH,* WM 1992, 907, 908 in Abweichung von *BGHZ* 70, 177.

[40] Um es noch einmal in Erinnerung zu rufen: Ein scheckrechtlicher Anspruch gegen die Bank besteht wegen Art. 4 ScheckG nicht.

[41] Ein im Inland ausgestellter und zahlbarer Scheck muß auch dann binnen acht Tagen zur Zahlung vorgelegt werden, wenn der Begebungsakt im Ausland stattgefunden hat, *BGH,* NJW 1992, 118.

scheckrechtlichen Ansprüche[42]. Außerdem kann der Aussteller nunmehr den Scheck wirksam widerrufen (dazu unten 2).

b) Zahlungsfolgen

241 Zahlt der Bezogene, wozu er scheckrechtlich nicht verpflichtet ist, erlöschen sämtliche Scheckverbindlichkeiten. Er kann nach Art. 34 I ScheckG vom Inhaber die Aushändigung des quittierten Schecks verlangen und er wird kraft Gesetzes Eigentümer des Schecks. Streitig ist, ob sich bei einer weisungsgemäßen Einlösung des Schecks das Guthaben des Ausstellers bei der bezogenen Bank entsprechend § 787 BGB unmittelbar vermindert oder ob die Bank nach §§ 675, 670 BGB einen Anspruch auf Aufwendungsersatz hat[43].

242 Besondere Probleme entstehen, wenn die Bank einen gefälschten oder verfälschten Scheck einlöst.

Beispiel: *A* hat Scheckformulare der *B-Bank* auf seinem Schreibtisch liegenlassen. Seine Putzfrau *P* füllt ein Formular aus, unterschreibt mit dem Namen des *A* und legt den Scheck der *B*-Bank vor, die ihn einlöst.

Anders als beim Wechsel geht es bei einer Leistung an einen Nichtberechtigten[44] nicht darum, ob der Bezogene von seiner Verpflichtung frei wird (Liberationswirkung) – die Bank ist ja scheckrechtlich nicht verpflichtet. Vielmehr stellt sich die Frage, ob die Bank das Konto des Kunden (*A*) mit dem Einlösungsbetrag belasten darf. Die Antwort scheint schnell gefunden. Löst die Bank einen gefälschten Scheck ein, handelt sie, da eine (An-)Weisung des Kunden nicht vorliegt, nicht im Rahmen und zum Zwecke der Ausführung des Scheckvertrages. Eine rechtsgeschäftliche Erfüllung im Deckungsverhältnis kommt nicht in Betracht, ebensowenig stünde ihr ein Erstattungsanspruch nach § 670 BGB zu. Die Frage der Erkennbarkeit der Fälschung oder des Verschuldens der Bank spielt insoweit keine Rolle[45]. **Nach dem Gesetz liegt** demnach das **Fälschungsrisiko bei der Bank**. Eine Risikoverlagerung auf den Kunden käme nur in Betracht, wenn dieser, wie hier, Pflichten aus dem Scheckvertrag verletzt hat. Nach dem Scheckvertrag obliegen dem Kunden besondere Sorgfaltspflichten (sorgfältige Aufbewahrung, deutliche Ausfüllung, vgl. Nr. 2 und 3 ScheckB), deren schuldhafte Verletzung ihn wegen positiver Vertragsverletzung gegenüber der Bank schadensersatzpflichtig macht. Auf diese Weise kann es zu einer Risikoverteilung zwischen Bank und Kunden kommen, wobei es Tatfrage ist, ob alleiniges Verschulden des Kunden oder beiderseitiges Verschulden vorliegt.

243 **In der Praxis ist** das **Fälschungsrisiko** jedoch – unabhängig von einer Pflichtverletzung – **weitgehend dem Kunden aufgebürdet**. Nach Nr. 11 der regelmäßig dem Scheckvertrag zugrundeliegenden Bedingungen für den Scheckverkehr trägt der Kon-

---

42 Ihm bleibt allenfalls der Scheckbereicherungsanspruch nach Art. 58 ScheckG.

43 Vgl. *Baumbach/Hefermehl,* Art. 3 Rdnr. 5 einerseits und *Bülow,* Art. 3 Rdnr. 18 andererseits.

44 Die „Nichtberechtigung" der P besteht darin, daß sie von A nicht ermächtigt wurde, bei B Zahlung zu erheben.

45 Etwas anderes gilt für den Orderscheck, bei dem die Bank nach Art. 35 ScheckG die Ordnungsmäßigkeit der Reihe der Indossamente prüfen muß; vgl. hierzu *OLG Celle,* NJW-RR 1991, 503. Zur Frage, ob insoweit Art. 40 III S. 1 WG entsprechend anwendbar ist, s. *Richardi,* § 31 II 2.

toinhaber „alle Nachteile des Abhandenkommens, der mißbräuchlichen Verwendung, der Fälschung und Verfälschung von Schecks, Scheckvordrucken und des Vordrucks der Empfangsbescheinigung." Die Wirksamkeit dieser Klausel und die Grenzen der Freizeichnung sind Gegenstand zahlreicher Entscheidungen und Stellungnahmen. Beispielhaft können die Probleme an folgendem Sachverhalt[46] dargestellt werden.

Fall 56: Der Arzt *A* unterhält ein Konto bei einer Zweigstelle der *B*-Bank. Während seines Bereitschaftsdienstes wird ihm aus einer in einem abgeschlossenen Schrank verwahrten, verschlossenen Kassette ein Scheckformular entwendet. Noch bevor *A* den Diebstahl entdecken kann, wird bei der nichtkontoführenden Hauptstelle der *B*-Bank ein Barscheck über 7300 DM mit einer gefälschten Unterschrift des *A* vorgelegt. Die Hauptstelle zahlt den Scheck aus, ohne die Identität des Einreichers zu prüfen oder bei der kontoführenden Zweigstelle nachzufragen. *A* verlangt von *B* Rückbuchung des von seinem Konto abgebuchten Betrages.

Ein Anspruch auf Rückbuchung könnte *A* aus dem Girovertrag zustehen. Bei einer zu Unrecht erfolgten Kontobelastung wäre die Bank zu einer entsprechenden Berichtigung verpflichtet. *B* könnte aufgrund der Auszahlung des Betrages an den Scheckeinreicher die Schuld im Deckungsverhältnis unmittelbar getilgt haben oder jedenfalls berechtigt gewesen sein, einen Aufwendungsersatzanspruch nach §§ 675, 670 BGB durch Abbuchung vom Konto des *A* zu realisieren. Zwar fehlt es an einer wirksamen Anweisung des *A* zur Auszahlung des Betrages, nach Nr. 11 ScheckB hat *B* jedoch einen Erstattungsanspruch auch im Falle der Fälschung eines Schecks. Die Wirksamkeit dieser das Fälschungsrisiko auf den Kunden verlagernden Klausel ist allerdings streitig. Unter Berücksichtigung des Gebotes einschränkender Auslegung von Freizeichnungsklauseln und der Inhaltskontrolle nach § 9 AGBG hat die Rechtsprechung folgende Grundsätze zu Nr. 11 ScheckB entwickelt[47].

Soweit die Bank kein Verschulden trifft, ist die Abwälzung des Fälschungsrisikos auf den Kunden zulässig, wenn die Fälschung auf Umständen beruht, die in der Sphäre des Kunden liegen[48] (nachlässige Aufbewahrung, unsorgfältige Ausfüllung, Abhandenkommen, auch wenn dieses unverschuldet war). Die Freizeichnung in Allgemeinen Geschäftsbedingungen entbindet die Bank aber auch in diesen Fällen nicht von der Verpflichtung zur sorgfältigen Prüfung vorgelegter Schecks und von einer Haftung bei Verletzung dieser Pflicht[49]. Ein Verschulden der Bank löst einen Gegenanspruch des Kunden aus positiver Verletzung des Girovertrages aus, den der Kunde dem Erstattungsanspruch der Bank entgegenhalten kann[50]. Ein Mitverschulden des

---

[46] Nach *BGHZ* 91, 229.

[47] Zusammenstellung bei *Bundschuh,* Fälle 179-184.

[48] *BGH,* NJW 1982, 1513; vgl. schon *E. Ulmer,* S. 315.

[49] *BGHZ* 91, 229; *Baumbach/Hefermehl,* Art. 3 Rdnr. 18. Der Haftungsausschluß nach Nr. 11 ScheckB bezieht sich nicht auf die Verschuldenshaftung der Bank bei Verletzung ihrer Prüfungspflicht. Diese wird in Satz 2 vielmehr vorausgesetzt. Die Haftung ist auch nicht nach Nr. 4 ScheckB auf grobe Fahrlässigkeit beschränkt. Nr. 4 ScheckB gilt für die Prüfungspflicht der Bank hinsichtlich der Berechtigung des Scheckeinreichers. Während für Nr. 4 eine wirksame Anweisung des Scheckausstellers vorausgesetzt wird, gilt Nr. 11 für die Fälle, in denen keine wirksame Anweisung vorliegt.

[50] *Baumbach/Hefermehl,* Art. 3 Rdnr. 30; *Brox,* Rdnr. 673; *Gursky,* S. 124.

Kunden kann wiederum seinen Ersatzanspruch nach § 254 BGB mindern oder ausschließen.

244 Die Anwendung dieser Grundsätze führt im vorliegenden Fall zu dem Ergebnis, daß *A* einen Anspruch auf Rückbuchung hat. Denn die Bank hat ihre Verpflichtung, den vorgelegten Scheck vor der Einlösung auf seine Echtheit zu prüfen, fahrlässig verletzt. Zwar können im Hinblick auf den Massencharakter des Schecks keine strengen Anforderungen an die Prüfungspflicht gestellt werden. Grundsätzlich genügt es, wenn sich die Bank vor der Einlösung vergewissert, ob der Scheck nach seinem äußeren Gesamtbild den Eindruck der Echtheit erweckt[51]. Das Verschulden der Bank liegt darin, daß der Scheck ohne nähere Prüfung von einer nichtkontoführenden Stelle ausbezahlt wurde, die über keine Unterschriftsproben verfügte[52]. Grundsätzlich verletzt die nichtkontoführende Stelle einer Bank ihre Prüfungspflicht, wenn sie einen Scheck ohne jede Rückfrage einlöst. *B* muß daher, da ein Mitverschulden des *A* nicht ersichtlich ist, den durch die Belastung des Kontos entstandenen Schaden ersetzen, es sei denn, der Scheck wäre auch von der kontoführenden Stelle bei Vorlage eingelöst worden. Ohne besondere Anhaltspunkte kann dies jedoch nicht angenommen werden.

c) Verrechnungsscheck

245 Ein Verrechnungsscheck ist ein Scheck, der auf der Vorderseite den Vermerk „Nur zur Verrechnung" oder einen gleichlautenden Vermerk[53] trägt, Art. 39 ScheckG. Den (unwiderruflichen) Vermerk kann nicht nur der Aussteller, sondern jeder Inhaber auf den Scheck setzen. Einen solchen Verrechnungsscheck darf der Bezogene nach Art. 39 II ScheckG nur im Wege der Gutschrift (durch Verrechnung, Überweisung oder Ausgleichung), die dann als Zahlung gilt, einlösen, aber nicht bar auszahlen. Zweck des Barzahlungsverbots ist es, die Einlösung des Schecks durch unredliche Erwerber zu erschweren. Ausschalten läßt sich die Gefahr der mißbräuchlichen Verwendung eines Schecks freilich auch beim Verrechnungsscheck nicht. Der Unbefugte kann beispiels-

---

51 *BGH,* NJW 1969, 694; 1986, 988. Aus den zahlreichen Entscheidungen zum Umfang der Prüfungspflicht seien einige typische Konstellationen herausgegriffen.
Eine Verletzung der Prüfungspflicht wurde *bejaht* bei:
- Einlösung eines außergewöhnlich hohen Barschecks an einen dem Bankangestellten unbekannten Einreicher ohne Nachfrage beim Kontoinhaber, der bisher nur Schecks über Kleinbeträge ausgestellt hatte (*BGH,* NJW 1986, 988);
- Einlösung, obwohl Vorname der Unterschrift entgegen der hinterlegten Probe nicht ausgeschrieben war (*LG Karlsruhe,* WM 1986, 1347);

dagegen *verneint* bei
- Überschreitung des Dispositionskredits (*OLG Köln,* OLGZ 1985, 204);
- Nichtverlangen der Ausweispapiere, wenn Scheckeinreicher dem Bankangestellten unbekannt (*OLG Hamm,* WM 1985, 1032);
- verschiedenen Schriftzügen auf dem Scheckformular (*OLG Köln,* WM 1983, 1025);
- Abweichungen zwischen der Unterschrift auf dem Scheck und der hinterlegten Unterschriftsprobe (*OLG Frankfurt,* WM 1972, 861).

52 Der weitere in den Urteilsgründen (*BGHZ* 91, 232) genannte Gesichtspunkt, daß es der Zweigstelle eher aufgefallen wäre, wenn eine andere Person als der Kontoinhaber einen Scheck vorlegt, verfängt nicht. Regelmäßig werden Schecks gerade nicht vom Kontoinhaber (Aussteller) eingereicht, sondern vom Schecknehmer.

53 Z.B. „Nur zur Gutschrift". Ob die gelegentlich anzutreffende Anbringung von zwei parallelen Schrägstrichen in der linken oberen Ecke ausreicht, ist umstritten; vgl. *OLG Nürnberg,* WM 1976, 983 und *Bülow,* Art. 39 Rdnr. 2 m. w. Nachw.

weise bei der bezogenen Bank ein Konto eröffnen und den gutgeschriebenen Betrag gleich wieder abheben[54] oder den Verrechnungsscheck an einen gutgläubigen Dritten weitergeben. Löst die Bank einen Verrechnungsscheck gleichwohl bar ein, ist sie nach Art. 39 IV ScheckG zum Ersatz des entstandenen Schadens, begrenzt durch die Höhe der Schecksumme, verpflichtet. Bei Barauszahlung an den rechtmäßigen Inhaber werden im allgemeinen weder dieser noch der Aussteller geschädigt sein. Streitig ist, ob Art. 39 IV ScheckG ein Verschulden voraussetzt oder ob der Bezogene den Schaden unabhängig von einem Verschulden ersetzen muß[55]. Der Streit um die verschuldensunabhängige Risikohaftung verliert an praktischer Bedeutung, wenn man bedenkt, daß kaum Fälle vorstellbar sind, in denen die Nichtbeachtung des Barzahlungsverbots nicht schuldhaft ist.

2. *Widerruf des Schecks*

Fall 57: *A* bezahlt die ihm am 8.4. von *C* gelieferte Ware mit einem Scheck. Als er am 10.4. Mängel an der Kaufsache feststellt, teilt er sofort telefonisch seiner Bank mit, er sperre den Scheck. Am 12.4. legt *C* den Scheck der Bank zur Zahlung vor. Darf die Bank, bei der *A* über ein ausreichendes Guthaben verfügt, den Scheck einlösen?

246 Mit der Ausstellung des Schecks hat *A* seiner Bank die Anweisung erteilt, dem Schecknehmer die genannte Summe aus seinem Guthaben auszubezahlen. Diese Anweisung (im Deckungsverhältnis) könnte er in seinem Telefonat widerrufen haben (Schecksperre). Gemäß Art. 32 I ScheckG ist ein Widerruf des Schecks erst nach Ablauf der Vorlegungsfrist wirksam. Im vorliegenden Fall hat *A* den Widerruf vor Ablauf der achttägigen Vorlegungsfrist erklärt. Da der Scheckinhaber keinen Zahlungsanspruch gegen die bezogene Bank hat, steht es jedoch der Bank frei, den Wunsch ihres Kunden zu respektieren und die Auszahlung zu verweigern. Das haben die Banken in der Vergangenheit ihren Kunden teilweise i.S. einer Verpflichtung zugesagt, teilweise auch ohne ausdrückliche Zusage praktiziert, obwohl nach der früheren Regelung in Nr. 10 S. 1 ScheckB die Banken nicht verpflichtet waren, eine Schecksperre vor Ablauf der Vorlegungsfrist zu beachten. Die Wirksamkeit einer verbindlichen Zusage war streitig[56]. Jedenfalls hat aber die Bankpraxis durch regelmäßige Beachtung des vorzeitigen Widerrufs eine entsprechende Verkehrssitte bzw. einen Handelsbrauch geschaffen, auf den die Kunden vertrauen dürfen[57].

[54] In diesem Fall könnte freilich die Bank wegen Verletzung ihrer Prüfungspflicht schadensersatzpflichtig sein, *BGH*, WM 1974, 1040; NJW 1988, 911.

[55] Vgl. hierzu *Baumbach/Hefermehl*, Art. 39 Rdnr. 7; *Bülow*, Art. 39 Rdnr. 12; *Hueck/Canaris*, § 20 III 2. Gegen das Verschuldenserfordernis sprechen der Wortlaut und die (für die Verschuldenshaftung) systemwidrige Haftungsbegrenzung; dafür der allgemeine Grundsatz, daß eine Ersatzpflicht nur bei Verschulden eintritt. Der *BGH* hat die Frage offengelassen, *BGHZ* 26, 268 (271).

[56] Bejahend *BGHZ* 35, 217; *Baumbach/Hefermehl*, Art. 32 Rdnr. 2; verneinend *Zöllner*, § 26 VI 3.

[57] *BGHZ* 104, 374 (381); krit. *Ahlers* NJW 1990, 1149 ff. Die entgegenstehende Regelung in Nr. 10 S. 1 ScheckB a.F. ist wegen Verstoßes gegen § 9 AGBG unwirksam, *BGHZ* 104, 374, (382). Inzwischen setzt Nr. 10 ScheckB lediglich voraus, daß der Widerruf der kontoführenden

3. *Rückgriff*

247 Materielle Voraussetzung des Rückgriffs ist, daß der Scheck rechtzeitig vorgelegt und nicht eingelöst wurde (Art. 40, 55 – 57 ScheckG). Als formelle Voraussetzung ist die förmliche Feststellung der Zahlungsverweigerung erforderlich. Wie beim Wechsel kann dies durch eine Protesterhebung (Art. 40 Nr. 1, 41, 55 ScheckG) geschehen. Es genügt jedoch nach Art. 40 Nr. 2 ScheckG die schriftliche *datierte* Erklärung des Bezogenen auf dem Scheck, die den Tag der Vorlegung angibt[58], oder nach Nr. 3 eine datierte Erklärung der Verrechnungsstelle, daß der Scheck rechtzeitig eingeliefert und nicht bezahlt wurde. Möglich ist auch hier ein Erlaß des Protests oder der gleichlautenden Feststellungen nach Art. 43 ScheckG.

Rückgriffsschuldner sind der Aussteller (Art. 12, 40 ScheckG), der seine Haftung nicht ausschließen kann, der Indossant nach Art. 18, 40 ScheckG und der Scheckbürge (Art. 27, 40 ScheckG). Die Rückgriffsschuldner haften als Gesamtschuldner; der Scheckinhaber kann Sprungregreß nehmen, vgl. im einzelnen Art. 44 ScheckG, der völlig mit Art. 47 WG übereinstimmt. Der Rückgriffsanspruch des Scheckinhabers geht auf Zahlung der Schecksumme, der Zinsen, der Auslagen und der Vergütung (Art. 45 ScheckG). Der einlösende Rückgriffsschuldner kann von seinen Vormännern den von ihm gezahlten Betrag zuzüglich Zinsen, Auslagen und Vergütung verlangen, Art. 46 ScheckG. Die Rückgriffsansprüche verjähren in sechs Monaten nach Art. 56 ScheckG. Nach Eintritt der Verjährung bleibt der Aussteller dem Scheckinhaber insoweit verpflichtet, als er sich mit dessen Schaden bereichern würde, Art. 58 ScheckG.

IV. Die Scheckkarte

248 Während bei einem gewöhnlichen Scheck der Inhaber nur einen (durch die Nichteinlösung bedingten) Rückgriffsanspruch gegen den Aussteller hat, wird ihm bei einem eurocheque die Einlösung durch die Bank bis zu einem bestimmten Höchstbetrag garantiert. Die Garantiehaftung ist strikt (1); Einwendungen der versprechenden Bank sind grundsätzlich ausgeschlossen (2).

1. *Einlösungsgarantie*

Die Einlösungsgarantie der Kreditinstitute ist nicht scheckrechtlicher, sondern bürgerlichrechtlicher Natur. Die Scheckkarte ist damit ein anschauliches Beispiel für die enge Verbindung von Wertpapierrecht und Bürgerlichem Recht.

a) Wirtschaftliche Bedeutung und Funktion

249 Wegen des Akzeptverbots (Art. 4 ScheckG) erhält ein Schecknehmer gegen die bezogene Bank keinen Anspruch, sondern nur eine tatsächliche Aussicht, daß die Bank die im Scheck enthaltene Anweisung befolgen und den Scheckbetrag auszah-

---

Stelle so rechtzeitig zugeht, daß seine Berücksichtigung im Rahmen des ordnungsgemäßen Geschäftsablaufs möglich ist.

[58] Vgl. *BGHZ* 107, 111 sowie OLG *Stuttgart,* NJW 1990, 3279.

len wird. Das den Schecknehmer treffende Risiko der fehlenden Kontodeckung stand einer Verbreitung des „normalen" Schecks als Zahlungsmittel im Wege. Um das (berechtigte) Mißtrauen des Geschäftsverkehrs gegen Schecks abzubauen, führten die Kreditinstitute im Jahre 1968 die Scheckkarte ein[59]. Durch sie erhält der Schecknehmer unter bestimmten Voraussetzungen eine Zahlungsgarantie bis zum Höchstbetrag von (derzeit) 400 DM.

Die Einführung der Scheckkarte hat zu einer erheblichen Ausweitung des Scheckverkehrs geführt. Das Scheckkartensystem ist in allen westeuropäischen Ländern verbreitet; Karten und Formulare sind als eurocheque-Karten (ec-Karten) und als eurocheques (ec-Schecks) vereinheitlicht. Die Hingabe eines ec-Schecks kommt heute einer Zahlung mit Bargeld gleich. Neuerdings kann die ec-Karte in Verbindung mit einer persönlichen Geheimzahl auch zur Abhebung von Geldbeträgen an ec-Geldautomaten verwendet werden[60].

b) Rechtliche Einordnung

Fall 58: Zur Bezahlung einer Kaufpreisschuld stellt *A* einen Euroscheck über 600 DM aus, versieht ihn auf der Rückseite mit der Scheckkartennummer und übersendet ihn per Post an den Verkäufer *C*. Kann *C* darauf vertrauen, daß der Scheck von der *B*-Bank eingelöst wird?

250 Ein scheckrechtlicher Anspruch gegen *B* besteht wegen Art. 4 ScheckG nicht. Die Bank könnte sich jedoch vertraglich zur Einlösung des Schecks verpflichtet haben. Sie hat mit der Ausgabe der Scheckkarte an *A* eine „Garantieerklärung" verbunden. Die (früher auf der Rückseite jeder eurocheque-Karte abgedruckte) Garantie hat folgenden Wortlaut:

Garantie: Für in Europa und in den an das Mittelmeer grenzenden Staaten ausgestellte Schecks bis 400 DM oder bis zu dem in dem jeweiligen Land geltenden ec-Garantiehöchstbetrag. Es müssen übereinstimmen: Name des Kreditinstituts, Unterschrift, Konto- und Karten – Nr. auf ec-Scheck und eurocheque-Karte.

Garantiefrist ab Ausstellungsdatum: Inlandsscheck 8 Tage, Auslandsscheck 20 Tage; Einreichung bei einem inländischen Geldinstitut oder der Deutschen eurocheque-Zentrale genügt.

Einig ist man sich darüber, daß das Einlösungsversprechen keine unzulässige Umgehung des Akzeptverbots darstellt[61]. Denn die Bank haftet aus diesem Versprechen nicht scheckmäßig, sondern allein aufgrund einer bürgerlichrechtlichen Verpflichtungserklärung. Streit besteht jedoch darüber, wie die Einlösungsverpflichtung der Bank rechtlich zu qualifizieren ist und wie und wann sie zustandekommt. Die Streitfragen können zwar nicht als unerheblich abgetan werden, große praktische Bedeutung kommt ihnen indes nicht zu. Deshalb wird hier auf eine ausführliche Darstellung der einzelnen Theorien verzichtet. Nach h.M. beruht die Einlösungspflicht des bezogenen Kreditinstituts auf einem zwischen der Bank und dem Schecknehmer geschlossenen

---

[59] Mit Wirkung vom 1.1.1972 wurden verbindliche einheitliche Scheckvordrucke und Karten eingeführt. Seit Anfang 1989 gibt es neu gestaltete Karten und Vordrucke. Im Rechtsverhältnis zwischen Aussteller und Kreditinstitut gelten nunmehr die „Bedingungen für den ec-Service" (abgedruckt bei *Baumbach/Hefermehl,* S. 684; kommentiert bei *Bülow*, S. 751 ff.

[60] Näheres ist ebenfalls in den „Bedingungen für den ec-Service" geregelt, vgl. insbesondere Nrn. 4., 7. und 9.

[61] *BGHZ* 64, 79 (81).

Garantievertrag[62]. Der Erfolg, für den die Bank einzustehen verspricht, ist die Bezahlung des Scheckbetrages, zu der sich die Bank schlechthin verpflichtet, also auch für den Fall, daß der Scheck nicht gedeckt ist oder von dem Aussteller gesperrt wird. Dieser Garantievertrag kommt zwischen dem Kreditinstitut und dem Schecknehmer durch Vermittlung des Scheckausstellers zustande[63].

Wie die „Vermittlungstätigkeit" des Ausstellers rechtlich einzuordnen ist, ist wiederum streitig. Für ein Auftreten als (Übermittlungs-) Bote[64] spricht, daß der Inhalt der Garantie durch die Bedingungen festgelegt ist. Diese Bindung schließt jedoch die weitergehende rechtliche Konstruktion des Handelns als Stellvertreter nicht aus. Es hängt vom Willen des Scheckausstellers ab, ob überhaupt ein Garantievertrag geschlossen wird und in welcher Höhe im Rahmen der Summenbegrenzung er zustandekommt. Wegen dieses weiten Spielraums, der die Wahl des Garantiegläubigers einschließt, ist der Scheckaussteller mit der h.M. nicht als Bote, sondern als Vertreter der Bank anzusehen[65].

251 Die Garantiehaftung der Bank kommt unter folgenden Voraussetzungen zustande: Es muß ein formgültiger Scheck vorliegen, wovon im *Fall 58* ausgegangen werden soll. Da die Bank nur dem Schecknehmer die Zahlung garantiert, muß dieser materiell Berechtigter, d.h. Eigentümer des Schecks sein[66]. *C* hat das Eigentum am Scheck mit der Übersendung durch A nach § 929 BGB erlangt. Darüber hinaus müssen die besonderen Bedingungen des Scheckkartenverfahrens eingehalten sein. Dazu gehört nicht die Vorlage der Scheckkarte bei Ausstellung oder Übergabe des Schecks[67]. Daher kam im vorliegenden Fall durch die Zusendung des ec-Schecks auch ohne gleichzeitige Vorlage der Scheckkarte ein Garantievertrag zwischen der *B*-Bank und *C* zustande. Die Bank haftet allerdings nur bis zur Höhe von 400 DM. Bezüglich des übersteigenden Betrages besteht für *B* keine Einlösungspflicht, denn insoweit hat sie keine Garantie übernommen.

Fall 58 a: C übereignet den ihm zugesandten Scheck zur Begleichung einer Forderung wirksam an *D*. Kann sich auch *D* auf die Einlösungsgarantie berufen?

---

62 *BGHZ* 64, 79 (81); 83, 28; *Baumbach/Hefermehl,* Anh. Art. 4 Rdnr. 3; *Bülow,* Art. 4 Rdnr. 10; *Hueck/Canaris,* § 21 II 2; *Brox,* Rdnr. 683; a.A. *Zöllner,* § 26 IV 1 b und DB 1968, 559, der ein abstraktes Zahlungsversprechen gem. § 780 BGB annimmt.

63 Der Vertrag entsteht bei der Begebung des mit der Scheckkartennummer versehenen ec-Schecks durch den Aussteller (*Baumbach/Hefermehl,* Anh. Art. 4 Rdnr. 7; *Gursky,* S. 131). Gegen die Auffassung von *Zöllner,* § 26 IV 1 c und *Bülow,* Art. 4 Rdnr. 15, wonach der Vertrag mit der Ausgabe der Scheckkarte durch die Bank an den Kunden (Vertrag zugunsten Dritter) zustandekommt, spricht, daß die Höhe der Forderung des Dritten bei Abschluß des Scheckkartenvertrages noch nicht feststeht. Außerdem wäre der Erwerber nach § 334 BGB sämtlichen Einwendungen aus dem Deckungsverhältnis der Bank zum Aussteller ausgesetzt, was dem Zweck der Scheckkarte widerspräche, vgl. dazu unten Rdnr. 254.

64 So *Zöllner,* § 26 IV 1 c; *Damrau,* BB 1969, 199, 201.

65 *Baumbach/Hefermehl,* Anh. Art. 4 Rdnr. 7; *Hueck/Canaris,* § 21 II 1; *OLG Nürnberg,* NJW 1978, 2513. Als Vertreter muß der Aussteller zumindest beschränkt geschäftsfähig sein, § 165 BGB.

66 Zur Frage, ob sich die Bank auf das fehlende Eigentum des Scheckinhabers berufen kann vgl. Rdnr. 255.

67 *BGHZ* 83, 28 (31); *Bülow,* Art. 4 Rdnr. 23; vgl. jedoch *Fall 60.*

252 Im Gegensatz zum scheckrechtlichen Rückgriffsanspruch gegen den Aussteller geht die bürgerlichrechtliche Garantieforderung gegen die Bank nicht mit dem Sacheigentum auf den Erwerber über. Will der erste Schecknehmer die Garantieforderung auf einen Dritten übertragen, bedarf es einer Abtretung nach § 398 BGB. Diese liegt konkludent in der Übertragung eines Schecks, der die Scheckkartennummer des Ausstellers auf der Rückseite trägt[68].

Fall 58 b: Wie ist die Rechtslage, wenn *D* den Scheck bei *C* entwendet und an den gutgläubigen *E* übereignet hat?

253 Die gegenüber *C* entstandene Garantieverpflichtung der Bank konnte im vorliegenden Fall nicht wirksam auf *E* übertragen werden. *E* hat zwar nach Art. 21 ScheckG Eigentum an dem Scheck erworben. Da der Garantieanspruch nicht wie die Scheckforderung in der Urkunde verbrieft ist, konnte sie nicht mit dem Eigentum an dem Scheck auf *E* übergehen. Eine Abtretung des Garantieanspruchs nach § 398 BGB scheitert an der mangelnden Berechtigung des *D* und an dem Fehlen einer Gutglaubensvorschrift im Zessionsrecht[69]. *E* hat somit nur den scheckrechtlichen Rückgriffsanspruch gegen *A* gemäß Art. 12 ScheckG erworben.

2. *Einwendungen der Bank*

254 Wenn die Zahlung mittels ec-Scheck, wie propagiert, wirtschaftlich möglichst einer Barzahlung gleichstehen soll, dürfen der Bank Einwendungen gegen ihre Inanspruchnahme aus dem Garantievertrag nur in einem sehr beschränkten Umfang zustehen. In jedem Fall geltend machen kann die Bank die Formungültigkeit des Schecks und die Nichteinhaltung der Garantiebedingungen, z.B. die fehlende Angabe der Scheckkartennummer auf der Rückseite des Schecks. Dagegen widerspräche es dem Zweck der Scheckkarte, wenn die Bank dem Scheckinhaber Einwendungen entgegensetzen könnte, die ihr aus dem Deckungsverhältnis zum Aussteller zustehen. Die Einlösungsverpflichtung wird weder durch die Nichtigkeit des Scheck- (Karten-) vertrages zwischen Kreditinstitut und Aussteller noch durch einen Widerruf bzw. eine Sperre des ec-Schecks berührt (vgl. auch Nr. 6.1 der Bedingungen für den ec-Service). Insbesondere kann die Bank nicht den Einwand der fehlenden Deckung des Ausstellerkontos erheben. Die Einführung der Scheckkarte sollte den Schecknehmer gerade von diesem Risiko befreien. Auch Einwendungen aus dem Valutaverhältnis, d.h. aus den Kausalbeziehungen zwischen Aussteller und Schecknehmer sind der Bank grundsätzlich abgeschnitten[70]. Dies folgt nicht nur aus dem Zweck der Scheckkarte,

---

[68] *Baumbach/Hefermehl*, Anh. Art. 4 Rdnr. 9; *Bülow*, Art. 4 Rdnr. 31; *Sedatis*, Rdnr. 287.

[69] Anders wäre zu entscheiden, wenn der Dieb auf einem gestohlenen Vordruck die Unterschrift des Ausstellers fälscht und mit diesem gefälschten Scheck unter Vorlage der Scheckkarte zahlt, vgl. *Fall 60*.

[70] Eine Ausnahme gilt bei Gesetzes- oder Sittenwidrigkeit des Kausalgeschäfts. Soweit der Anspruch des Scheckinhabers nicht schon daran scheitert, daß er wegen Nichtigkeit des Begebungsvertrages kein Eigentum an der Scheckurkunde erlangt hat, kann die Bank in diesen (Ausnahme-)Fällen den Einwand des Rechtsmißbrauchs erheben, da sie nicht über den Umweg

sondern schon aus dem allgemeinen Grundsatz der Unzulässigkeit von Einwendungen aus einer Drittbeziehung (exceptio ex iure tertii)[71].

Da die Haftung der Bank unabhängig davon ist, ob der Schecknehmer den Aussteller im Regreßwege in Anspruch nehmen kann, darf sich die Bank auch nicht auf das Fehlen einer Verpflichtung des Ausstellers berufen. Streitig ist, ob die Bank einwenden kann, der Scheckinhaber sei nicht Eigentümer des Schecks.

> *Beispiel*: Zur Sicherung eines wucherischen Darlehens (§ 138 II BGB) übergibt *A* seinem Gläubiger *C* mehrere auf die *B*-Bank gezogene vordatierte ec-Schecks über je 400 DM.

255 Bei Wucher sind der Darlehensvertrag und die Scheckbegebungsverträge nichtig[72]. Der (erste) Schecknehmer erlangt deshalb kein Eigentum an dem Scheck. Nach h.M. kann dies die Bank dem Schecknehmer entgegenhalten[73]. Denn das Scheckkartensystem soll den Schecknehmer nur von den Risiken entlasten, die sich für ihn aus dem Akzeptverbot bei einem gewöhnlichen Scheck ergeben. Für eine Besserstellung durch Zubilligung eines Garantieanspruchs unabhängig von der materiellen Berechtigung besteht kein Grund. Die Garantie wird nur dem materiell berechtigten Schecknehmer gewährt.

256 Trotz des generellen Ausschlusses von Einwendungen aus dem Deckungsverhältnis kann das Kreditinstitut im Einzelfall die Einlösung eines ec-Schecks verweigern, wenn ein evidenter Mißbrauch der Vertretungsmacht durch den Aussteller vorliegt oder wenn die Geltendmachung des Garantieanspruch durch den Scheckinhaber eine unzulässige Rechtsausübung darstellt.

Fall 59: A, der sich bei seiner Bank vergeblich um einen Kredit bemüht hat, erhält von *C* ein Darlehen über 4000 DM. Zur Sicherung des Darlehens gibt *A* dem *C* unter Vorlage der Scheckkarte zehn vordatierte ec-Schecks über je 400 DM. Als *C* die Schecks der bezogenen *B*-Bank vorlegt, verweigert diese die Einlösung mit der Begründung, daß das Konto des *A* keine Deckung aufweise. Kann *C* von *B* Zahlung verlangen?

Da die Bedingungen für die Scheckkartengarantie eingehalten sind und sich die Bank auf fehlende Deckung nach dem Sinn der Scheckkartengarantie gerade nicht berufen kann, scheinen die Voraussetzungen für eine Haftung der *B* aus dem Garantievertrag vorzuliegen. Daß die Schecks vordatiert sind, schadet in diesem Zusammenhang nicht; die Scheckkartengarantie gilt auch für vordatierte Schecks[74]. Dem Schecknehmer obliegt auch keine Prüfungspflicht im Hinblick auf die Deckung[75]. Das Zahlungsverlangen des *C* könnte jedoch rechtsmißbräuchlich sein. Ob der Scheckinhaber schon rechtsmißbräuchlich handelt, wenn er sich in positiver Kenntnis der fehlenden

---

der Scheckkarte zur Mitwirkung an einem gesetz- oder sittenwidrigen Geschäft gezwungen werden darf, *BGH*, NJW 1990, 384, 385; *Baumbach/Hefermehl*, Anh. Art. 4 Rdnr. 21; *Hueck/Canaris*, § 21 II 3 b.

[71] *Hueck/Canaris*, § 21 II 3 b; *Sedatis*, Rdnr. 294.

[72] *RGZ* 162, 306; *BGH*, NJW 1990, 384; *Baumbach/Hefermehl*, Art. 17 WG Rdnr. 49 (für die gleichgelagerte Problematik beim Wechsel).

[73] *BGH*, NJW 1990, 384, 385; *Baumbach/Hefermehl*, Anh. Art. 4 Rdnr. 18; *Canaris*, Bankvertragsrecht, Rdnr. 837; *Bülow*, Art. 4 Rdnr. 19.

[74] *BGHZ* 64, 79 (82).

[75] *Baumbach/Hefermehl*, Anh. Art. 4 Rdnr. 19.

Deckung einen ec-Scheck geben läßt, ist fraglich[76]. Im vorliegenden Fall konnte *C* jedoch erkennen, daß *A* in zweckwidriger Weise die Schecks nicht als Zahlungsmittel, sondern zur Absicherung eines Kredits verwendet. Er muß sich dann den Einwand der unzulässigen Rechtsausübung entgegenhalten lassen, wenn er sich gleichwohl auf die Einlösungsgarantie beruft[77].

3. Rechtslage bei Fälschung von ec-Schecks

257 Obwohl Haftungsfragen bei Mißbrauch von eurocheque-Formularen und Scheckkarten insbesondere nach der Urlaubszeit gehäuft auftreten, herrscht in diesem Bereich erstaunlich wenig Rechtsklarheit.

Fall 60: D erbeutet bei einem Einbruch bei *A* Scheckformulare und die Scheckkarte. Er kauft bei *C* Waren im Wert von 380 DM und bezahlt unter Vorlage der Scheckkarte mit einem ec-Scheck, den er ordnungsgemäß ausfüllt, wobei er die Unterschrift des *A* täuschend echt nachmacht. Als *C* den Scheck bei der Bank vorlegt, verweigert diese die Einlösung, weil *A* sie inzwischen telefonisch von dem Diebstahl unterrichtet hat.
Kann *C* von der Bank Zahlung verlangen?

Fall 60 a: Kann die Bank das Konto des *A* belasten, wenn sie den Betrag an *C* ausgezahlt hat?

Der Schecknehmer *C*, der gutgläubig nach Art. 21 ScheckG das Eigentum am gestohlenen und gefälschten Scheck erlangt hat und somit materiell Berechtigter ist, könnte einen Anspruch aus Garantievertrag gegen die Bank habe. Da jedoch der Dieb *D* die Bank nicht wirksam vertreten konnte, ist ein Garantievertrag zwischen der Bank und *C* nicht zustandegekommen. Die Bank könnte indes nach Rechtsschein grundsätzen haften. Zwar trägt das Risiko gefälschter Unterschriften im Wertpapierrecht grundsätzlich der Erwerber[78]. Beim ec-Scheck besteht jedoch die Besonderheit, daß ein Rechtsschein für den Schecknehmer nicht durch die Unterschrift als solche, sondern durch deren Übereinstimmung mit der Unterschrift auf der Scheckkarte entsteht. Nach den „Bedingungen für den ec-Service" (Nr. 6.3) besteht eine Einlösungsverpflichtung der Bank auch bei einem gefälschten Scheck, wenn die Garantiebedingungen erfüllt und die Unterschrift auf dem eurocheque-Vordruck „nach ihrem äußeren Gesamtbild den Eindruck der Echtheit" erweckt. Durch die Ausgabe der Scheckkarte hat die Bank eine Vertrauensgrundlage geschaffen, die es rechtfertigt, ihr das Fälschungsrisiko zuzurechnen, vorausgesetzt, der Nichtberechtigte hat sich durch Vorlage der Scheckkarte als Vertreter der Bank legitimiert[79]. *C* kann somit von der Bank Zahlung verlangen.

---

[76] Bejahend *BGHZ* 83, 28 (33); *Hueck/Canaris,* § 21 II 3 a; *Sedatis,* Rdnr. 297.

[77] *BGHZ* 64, 79 (84); *Baumbach/Hefermehl,* Anh. Art. 4 Rdnr. 20; *Hueck/Canaris,* § 21 II 3 a.

[78] Vgl. 2. Teil Rdnr. 118.

[79] *BGHZ* 83, 28. Zu den einzelnen Begründungsmöglichkeiten *Baumbach/Hefermehl,* Anh. Art. 4 Rdnr. 16.

258 Die Frage, ob die Bank nach Einlösung des gefälschten Schecks das Konto des Kunden belasten kann (*Fall 60 a*), wird von der h.M. im Ergebnis bejaht[80], obwohl eine zum Aufwendungsersatz nach §§ 675, 670 BGB führende Anweisung des Kontoinhabers fehlt. Während die bis Ende 1988 geltenden „Bedingungen für eurocheque Karten" in Nr. 7 S. 2 dem Kontoinhaber „alle Folgen und Nachteile des Abhandenkommens, der mißbräuchlichen Verwendung, der Fälschung und der Verfälschung der eurocheque-Karte oder der ec-Vordrucke" aufgebürdet haben[81], sehen die neuen Bedingungen vor, daß das Kreditinstitut unter bestimmten Voraussetzungen 90% aller „aus der mißbräuchlichen Verwendung der ec-Karte in Verbindung mit eurocheque-Vordrucken entstandenen Schäden" übernimmt[82].

---

80 *OLG Frankfurt,* NJW 1990, 1184; eingehend zu diesem Problem *Reifner,* NJW 1987, 630 ff.

81 Die Problematik war durch das Eingreifen einer Scheckkartenversicherung etwas entschärft, die die Banken zum Schutz ihrer Kunden abgeschlossen hatten. Danach wurde der Kunde nur mit 10% der Schadenssumme, höchstens 750 DM belastet.

82 In diesem Punkt (Nr. 9) sind die „Sonderbedingungen" der Kreditinstitute nicht einheitlich; Darstellung bei *Baumbach/Hefermehl,* Anh. Art. 4 Rdnrn. 28-35.

4. Teil: Die handelsrechtlichen Orderpapiere

259 Anders als Wechsel und Scheck sind die kaufmännischen Orderpapiere des § 363 HGB dem Handelsverkehr vorbehalten. Nichtkaufleute können sie nicht ausstellen. § 363 HGB nennt insgesamt sechs Wertpapiere, nämlich kaufmännische Anweisung, Verpflichtungsschein, Konnossement, Ladeschein, Lagerschein und Transportversicherungspolice[1]. Sie können durch Indossament übertragen werden, wenn sie an Order lauten, also eine positive Orderklausel enthalten (sog. gekorene Orderpapiere). Fehlt der Ordervermerk, so handelt es sich um Rektapapiere, soweit sie nicht auf den Inhaber gestellt sind. Gemeinsam ist ihnen das Ziel, den *Warenumsatz* der Kaufleute zu erleichtern. Zu diesem Zweck sieht § 363 II HGB die Ausstellung von **lager- und frachtrechtlichen Urkunden** vor, die **sowohl Wertpapiere (I) als auch Traditionspapiere** (II) sind.

I. Die Urkunden des § 363 II HGB als Wertpapiere

Die Besonderheit dieser Wertpapiere besteht darin, daß sie nicht einen Rechtsanspruch auf Geldzahlung oder Lieferung von vertretbaren Sachen schlechthin, sondern den (aus dem kausalen Lager- bzw. Frachtvertrag stammenden[2]) Anspruch auf Herausgabe von eingelagerten bzw. transportierten Gütern verkörpern[3]. Dadurch soll die Verkehrsfähigkeit dieses Anspruchs und damit zugleich der Ware gesteigert werden.

Bei der rechtlichen Beurteilung ist (wie schon beim Wechsel vgl. 1. Teil Rdnrn. 72 ff.) danach zu unterscheiden, ob der erste Papiernehmer auch Partei des Kausalgeschäfts ist (so i.d.R. beim Lagerschein), oder ob es sich dabei um verschiedene Personen handelt (wie regelmäßig beim Ladeschein und beim Konnossement).

1. Lagerschein

260 Beim Lagergeschäft wird auf Verlangen des Einlagerers über das eingelagerte Gut eine deklaratorische Bescheinigung, und zwar als Rekta-, Inhaber- oder Orderpapier (letzteres ist nur bei staatlicher Ermächtigung möglich[4]) ausgestellt. Da der

---

[1] Kaufmännische Anweisung, Verpflichtungsschein und Transportversicherungspolice spielen in der Praxis nur eine untergeordnete Rolle. Sie bleiben daher im folgenden weitgehend außer Betracht.

[2] Deshalb handelt es sich um kausale Wertpapiere, vgl. 1. Teil Rdnr. 53, terminologisch anders freilich, wer „kausal" als einwendungsabhängig versteht, so *Hueck/Canaris,* § 22 I 3 b, 4.

[3] Die Versicherungspolice enthält das Versprechen der Zahlung der Versicherungssumme aus dem Versicherungsvertrag.

[4] Einzelheiten regelt die VO über Orderlagerscheine v. 16.12.1931. RGBl I 763 (OLSchVO).

Lagerschein nur den Anspruch aus dem Lagervertrag (Verwahrungsvertrag) verbrieft[5], bedarf es zur Rechtsentstehung nicht eines (obligatorischen) Begebungsvertrages. Der bei einem Inhaber- oder Orderlagerschein erforderliche Begebungsvertrag des Ausstellers (Lagerhalters) mit dem Einlagerer hat daher nur dingliche Wirkung (Übereignung der Urkunde). Daß der Lagerschein nur deklaratorisches Wertpapier ist, hat insbesondere Folgen für die Einwendungen des Herausgabeschuldners.

Fall 61: Der (staatlich dazu ermächtigte) Lagerhalter *B* hat dem Einlagerer *A* bzw. an dessen Order einen Lagerschein über 100 Sack Kaffee ausgestellt. Als der Indossatar *C* unter Vorlage des Papiers (§ 364 III HGB) Herausgabe von *B* verlangt, macht dieser geltend:
(1) der Lagervertrag der *A* sei unwirksam, der verbriefte vertragliche Anspruch auf Herausgabe bestehe nicht;
(2) er habe noch Lagergeld aus früheren Geschäften mit *A* zu bekommen, weshalb er sich auf ein Zurückbehaltungsrecht (§§ 273 BGB, 369 HGB) berufe;
(3) das eingelagerte Gut sei aus der Lagerhalle gestohlen worden oder einem Großbrand zum Opfer gefallen.

Der Lagerverwalter *B* kann die Herausgabe nicht mit der Einwendung *(1)* verweigern, der in der Urkunde verbriefte Vertragsanspruch sei wegen Unwirksamkeit des Lagervertrags nicht entstanden. Vielmehr ist *B* auf jeden Fall kraft Gesetzes Herausgabeschuldner, entweder aus § 812 I 1 Alt. 1 (Besitzkondiktion) oder nach §§ 677, 681, 667 bzw. 985 BGB (wenn der Einlagerer Sacheigentümer oder zumindest Anwartschaftsberechtigter ist). Diese (Ersatz-) Herausgabeansprüche werden ebenfalls in der Urkunde verbrieft, so daß *C* in jedem Falle mit der Übereignung der Urkunde einen Herausgabeanspruch gegen *B* erwirbt, ohne daß es eines gutgläubigen Erwerbs bedarf. Ein gutgläubiger Erwerb nach den Grundsätzen der Rechtsscheintheorie wäre bei einem bloß deklaratorischen Wertpapier wie dem Lagerschein ohnehin nicht möglich[6].

Anders verhält es sich bei der Einrede *(2)* des *B*. Aus der Verbriefung des schuldrechtlichen Herausgabeanspruchs folgt mit Selbstverständlichkeit, daß *B* alle Einreden (auch dilatorische) aus dem Lagervertrag geltend machen kann, wenn der Vertragspartner und erste Papiernehmer (*A*) die Urkunde vorlegt. Denn jede (auch eine vorübergehende) Störung des Austauschzwecks betrifft unmittelbar die verbriefte Forderung selbst (Situation der Einwendungsabhängigkeit)[7]. Dem Rechtsnachfolger *C* gegenüber versagen wegen der *gesetzlichen* Regelung des § 364 II HGB die persönlichen Einreden des *B*, weil danach (anders als nach § 404 BGB) eine Erstreckung von Einreden nicht vorgesehen ist. Demnach kann *B* im *Fall 62 (2)* ein Zurückbehaltungsrecht nicht geltend machen. Anerkannt ist jedoch, daß Art. 17 WG trotz fehlender Verweisung in § 365 HGB analog anzuwenden ist. Deshalb wirken persönliche Einreden auch gegen den dolosen Rechtserwerber.

---

[5] Es handelt sich daher um ein deklaratorisches Wertpapier. Der verbriefte Herausgabeanspruch ist hier nur Abwicklungsanspruch, während beim Ladeschein (Konnossement) die Ablieferung zu den vertraglich übernommenen Hauptpflichten gehört.

[6] Mangels obligatorischen Begebungsvertrages kann bei deklaratorischen Wertpapieren die Rechtsscheintheorie keine Anwendung finden, weil hier die Unterschrift auf der Urkunde den Rechtsschein einer wirksamen Verpflichtung nicht schafft.

[7] Diese Lage versucht der *BGH* auch bei Wechsel- und Scheckhingabe unter Berufung auf die Erfüllungszweckvereinbarung herzustellen, vgl. 2. Teil *Fall 28*.

Das gilt freilich nur für den Order- und Inhaberlagerschein, nicht jedoch für den Rektalagerschein; hier erfolgt die Rechtsübertragung durch Abtretung des verbrieften Anspruchs, es gelten daher §§ 398, 404 BGB.

261 Durch Aufnahme in die Urkunde bleiben Einreden jedem Papiergläubiger gegenüber bestehen. Ein Verbot der skripturmäßigen Beschränkung des Wertpapieranspruchs (wie im Wechselrecht, vgl. 2. Teil Rdnr. 190) besteht hier nicht. Ohnehin kann der Schuldner jedem Papiergläubiger die Unmöglichkeit der Herausgabe entgegenhalten, wenn er nicht mehr im Besitz der (gestohlenen bzw. untergegangenen) Sache ist, § 275 BGB. Im *Fall 61 (3)* ist *B* damit von seiner Primärverpflichtung freigeworden. § 417 i. V. mit § 390 HGB stellen *B* auch von der Sekundärverpflichtung frei, wenn der Verlust (die Beschädigung) auf Umständen beruht, die durch die Sorgfalt eines ordentlichen Lagerhalters nicht abgewendet werden können[8]. Solche „typusbedingten" Einwendungen[9] ergeben sich typischerweise aus der Rechtsnatur des Lagervertrags, mit ihrem Bestehen muß jeder Papierinhaber schon aufgrund des Inhalts der Urkunde rechnen. Der Sache nach handelt es sich um inhaltliche (urkundliche) Einwendungen i.S. des § 364 II HGB.

262 Die deklaratorische Natur des Lagerscheins hat auch Bedeutung im Falle seines Abhandenkommens.

Fall 61 a: *X* hat den an Order des *A* ausgestellten Lagerschein vor Begebung bei *B* gestohlen und nach Fälschung eines Blankoindossaments des *A* dem *C* übertragen. Besteht gleichwohl die im Wertpapier verbriefte Forderung?

Da die im Papier verkörperte Forderung nicht durch einen schuldrechtlichen Begebungsvertrag entsteht, kann *B* die Existenz der Wertpapierforderung nicht bestreiten. *C* ist auch Inhaber der Forderung geworden, weil er gemäß § 365 I HGB i. V. mit Art. 16 II WG gutgläubig das Papiereigentum und damit nach sachenrechtlichen Grundsätzen das (bestehende) Recht erworben hat. Eine andere Frage ist, ob *C* schon mit Übereignung des Papiers das Eigentum an der Ware (vor ihrer Herausgabe durch *B*) erlangt hat (dazu unten Rdnr. 278).

2. *Ladeschein und Konnossement*

263 Im Gegensatz zum Lagerschein betreffen die über bestimmte Rechte aus dem Frachtvertrag ausgestellten Konnossemente und Ladescheine regelmäßig Rechtsverhältnisse zwischen drei Personen. Der Ladeschein verbrieft den Anspruch des Empfängers *(C)* gegen den Frachtführer *(B)* aus dem Frachtvertrag zwischen diesem und dem Absender *(A)* auf Auslieferung der zu Land oder auf Binnengewässern transportierten Güter (§§ 444 ff. HGB, 26, 72 ff. BinnenschiffahrtsG). Im Seefrachtgeschäft wird die entsprechende Urkunde Konnossement[10] genannt, weil der Verfrachter *B* (i.d.R. ein Reeder) darin anerkennt, die genannten Güter vom Ablader *A*

---

[8] Zur Haftung des Lagerhalters vgl. *BGH*, NJW 1992, 367.

[9] Zum Begriff *Canaris*, in Großkomm. HGB, § 364 Rdnr. 33; *Hueck/Canaris*, § 2 VI 1 sowie schon oben 1. Teil Rdnrn. 80 f.

[10] Vom lat. cognoscementum = Anerkenntnis.

übernommen (an Bord genommen) zu haben, und zugleich verspricht, die Ladung an den Empfänger *C* auszuhändigen, §§ 642 ff., 648 HGB.

Im Landfrachtgeschäft sind Ladescheine wegen der relativen kurzen Beförderungsdauer nicht üblich. Dagegen ist die Ladung auf Binnengewässern sowie auf See längere Zeit unterwegs. Der Rechtsverkehr hat deshalb ein Interesse daran, mit Hilfe der verbrieften Herausgabeforderung über die noch schwimmende Ware verfügen zu können. Der Frachtführer/Verfrachter ist aus diesem Grunde zur Ausstellung eines Ladescheins (sog. Binnenkonnossement) bzw. eines Konnossements verpflichtet, das auf Verlangen an Order gestellt werden muß.

Kontrovers wird bereits die Entstehung des verbrieften Rechts beurteilt (a). Von der Entscheidung dieser Frage hängt schließlich auch die Einwendungslage ab (b).

a) Rechtsentstehung

Fall 62: A schuldet *C* Lieferung von 100 t Kohle. Er beauftragt *B* mit dem Transport auf dem Rhein. Auf Verlangen des *B* stellt *A* einen Frachtbrief aus (vgl. § 426 HGB[11]). *B* seinerseits stellt *A* nach Ladung des Gutes einen Ladeschein zugunsten des Empfängers *C* oder an dessen Order aus. Ist damit *C* schon Inhaber des Herausgabeanspruchs und Eigentümer des Ladescheins? Kann *A* den *B* jetzt noch anweisen, die Ladung statt dem *C* einem anderen Gläubiger *(X)* auszuhändigen?

264 Die erste Frage geht dahin, wann der vertragliche Herausgabeanspruch für den *C* entsteht. Sie wird regelmäßig auf das lediglich konstruktive Problem reduziert, ob der (für erforderlich gehaltene) Begebungsvertrag zwischen *A* und *B* oder zwischen *B* und *C* zustandekommt, ob also *A* mit *B* einen Begebungsvertrag zugunsten des *C* schließt oder ob *A* nur Erklärungsbote, nicht Vertragspartner des *B* ist. Indessen ist schon fraglich, ob es zur Rechtsentstehung eines schuldbegründenden Begebungsvertrages überhaupt bedarf, oder ob nicht Ladeschein und Konnossement wie der Lagerschein bloß deklaratorische Wertpapiere sind, die einen außerhalb der Urkunde entstandenen Anspruch des *C* verbriefen.

Aus dem *Frachtvertrag* selbst wird zunächst lediglich *A* berechtigt, von *B* Auslieferung der Ware an *C* am Ablieferungsort zu verlangen; insoweit liegt ein unechter Vertrag zugunsten Dritter zwischen *A* und *B* vor. Bereits mit Abschluß dieses Vertrages stehen *C* die in §§ 433 II, 434, 435 HGB bestimmten Rechte zu; insoweit handelt es sich bei dem Frachtvertrag schon um einen berechtigenden Vertrag zugunsten Dritter, § 328 I BGB. Jedoch bleibt *A* Inhaber des Herausgabeanspruchs und kann jederzeit noch abweichend über das transportierte Gut verfügen, indem er *B* anweist, das Frachtgut (gegen Erstattung der Mehrkosten) an einen anderen als den im Frachtbrief bezeichneten Empfänger *(C)* auszuliefern, § 433 I HGB. Selbst nach Ankunft des Gutes am Ablieferungsort geht u. U. das Weisungsrecht des *A* dem Anspruch des *C* auf Auslieferung vor, § 435 S. 3 i. V. mit § 433 II HGB.

265 Mit Ausstellung und Begebung eines Order-, Inhaber- oder Rektaladescheins erhält dagegen der durch die Urkunde legitimierte Empfänger *C* als Papierinhaber den aus dem Frachtvertrag folgenden (vgl. § 444 HGB) Auslieferungsanspruch. *A*

---

[11] Der Frachtbrief des Absenders verbrieft kein Recht, ist damit kein Wertpapier, nur Beweispapier.

selbst verliert dadurch folgerichtig seine Dispositionsbefugnis über die schwimmende Ware, § 447 II HGB (solange er nicht wieder in den Besitz des Wertpapiers gelangt, § 447 III HGB). Damit hat *C* unmittelbar *alle* Rechte aus dem Frachtvertrag *A* – *B* erworben; er verdankt seine Rechtsstellung insgesamt einem (Fracht-)Vertrag zugunsten Dritter, § 328 I BGB. Im Ergebnis begründen daher Ladeschein und Konnossement einen bisher nicht existenten Anspruch des *C*, sie sind mithin **konstitutive Wertpapiere** (zum Begriff vgl. 1. Teil Rdnr. 56. Zur **Rechtsentstehung bedarf** es somit **eines Begebungsvertrages**, der den Inhalt des Frachtvertrags *A* – *B* bezüglich des Rechtsanspruchs auf Auslieferung zum echten Vertrag zugunsten Dritter („an *C* oder dessen Order") erweitert. Das bestätigt die Annahme der herrschenden Meinung, die den Begebungsvertrag *A* – *B* konstruktiv als berechtigenden Vertrag zugunsten Dritter versteht[12].

266 Diese Konstruktion hat jedoch nicht, wie *Canaris* meint[13], die unausweichliche Konsequenz, daß der Empfänger *(C)* schon vor Aushändigung des Ladescheins durch *A* Gläubiger des *B* und Eigentümer der Urkunde wird. Ein solches Ergebnis widerspräche nicht nur der Interessenlage und dem mutmaßlichen Parteiwillen[14], sondern auch der Gesetzeslage, wonach der Absender *A*, wenn er nur (wieder) im Besitz der Urkunde ist (§ 447 III HGB), den Herausgabeanspruch nicht verloren hat und deshalb weiterhin über die beförderte Sache verfügen kann. Das **Forderungsrecht** für den Gläubiger *C* **entsteht** daher **erst mit** der **Aushändigung der Urkunde** durch *A*, setzt also zu seiner Wirksamkeit neben der Skriptur des *B* und dem Begebungsvertrag zwischen *A* und *B* noch einen weiteren Begebungsvertrag (beim Rektapapier nur die Papierübergabe), nämlich die Übertragung des Papiereigentums von *A* an *C* voraus (vgl. zur entsprechenden Lage bei Begründung des Wechselakzepts an fremde Order 2. Teil Rdnr. 120). Vor Übergabe des Papiers an *C* kann *A* daher weiterhin von seinem Verfügungsrecht nach § 433 I HGB, etwa zugunsten des *X* Gebrauch machen (denn er kann ja *B* das Papier zurückgeben).

Die Mindermeinung (Botentheorie) strebt dasselbe Ergebnis über einen anderen Konstruktionsweg an. Der zur Begründung der Herausgabeforderung des *C* erforderliche Begebungsvertrag soll danach zwischen *B* und *C* unmittelbar zustandekommen, wobei *A* die entsprechende Willenserklärung des *B* als dessen Bote bei Aushändigung der Urkunde übermittelt[15].

b) Einwendungslage

267 • Gültigkeitseinwendungen

Die Botentheorie führt indessen bei der Frage des Ausschlusses von Gültigkeitseinwendungen zu erheblichen Schwierigkeiten, die nur um den Preis der Systemdurchbrechung überwunden werden können.

---

[12] So *BGHZ* 33, 364 (367); a.A. *Hueck/Canaris* § 22 I 3 a m.w. Nachw.
[13] *Canaris,* in: Großkomm. HGB, § 363 Rdnr. 38; *Hueck/Canaris,* § 22 I 3 a.
[14] So *Hueck/Canaris,* § 22 I 3 a.
[15] Zur Kritik schon oben 2. Teil *Fall 24.*

Fall 62 a: A hat im *Fall 62* den *B* zum Abschluß des Frachtvertrags und zur Ausstellung des Ladescheins durch rechtswidrige Drohung bestimmt. *B* ficht seine Erklärungen an. Kann er die Herausgabe der Ware an den Papierinhaber *C* verweigern?

Nach der Botentheorie muß *B* seinen Willensmangel bei Abschluß des Begebungsvertrages gemäß §§ 123 I, 143 II BGB durch Anfechtung gegenüber *C*, nach dem Lösungsansatz der h.M. durch Anfechtung gegenüber *A* geltend machen. Bei Anwendung der Botenkonstruktion stellen sich Mängel des Begebungsvertrages als „unmittelbare" Einwendungen dar, die *B* nach allgemeinen wertpapierrechtlichen Grundsätzen ohne weiteres dem Vertragspartner *(C)* gegenüber geltend machen könnte. Mängel der Begebung könnten auch nicht nach Rechtsscheingrundsätzen geheilt werden, weil *C* als erster Papiernehmer den Begebungsvertrag unmittelbar mit *B* abschließt und schon daher ein wertpapiermäßiger Zweiterwerb (als Voraussetzung für die Anwendung der Rechtscheinlehre) nicht vorliegt. Dieses Ergebnis läuft jedoch den Interessen des Rechtsverkehrs zuwider, wonach Willensmängel auf Seiten des Ausstellers *B* für die Rechtsstellung des *C* unerheblich sein sollen. Daher will *Canaris* entgegen den allgemeinen Grundsätzen ausnahmsweise einen Einwendungsausschluß zulassen[16]. Hier erweist sich schließlich der entscheidende Vorteil der Konstruktion der herrschenden Meinung. Die Rechtsstellung des *C* gleicht der eines verkehrsmäßigen Zweiterwerbers, weil *C* nicht durch Begebungsvertrag vom Verpflichteten *B* selbst erwirbt (vgl. zur Rechtsposition des ersten Nehmers eines akzeptierten Wechsels 2. Teil *Fall 26)*. Wertpapiermäßig legitimiert ist *C* durch seine namentliche Bezeichnung im Ladeschein (so ausdrücklich § 447 I Alt. 1 HGB). Daher kann er ohne weiteres den infolge der Anfechtung des *B* entfallenen vertraglichen Herausgabeanspruch nach Rechtsscheinregeln gutgläubig erwerben, was zu einer Präklusion der Gültigkeitseinwendung des *B* führt[17].

268 • Persönliche Einwendungen

Vom Standpunkt der h.M. aus könnte allenfalls fraglich sein, ob (rechtshemmende) Einreden des Herausgabeschuldners *B* aus dem Inhalt des Frachtvertrags unmittelbar gemäß § 334 BGB gegenüber dem Begünstigten *C* wirken.

---

[16] *Canaris,* in: Großkomm. HGB, § 363 Rdnr. 39; *Hueck/Canaris,* § 22 I 3 a.

[17] Freilich handelt es sich im *Fall 62 a* nur um ein rechtstheoretisches Problem, weil B in jedem Falle die Herausgabe der Ware schuldet, wenn nicht aus dem Frachtvertrag, dann kraft Gesetzes. Praktische Bedeutung erlangt die Gültigkeitseinwendung des Herausgabeschuldners aber etwa dann, wenn der Frachtführer bzw. Verfrachter *B,* über das empfangene Gut zwei Ladescheine (Order- bzw. Inhaberpapiere) ausstellt, wovon der eine als Frachtbrief dienen und bei ihm verbleiben soll, und *A,* dem die Urkunden zur Aufbewahrung überlassen wurden, in betrügerischer Weise beide Papiere dem gutgläubigen *C* aushändigt. Dann entsteht eine Haftung des *B* auch aus dem zweiten Ladeschein, weil der Mangel des Begebungsvertrages durch den zugunsten des Erwerbers *C* sprechenden und dem *B* zurechenbaren Rechtsschein überwunden wird. Ein gutgläubiger Erwerb des Herausgabeanspruchs (und ein daraus folgender Schadensersatzanspruch) scheidet jedoch aus, wenn *B* lediglich einen Rektaladeschein ausgestellt hat. Hier greift die Rechtsscheinlehre nicht ein, vgl. 1. Teil Rdnr. 67 Fußn. 63; richtig daher *RGZ* 87, 388.

Fall 62 b[18]: Im *Fall 62* ist *A* dem *B* noch die Fracht aus früheren Transporten schuldig. *A* verspricht Zahlung dieser Schuld „am Schluß der Entladung". Ein entsprechender Vermerk wird jedoch nicht auf den Ladeschein gesetzt. Als *A* nach Ankunft der Ware am Ablieferungsort keine Anstalten macht, für rechtzeitige Zahlung zu sorgen, verweigert *B* gegenüber dem Papierinhaber *C* die Auslieferung (Löschung). Zu Recht?

Da im Ladeschein (Konnossement) lediglich die kausale (rechtsgrundabhängige) Auslieferungsverpflichtung aus dem Frachtvertrag zwischen *A* und *B* zugunsten des *C* verbrieft ist (§ 444 HGB), müßte an sich § 334 BGB gelten, der im Interesse des Schuldners *B* dessen Einreden aus der Rechtsbeziehung zu *A* auch auf den Begünstigten *C* erstreckt. Demgegenüber ordnet das Gesetz im Interesse der Verkehrsfähigkeit des verbrieften Anspruchs einen einredefreien Rechtserwerb des *C* an. Das ergibt sich für Rektaladeschein und Rektakonnossement aus §§ 446 I, 656 I HGB, 26 BinnenschiffahrtsG, wonach allein die Urkunde für das Herausgabeschuldverhältnis zwischen *B* und *C* entscheidend ist, während für das Rechtsverhältnis zwischen *A* und *B* der Inhalt des Frachtvertrags maßgeblich bleibt. Dies bedeutet, daß schuldrechtliche Bestimmungen und Abreden des Frachtvertrags, die sich nicht aus dem Urkundentext ergeben, dem Empfänger *C* nicht entgegengehalten werden können. Für Orderpapiere ergibt sich dasselbe schon aus § 364 II HGB, der in Formulierung und Regelungsinhalt den §§ 796, 784 I BGB gleicht und im übrigen für die frachtrechtlichen Orderpapiere des § 363 II HGB keine andere Funktion als Art. 17 WG für den Orderwechsel hat (vgl. dazu 2. Teil Rdnr. 130)[19].

269 Der Herausgabeschuldner *B* kann jedoch *Einreden* gegenüber dem Absender (Ablader) *A* durch entsprechenden Urkundenvermerk auf den jeweiligen Papierinhaber erstrecken. In dem Umfang, in dem *B* dabei auf den Frachtvertrag Bezug nimmt, wird die Wertpapierforderung einwendungsabhängig („kausal")[20]. Im Gegensatz zum Wechsel ist ein solcher Skripturvermerk des Papierschuldners nicht ausgeschlossen; § 446 I Halbs. 2 HGB bestätigt das für den (Rekta-)Ladeschein ausdrücklich. Beim Orderlagerschein kann eine in die Urkunde aufgenommene Einrede ebenfalls als „inhaltliche" (urkundliche) Einwendung gem. § 364 II HGB jedem Erwerber entgegengehalten werden[21]. Gleichwohl verliert die Urkunde dadurch nicht die Eigenschaft als Orderpapier; das verbriefte Recht kann nach wie vor nach sachenrechtlichen Regeln durch Verfügung über das Papier übertragen werden.

Ohne spezielle rechtsgeschäftliche Vereinbarung und entsprechenden Vermerk in der Urkunde wirken frachtrechtliche Einwendungen des Schuldners (z. B. zufälliger[22] Untergang der beförderten Sache) als inhaltliche Einwendungen gegen jeden Papier-

[18] Vgl. auch *BGH*, DB 1968, 1809.

[19] Es gilt der Grundsatz, daß Einreden keine Drittwirkung zukommt. Ausnahmsweise kann *B* jedoch Einreden analog Art. 17 WG dem dolosen Erwerber *C* entgegenhalten. Die Anwendung von Art. 17 WG setzt nicht voraus, daß *C* Indossatar ist, vgl. zur entsprechenden Lage beim Wechsel 2. Teil *Fall 28 a.*

[20] Wie *Canaris,* in: Großkomm. HGB, § 363 Rdnr. 46, formuliert (teils „abstrakt" – teils „kausal"). Das darf aber nicht mit rechtsgrund(un)abhängig verwechselt werden; zur Terminologie oben 1. Teil Rdnrn. 77 ff.

[21] Vgl. *BGHZ* 29, 122.

[22] Bei zu vertretender Unmöglichkeit der Sachherausgabe haftet der Schuldner nach §§ 280 BGB, 429, 390 HGB.

inhaber, sog. typusbedingte Einwendungen[23]. Das folgt schon daraus, daß Ladeschein und Konnossement den Anspruch auf Auslieferung gerade der übernommenen Güter und nicht einen Anspruch auf Lieferung von Sachen dieser Art schlechthin verbriefen.

II. Die Traditionsfunktion der handelsrechtlichen Papiere

270 Orderlagerschein sowie Ladeschein und Konnossement (gleichgültig, ob sie an Order lauten oder nicht) sind Traditionspapiere. Nach der gesetzlichen Bestimmung in §§ 424, 450, 650 HGB kommt ihrer Übergabe dieselbe Wirkung wie der Übergabe der eingelagerten bzw. beförderten Ware zu. Der Inhaber des Wertpapiers kann damit auch ohne unmittelbaren Besitz eine Verfügung über das Eigentum an der Ware vornehmen. In jedem Falle ist streng zwischen dem **Eigentum an der Urkunde** und dem **Eigentum an den Gütern** selbst zu **unterscheiden**. Sacheigentum und Papiereigentum müssen jeweils eigenständig übertragen werden. Der Papiereigentümer ist nicht notwendig der Sacheigentümer. Die Übertragung des in einem kaufmännischen Orderpapier[24] verbrieften Auslieferungsanspruchs erfolgt durch Verfügung über das Papier (Übereignung der indossierten Urkunde). Zur Übertragung des Eigentums an dem (eingelagerten bzw. transportierten) Gut bedarf es desweiteren einer Einigung über den Rechtsübergang. Eine Übergabe des Gutes ist nicht erforderlich, sie wird durch Übergabe des Papiers ersetzt. Rechtssystematische Bedeutung (dazu 1) und praktische Auswirkungen (dazu 2) dieser Aussagen sind fraglich.

1. Theorienstreit

271 Die Erklärung der im HGB angeordneten Gleichstellung von Papierübergabe und Besitzverschaffung sowie ihre Einordnung in die sachenrechtlichen Regeln der §§ 929 ff. BGB sind Gegenstand eines ebenso langwährenden wie heftigen Theorienstreits. Zur Darstellung der streitenden Theorien eignet sich am besten eine Lage, bei der die Traditionswirkung nicht zweifelhaft ist.

> *Fall 63*: *A* ist Eigentümer von 100 t Kohlen, die er beim Lagerhalter *B* eingelagert bzw. dem Frachtführer *B* zum Transport übergeben hat. Er hat von *B* einen Orderlagerschein bzw. einen Orderladeschein erhalten. Wie kann *A* jeweils die Ware an *C* übereignen?

Hier könnte der Eigentümer *A* jeweils das Sacheigentum durch Einigung und Abtretung des Herausgabeanspruchs gem. §§ 929, 931, 870, 398 BGB auf *C* übertragen. Dabei vermag *C* jedoch nicht zu erkennen, ob Herausgabeanspruch und mittelbarer Besitz des *A* tatsächlich (noch) bestehen. Außerdem muß *C* befürchten, daß *B* aus seiner relativen Beziehung zu *A* Einreden nicht nur gegen den zedierten schuldrechtlichen Herausgabeanspruch (§ 404 BGB), sondern gemäß § 986 II BGB auch gegen den dinglichen Eigentumsherausgabeanspruch geltend macht. Der Erwerber *(C)* wird

[23] Vgl. dazu *Hueck/Canaris,* § 22 I 3 b, II 1 b.

[24] Bei Vorliegen eines Rektaladescheins (-konnossements) wird die Urkunde nicht übereignet, das Papiereigentum folgt vielmehr dem abgetretenen Auslieferungsanspruch, §§ 398, 952 II BGB.

daher seine Gegenleistung erst erbringen wollen, wenn er endgültige Gewißheit über die Besitzverhältnisse hat, also letztlich erst, wenn *B* ihm die Ware aushändigt. Damit wäre aber der Güterumlauf erheblich beeinträchtigt.

272 Das sollen die §§ 424, 450, 650 HGB vermeiden, indem sie dem Wertpapier eine Ausweisfunktion zuerkennen, die sonst im Sachenrecht dem unmittelbaren Besitz zukommt. Die Übereignung der Ware setzt danach neben der Einigung über den Eigentumsübergang gem. § 929 S. 1 BGB (dingliche Einigung) die Übergabe und – bei Orderpapieren – die Übereignung[25] des Wertpapiers voraus. Die Traditionswirkung ist nach dem Wortlaut des Gesetzes darüber hinaus davon abhängig, daß die Güter tatsächlich vom Papieraussteller *B* übernommen worden sind. Die Streitfrage, ob die Traditionswirkung weiter voraussetzt, daß der Frachtführer (Verfrachter), bzw. Lagerhalter *B* die Ware im Zeitpunkt der Verfügung durch *A* noch in (Fremd-) Besitz hat, spielt im *Fall 63* keine Rolle, weil *B* als unmittelbarer Besitzer dem *A* den Besitz noch vermittelt (vgl. aber unten Rdnr. 276). Es geht hier zunächst nur um die Begründung, wieso die Papierübergabe zum Eigentumserwerb des *C* führt[26].

Die *absolute Theorie*[27] erklärt den Eigentumserwerb des *C* direkt aus den §§ 424, 450, 650 HGB. Die Übertragung des Papiers an *C* entspreche in jeder Hinsicht der unmittelbaren Übergabe des Gutes selbst. Damit erwirbt *C* nach § 929 S. 1 BGB das Eigentum an dem Gut, im Extremfall sogar, wenn *B* im Zeitpunkt der Papierübergabe an *C* keinen Besitz an dem übernommenen Gut mehr hat (vgl. unten Rdnr. 275).

Nach der *relativen Theorie*[28] erwirbt *C* Eigentum, weil *A* mit der Übergabe des Papiers den im Wertpapier verbrieften Herausgabeanspruch abtritt und damit nach § 870 BGB dem *C* mittelbaren Besitz überträgt. Der Rechtserwerb des *C* folge allein aus den §§ 929, 931 BGB; die handelsrechtlichen Vorschriften sollen daneben keine eigene Bedeutung haben. Freilich wird damit vorausgesetzt, daß der Veräußerer *A* im Zeitpunkt der Papierübergabe (noch) mittelbarer Besitzer der Sache ist (vgl. unten Rdnr. 277).

Die (bis vor kurzem noch ganz herrschende) *Repräsentationstheorie*[29] vermittelt zwischen beiden Theorien und kombiniert sie. Zunächst erkennt sie an, daß durch die Übergabe des Traditionspapiers nur der mittelbare Besitz an der Ware übergeht (§ 870 BGB). Darin sei aber doch eine Übereignung nach dem Grundtatbestand des § 929 S. 1 BGB (und nicht nach §§ 929, 931 BGB) zu sehen, weil der mittelbare Besitz eben durch den unmittelbaren Besitz am Papier „repräsentiert" werde. Übereignungsvoraussetzung ist demnach ebenfalls, daß *B* dem Veräußerer *A* den Besitz (noch) vermittelt.

Eine neuere Ansicht, die sog. *wertpapierrechtlich fortgebildete relative Theorie*[30] knüpft nur an die relative Theorie an. Sie teilt mit ihr den Ausgangspunkt, wonach grundsätzlich für die sachenrechtliche Übereignung die §§ 929, 931 BGB gelten, weil

[25] §§ 424, 450, 650 HGB sprechen nur von Übergabe. Das hat insofern seine Berechtigung, als §§ 450, 650 HGB auch für Rektapapiere in der Hand des ersten Papiernehmers *(C)* gelten, dem die Urkunde nur übergeben wird.

[26] Zu den Theorien vgl. die instruktive Darstellung bei *Müller-Laube,* 20 Probleme aus dem Handels-, Gesellschafts- und Wirtschaftsrecht, 1985, S. 56 ff. (mit Quellenangaben), sowie *Karsten Schmidt,* Handelsrecht, 3. Aufl. (1987), S. 620 ff.

[27] Vgl. etwa *Heymann/Köttner,* HGB, 4. Aufl. (1971), § 424 Anm. 2.

[28] Vertreten etwa von *Hellwig,* Die Verträge auf Leistung an Dritte, 1899, S. 344 ff.

[29] Sie wird vertreten von *RGZ* 119, 215; *BGHZ* 49, 160 (163); *Baumbach/Duden/Hopt,* HGB, 28. Aufl. (1989), § 424 Anm. 3 A.

[30] *Canaris,* in: Großkomm. HGB, § 363 Rdnr. 118; *Hueck/Canaris,* § 26 II 5 b.

der Veräußerer *A* durch Übereignung des Orderpapiers den verbrieften Herausgabeanspruch und damit den (im Wertpapier ebenfalls verbrieften) mittelbaren Besitz nach § 870 BGB übertrage. Damit sei im Regelfall *(Fall 63)* der Erwerbstatbestand für *C* unabhängig von den handelsrechtlichen Vorschriften gegeben. Die besondere wertpapierrechtliche Legitimation der Traditionspapiere greife erst in dem Sonderfall ein, daß dem Veräußerer im Zeitpunkt der Papierübergabe sowohl der mittelbare Besitz als auch das Eigentum an der Handelsware fehle (vgl. dazu unten Rdnr. 277).

273 Indessen scheint die Zuordnung der §§ 424, 450, 650 HGB zu einer bestimmten sachenrechtlichen Regel des BGB zumindest problematisch, weil das Traditionsprinzip des BGB an den (unmittelbaren bzw. mittelbaren) Sachbesitz anknüpft, während das Traditionspapier gerade keine Besitzbeziehung zur Sache, sondern einen schuldrechtlichen Anspruch auf Herausgabe verkörpert[31]. Durch die wertpapierrechtliche Verbriefung wird dieser Anspruch in seiner Verkehrsfähigkeit gesteigert, d.h. die Möglichkeit des einredefreien und des gutgläubigen Erwerbs geschaffen, was schließlich zu einer hohen Mobilität nicht nur von Recht und Papier, sondern auch der Handelsware selbst führen soll. In jedem Fall **besteht die verbriefte Forderung** aber **unabhängig von einem Besitzmittlungswillen des Urkundenausstellers**. Wird demnach die vom BGB vorausgesetzte Besitzbeziehung durch das Wertpapier nicht hergestellt, so kann auch die Anbindung der Traditionswirkung an § 931 BGB letztlich nicht bruchlos erfolgen. Dafür sind die Wertungsgrundlagen zu unterschiedlich. So läßt § 931 BGB die Abtretung des Herausgabeanspruchs als Übergabesurrogat nur deshalb genügen, weil der Erwerber dadurch eine (wenn auch unsichtbare) besitzrechtliche Position erlangt, §§ 868, 870 BGB. Demgegenüber erhält der Inhaber des Traditionspapiers eine andere (vor allem sichtbare!) Beziehung zur Sache, indem das Wertpapier den Anspruch auf Besitzherausgabe monopolisiert (zur Monopolisierungsfunktion der Wertpapiere vgl. 1. Teil Rdnrn. 13 f., 23). Das Recht auf Herausgabe kann nämlich ohne Vorlage des Papiers nicht geltend gemacht werden, §§ 364 III, 448 HGB. Diese besondere Verknüpfung des Papierbesitzes mit dem Sachbesitz rechtfertigt es, die Übertragung des Wertpapiers für die Publizität der Rechtsübertragung genügen zu lassen. Das (Güterumlauf-) Papier übernimmt damit die Funktion des Besitzes bei der Verlautbarung der Sachenrechtsänderung. Man sollte daher – einem neueren Vorschlag folgend[32] – die Traditionswirkung der kaufmännischen Papiere unter Verzicht auf eine Einordnung in den BGB-Regelungszusammenhang von ihrer eigenständigen wertpapierrechtlichen Funktion her als ein **Übergabesurrogat eigener Art** verstehen (hier sog. *wertpapierrechtliche Theorie*[33]).

2. Praktische Folgen für die Traditionswirkung

274 Die dargestellten Standpunkte führen bei einzelnen Erwerbsvorgängen teilweise zu unterschiedlichen sachenrechtlichen Ergebnissen. Komplikationen können insbesondere auftreten, wenn dem Veräußerer der mittelbare Besitz (a) oder das Eigentum (b) an dem Gut fehlt.

---

31 Das betont auch *BGH,* WM 1977, 171, 172; dazu *Tiedtke,* Gutgläubiger Erwerb, 1985, S. 284.

32 Vgl. *Zöllner,* § 25 IV 4, und *Karsten Schmidt* (Fußn. 26), S. 284.

33 In Anlehnung an *Zöllner,* § 25 IV 4, vgl. auch *Schnauder,* NJW 1991, 1642, 1646.

a) Fehlender Besitz

Die Traditionswirkung hängt zunächst davon ab, daß der Papierschuldner *B* die Ware übernommen hat. Hernach kann dem Veräußerer der mittelbare Besitz dadurch verloren gehen, daß *B* den Sachbesitz verliert oder *B* dem Veräußerer den Besitz nicht mehr vermittelt, vielmehr (pflichtwidrig) Eigenbesitz begründet.

275 • Verlust des unmittelbaren Besitzes

Der Besitzverlust befreit den Papierschuldner von der Primärschuld (Herausgabe der Sache), § 275 BGB. Das kann nicht ohne Folgen für den angestrebten Eigentumserwerb bleiben.

Fall 64: Im *Fall 63* war die eingelagerte bzw. schwimmende Ware im Zeitpunkt der Papierübertragung von *A* an *C* durch Feuer vernichtet bzw. gestohlen. Kann *C* gleichwohl Eigentum erwerben?

Nach der (modifizierten) relativen Theorie und der Repräsentationstheorie scheidet wegen des Erlöschens des Herausgabeanspruchs (im Zeitpunkt der Verfügung über das Gut) ein Eigentumserwerb des *C* aus, weil ein nicht (mehr) existierender mittelbarer Besitz dem Papier die Traditionswirkung nimmt; nach der – hier vertretenen – wertpapierrechtlichen Theorie deshalb, weil die Urkunde ohne das verbriefte Recht (als leere Hülse) die Übergabe der Sache nicht ersetzen kann. Anders entscheidet (bei Diebstahl) nur die absolute Theorie (in ihrer Extremposition), die die Übereignung des Orderpapieres als Übergabe des Gutes selbst ansieht. Unabhängig vom Besitzverlust des *B* wäre danach *C* Eigentümer der gestohlenen Sache geworden.

276 • Verlust des mittelbaren Besitzes

Gibt der Papierschuldner den Besitzmittlungs- (Fremdbesitzer-) willen auf und wird er Eigenbesitzer, so stellt sich die Frage, ob dem Papier wegen des Besitzverlustes des Veräußerers überhaupt noch Traditionswirkung zukommt.

Fall 65: *B* hat im *Fall 63* die Ware kurz nach ihrer Übernahme und noch vor Übereignung des Orderpapiers durch *A* an *C* dem *X* verkauft (aber noch nicht übergeben). Kann *C* von *B* Herausgabe verlangen?

Alle Theorien führen hier zum selben Ergebnis (Eigentumserwerb des *C*), unterschiedlich sind nur die Begründungen. Nach der absoluten Theorie ist mit der Übergabe des Orderpapiers die tatsächliche Sachübergabe erfolgt, wobei unerheblich ist, ob *B* Fremd- oder Eigenbesitz (oder überhaupt noch selbst eine Besitzbeziehung, vgl. *Fall 64*) hat. Die Repräsentationstheorie und die relativen Theorien lassen den Eigentumserwerb nicht an der infolge der Unterschlagung fehlenden Besitzmittlung des *B* scheitern. Freilich kann *A* dem *C* mittelbaren Besitz nach §§ 931, 870, 398 BGB nicht übertragen. Jedoch erwirbt *C* schon ohne weiteres nach Sachenrecht, § 929 BGB (§§ 424, 450, 650 HGB finden hier keine Anwendung), weil der Eigentümer *A* bei fehlendem Besitzmittlungsverhältnis Eigentum durch bloße Einigung übertragen kann[34].

---

[34] *Baur/Stürner*, Sachenrecht, 16. Aufl. (1992), § 51 IV 1 b; *Wieling*, Sachenrecht, Bd. I, 1990, § 9 IV 4.

Nach der wertpapierrechtlichen Theorie besteht der verbriefte Herausgabeanspruch unabhängig vom Besitzmittlungswillen des *B*, so daß die Funktion des Wertpapiers als Traditionspapier nicht schon durch bloße Änderung des Besitzwillens, sondern erst dann verlorengeht, wenn das verbriefte Recht infolge Besitzverlust des Papierschuldners (§ 275 BGB) erlischt. Danach erhält *C* das Eigentum an dem Gut des *A* durch Einigung und Übertragung des Orderpapiers.

b) Fehlendes Eigentum

Fehlt dem Veräußerer das Sacheigentum, so kommt nur ein gutgläubiger Erwerb nach §§ 932 ff. BGB in Betracht. Daraus ergeben sich weitere Fragen und Einordnungsprobleme.

277 • Fehlender mittelbarer Besitz

So führen die Theorien zu unterschiedlichen sachenrechtlichen Ergebnissen, wenn in *Fall 65* neben dem *mittelbaren Besitz* des Indossanten *(A)* auch dessen *Berechtigung* fehlt, etwa wenn *A* die Ware seinerseits vom Eigentümer *E* unter Eigentumsvorbehalt erworben und noch nicht bezahlt hat.

Nach der absoluten Theorie hat *C* bereits mit der Übergabe des (indossierten) Orderpapiers nach §§ 929, 932 BGB gutgläubig Eigentum erworben. Nach der relativen Theorie scheitert der Erwerb, weil *A* im Zeitpunkt der Übertragung dem *C* nicht mehr mittelbaren Besitz verschaffen konnte und *C* den unmittelbaren Besitz von *B* noch nicht erlangt hat, §§ 931, 934 Alt. 2 BGB. Ebenso entscheidet die Repräsentationstheorie, die § 932 BGB nur bei bestehendem mittelbaren Besitz des Veräußerers anwendet. Nach der (wertpapierrechtlich) modifizierten relativen Theorie sollen in diesem (Sonder-) Fall die Regeln der §§ 424, 450, 650 HGB eine eigenständige Bedeutung haben und einen über die Vorschrift des § 934 Alt. 2 BGB hinausgehenden Gutglaubensschutz ermöglichen[35]. Zu Recht verzichtet man hier auf die Übertragung des mittelbaren Besitzes, weil der im Wertpapier verbriefte Herausgabeanspruch gegen den Papierschuldner die von § 934 BGB geforderte (aber nicht vorhandene) Besitzbeziehung des Nichtberechtigten zumindest kompensiert, wenn nicht gar übertrifft. Das deckt sich mit der wertpapierrechtlichen Theorie, die die **Verschaffung des Papierbesitzes** in jedem Falle als **Übergabesurrogat sui generis** genügen läßt. Der fehlende Fremdbesitzerwille des *B* kann jeweils den bestehenden Vertragsanspruch auf Besitzherausgabe weder zum Erlöschen bringen noch dessen Erwerb durch *C* verhindern. *C* ist daher auf einen gutgläubigen Erwerb des Herausgabeanspruchs nach § 365 HGB, Art. 16 II WG nicht angewiesen; es fehlt weder das Recht am Papier noch das Recht aus dem Papier, lediglich das Sacheigentum des Veräußerers *A*. Damit erwirbt *C* gutgläubig schon mit der Papierübertragung, nicht erst mit Auslieferung der Güter. Als Grundlage des gutgläubigen Erwerbs vom Nichtberechtigten können freilich die §§ 424, 450, 650 HGB nicht genügen[36], weil sie lediglich die Übergabe surrogieren. Die Möglichkeit des darauf aufbauenden gutgläubigen Erwerbs folgt aus dem Sachenrecht des BGB. Da die §§ 931, 934 BGB versagen, läßt sich das Ergebnis nur mit dem Grundgedanken des § 934 Alt. 1 BGB begründen (Papierübergabe als

---

[35] *Hueck/Canaris*, § 23 II 3 a.

[36] So aber wohl *Hueck/Canaris*, § 23 II 3 a; *Canaris*, in: Großkomm. HGB, § 363 Rdnr. 97.

Publizitätsakt). Wie der besitzende Veräußerer durch den (unsichtbaren) mittelbaren Besitz, so wird der nichtbesitzende Veräußerer durch den Rechtsschein des Papiers legitimiert. Das genügt als Grundlage für den gutgläubigen Erwerb des *C*[37].

278 • Fehlendes Papiereigentum

Als Grundlage für den Erwerb des Sacheigentums kommt der gutgläubige Erwerb des wertpapierverbrieften Anspruchs jedoch in Betracht, wenn der Veräußerer weder *Eigentum an der Handelsware* noch *Eigentum am* (abhandengekommenen) *Papier* hat.

Fall 66: *C* wurde im *Fall 63* die Urkunde gestohlen. Der Dieb *X* fälscht ein Blankoindossament des *C* und übereignet das Papier an den gutgläubigen *D*. Kann *D* von *B* Herausgabe der Güter nach § 985 BGB verlangen?

Das setzt voraus, daß *D* Eigentum an der Ware erlangt hat. Die dafür erforderliche *Einigung* mit dem Nichtberechtigten *X* liegt vor. Die *Übergabe* des Gutes könnte durch Übereignung des indossierten Orderpapiers ersetzt worden sein. Obwohl *X* weder das Recht am Papier noch das Recht aus dem Papier zusteht, kann *D* von dem (formell aus der Urkunde legitimierten) *X* gemäß § 365 I HGB i. V. mit Art. 16 II WG[38] das Papiereigentum und damit auch den (bestehenden) Anspruch gegen *B* erwerben. Nach den einen mittelbaren Besitz voraussetzenden Theorien erlangt *D* damit zugleich auch den (dem Veräußerer *X* nicht zustehenden) mittelbaren Besitz gem. § 870 BGB, was schließlich für den Erwerbstatbestand des § 934 Alt. 2 BGB ausreicht[39]. Geht man dagegen mit der wertpapierrechtlichen Theorie davon aus, daß das Wertpapier einen mittelbaren Sachbesitz nicht verkörpert, so wird man den gutgläubigen Erwerb des *D* wiederum aus dem Grundgedanken des § 934 Alt. 1 BGB ableiten können[40].

Auch im *Fall 61 a* hat der Erwerber *C* demnach schon bei Übergabe des gestohlenen Traditionspapiers gutgläubig (nach allen Theorien) das Eigentumsrecht an dem eingelagerten Gut neben dem Eigentum am Papier und der darin verbrieften Forderung[41] erworben.

279 • Abhandengekommenes Gut

Trotz Übergabe eines Traditionspapiers ist ein gutgläubiger Erwerb ausgeschlossen, wenn die (eingelagerte bzw. beförderte) *Sache selbst abhanden gekommen* ist, etwa wenn im *Fall 66* auch sie aus einem Diebstahl stammt. Hier ist zu beachten, daß die Traditionswirkung der Papierübergabe nur die körperliche Übergabe der Sache selbst ersetzen soll und für sich allein noch nicht den Sachenrechtserwerb herbeiführen kann. Nicht einmal ein Verfügungsgeschäft nach §§ 929, 932 BGB könnte wegen § 935 BGB zum Eigentumserwerb führen. Daher kann auch der Papierinhaber *D*

---

[37] Ebenso auch *Canaris,* in: Großkomm. HGB, § 363 Rdnr. 97, dessen Kritik (Rdnr. 95) an *Zöllner* nicht recht einleuchtet.

[38] Für Inhaberladeschein bzw. Inhaberkonnossement gelten nach §§ 935 II, 932 BGB dieselben Folgen.

[39] *Hueck/Canaris,* § 23 II 2 a. Die Repräsentationstheorie wendet hier (bestehender mittelbarer Besitz für den Papierinhaber *D*) ebenso wie die absolute Theorie § 932 BGB an.

[40] So *Zöllner,* § 25 IV 3 c; dagegen *Hueck/Canaris* § 2, 23 II 2a.

[41] Vgl. schon oben Rdnr. 262.

nicht Eigentümer der Sache werden[42]. Daran ändert nichts, daß der gutgläubige *D* das Eigentum am Papier gem. § 365 I HGB, Art. 16 II WG erworben hat. Mit dem Papiereigentum geht nämlich nicht notwendig der Sacheigentum über.

---

[42] So die h.M., vgl. *BGH,* NJW 1958, 1485.

5. Teil: Qualifizierte Legitimationspapiere

Nachdem in den vorangegangenen Kapiteln der Wechsel als (in der Praxis und in der Ausbildung) wichtigstes Orderpapier und der Scheck als Hauptbeispiel eines Inhaberpapiers[1] ausführlich behandelt wurden, sollen in diesem Abschnitt aus der Gruppe der Rektapapiere die qualifizierten Legitimationspapiere herausgegriffen werden. Entsprechend seiner praktischen Bedeutung[2] wird das Sparbuch im Mittelpunkt der folgenden Darstellung stehen.

I. Grundlagen der qualifizierten Legitimationspapiere

1. Begriff

280 Die Bezeichnung „qualifizierte Legitimationspapiere“ ist wenig glücklich gewählt. Mit „**Legitimation**“ ist in diesem Zusammenhang nämlich nicht die Vermutung der materiellen Berechtigung zugunsten des Papierinhabers gemeint, sondern die **Befreiungswirkung** bei Leistung an diesen, also die Liberationswirkung (vgl. 1. Teil Rdnr. 12). „Qualifizierung“ meint auch nicht eine Steigerung dieser Wirkung (was gar nicht möglich wäre), sondern betrifft den Wertpapiercharakter, der diese Papiere von den einfachen Legitimationspapieren unterscheidet. „Qualifiziert“ sind die Papiere, weil der Schuldner dem Berechtigten **nur gegen Aushändigung oder Vorlage der Urkunde zur Leistung verpflichtet** ist (§ 808 II 1 BGB). Da sich der Begriff jedoch eingebürgert hat und in allen Darstellungen zum Wertpapierrecht verwendet wird, wird trotz seiner Ungenauigkeit im folgenden an ihm festgehalten.

281 Das Wesen der qualifizierten Legitimationspapiere wurde bereits in dem Abschnitt über die Grundlagen des Wertpapierrechts (1. Teil Rdnrn. 27, 43 ff.) dargestellt. Um es noch einmal kurz zu wiederholen: Die Besonderheit der in § 808 BGB geregelten Papiere[3] besteht darin, daß sie zwar als Namenspapiere ausgestellt sind, aber mit der Bestimmung ausgegeben werden, daß die in der Urkunde versprochene Leistung an jeden Inhaber bewirkt werden kann (§ 808 I 1 BGB). Der Inhaber ist nicht berechtigt, die Leistung zu verlangen (§ 808 I 2 BGB) – für ihn streitet nicht die Vermutung der materiellen Berechtigung. Leisten muß der Schuldner, wie generell bei Rektapapieren, nur an denjenigen, der ihm seine Berechtigung nachweist. Der Schuldner wird jedoch durch Leistung an den Inhaber der Urkunde befreit.

---

[1] Der Scheck ist zwar nicht nach dem Leitbild des Gesetzes, wohl aber im Zahlungsverkehr als Inhaberpapier ausgestaltet; vgl. 3. Teil Rdnr. 226.

[2] Nach wie vor ist die Spareinlage eine der beliebtesten Formen der Geldanlage. Statistische Angaben zur Verbreitung des Sparbuchs bei *Welter,* WM 1987, 1117.

[3] Außer dem Sparbuch sind zu nennen: Leihhausscheine, Depotscheine, Versicherungsscheine mit Inhaberklausel und Netzkarten der Bundesbahn. Weitere Beispiele bei RGRK-*Steffen,* § 808 Rdnr. 89.

Obwohl § 808 BGB nur die *benannten* Legitimationspapiere erwähnt, können qualifizierte Legitimationspapiere auch *unbenannt* sein[4]. Es genügt, daß sich aus der Urkunde oder aus sonstigen zu ihrer Auslegung heranzuziehenden Umständen ergibt, daß die verbriefte Forderung einem bestimmten und identifizierbaren Gläubiger zusteht und der Aussteller nur diesem verpflichtet sein will.

2. Wertpapiercharakter

282 Die Frage, ob qualifizierte Legitimationspapiere Wertpapiere sind, wird durch § 808 II 1 BGB beantwortet. Der Schuldner ist nur gegen Aushändigung der Urkunde zur Leistung verpflichtet. Die nach dem **weiten Wertpapierbegriff**[5] entscheidende Voraussetzung, daß zur Geltendmachung des verbrieften Rechts die Innehabung der Urkunde erforderlich ist, liegt bei den von § 808 I BGB erfaßten qualifizierten Legitimationspapieren somit vor. Auch die Zulassung des Aufgebotsverfahrens bei Abhandenkommen oder Vernichtung der Urkunde (§ 808 II 2 BGB) bringt indirekt die Wertpapiereigenschaft zum Ausdruck.

Gerade beim wichtigsten qualifizierten Legitimationspapier, dem Sparbuch, wird die Rechtsnatur jedoch zunehmend kontrovers diskutiert. Dies überrascht zunächst, da § 21 IV 3 KWG den Wertpapiercharakter des Sparbuchs zu betonen scheint, indem dort angeordnet wird, daß „Verfügungen über Spareinlagen nur gegen Vorlegung der Urkunde" zugelassen werden dürfen. Diese Norm ist jedoch nur eine öffentlichrechtliche Ordnungsvorschrift, die eine Trennung von Kontenverkehr und Sparverkehr bezweckt[6] und nicht den Verkehrsschutz im Auge hat. Sie regelt nicht die Rechtsbeziehungen zwischen Sparer und Bank und vermag daher die Wertpapiereigenschaft des Sparbuchs nicht zu begründen. Im bankrechtlichen Schrifttum[7] wird deshalb teilweise dem Sparbuch der Wertpapiercharakter abgesprochen. Praktischer Hintergrund des Theorienstreits ist die Frage nach der Anwendbarkeit (der schuldnerschützenden Vorschrift) des § 407 BGB. Lehnt man die Wertpapierqualität des Sparbuchs ab, kann die Bank nach einer Abtretung der Sparforderung befreiend an den Altgläubiger leisten, auch wenn dieser die Urkunde nicht vorgelegt hat, während sie andernfalls noch einmal an den vorlegenden Neugläubiger zahlen müßte.

Fall 67: *A* hat auf seinem Sparbuch bei der *B*-Bank eine Einlage in Höhe von 1000 DM. Am 1.6. tritt er sein Sparguthaben unter Übergabe des Sparbuchs an *C* ab. Am 3.6. bittet *A* bei der *B*-Bank um Auszahlung von 800 DM mit der Begründung, er habe sein Sparbuch vergessen, brauche jetzt unvorhergesehen dringend Bargeld. Da *A* ein guter Kunde ist, zahlt der Bankangestellte den Betrag aus. Am nächsten Tag erscheint *C* bei *B* und will unter Vorlage des Sparbuchs ebenfalls 800 DM abheben. Der Bankangestellte will nur 200 DM auszahlen und beruft sich darauf, ihm sei die Abtretung von *A* an *C* nicht bekannt gewesen. Kann *C* Auszahlung des gewünschten Betrages verlangen?

---

[4] Vgl. 1. Teil Rdnr. 45. Beispiele für unbenannte Legitimationspapiere sind Bus- und Straßenbahnfahrschein oder die Seetransportversicherungspolice (*BGH*, NJW 1962, 1437).

[5] Näher dazu 1. Teil Rdnr. 23 f.

[6] *Baumbach/Hefermehl*, WPR Rdnr. 86; *Welter*, WM 1987, 1117, 1119. Näher dazu unten Rdnr. 295.

[7] *Kümpel*, WM 1981 Sonderbeil. Nr. 1, S. 14. und WM 1983 Sonderbeil. Nr. 6, S. 10.

C könnte einen Anspruch aus Darlehen[8] gegen *B* haben. Mit Kontoerrichtung und Einzahlung hatte *A* einen Anspruch auf Rückzahlung nach § 607 BGB gegen die Bank erlangt. Dieser Anspruch ist durch die Abtretung nach § 398 BGB auf *C* übergegangen (zur Übertragung qualifizierter Legitimationspapiere unten Rdnr. 284). *C* war somit am 1.6. Inhaber der Forderung auf Auszahlung von 1000 DM gegen *B* geworden. Die Bank könnte allerdings nach § 407 BGB von ihrer Verbindlichkeit in Höhe von 800 DM frei geworden sein. Die einzelnen Voraussetzungen des § 407 BGB liegen zwar vor, denn die Bank hat nach der Abtretung durch die Auszahlung an *A* eine Leistung an den bisherigen Gläubiger der Forderung bewirkt, wobei ihr die inzwischen erfolgte Abtretung der Forderung an *C* nicht bekannt war. Die Frage ist jedoch, ob § 407 BGB überhaupt auf das Sparbuch bzw. allgemein auf qualifizierte Legitimationspapiere anwendbar ist. Bejaht man mit der h.M. den Wertpapiercharakter des Sparbuchs, wird § 407 BGB ausgeschaltet[9]. Denn diese Vorschrift beruht auf der Erwägung, daß die Übertragung einer nicht verbrieften Forderung durch bloße Einigung nach § 398 BGB für den Schuldner nicht erkennbar und er deshalb schutzwürdig ist, wenn er in Unkenntnis der Abtretung an den bisherigen Gläubiger zahlt. Folgerichtig entfällt der Vertrauensschutz, wenn er den Gläubigerwechsel aufgrund einer Abtretungsanzeige kennt. Eines Schutzes bedarf auch der Schuldner nicht, der nur zur Leistung gegen Urkundenvorlage verpflichtet ist. Ist über die Forderung eine Urkunde ausgestellt, so ist vielmehr der neue Gläubiger schutzbedürftig; er soll darauf vertrauen können, daß sich die Bank an das Vorlageerfordernis hält. *C* kann danach Auszahlung des Betrages verlangen.

283 Die vorangegangenen Erörterungen beruhen auf der Annahme, daß der Sparer ohne Vorlage des Sparbuchs nicht Auszahlung von der Bank verlangen kann. § 808 II BGB ist indes keine zwingende Vorschrift[10]. In den Sparbedingungen kann vereinbart werden, daß die Bank nicht verpflichtet ist, nur gegen Vorlage des Sparbuchs zu leisten[11]. In diesem Fall ist das Sparbuch kein Wertpapier, sondern nur ein einfaches Legitimationspapier oder sogar nur eine Beweisurkunde über Ein- und Auszahlungen. Überwiegend sehen jedoch die Sparbedingungen der Kreditinstitute vor, daß das Guthaben nur gegen Vorlegung des Buches ausgezahlt wird[12], so daß das Sparbuch als Wertpapier der Regelfall sein dürfte.

II. Entstehung und Übertragung des Rechts

284 Qualifizierte Legitimationspapiere gehören zu den deklaratorischen Wertpapieren. Das Recht (z.B. des Sparers auf Rückzahlung) entsteht mit dem Abschluß des Sparvertrages und der Einzahlung des Geldes. Das Papier verbrieft lediglich die bereits entstandene Forderung (vgl. 1. Teil Rdnr. 52). Nach h.M. handelt es sich bei dem Sparvertrag um einen Darlehensvertrag, nicht um einen unregelmäßigen Verwahrungs-

---

[8] Zur rechtlichen Einordnung des Sparvertrages vgl. unten Rdnr. 284.

[9] Vgl. oben 1. Teil Rdnr. 14.

[10] *Baumbach/Hefermehl,* WPR Rdnr. 86; *Hüffer,* in: MünchKomm, § 808 Rdnr. 25.

[11] Dazu *Welfer,* WM 1987, 1117, 1118 ff.

[12] *Kümpel,* WM 1983, Sonderbeil. Nr. 6, S. 11 meint, daß die Kreiditinstitute damit nur den öffentlichrechtlichen Vorschriften des Kreditwesengesetzes Achtung zollen wollen, ohne den Willen zur wertpapiermäßigen Verbriefung zu haben.

vertrag i. S. des § 700 BGB[13]. Erster Gläubiger der Einlageforderung muß nicht in jedem Fall die im Papier genannte Person sein. Benannter und Berechtigter können auseinanderfallen.

Beispiel: Eltern legen auf den Namen ihres minderjährigen Kindes ein Sparbuch an.

In diesen, in der Praxis häufig vorkommenden Fällen, die auch immer wieder die Gerichte beschäftigen[14], kommt es für die Gläubigerstellung weniger darauf an, aus wessen Mitteln die eingezahlten Gelder stammen. Wer Gläubiger des Sparguthabens ist, bestimmt sich vielmehr nach den Vereinbarungen bei Abschluß des Sparvertrages. Maßgebend ist der für die Bank erkennbare Wille des Einzahlenden. Die Kontobezeichnung ist hierbei ein wichtiges, aber nicht das ausschlaggebende Indiz für den Parteiwillen[15].

Im Beispiel ist denkbar, daß die Eltern mit der Sparkasse einen Vertrag zugunsten Dritter abschließen wollten, aus dem das Kind einen eigenen Anspruch nach § 328 BGB erlangt. Ein Indiz dafür wäre die Übergabe des Sparbuchs an das Kind. Umgekehrt wäre der Umstand, daß die Eltern im Besitz des Sparbuch bleiben, und damit die Verfügungsmöglichkeit (§ 808 BGB) behalten, ein Anhaltspunkt dafür, daß die Eltern Gläubiger der Einlageforderung sind. Um die Forderung dem Kind zukommen zu lassen, bedarf es dann eines Übertragungsaktes.

285 Die Übertragung „des Sparbuchs" geschieht durch gewöhnliche Abtretung. Mit der Abtretung der Forderung erwirbt der neue Gläubiger nach § 952 II BGB das Eigentum am Sparbuch. Eine Übergabe des Papiers ist zum Übergang des Rechts weder erforderlich noch genügend. „Übereignet" der Inhaber ein Sparbuch, kann darin die Abtretung der Forderung gesehen werden[16], da nach der Vorstellung weiter Bevölkerungskreise das Sparbuch die darin verbriefte Forderung (wie ein Inhaberpapier) verkörpert. Wird das Sparbuch bei der Abtretung der Guthabensforderung nicht übergeben, kann der neue Gläubiger vom Zedenten die Herausgabe verlangen. Sein Anspruch folgt aus dem zugrundeliegenden Kausalgeschäft (z.B. Kaufvertrag, Schenkungsvertrag), dem Abtretungsvertrag (§ 402 BGB) und aus § 985 BGB.

286 Aus dem bisher Gesagten folgt zwingend, daß es einen gutgläubigen Erwerb eines qualifizierten Legitimationspapiers vom Nichtberechtigten nicht geben kann. Dies gilt auch dann, wenn der nichtberechtigte Veräußerer in der Urkunde als Gläubiger benannt ist und die in seinem Besitz befindliche Urkunde dem Erwerber übergibt. Die Eigentumsvermutung des § 1006 BGB greift bei qualifizierten Legitimationspapieren nicht ein[17]. Der Schuldner kann dem neuen Gläubiger auch alle Einwendungen entgegenhalten, die ihm gegen den bisherigen Gläubiger zustanden, § 404 BGB.

---

[13] *BGHZ* 42, 302 (305); *Staudinger/Marburger,* § 808 Rdnr. 42; a.A. *Palandt/Thomas,* § 808 Rdnr. 4. Der Streit hat wegen der Verweisung in § 700 I 1 BGB auf das Darlehensrecht praktisch keine Bedeutung.

[14] Beispiele aus der Rechtsprechung: *BGH,* NJW 1984, 480; *OLG Koblenz,* NJW 1989, 2545; *OLG Zweibrücken,* NJW 1989, 2546; *OLG Nürnberg,* NJW-RR 1990, 881.

[15] *Staudinger/Marburger,* § 808 Rdnr. 45.

[16] *BGH,* WM 1965, 897, 900; *Baumbach/Hefermehl,* WPR Rdnr. 84; RGRK-*Steffen,* § 808 Rdnr. 35.

[17] *BGH,* WM 1972, 701; *Baumbach/Hefermehl,* WPR Rdnr. 84. Ein begrenzter Schutz des Rechtsverkehrs wird in der Literatur durch die analoge Anwendung des § 405 BGB befürwortet *Hueck/Canaris,* § 27 III 1; *Staudinger/Marburger,* § 808 Rdnr. 19. Danach könnte der

287 Zur Verpfändung eines Sparguthabens ist nach §§ 1274, 1280 BGB ein Verpfändungsvertrag und eine Anzeige an die Bank erforderlich. Durch eine wirksame Verpfändung entsteht ein Pfandrecht an der Darlehensforderung und nach § 952 II BGB kraft Gesetzes auch am Sparbuch. Die Urkunde kann nicht selbständig verpfändet werden, jedoch läßt sich deren „Verpfändung" als vertragliche Einräumung eines Zurückbehaltungsrechts an der Urkunde deuten[18]. In der Zwangsvollstreckung unterliegen die qualifizierten Legitimationspapiere den Regeln über die Forderungspfändung (§§ 829 ff. ZPO). Die bloße Pfändung der Urkunde nach § 808 ZPO (Sachpfändung) bringt ein Pfandrecht nicht zum Entstehen.

III. Geltendmachung des Rechts und Erfüllung

In der Praxis ergeben sich häufig Probleme, wenn ein Nichtberechtigter unter Vorlage des Sparbuchs Geld abhebt.

1. Vorlegungspflicht des Gläubigers

288 Wie schon mehrfach erwähnt, bedarf es zur Geltendmachung des Rechts grundsätzlich der Vorlegung des Papiers. Die Zerstörung oder der Verlust der Urkunde bedeutet indes nicht den Untergang des verbrieften Rechts. Das Papier kann für kraftlos erklärt werden. Das im Aufgebotsverfahren ergehende Ausschlußurteil tritt an die Stelle des verlorenengegangenen Papiers und berechtigt den Inhaber, die Rechte aus der Urkunde geltend zu machen (§ 1018 I ZPO). Speziell für Sparbücher ist, wie in § 808 II 2 BGB vorgesehen, etwas anderes bestimmt. Die landesrechtlichen Sparkassengesetze enthalten insoweit Sondervorschriften für die Kraftloserklärung[19].

2. Liberationswirkung

289 Bei der Frage, ob der Schuldner einer wertpapierrechtlich verbrieften Forderung durch Zahlung freigeworden ist, sind mehrere Fallgruppen zu unterscheiden. Die Leistung des Schuldners hat immer dann schuldtilgende Wirkung (§ 362 I BGB), wenn sie an den *materiell* Berechtigten (= der Gläubiger oder ein gesetzlich oder rechtsgeschäftlich zur Einziehung Ermächtigter) erfolgt ist. Dabei spielt es keine Rolle, ob dieser sich hat formell legitimieren können. Leistet der Schuldner an einen Nichtberechtigten ohne Vorlage der Urkunde (*materielle und formelle* Nichtberechtigung), so kann er selbstverständlich gegenüber dem wahren Berechtigten nicht frei werden.

a) Umfang der Liberationswirkung

290 Problematisch sind die Fälle, in denen der Schuldner an den *materiell* Nichtberechtigten, der jedoch durch den Besitz der Urkunde *formell* legitimiert ist, leistet. Nur auf diese Fallgruppe bezieht sich die Schuldnerschutzvorschrift des § 808 I 1 BGB. Ihr Wortlaut ist eindeutig: Der Schuldner wird durch Leistung an den Inhaber

---

gutgläubige Zessionar die Guthabensforderung gegen die Bank erwerben, wenn diese ein Sparbuch ausgibt, obwohl die darin eingetragene Einlage (noch) nicht geleistet ist.

[18] *Soergel/Welter,* § 808 Rdnr. 19; *Staudinger/Marburger,* § 808 Rdnr. 40.

[19] Zusammenstellung bei RGRK-*Steffen,* § 808 Rdnr. 81.

befreit. Es besteht jedoch Einigkeit darüber, daß die Befreiungswirkung eingeschränkt werden muß.

> *Beispiel*: *A* hat bei der *B*-Bank eine Spareinlage von 1000 DM eingezahlt und vereinbart, daß Gläubiger der Forderung sein Neffe *C* sein soll. Das auf den Namen des *C* ausgestellte Sparbuch wird *A* ausgehändigt. Als kurze Zeit danach ein dem Bankangestellten nicht bekannter junger Mann am Schalter erscheint und Auszahlung des Guthabens verlangt, zahlt der Angestellte den Betrag aus, obwohl er sich dunkel erinnert, daß *A* von einem zehnjährigen Neffen gesprochen hatte.

Nach dem Wortlaut des § 808 I BGB wird der Schuldner immer dann frei, wenn er an den Inhaber der Urkunde leistet. Auf die Liberationswirkung, die zu Lasten des wahren Berechtigten geht, darf sich nicht berufen, wer die Nichtberechtigung des Papierinhabers kennt[20]. Nach h.M.[21] schadet auch schon grob fahrlässige Unkenntnis von der Nichtberechtigung, die im Beispiel vorliegen dürfte. Die Bank ist zwar nicht generell verpflichtet, die Berechtigung des Urkundeninhabers nachzuprüfen. Wird ihr jedoch ein Sparbuch unter Begleitumständen vorgelegt, die den Verdacht auf eine fehlende Berechtigung des Inhabers nahelegen, muß sie zumutbare Nachforschungen anstellen. Im Ergebnis geht die Befreiungswirkung bei den qualifizierten Legitimationspapieren also nicht weiter als beim Wechsel (Art. 40 III WG) oder bei den Inhaberpapieren (§ 793 I 2 BGB). Anders als bei Art. 40 III WG kommt es bei § 808 I BGB allerdings nicht auf die Beweisbarkeit der mangelnden Berechtigung an (vgl. hierzu 2. Teil Rdnr. 198), weil sich der Schuldner nicht in der Zwangslage befindet, die bei Verfall eines Wechsels besteht.

291 Die Reichweite des Gutglaubensschutzes ist dieselbe wie bei den Inhaber- und Orderpapieren. Geschützt wird nicht nur der gute Glaube an die Gläubigerschaft des Inhabers, sondern auch an dessen Verfügungs- oder Vertretungsmacht[22]. Die bereits in anderem Zusammenhang behandelte Frage nach dem Schutz des guten Glaubens an die Geschäftsfähigkeit[23] wird im Rahmen des § 808 I BGB genauso kontrovers diskutiert.

> *Fall 68:* Onkel *O* schenkt und übergibt seinem Neffen *C* zu dessen 16. Geburtstag ein Sparbuch. Das Sparkonto hatte *O* auf seinen Namen bei der *B*-Bank eröffnet und 1000 DM einbezahlt. *C* hebt das Geld sofort ab, und verbraucht es innerhalb kürzester Zeit. Die Eltern des *C*, die mit der Verwendung des Geldes nicht einverstanden sind, wollen wissen, ob die Bank wirksam an *C* leisten konnte.

Die Bank wäre jedenfalls dann von ihrer Verpflichtung frei geworden, wenn sie an den materiell Berechtigten geleistet hätte. In der Übergabe des Sparbuchs an *C* liegt konkludent die Abtretung der Darlehensforderung gegen die Bank (vgl. oben Rdnr. 284). Die Minderjährigkeit des *C* ist insoweit unschädlich, da der Forderungs-

---

[20] Teilweise wird vertreten, die Liberationswirkung greife in diesem Fall nicht ein (RGRK-*Steffen*, § 808 Rdnr. 42), teilweise wird in der Berufung auf die Liberationswirkung eine nach § 242 BGB unzulässige Rechtsausübung gesehen (*Baumbach/Hefermehl*, WPR Rdnr. 81).

[21] *Hueck/Canaris*, § 27 III 3; *Hüffer*, in: MünchKomm, § 808 Rdnr. 15; *Staudinger/Marburger*, § 808 Rdnr. 24; vgl. auch *OLG Düsseldorf*, NJW 1987, 654; a.A. (nur positive Kenntnis schadet): RGRK-*Steffen*, § 808 Rdnr. 45.

[22] *Hueck/Canaris*, § 27 III 3; *Hüffer*, in: MünchKomm, § 808 Rdnr. 16.

[23] Vgl. 2. Teil Rdnr. 142.

erwerb für ihn nur rechtlich vorteilhaft ist (§ 107 BGB). *C* war somit Inhaber der Forderung aus dem Sparvertrag gegen *B* geworden. Mit der Auszahlung an den beschränkt geschäftsfähigen *C* ist jedoch keine Erfüllungswirkung verbunden[24]. Etwas anderes könnte sich aufgrund der Liberationswirkung des Sparbuchs ergeben. Nach überwiegender, freilich sehr umstrittener Auffassung schützt § 808 I BGB auch den guten Glauben an die Geschäftsfähigkeit[25]. Hielt der Bankangestellte den *C* also für volljährig, wovon hier ausgegangen werden soll, kann sich danach die Bank auf die Liberationswirkung berufen.

b) Vertragliche Einschränkung der Liberationswirkung

292 § 808 I 1 BGB ist dispositives Recht, kann also durch Vereinbarung der Parteien eingeschränkt werden. Als legitimationseinschränkende Abreden kommen beispielsweise ein Sperrvermerk oder die Vereinbarung in Betracht, daß der Aussteller nur zur Leistung an einen Inhaber befugt sein soll, der sich zusätzlich ausweist, z.B. durch ein Kennwort. Es ist allerdings durch Auslegung im Einzelfall zu klären, ob durch solche Abreden die Liberationswirkung tatsächlich eingeschränkt oder nur eine besondere Sorgfaltspflicht des Schuldners begründet werden soll, deren Verletzung Schadensersatzansprüche auslösen kann[26]. Ergibt die Auslegung daß eine Einschränkung der Liberationswirkung gewollt ist, so wirkt die Leistung an den nichtberechtigten Inhaber nur dann schuldbefreiend gegenüber dem Berechtigten, wenn sie objektiv mit der Vereinbarung in Einklang steht und damit von der eingeschränkten Liberationsklausel gedeckt ist, weil der Vorleger beispielsweise das vereinbarte Kennwort weiß. Andernfalls bleibt der Schuldner dem Forderungsberechtigten gegenüber zur Zahlung verpflichtet, ohne daß es darauf ankommt, ob ihn an der Nichteinhaltung der getroffenen Vereinbarung ein Verschulden trifft.

c) Liberationswirkung bei vorzeitiger Leistung

> *Fall 69*: Dem *A*, der bei der *B*-Bank ein Sparkonto unterhält, wird bei einem Einbruch auch das Sparbuch gestohlen. Der Dieb hebt unter Vorlage des Sparbuches bei der *B* von dem Guthaben, das sich auf 4066 DM beläuft, 4000 DM ab. *A* verlangt von *B*, daß der ausgezahlte Betrag dem Konto wieder gutgeschrieben und im Sparbuch eingetragen wird.

293 Ein Anspruch auf Gutschrift des ausgezahlten und abgebuchten Betrages könnte sich aus dem Sparvertrag ergeben. Aufgrund des Sparvertrages ist die Bank verpflichtet, die Eintragungen im Sparbuch so vorzunehmen, daß der jeweilige Kontostand, d.h. die jeweils bestehende Forderung des Sparers gegen das Kreditinstitut, richtig ausgewiesen wird. Deckt sich der wahre Kontostand nicht mit der Eintragung im

---

[24] Dieses Ergebnis ist unabhängig davon, welcher Erfüllungstheorie man folgt; näher hierzu *Larenz*, Schuldrecht I, 14. Aufl. (1987), § 18 I (S. 235 ff.).

[25] *OLG Düsseldorf*, WM 1971, 231; *Hüffer*, in: MünchKomm, § 808 Rdnr. 16; RGRK-*Steffen*, § 808 Rdnr. 47; *Dunz*, JuS 1962, 139; *Brox*, Rdnr. 711; a.A. *Hueck/Canaris*, § 27 III 3; *Staudinger/Marburger*, § 808 Rdnr. 26.

[26] Im Zweifel wird letzteres gewollt sein, da Einschränkungen der Liberationswirkung dem Wesen der qualifizierten Legitimationspapiere widersprechen, *Staudinger/Marburger*, § 808 Rdnr. 28; RGRK-*Steffen*, § 808 Rdnr. 66.

Sparbuch, hat der Sparer einen Anspruch auf Berichtigung[27]. *A* könnte somit die Eintragung einer Gutschrift verlangen, wenn seine Forderung aus dem Darlehensvertrag gegen die Bank weiterhin 4066 DM betragen würde. Die Bank hat die 4000 DM an einen Nichtberechtigten ausbezahlt. Da dieser jedoch das Sparbuch vorgelegt hat, könnte sie nach § 808 I BGB mit befreiender Wirkung geleistet haben. Ein Anhaltspunkt dafür, daß die Bank die Nichtberechtigung des Inhabers kannte oder grob fahrlässig nicht erkannt hat, ist nicht ersichtlich. Die Voraussetzungen für eine Liberationswirkung nach § 808 I 1 BGB würden damit vorliegen.

294 Eine Einschränkung der Liberationswirkung könnte sich jedoch aus § 22 I KWG ergeben. Danach können von Spareinlagen mit gesetzlicher Kündigungsfrist (drei Monate) ohne Kündigung nur bis zu 2000 DM innerhalb von 30 Zinstagen zurückgefordert werden. Nach der Rechtsprechung tritt die Befreiungswirkung des § 808 I BGB nicht ein, wenn die Bank entgegen § 22 KWG mehr als 2000 DM an den Inhaber des (ungekündigten) Sparbuchs auszahlt[28]. Zur Begründung wird auf den Wortlaut des § 808 I BGB verwiesen, wonach die Befreiungswirkung eintritt, wenn die in der Urkunde *versprochene* Leistung an den Inhaber bewirkt wird. „Versprochen" sei die Leistung, zu der sich die Bank nach dem Sparvertrag unter Beachtung zwingender gesetzlicher Vorschriften verpflichtet habe. Zum Leistungsversprechen gehöre auch der Leistungszeitpunkt. Die Klausel in den Sparbedingungen, wonach das Kreditinstitut den Inhaber des Sparbuchs als berechtigt ansehen dürfe, das *ungekündigte* Kapital in Empfang zu nehmen, hat der BGH wegen Verstoßes gegen § 22 KWG nach § 134 BGB für nichtig erklärt[29]. Das Kreditinstitut könne sich auch nicht darauf berufen, daß nach § 22 III KWG Einlagen ausnahmsweise vorzeitig (i.d.R. gegen Vorschußzinsen) zurückgezahlt werden können. Denn das hierzu notwendige Einverständnis könne der Urkundeninhaber nicht wirksam erteilen.

Die Frage, in welcher Höhe die Befreiungswirkung zu versagen ist, wird von der Rechtsprechung unterschiedlich beantwortet: Nach einer Ansicht[30] wird die Bank nur hinsichtlich des 2000 DM übersteigenden Betrages nicht von ihrer Schuld gegenüber dem wahren Berechtigten frei. *A* könnte danach eine Gutschrift in Höhe von 2000 DM verlangen. Die Gegenauffassung[31] versagt die Liberationswirkung für die gesamte Auszahlung. Danach könnte *A* Rückbuchung in Höhe von 4000 DM verlangen.

295 Mit der überwiegenden Auffassung im Schrifttum[32] ist die Einschränkung der Liberationswirkung über § 22 KWG abzulehnen. Gesetzliche Kündigungsfristen bezwecken nicht den Schutz des Sparers, sondern dienen dem Liquiditätsinteresse der Kreditinstitute und dem öffentlichen Interesse an einer klaren Trennung von Spareinlagen und Geldern für den Zahlungsverkehr. Nach den Grundsätzen einer am Gesetzeszweck orientierten (teleologischen) Interpretation darf eine Vorschrift, die Interessen der Banken schützt und deren Anwendung diesen in gewissem Umfang freigestellt

---

[27] *OLG Hamm,* NJW 1961, 1311.

[28] *BGHZ* 28, 368; 42, 302; 64, 278; *BGH,* NJW 1986, 2104; zustimmend *Baumbach/Hefermehl,* WPR Rdnr. 88; *Meyer-Cording,* S. 92.

[29] *BGHZ* 64, 278, (280).

[30] *BayObLG,* NJW 1967, 600; RGRK-*Steffen,* § 808 Rdnr. 52.

[31] *OLG Hamm,* NJW 1961, 1311.

[32] *Hueck/Canaris,* § 27 III 3; *Staudinger/Marburger,* § 808 Rdnr. 51; *Flume,* JZ 1959, 537.

ist (§ 22 III KWG), nicht zum Nachteil der Banken ausgelegt werden[33]. Soweit die Gegenauffassung darauf abstellt, die Liberationswirkung des § 808 I BGB erfasse nur die „versprochene" Leistung, wozu die vorzeitige Leistung nicht gehöre, wird verkannt, daß eine Vertragsänderung nach dem Rechtsgedanken der §§ 407, 893, 1141 I 2, 2367 BGB auch von dem nichtberechtigten Papierinhaber vorgenommen werden kann[34]. Zu beachten ist jedoch, daß bei Auszahlung von mehr als 2000 DM an einen nicht bekannten Vorleger des Sparbuchs die Annahme einer die Liberationswirkung ausschließenden groben Fahrlässigkeit naheliegt. Das ist im *Fall 69* Tatfrage.

IV. Besonderheiten beim Postsparbuch

296 Wegen der großen Verbreitung des Postsparbuchs soll abschließend kurz auf dessem Besonderheiten eingegangen werden.

Postsparbücher werden mit und ohne Berechtigungsnachweis ausgegeben. Bei Postsparbüchern ohne Berechtigungsnachweis ist die DBP POSTBANK berechtigt, aber nicht verpflichtet, Rückzahlungen an jeden Vorleger des Sparbuchs und der Ausweiskarte zu leisten. Bei Postsparbüchern mit Berechtigungsnachweis werden Einlagen nur an den Sparer selbst, einen Zeichnungsbefugten oder Bevollmächtigten zurückgezahlt. Diese haben sich auf Verlangen durch einen Personalausweis oder Reisepaß auszuweisen. Die Rechtsprechung hat die Grundsätze über die Einschränkung der Liberationswirkung bei vorzeitiger Rückzahlung auch auf das Postsparbuch ohne Berechtigungsnachweis übertragen[35].

Besonderheiten gelten für die Übertragung des Anspruchs auf Auszahlung des Postsparguthabens. Eine Abtretung ist zwar zulässig (§ 23 IV 1 PostG), zu ihrer Wirksamkeit müssen aber die vorgeschriebene Form eingehalten werden. Formlose Abtretungen sind gem. § 125 BGB nichtig[36]. Die Verpfändung des Guthabens wird durch das Postgesetz ausgeschlossen. Für die Pfändung wird in § 23 IV 4 PostG auf § 831 ZPO, die Vorschrift für die Pfändung indossabler Papiere, verwiesen.

---

[33] So die überzeugende Begründung von *Canaris,* Bankvertragsrecht, Rdnr. 1187; *Staudinger/Marburger,* § 808 Rdnr. 51.

[34] Im einzelnen hierzu *Hueck/Canaris,* § 27 III 3.

[35] *BGH,* NJW 1986, 2104; zustimmend *Baumbach/Hefermehl,* WPR Rdnr. 88.

[36] *BGH,* NJW 1986, 2107.

6. Teil: Scheck und Wechsel im Gutachten und im Prozeß

297 Methodik und Technik der Fallösung sowie Aufbaufragen sind in der bisherigen falldidaktischen Darstellung des Wertpapierrechts wiederholt behandelt worden. Im letzten Teil wird abschließend und zusammenhängend die gutachtliche und prozessuale Bearbeitung eines Wertpapierrechtsfalles gezeigt. Dazu dient ein scheckrechtlicher Musterfall[1], der sich in der Praxis tatsächlich zugetragen hat. An ihm sollen Rechtsfragen der Begebung, der Einlösung und der Rückgriffshaftung demonstriert werden. Ausgangspunkt soll ein unstreitiger Sachverhalt sein, wie er in Universitätsklausuren zur gutachtlichen Prüfung ausgegeben wird (I). Anschließend wird der Fall so umgebildet, wie er in der Praxis der richterlichen Beurteilung vorgelegen hat (II).

I. Gutachtliche Prüfung eines Wertpapierrechtsfalles

Zunächst geht es um die Darstellung (1) und den Aufbau (2) eines Gutachtens bei einem Scheck- bzw. Wechselrechtsfall, sodann wird die Lösung des folgenden Falles entwickelt (3).

Fall 70: Zu Rechtsanwalt *R* kommt am 6.6. der Mandant *A* und schildert, er habe in der Nacht zuvor in einer Gastwirtschaft beim Kartenspiel an *C* eine erhebliche Summe verloren. Zur Begleichung seiner Schuld habe er einen Scheck über 5000 DM auf seine Bank *B* unter dem Datum vom 6.6. ausgestellt und dem *C* ausgehändigt. Gleich heute morgen habe ihm der Filialleiter der *B* auf seine Bitte hin zugesagt, den Scheck bei Vorlegung nicht einzulösen; allerdings müsse er (*A*) die rechtlichen Folgen der Nichteinlösung tragen. *A* fragt, welche rechtlichen Nachteile er im Verhältnis zum Scheckinhaber *C* befürchten müsse.

1. Allgemeine Probleme

Die Lösung eines Wertpapierrechtsfalles bereitet Student(inn)en erhebliche Schwierigkeiten. Das liegt vor allem daran, daß man hier nicht in den gewohnten Bahnen des bürgerlichrechtlichen Anspruchsaufbaus denken und arbeiten kann.

a) Unterschiede zum gewohnten Anspruchsaufbau

298 Eine erste Besonderheit scheck- und wechselrechtlicher Anspruchsgrundlagen besteht darin, daß sie lediglich den Verpflichtungstatbestand gegen den Papierschuldner beschreiben und nicht zugleich auch – wie grundsätzlich im BGB – den Anspruchsbe-

---

[1] Einen weiteren scheckrechtlichen Fall behandeln *Schnauder,* JuS 1991, 1039 sowie *Timm/Enders,* JuS 1992, 406; zu einem Wechselrechtsfall *Müller-Christmann/Schnauder,* JuS 1992 Heft 11; *Schultz,* JuS 1979, 503.

rechtigten nennen[2]. Der Grund für diese „unvollkommene" Anspruchsnorm liegt etwa beim Wechsel darin, daß im Wechselverband regelmäßig mehrere Wechselschuldner stehen, die neben dem Aussteller für die Annahme bzw. Zahlung des Wechsels haften. Da Wechsel- bzw. Scheckansprüche nur dem jeweils sachlich Berechtigten zustehen, ist neben der Existenz der Wertpapierforderung gesondert zu prüfen, ob der Papierinhaber auch Gläubiger der verbrieften Rechte ist. Sachlich berechtigt ist der „rechtmäßige Inhaber" (so Art. 16 I WG, Art. 19 ScheckG), d.h. grundsätzlich der Eigentümer des Wertpapiers.

Hinzu kommt, daß Scheck- und Wechselrechte überhaupt nur bei Vorliegen einer formgültigen Urkunde denkbar sind. Aus diesen Besonderheiten ergibt sich die Notwendigkeit zu einem anderen Vorgehen und einer vom Gewohnten abweichenden Reihenfolge der Darstellung. Es geht um drei Prüfungsschritte:

- Formgültigkeit von Scheck bzw. Wechsel (1)
- Eigentum am Scheck bzw. Wechsel (2)
- (einredefreie) Scheck- bzw. Wechselforderung (3)

Darüber hinaus sind bei der Begutachtung häufig neben wertpapierrechtlichen auch bürgerlichrechtliche Ansprüche (z.B. aus Kauf- oder Werkvertrag) zu prüfen. Dann hat der Bearbeiter die kausale Grundforderung und die neben sie tretende Wertpapierforderung streng auseinander zu halten und ihr Verhältnis zueinander sowie das unterschiedliche rechtliche Schicksal beider zu untersuchen. Die dabei entstehenden Fragen nach der Konkurrenz der Ansprüche führen zu einem weiteren Aufbauproblem. Je nach Fallgestaltung wird es sich empfehlen, mit den scheck- bzw. wechselrechtlichen oder den bürgerlichrechtlichen Ansprüchen zu beginnen[3]. Eine feste Regel gibt es nicht. Maßgebliche Kriterien für die Entscheidung sind Zweckmäßigkeit, Logik und Verständlichkeit der Fallösung. Daher gilt hier wie bei jedem Gutachten, daß vor der Niederschrift die Lösung vollständig durchdacht werden soll[4]. Dabei wird sich häufig anbieten, entsprechend dem Schwerpunkt der Fallprobleme mit den Ansprüchen aus dem Scheck (Wechsel) zu beginnen und die aufgeworfenen bürgerlichrechtlichen Fragen (wie z.B. Sachmängeleinrede aus dem Grundverhältnis) inzidenter abzuhandeln.

b) Verteidigungsvorbringen des Anspruchsgegners

299 Die Klausurbearbeitung wird zusätzlich dadurch erschwert, daß im Wertpapierrecht eine teilweise vom BGB abweichende, eigene, ja eigentümliche Terminologie herrscht (z.B. „Legitimationswirkung zugunsten des Schuldners" oder „irgendwie abhanden gekommen") und auch das Gesetz unklare, ja mißverständliche Formulierungen enthält (z.B. „Das Indossament überträgt alle Rechte aus dem Wechsel/Scheck"). Die solchen Formulierungen zugrundeliegende eigenartige Struktur des Wertpapierrechts ist dem Anfänger zunächst fremd und verschlossen. Er ist noch nicht gewohnt, in prozessualen Kategorien zu denken, und kennt auch noch nicht die richterliche Arbeitsweise, weil im Unterricht und in Klausuren gewöhnlich nur unstreitige Sachverhalte zur ausschließlich materiellrechtlichen Beurteilung ausgegeben werden.

---

[2] Dazu bereits *Henrichs,* JuS 1964, 486, 487.

[3] *Brox,* Rdnr. 645; *ders.,* JA 1980, 72, 73; *Zöllner,* Anh. § 24 I 1.

[4] Dazu *Diederichsen,* Die BGB-Klausur, 7. Aufl. (1988), 3. Teil I 3.

Demgegenüber ist die Praxis des Wertpapierrechts auf die prozessuale Durchsetzung des wertpapierverbrieften Rechts bei einem streitigen Lebenssachverhalt zugeschnitten. Deshalb bereitet dem Studenten das Verhältnis von formeller Legitimation und materieller Berechtigung nicht selten Schwierigkeiten (dazu *Fall 70 a*).

300 Im Prozeß helfen dem Papierinhaber (Kläger) gegen die Behauptung des Beklagten, der Kläger sei nicht Eigentümer der Urkunde und damit auch nicht Gläubiger der darin verkörperten Forderungen, gesetzliche Beweisregeln (wie z.B. Art. 16 I WG, Art. 19 ScheckG, § 793 I 1 BGB), die seine materielle Berechtigung im Rechtsstreit vermuten (formelle Legitimation). Infolgedessen hat der Beklagte zu behaupten und zu beweisen, daß der Papierinhaber materiell nicht berechtigt ist, die in der Urkunde versprochene Leistung zu verlangen, § 292 ZPO (Beweislastumkehr). Das ist regelmäßig von prozeßentscheidender Bedeutung für den Kläger, der im Rechtsstreit lediglich die Originalurkunde vorlegen muß, die sozusagen für ihn spricht. Der Richter prüft dann nicht mehr positiv (wie der Student in Universitätsklausuren), ob der Kläger auch tatsächlich materiell berechtigt ist. Vielmehr erfolgt erst auf entsprechende Verteidigung des Beklagten die (negative) Prüfung, ob der Kläger materiell Nichtberechtigter ist. Das kann der Richter erst annehmen, wenn die bestehende Rechtsvermutung zugunsten des Klägers vollständig, d.h. zur vollen tatrichterlichen Überzeugung widerlegt ist (Beweis des Gegenteils).

301 Auf dieser Struktur baut auch die Einwendungslehre auf. Sie geht nicht von dem materiellrechtlichen Anspruch des Klägers aus, sondern orientiert sich an dem möglichen Verteidigungsvorbringen des Wertpapierschuldners, der sich gegen Bestand und Durchsetzung der Wertpapierforderung wendet; sie stellt die Frage, ob das Vorbringen erheblich ist und einer Verurteilung des Beklagten entgegensteht. Demgegenüber pflegen in einer Klausur mit unstreitigem Sachverhalt die Einwendungen des Schuldners im Zusammenhang mit dem Bestehen des Anspruchs des Gläubigers erörtert zu werden. Deshalb ist zweifelhaft, ob und wie die Einwendungslehre in diesen üblichen Anspruchsaufbau übertragen werden kann. Das Gutachten kann selbstverständlich gemäß der Einteilung der Einwendungen nach ihrer Wirkung gegliedert werden, also danach, ob urkundliche, persönliche oder Gültigkeitseinwendungen vorgebracht werden. Bezieht man jedoch die Einwendungslehre nicht lediglich auf die wertpapierverbriefte Forderung (Prüfungsschritt [3]; vgl. oben 2. Teil Rdnr. 164), sondern auf sämtliche Verteidigungsmöglichkeiten des Anspruchsgegners (Prüfungsschritte [1], [2] und [3]), entsteht ein Einordnungsproblem, weil die urkundlichen Einwendungen alle drei Ebenen betreffen können. So kann sich aus der Urkunde ein Formmangel (1) oder das Fehlen der formellen Legitimation (2) oder eine Einwendung (3) gegen die Existenz der verbrieften Forderung (z.B. bei einer Angstklausel, Art. 15 WG) bzw. eine Einrede gegen die Durchsetzbarkeit der Forderung (z.B. Verjährung gem. Art. 70 WG, Art. 52 ScheckG) ergeben.

Diese Vorgehensweise führt jedoch bei unstreitigen Sachverhalten zu einer unnötigen Komplizierung des Aufbaus. Man sollte daher, was Entstehung und Durchsetzung der Papierforderung (3) angeht, ohne weiteres dem gewohnten materiellrechtlichen Aufbau folgen und (nach Feststellung der Formgültigkeit und des Eigentums am Wertpapier) prüfen, ob die Wertpapierforderung kraft Vertrages bzw. – bei Gültigkeitseinwendungen – kraft zurechenbaren Rechtsscheins entstanden ist, oder ob ihr – bei persönlichen Einwendungen – Leistungsverweigerungsrechte entgegenstehen[5]. Diese Darstellung entspricht dann der einer BGB-Klausur, bei der nach Prüfung des Entstehens eines Anspruchs (rechtshindernde Einwendungen) die rechtsvernichtenden Einwendungen und schließlich rechtshemmende Einreden untersucht werden.

2. Anspruchsaufbau

302 Aufgrund der bisherigen Überlegungen soll nunmehr für Wechsel- und Scheckrechtsfälle mit *unstreitigem Sachverhalt* ein Aufbauschema vorgeschlagen werden. Dabei muß sich der Anwender aber im klaren sein, daß es nur als Leitlinie für die Fallösung verstanden werden kann, die bei besonderen Umständen des Einzelfalles zu modifizieren ist.

I. Scheck- bzw. wechselrechtliche Ansprüche
(z.B. Art. 28, 9, 15, 43 WG; 12, 40 ScheckG)
- **1. Formelle Voraussetzungen**
  - **a) Vorlegung eines formgültigen Wechsels bzw. Schecks**
  - **b) Bei Rückgriffsansprüchen: formelle und materielle Voraussetzungen der Art. 43, 44 WG; Art. 40, 41 ScheckG**
- **2. Eigentum des Anspruchstellers am Wechsel, Scheck bzw. sonstige materielle Berechtigung**

  In einer Klausur ist hier das Scheck- bzw. Wechseleigentum des Anspruchstellers positiv festzustellen. Die formelle Legitimation spielt nur eine Rolle als Grundlage des Erwerbs vom Nichtberechtigten, Art. 16 II WG.

- **3. Scheck- bzw. Wechselverpflichtung des Anspruchsgegners**
  - **a) Entstehen und Fortbestehen der Forderung**
    - aa) Skripturakt
    - bb) Schuldbegründender Begebungsvertrag bzw. bei *Gültigkeitseinwendungen* Rechtsschein eines solchen
    - cc) Erlöschen der Schuld
  - **b) Einreden (Leistungsverweigerungsrechte)**
    Persönliche Einwendungen; Unterscheide: gegenüber dem Ersterwerber oder Zweiterwerber (hier: Art. 17 WG; Art. 22 ScheckG)
- **4. Ergänzende Ausführungen**
  - **a) Anspruchshöhe** (Art. 48, 49, 28 II WG; Art. 45 ScheckG)
  - **b) Gesamtschuldnerische Haftung** (Art. 47 I WG; Art. 44 I ScheckG)

II. Konkurrierende bürgerlichrechtliche Ansprüche
(insbesondere aus dem Grundverhältnis)

III. Bürgerlichrechtliche Regreßansprüche
(z.B. aus positiver Forderungsverletzung bei Verstoß gegen wechselmäßige Diligenzpflichten)

3. Lösung des scheckrechtlichen Musterfalles

Das Aufbauschema gibt nicht nur ein Gerüst für die Darstellung des Gutachtens (b), sondern auch schon eine Orientierung für die notwendigen Vorüberlegungen (a).

---

[5] Das empfiehlt auch *Brox,* Rdnr. 643; *ders.,* JA 1980, 73.

a) Vorüberlegungen

303 Die gutachtliche Bearbeitung eines Falles setzt zunächst die Erfassung des Sachverhalts und der Aufgabe voraus. Beides bereitet in dem relativ einfach strukturierten *Fall 70* keine Schwierigkeiten. Die gestellte Aufgabe verlangt die Beantwortung der Frage, ob der Scheckaussteller *A* nach dem Scheckwiderruf[6] infolge der angekündigten (und zu unterstellenden) Nichteinlösung des Schecks durch *B* einem Anspruch des Schecknehmers *C* ausgesetzt ist. Dabei kommt nur ein Anspruch aus dem Scheck nach Art. 12, 40, 45 ScheckG in Betracht. Denn die Spielschuld selbst kann *C* gegen *A* nicht durchsetzen, sie begründet keine Verbindlichkeit im Rechtssinne, § 762 I 1 BGB.

Vom Vorliegen eines formgültigen Schecks ist auszugehen, da der Sachverhalt insoweit keine Hinweise enthält. Nach Sachlage kann auch nicht geprüft werden, ob die formellen und materiellen Voraussetzungen für einen Scheckrückgriff (Zahlungsverweigerung und datierter Vermerk hierüber[7]) gegeben sind.

Der Papierinhaber *C* kann nach Zahlungsverweigerung freilich aus dem Scheck einen Regreßanspruch nur herleiten, wenn er als Eigentümer materiell berechtigt ist. In einer Klausur mit unstreitigem Sachverhalt muß das Scheckeigentum des Anspruchstellers positiv festgestellt werden. Der Hinweis auf die formelle Legitimation (Vermutung der materiellen Berechtigung)[8] ist für die Klausurlösung weder erforderlich noch ausreichend[9]. Denn für die gutachtliche Prüfung des Wertpapieranspruchs kann nicht die Vermutung des Rechts, sondern allein die Existenz des Rechts maßgeblich sein.

304 Der Eigentumserwerb des *C* ist nicht ganz unproblematisch, weil *A* den Scheck zur Erfüllung einer Spielschuld an *C* begeben hat. Indes berührt dies die Übereignung der Scheckurkunde nicht. Denn § 762 II BGB hat keine Auswirkung auf den *dinglichen* Begebungsvertrag; diese Vorschrift versagt lediglich Rechtsgeschäften, die „zum Zwecke der Erfüllung" einer Spielschuld wiederum nur auf die Begründung einer Verbindlichkeit gerichtet sind, die rechtliche Wirksamkeit ebenso wie der Spielforderung selbst[10]. Nach ihrem Sinn soll sie verhindern, daß der Normzweck des § 762 I BGB durch Eingehung neuer Verbindlichkeiten umgangen wird. Damit ist die Übereignung der Urkunde wirksam, *C* also Scheckeigentümer geworden.

---

[6] Die sogenannte Schecksperre (Widerruf der Anweisung im Deckungsverhältnis) ist gemäß Art. 32 I ScheckG erst mit Ablauf der achttägigen (Art. 29 I ScheckG) Vorlegungsfrist wirksam. Gleichwohl wird die bezogene Bank den Widerruf schon vorher beachten. Vgl. oben 3. Teil Rdnr. 246.

[7] Die förmliche (ordnungsgemäße) Feststellung der Zahlungsverweigerung nach Art. 40 Nr. 2 ScheckG ist sachliche Voraussetzung für das Entstehen des scheckrechtlichen Rückgriffsanspruchs. Fehlt es hieran, ist die Scheckklage als unbegründet abzuweisen, *BGHZ* 96, 9 (15); 107, 111 (114).

[8] Für den Orderscheck gilt Art. 19 ScheckG; Inhaberschecks fallen nicht unter diese Vorschrift. Bei ihnen ist der Inhaber als solcher formell legitimiert, *BGHZ* 108, 353 (358); *Baumbach/ Hefermehl,* Art. 19 Rdnr. 1.

[9] Streitig ist, ob (beim Wechsel) die förmliche Legitimation des Papierinhabers *neben* dem Eigentum ein zusätzliches Erfordernis für die Geltendmachung der Wechselrechte darstellt (so *Zöllner,* Anh. § 24 II 4 a; b dd), oder ob im Rechtsstreit diese sich in der Vermutung der materiellen Berechtigung zugunsten des Papierinhabers erschöpft, was zutrifft.

[10] *Palandt/Thomas,* § 762 Rdnr. 7; *Pecher* in: MünchKomm, § 762 Rdnr. 20.

Anders liegt es freilich dann, wenn das Wertpapier zum Zwecke der Sicherung (oder Erfüllung) eines zu Spielzwecken gewährten – und damit wegen Sittenwidrigkeit nichtigen (§ 138 I BGB) – Darlehens begeben wird. Hier verstößt die Entgegennahme des Wechsels oder Schecks erneut gegen die guten Sitten (§ 138 I BGB), so daß der erste Nehmer mangels wirksamen (dinglichen) Begebungsvertrages schon das Eigentum am Wechsel oder Scheck nicht erwirbt[11]. Natürlich kann die Begebung auch eine Verbindlichkeit für den ersten Nehmer nicht begründen. Indessen besteht die Möglichkeit, daß ein gutgläubiger Zweiterwerber Eigentum am Papier (nach Art. 16 II WG; Art. 21 ScheckG) und die verbriefte Forderung gegen den Zeichner (nach Rechtsscheingesichtspunkten) erwirbt. Denn mit der Unterzeichnung des Wechsels (Schecks) als Aussteller hat *A* in zurechenbarer Weise den Rechtsschein einer wirksamen Verpflichtung geschaffen[12].

305 Als Eigentümer des Schecks ist *C* im *Fall 70* Gläubiger der darin verbrieften Leistungversprechen. In Betracht kommt hier aber nur ein Regreßanspruch gegen *A*[13]. Daher ist als nächstes zu prüfen (vgl. Aufbauschema I 3 a), ob gemäß Art. 12, 40 ScheckG ein Anspruch gegen *A* begründet ist.

Ob eine solche Leistungsverpflichtung entstanden ist, beurteilt sich nicht lediglich nach dem Skripturakt. Die bloße Unterschrift des *A* auf dem Scheck bringt seine Haftung als Aussteller noch nicht zum Entstehen. Dafür bedarf es vielmehr nach umstrittener, aber zutreffender Ansicht noch eines schuldrechtlichen Vertrages zwischen dem Aussteller und dem Schecknehmer über die Entstehung der Verpflichtung[14]. Auch dieser Begebungsvertrag ist hier mit Ausstellung und Hingabe der Urkunde zwischen *A* und *C* zustandegekommen. Er konnte jedoch, da der Scheck „zum Zwecke der Erfüllung" einer Spielschuld hingegeben wurde, eine rechtsverbindliche Verpflichtung nicht erzeugen, § 762 II BGB[15].

§ 762 II BGB setzt voraus, daß ein rechtsgeschäftliches Leistungsversprechen „zur Erfüllung" einer Spielschuld begründet wird. Deswegen kann diese Vorschrift unmittelbar nur anwenden, wer die Ausstellerhaftung als einen rechtsgeschäftlichen Verpflichtungstatbestand versteht. Wer demgegenüber mit der Gegenmeinung eine gesetzliche Haftung des Ausstellers annimmt, muß § 762 II BGB hier analog anwenden.

§ 762 I 2 BGB steht dem Einwand des fehlenden Begebungsvertrages (Gültigkeitseinwendung nach der Einwendungslehre) nicht entgegen, denn nicht schon mit der Scheckhingabe, sondern erst mit der (freiwilligen) Einlösung des Schecks tritt Erfüllung i. S. des § 762 I 2 BGB ein. Bis zu diesem Zeitpunkt kann sich der Schuldner *A* im Verhältnis zu *C* auf die Unverbindlichkeit des verbrieften Leistungsversprechens berufen[16]. Dies ist allgemein anerkannt, setzt aber als Prämisse voraus,

---

[11] Vgl. dazu *BGH*, NJW 1992, 316: Spielbank als Wechselnehmer; *BGH*, NJW 1990, 384, 385: Scheckhingabe zur Erfüllung eines wucherischen Darlehens. Vgl. schon 3. Teil Rdnr. 255.

[12] Dem Erwerber schadet grobe Fahrlässigkeit, dazu *BGH*, NJW 1992, 316, 317.

[13] Ein scheckrechtlicher Anspruch gegen die bezogene Bank scheidet von vornherein aus, da der Scheck nicht angenommen werden kann, Art. 4 ScheckG, s. oben 3. Teil Rdnr. 225.

[14] Vgl. oben Rdnrn. 235, 149, 114.

[15] *Baumbach/Hefermehl*, Art. 17 WG Rdnr. 46; *Bülow*, Art. 17 WG Rdnr. 47; *Hueck/Canaris*, § 9 II 4 b; *Zöllner*, § 21 IV 1 g; *BGH*, NJW 1981, 1898 (zur entsprechenden Lage beim Differenzgeschäft).

[16] *BGH*, NJW 1981, 1898, 1899.

daß im *Fall 70* die Scheckzahlung nicht als Barzahlung verstanden wird, wie das gelegentlich in anderem Zusammenhang geschieht[17].

b) Gutachten

306 Gefragt ist, ob *A* im Falle der Nichteinlösung des Schecks einem Anspruch des *C* auf Zahlung der Schecksumme ausgesetzt ist. Als Anspruchsgrundlage kommt Art. 12 i.V. mit Art. 40 ScheckG in Betracht.

Das setzt zunächst voraus, daß *C* als *Eigentümer* des (formgültigen) Schecks materiell Berechtigter ist. *C* hat das Eigentum an der Scheckurkunde durch dinglichen Begebungsvertrag von *A* erhalten, § 929 S.1 BGB. Die Rechtsübertragung scheitert nicht daran, daß der Scheck für eine Spielschuld hingegeben wurde. Nach § 762 II BGB ist lediglich die Begründung einer Leistungsverpflichtung (§ 305 BGB) zum Zwecke der Erfüllung der (nach § 762 I 1 BGB unverbindlichen) Spielschuld unwirksam. Der dingliche Begebungsvertrag als solcher wird von dieser Sanktion nicht erfaßt.

Fraglich ist aber, ob sich der Aussteller *A* wirksam in der Urkunde verpflichtet hat. *A* hat den Scheck als Aussteller unterschrieben. Durch die Skriptur allein entsteht aber noch keine Scheckverbindlichkeit. Dafür bedarf es nach der heute herrschenden (durch die Rechtsscheinlehre modifizierten) Vertragstheorie grundsätzlich einer vertraglichen Einigung über die Entstehung der Verbindlichkeit, § 305 BGB; das gilt auch im Verhältnis zwischen Aussteller und Schecknehmer. Zwar ist auch dieser Begebungsvertrag zwischen *A* und *C* zustandegekommen, er kann jedoch nach § 762 II BGB keine rechtswirksame Verpflichtung erzeugen. Die (durch die Nichtzahlung der Bezogenen aufschiebend bedingte) Verpflichtung des Ausstellers *A*, die dieser als Verlierer des Spieles zum Zwecke der Erfüllung seiner Spielschuld gegenüber dem Gewinner *C* begründet hat, ist ebensowenig rechtsverbindlich wie die Eingehung der Spielschuld selbst.

A kann den Gültigkeitsmangel ohne weiteres gegenüber dem ersten Nehmer *C* geltend machen. Der Gültigkeitseinwand entfällt auch nicht schon gemäß § 762 I 2 BGB infolge der Hingabe der Scheckurkunde an *C*. Erst mit der Einlösung des Schecks durch B tritt Erfüllung i.S. dieser Vorschrift ein. Daran ändert auch nichts die Ansicht, daß die Scheckzahlung wie eine Barzahlung behandelt werden müsse. In der bloßen Zeichnung eines Schecks kann man keine Barzahlung sehen. *A* ist demnach trotz seiner Unterschrift nicht Regreßschuldner des Scheckinhabers *C* geworden.

II. Scheck- und Wechselprozeß

307 Kommt es zwischen *A* und *C* zum Rechtsstreit, kann nicht mehr von der einseitigen Schilderung des *A* ausgegangen werden. Wir haben es dann mit einem streitigen Sachverhalt zu tun, genauer mit zwei Sachverhaltsversionen: dem Klagevortrag und dem Verteidigungsvorbringen.

---

[17] Etwa im Zusammenhang mit § 478 BGB, so *Zöllner,* ZHR 148 (1984), 316, 321, 333; *Hueck/Canaris,* § 17 I 1 b ; beide gegen *BGH,* NJW 1986, 1872.

Fall 70 a: Nachdem *C* im *Fall 70* den Scheck der bezogenen Bank *B* am 14.6. vorgelegt, diese die Zahlung verweigert und die Urkunde mit einem datierten Nichteinlösungsvermerk versehen hat, erhebt *C* „Scheckklage" gegen *A* vor dem Amtsgericht mit dem Antrag, den *A* zur Zahlung der Schecksumme in Höhe von 5000 DM sowie 22 DM an Rückbelastungsgebühren zu verurteilen. In der Klagebegründung behauptet *C*, der Scheck, dessen Original er im Termin vorlegen werde, sei zur Rückzahlung eines kurzfristigen Darlehens in Höhe der Schecksumme begeben worden, das er dem Beklagten *A* am 5.6. zur Überbrückung einer Notlage gewährt habe. *A* habe nämlich in dieser Nacht beim Kartenspiel die gesamten Tageseinnahmen, die seinem Arbeitgeber gehörten, an dritte Personen verspielt. Die Scheckeinlösung sei für die Woche vom 14.6. bis 18.6. vereinbart gewesen. Zum Beweis für sein Vorbringen beruft sich der Kläger auf das Zeugnis des Z.

Demgegenüber bleibt *A* in seiner Klageerwiderung dabei, daß er mit dem Scheck eine Spielschuld gegenüber *C* bezahlt habe. Außerdem sei er „infolge des Genusses von Alkohol" bei Scheckausstellung nicht mehr klaren Sinnes gewesen. Beweis für sein Vorbringen hat *A* nicht angeboten. Wie wird der Amtsrichter entscheiden?

1. Besonderheiten des Verfahrens

Für den Scheckrückgriff steht das ordentliche Klageverfahren (§§ 253 ff., 495 ZPO) oder das besondere Verfahren des Scheckprozesses (ein Unterfall des Urkundenprozesses, §§ 605 a, 592 ff. ZPO) zur Verfügung. In beiden Verfahren verschafft die formelle Legitimation der Urkunde dem Scheckinhaber (Wechselinhaber) einen Beweisvorteil, weil für ihn die Vermutung (§ 292 ZPO) streitet, daß er Eigentümer des Wertpapieres und Gläubiger der darin verbrieften Rechte ist. In der Praxis wählt der Kläger regelmäßig den Scheck- bzw. Wechselprozeß, weil er auf diesem Wege, sofern das Verfahren statthaft ist, besonders schnell einen (vorläufig) vollstreckbaren Titel erlangt.

a) Beschleunigung des Verfahrens

308 Die besondere Beschleunigung im Interesse des Klägers, der die anspruchsbegründenden (also die zur Schlüssigkeit der Klage erforderlichen) Tatsachen mit Hilfe von Urkunden nachweisen kann (Urkundenbeweis), erreicht das Verfahrensrecht über eine Reihe von Vorschriften.

Entscheidend ist dafür in erster Linie die Aufspaltung des Prozesses in zwei Verfahrensabschnitte, nämlich den eigentlichen Scheck- bzw. Wechselprozeß („Vorverfahren"), in dem die Parteien hinsichtlich der Beweismittel auf Urkunden und die Parteivernehmung (i.d.R. des Gegners, arg. § 445 ZPO) beschränkt sind (§ 595 II, III ZPO), und in das sich anschließende Nachverfahren, für das die Beweismittelbeschränkung nicht mehr gilt, § 600 ZPO. Der Beschleunigung dienen auch § 604 II, III ZPO, wonach die Ladungsfrist[18] erheblich abgekürzt werden kann, sowie § 595 I ZPO, der dem Beklagten die Widerklage versagt.

Im Vorverfahren werden die beweisbedürftigen Einwendungen des Beklagten nur berücksichtigt, soweit die ihnen zugrundeliegenden Tatsachen mit den hier zugelassenen Beweismitteln nachgewiesen werden können. Im übrigen bleiben sie un-

---

[18] Vgl. § 217 ZPO; auch die Einlassungsfrist kann abgekürzt werden, §§ 274 III, 226 I ZPO.

berücksichtigt, sie werden (in den Entscheidungsgründen des Vorbehaltsurteils) als unstatthaft zurückgewiesen, § 598 ZPO. Der Sache nach bedeutet das einen vorläufigen prozessualen Ausschluß von Einwendungen des Schuldners. Der Beklagte wird antragsgemäß zur Zahlung der Scheck- bzw. Wechselsumme verurteilt, jedoch wird ihm, sofern er Klageabweisung oder Verurteilung unter Vorbehalt seiner Rechte beantragt, im Urteilstenor die Ausführung seiner Rechte im Nachverfahren vorbehalten, Scheck- bzw. Wechselvorbehaltsurteil gemäß §§ 599, 602, 605 a ZPO.

Dem verurteilten Schuldner obliegt es im Anschluß an die Zustellung des Vorbehaltsurteils, aus dem der Kläger ohne Sicherheitsleistung vollstrecken kann (§ 708 Nr. 4 ZPO; vgl. aber § 711 ZPO), das Verfahren wieder anzurufen, d.h. Terminsantrag zu stellen[19], um im Nachverfahren mittels aller im ordentlichen Verfahren zulässigen Beweismittel (z.B. Sachverständigenbeweis bei behaupteter Unterschriftsfälschung) gegen den vorläufig titulierten Klageanspruch vorzugehen. Gewöhnlich hat der Beklagte keine andere Wahl, als das Vorbehaltsurteil über sich ergehen zu lassen und sein Recht in der Fortsetzung des Rechtsstreits zu suchen[20]. Ergibt sich im Nachverfahren, daß das Vorbringen des Beklagten nicht entscheidungserheblich oder nicht erweislich ist, so wird das Vorbehaltsurteil unter Wegfall des Vorbehalts aufrechterhalten. Obsiegt dagegen der Beklagte im Nachverfahren, wird das Vorbehaltsurteil aufgehoben und die Klage abgewiesen.

Erweist sich im Wechsel- oder Scheckprozeß, daß die Klage unbegründet ist, etwa weil die Wechsel- bzw. Scheckbegebung gemäß § 138 II BGB nichtig ist, so wird die Klage durch Sachurteil endgültig abgewiesen[21]. Kann der Kläger lediglich die klagebegründenden Tatsachen durch Urkunden nicht beweisen, so wird die Klage durch Prozeßurteil „als in der gewählten Prozeßart unstatthaft" abgewiesen.

b) Unstatthaftigkeit des Verfahrens

309 Im *Fall 70 a* prüft der Richter zunächst die Frage der Zulässigkeit der Klage. Hier ergeben sich keine Probleme. Die Sache gehört vor das Amtsgericht (sachliche Zuständigkeit, § 23 Nr. 1 GVG). Da *C* „Scheckklage" erhoben hat, muß neben den allgemeinen Prozeßvoraussetzungen auch das Vorliegen der drei besonderen Voraussetzungen der §§ 592 S. 1, 593 I ZPO geprüft werden. Fehlt eine dieser Anforderungen, ist die Scheckklage unzulässig.

Da die Scheck- wie die Wechselklage immer auf eine bestimmte Geldsumme gerichtet ist, liegt die erste Voraussetzung stets vor, § 592 S.1 ZPO, Art. 1 Nr. 2 ScheckG bzw. WG. Außerdem muß die Klageschrift die Erklärung des *C* enthalten, daß im Scheckprozeß geklagt wird, §§ 603, 605 a ZPO. Schließlich setzt § 592 S. 1 ZPO noch voraus, daß die sämtlichen zur Begründung des Anspruchs erforderlichen Tatsachen durch Urkunden bewiesen werden können. Anderenfalls fehlt es an der Statthaftigkeit des Verfahrens. Auch die letzte Voraussetzung wird regelmäßig gege-

---

[19] Von Amts wegen wird der Rechtsstreit nicht fortgesetzt.

[20] Streitig ist, ob der Beklagte dem Anspruch des Klägers zugleich widersprechen und ihn aus praktischen (Kosten-) Gründen lediglich für den Urkunden- bzw Wechsel- oder Scheckprozeß nach § 307 ZPO anerkennen kann mit der Folge, daß ein Scheck (Wechsel)-Anerkenntnis-Vorbehaltsurteil ergehen kann, vgl. *BGHZ* 107, 146 f.; *Zöller/Vollkommer,* ZPO, 17. Aufl. (1991), § 307 Rdnr. 7.

[21] Vgl. *BGHZ* 82, 200 (208); *BGH,* NJW 1976, 1451 sowie *Kollhosser,* JuS 1977, 513.

ben sein, weil der Scheck i.V. mit dem Nichteinlösungsvermerk gemäß Art. 40 Nr. 2 ScheckG bzw. der Wechsel i.V. mit der Protesturkunde alle anspruchsbegründenden Tatsachen enthält; zumindest aber kann aus dem Wertpapier eine entsprechende Rechtsvermutung zugunsten des Klägers entnommen werden[22].

Im *Fall 70 a* wird *C* als Besitzer eines Inhaberschecks (vgl. Art. 5 ScheckG) schon durch den bloßen Gewahrsam an der Scheckurkunde als Berechtigter ausgewiesen, also formell legitimiert[23]. Die erhobene Scheckklage ist somit zulässig.

310 Hätte *C* im *Fall 70 a* den Scheck nicht am 14.6., sondern erst am 15.6. zur Einlösung vorgelegt, könnte bereits aus dem Inhalt der Urkunde entnommen werden, daß der Scheckregreß gegen *A* mangels *rechtzeitiger* Vorlage (vgl. Art. 40 ScheckG) nicht besteht. Denn gemäß Art. 29 ScheckG beträgt die Vorlegungsfrist für einen im Ausstellungsland zahlbaren Scheck acht Tage. Die Fristberechnung beginnt gemäß Art. 29 II, 56 ScheckG mit dem Tag, der dem in der Scheckurkunde angegebenen Ausstellungstag folgt, hier also am 7.6. Fristende ist damit der 14.6. Da der Scheck am 15.6. nicht fristgerecht vorgelegt worden wäre, hätte der Inhaber *C* den Rückgriff gegen den Aussteller verloren (Präjudizierung).

Damit wäre aber die Scheckklage schon materiellrechtlich unbegründet und müßte durch Sachurteil abgewiesen werden[24]. Freilich könnte der Kläger sein Begehren auf den Scheckbereicherungsanspruch gemäß Art. 58 ScheckG stützen und die Klage insoweit umstellen, § 264 Nr. 3 ZPO. Da dieser Anspruch als Fortentwicklung des Scheckregreßanspruchs gilt, könnte er ebenfalls im Scheckprozeß geltend gemacht werden[25].

Selbst wenn *C* die Voraussetzungen des Scheckbereicherungsanspruchs schlüssig darlegen könnte, hätte seine Scheckklage auch insoweit keinen Erfolg. Denn *C* könnte weder seinen Schaden noch die Bereicherung des *A*, ja noch nicht einmal die Darlehenshingabe an *A* mit den im Scheckprozeß zulässigen Beweismitteln beweisen[26]. Daher müßte seine geänderte Klage als in der gewählten Prozeßart unstatthaft abgewiesen werden. Die (materielle) Rechtskraft dieses Prozeßurteils beschränkte sich dabei auf die allein entschiedene Frage. In der Sache selbst würde über den vom Kläger geltend gemachten Anspruch nicht erkannt, die Klage daher auch nicht verbraucht. *C* könnte demnach den Scheckbereicherungsanspruch im ordentlichen Verfahren erneut einklagen[27].

2. Entscheidung über die Scheckklage

311 Wegen der Zulässigkeit der Klage im *Fall 70 a* muß der Richter in der Sache über den geltend gemachten Anspruch entscheiden. Bei der rechtlichen Prüfung (a) zeigt sich, daß der Rechtsstreit ohne Beweiserhebung zur Entscheidung reif ist, und daß deshalb gemäß § 300 I ZPO Urteil zu ergehen hat (b).

a) Richterliches Gutachten

[22] Fraglich und streitig ist, ob der Kläger sämtliche zur Schlüssigkeit der Klage erforderlichen Tatbestandsmerkmale durch Urkunden belegen muß (so *Kollhosser,* JuS 1977, 513 m.w. Nachw.), oder ob der Kläger nach allgemeinen Beweisregeln lediglich bestrittene und beweisbedürftige Tatsachen durch Urkunden nachweisen muß, so die Rspr., vgl. *RGZ* 142, 306; *BGHZ* 62, 286; s. ferner *Brox,* JA 1980, 73.

[23] Vgl. Fußn. 8.

[24] Weil feststeht, daß der eingeklagte wertpapierrechtliche Anspruch nicht gegeben ist, vgl. *BGHZ* 82, 200 (208).

[25] *Baumbach/Hefermehl,* Art. 89 WG Rdnr. 1.

[26] Zum Nachweis der Bereicherung des Scheckausstellers und seines Schadens müßte der Scheckinhaber auf das Grundverhältnis rekurrieren.

[27] *BGHZ* 82, 200 (208); in dieser Entscheidung ist die Klage freilich als unbegründet abgewiesen worden, weil wechselrechtliche Ansprüche des Klägers ausgeschlossen waren.

Soweit dem Richter neben dem unstreitigen Vorbringen der Parteien streitige Parteibehauptungen und damit zwei unterschiedliche Sachverhaltsvorträge vorliegen, muß er beide Parteivorbringen nacheinander materiellrechtlich beurteilen, um herauszufinden, ob und über welche Tatsachen Beweis zu erheben ist (sog. Relationstechnik)[28].

312 • **Klägerstation**

Bei der Schlüssigkeitsprüfung darf man hier nicht den Fehler machen, das Begehren des Klägers auf § 607 BGB zu stützen. Zwar behauptet der Kläger unter Beweiserbieten, daß er dem Beklagten ein Darlehen in Höhe der Schecksumme gewährt habe, das bis spätestens 18.6. zurückgezahlt werden sollte. Im *Fall 70 a* kann dennoch nicht zweifelhaft sein, daß Streitgegenstand nur der Scheckrückgriff gemäß Art. 12, 40 ScheckG ist. Denn nach der ausdrücklichen Bezeichnung des Klägers handelt es sich um eine Scheckklage, mit der nur „Ansprüche aus dem Scheck" und nicht bürgerlichrechtliche Ansprüche geltend gemacht werden können. Daher ist die Schlüssigkeit der Klage auch nur hinsichtlich des geltend gemachten Rückgriffsanspruches zu prüfen. Auf die behauptete Darlehenshingabe kommt es gar nicht an.

Für die Ausstellerhaftung ist aber weder das Vorliegen eines (wirksamen) Grundgeschäfts noch die Wirksamkeit der Scheckbegebung selbst vom Scheckinhaber darzulegen. Entscheidend sind vielmehr nur die (hier unstreitigen) Tatsachen, daß *A* Aussteller und *C* Inhaber des nichteingelösten (formgültigen) Schecks ist. Daß der Scheck *rechtzeitig* vorgelegt wurde (Art. 40, 29 I ScheckG), ergibt sich zusammen mit der Zahlungsverweigerung aus dem Vermerk der bezogenen Bank auf der Rückseite des Schecks (Art. 40 Nr. 2 ScheckG). Damit sind die Voraussetzungen des Scheckrückgriffs gegeben[29].

Die Hauptforderung ist nach Art. 45 Nr. 1 ScheckG begründet, die geltend gemachten Rückbelastungskosten haben eine Grundlage in Art. 45 Nr. 3 ScheckG.

313 • **Beklagtenstation**

Gegen die schlüssige Klage verteidigt sich der Beklagte *A* mit dem wegen § 762 II BGB erheblichen Einwand der Spielschuld. Das ist ein Gültigkeitseinwand, der das wirksame Zustandekommen der Scheckverpflichtung in Abrede stellt. Diesen Einwand kann der Scheckzeichner in jedem Falle gegenüber dem ersten Nehmer der Urkunde (*C*) erheben[30].

Dagegen ist das Vorbringen des Beklagten *A*, er sei bei der Scheckbegebung „infolge des Genusses von Alkohol" geschäftsunfähig gewesen, nicht substantiiert genug, um den Schluß auf die behauptete Rechtsfolge zu rechtfertigen[31]. Auf diesen Vortrag kommt es für die Entscheidung des Streitfalles damit nicht an.

314 • **Beweisstation**

Für die Begründetheit der Klage kommt es vielmehr allein darauf an, ob der Ein-

[28] Dazu etwa *Schellhammer,* Die Arbeitsmethode des Zivilrichters, 10. Aufl. (1990), insb. Rdnrn. 85 ff.

[29] Vgl. *BGHZ* 96, 9 (14); 107, 111 (114).

[30] Art. 22 ScheckG ist, obwohl er nach seinem Wortlaut Einwendungen aus „unmittelbaren Beziehungen" regelt, nicht anzuwenden. Unter diese Vorschrift fallen vielmehr – wie bei Art. 17 WG – nur sog. persönliche Einwendungen, vgl. oben 2. Teil Rdnr. 165.

[31] Nach § 139 ZPO muß dazu noch ein gerichtlicher Hinweis erfolgen.

wand der Spielschuld durchgreift. Das Zustandekommen des Anspruchsgrundes muß zwar regelmäßig der Gläubiger (Kläger) darlegen und beweisen. Wegen der formellen Legitimation der Urkunde gilt dies jedoch für den Scheckinhaber gerade nicht. Der Inhaberscheck (Art. 5 ScheckG) weist den Inhaber als Gläubiger aus. Es ist daher Sache des beklagten Scheckzeichners, diese Rechtsvermutung durch den Beweis des Gegenteils vollständig zu widerlegen (= Hauptbeweis). Infolgedessen kann *A* nur obsiegen, wenn ihm der Nachweis gelingt, daß er den Scheck zur Zahlung seiner Spielschuld bei *C* hingegeben hat. *A* hat aber einen Beweis nicht angeboten und damit seiner Beweisführungslast (subjektive Beweislast) nicht genügt. Er ist deshalb beweisfällig geblieben, so daß er schon deshalb mit seiner Einwendung scheitert. Auf die objektive Beweislast, die erst bei Nichtaufklärbarkeit einer streitigen und beweisbedürftigen Tatsache nach einer Beweisaufnahme eingreift, kommt es nicht an.

Das Beweisangebot des Klägers wird der Richter nicht aufgreifen, solange der Hauptbeweis noch nicht einmal angetreten ist. Bei dem Beweisantrag des *C* handelt es sich um einen Gegenbeweis, der nicht ohne und nicht vor dem Hauptbeweis erhoben wird[32].

Die Klage ist daher in vollem Umfang begründet. Da der Beklagte Klageabweisung beantragt hat, wird lediglich ein Scheckvorbehaltsurteil ergehen. Daß der Beklagte bisher einen Beweis nicht angeboten hat, spielt dafür keine Rolle.

b) Entscheidungsgründe

315 Das Urteil des Amtsgerichts wird im **Tenor** und in den **Entscheidungsgründen** etwa folgendermaßen lauten:

Tenor

1. Der Beklagte wird verurteilt, an den Kläger gegen Aushändigung des quittierten Schecks vom ... DM 5022 zu bezahlen[33].

2. Dem Beklagten bleibt vorbehalten, seine Rechte im Nachverfahren auszuführen.

3. Der Beklagte trägt die Kosten des Rechtsstreits.

4. Das Urteil ist vorläufig vollstreckbar. Der Beklagte darf die Vollstreckung durch Sicherheit von DM 6000[34] *abwenden, wenn nicht der Kläger vor Vollstreckung Sicherheit in gleicher Höhe leistet.*

Entscheidungsgründe

Die Klage ist zulässig und begründet. Der Kläger hat einen Anspruch gegen den Beklagten auf Zahlung der geltend gemachten Schecksumme von 5000 DM und der Rückbelastungskosten von 22 DM gemäß Art. 12, 40 Nr. 2, 45 Nrn. 1 und 3 ScheckG.

Nach diesen Vorschriften haftet der Beklagte als Aussteller des formgültigen Schecks vom 6.6. dem Kläger als berechtigtem Scheckinhaber. Die Rückgriffsvoraussetzungen liegen vor, nachdem der Scheck am 14.6. rechtzeitig bei der bezogenen Bank

[32] Instruktiv dazu *Schellhammer,* Zivilprozeß, 5. Aufl. (1992), Rdnr. 377.

[33] Die Zug-um-Zug-Verurteilung erklärt sich aus Art. 47 ScheckG; vgl. *Baumbach/Hefermehl,* Art. 47 ScheckG Rdnr. 1, Art. 50 WG Rdnr. 2. Zinsen und Nebenforderungen nach Art. 45 Nrn. 2, 4 ScheckG hat der Kläger nicht verlangt, sie sind nicht zuzusprechen, § 308 I ZPO.

[34] Zur Berechnung der Sicherheitsleistung vgl. *Schellhammer* (Fußn. 32), Rdnr. 807 f.

vorgelegt, von dieser nicht bezahlt und die Nichteinlösung korrekt auf der Scheckurkunde vermerkt wurde. Die Ausstellerhaftung ist unabhängig davon begründet, ob der Kläger dem Beklagten ein Darlehen gewährt hat. Das Bestehen des Grundverhältnisses hat nämlich auf die Wirksamkeit des Begebungsvertrages keinen Einfluß.

Soweit sich der Beklagte gegen die Wirksamkeit des Scheckbegebungsvertrages wendet und vorträgt, er sei infolge Alkoholgenusses nicht klaren Sinnes gewesen, ist sein Vorbringen nicht substantiiert und daher unbeachtlich. Hinsichtlich der Behauptung, der Scheck sei zur Begleichung einer Spielschuld gegeben worden und habe deshalb gemäß § 762 II BGB eine Verbindlichkeit nicht begründen können, ist der Beklagte beweisfällig geblieben, weil er ein Beweismittel nicht benannt hat. Ohne Hauptbeweis war der vom Kläger beantragte Gegenbeweis nicht zu erheben.

Gemäß §§ 605a, 599 I ZPO war dem Beklagten die Ausführung seiner Rechte vorzubehalten.

Die Kostenentscheidung beruht auf § 91 ZPO. Die Entscheidung über die vorläufige Vollstreckbarkeit ergibt sich aus §§ 708 Nr. 4, 711 ZPO.

Sachverzeichnis

Die Ziffern im Sachverzeichnis beziehen sich auf Randnummern im Text.

Abhandenkommen 141
– gutgl. Erwerb des Wertpapiers 17, 32
– Handelsgut 279
– Lagerschein 262 (*Fall 61 a*)
– Scheck 243
– Scheckkarte 258
– Traditionspapier 278
– Wechsel 141
Absolute Theorie 272
Abstrakt
– iSv einwendungsunabhängig 78 f., 81, 92, 130
– iSv rechtsgrundunabhängig 55, 57, 77, 82, 87, 92
– iSv typuslos 80 ff., 261
Abstraktes Wertpapier 57
Abstraktheit
– Abstufungen 92
– Loslösung von Kausalverhältnis 78, 92
– Loslösung von Vertragstypus 80
– Scheck 225
– Wechsel 94, 123
Abstraktionsprinzip, Einwendungsausschluß 181
Abtretung 5 ff.
– Garantieforderung 252
– Herausgabeanspruch 271
– Inhaberpapier 32
– Orderpapier 37
– qual. Legitimationspapier 43
– Rektapapier 41
– Rektascheck 236
– Wechselforderung 132
Abtretungsurkunde 6, 16, 40
Abzahlungsgeschäft
– Einrede der Wechselhingabe 129, 179
– Scheckhingabe 222
Aktie 10, 48, 52
Akzept (angenommener Wechsel) 119 s. auch Annahme
Akzeptantenwechsel s. Wechsel-Scheck-Verfahren
Allonge s. *Anhang*
Anfechtung des Begebungsvertrages 67, 116, 122, 149, 176, 213
Angstklausel 155, 169, 212, 301
Anhang 135, 173, 208
Annahme des Wechsels 119
– Vorlegung zur - 119
Annahmeverbot
– beim Wechsel 119
– beim Scheck 222, 231, 250
Annahmevermerk, Scheck 229
Anspruchsaufbau, Wertpapierrechtsfall 297 ff.
Anweisung, bürgerlichrechtliche 42, 56
– als Grundform des Schecks 223
– als Grundform des Wechsels 94 f., 96
Anweisungstheorie 136
Arglist des Schuldners bei Zahlung 198
Aufbauschema, Wertpapierrechtsklausur 302
Aufgebotsverfahren 25, 282, 288
Aufwendungsersatzanspruch, Scheckeinlösung 241, 243, 258
Ausfüllungsabrede 111
Ausfüllungsermächtigung 111
– abredewidriges Ausfüllen 112
– Rechtsnatur 111
– Rechtsschein einer - 113
Auskunft auf Scheckanfrage 232 ff.
Auslegung, Wechsel 99
Ausschlußurteil 25, 288
Aussteller
– als Remittent 119
– Scheck 228
– Wechsel 96, 105
Ausstellerhaftung 94, 114
Ausstellungsort 107, 228
Ausstellungstag 106, 228
Austauschzweck
– als Rechtsgrund 76, 189
– beim Lagervertrag 260
– Wechseldiskontierung 123

Bankier 229
Banknote 10 Fußn.6
Barscheck 227
Barzahlung 254, 305
Barzahlungsverbot 245

Bedingung
- Indossament 135
- Wechselakzept 77, 91, 119, 190
- Wechselanweisung 91, 101
Bedingungen für den Scheckverkehr 224
Bedingungstheorie 136, 216
Befreiungswirkung 5, 12 s. auch *Liberationswirkung*
Begebungsabrede 75, 76, 123, 179, 180, 189, 204
- als Rechtsgrund 75
- Kautionswechsel 180
- Wechselhingabe 123
- Zweckvereinbarung 76, 188
Begebungsvertrag 64
- als Vertrag zug. Dritter 120
- Anfechtung 67 (*Fall 9 a, b*), 122, 149, 176, 213
- bedingter 119, 190
- dinglicher 64, 114, 141, 149, 235, 260, 266, 304
- fehlender 67, 121, 176
- Garantieindossament 154
- handelsrechtliche Wertpapiere 260, 265
- obligatorischer 64, 114, 149, 235, 260, 262, 305
- Scheck 235
- Übertragung 134, 149
- Wechsel 114
- Wechselblankett 111
- Wechselverpfändung 159
Berechtigung 137 s. auch *Legitimation*
Bereicherungseinrede 84, 87, 125, 128, 179 f., 189, 219
Bereicherungsrechtliche Rückabwicklung 90
Beschleunigung, Wechsel/Scheckprozeß 308
Besitzkonstitut, Wechselübertragung 132, 134
Besitzmittlungsverhältnis 276 f.
Besitzmittlungswille 273, 276 f.
Beweisfunktion, Urkunde 11
Beweislast
- für Bösgläubigkeit 177
- objektive/subjektive 172, 314
Beweis des Gegenteils 16, 300, 314
Beweislastumkehr 16, 30 f., 84, 300
Beweismittelbeschränkung, Wechsel/Scheckprozeß 198, 308
Beweisurkunde 22, 283
Bezogener 96, 102, 228
Blankett 111
Blankoakzept 111 (*Fall 19*), 120 (*Fall 24a*), 121 (*Fall 25*)
Blankoindossament 135 f., 138, 156, 203, 238, 260
Blankoscheck 230
Blankowechsel 110 ff.
Börse 48
Bote
- Scheckkartengarantievertrag 250
- Wechselakzept 120
Botentheorie 266
Bundesanleihe 50
Bundesbank 46
Bundesbankscheck 225 Fußn. 13
Bundesschatzbrief 50
Bus-(Straßenbahn-) Fahrschein 45

cessio legis 212, 218
Condictio indebiti 128

Darlehensvertrag (Sparvertrag) 284
Datowechsel 109, 193
Deckungsverhältnis 88, 95, 96, 201, 224, 254
Definition
- Scheck 221
- Urkunde 10
- Wechsel 94
- Wertpapier 24
Deklaratorisches Wertpapier 52, 260, 264, 284
Depotschein 44
Diligenzpflicht 123 Fußn. 62, 205, 302
Diskontierung 46, 93, 123, 194, 205
Diskontierungsindossament 162
Diskontsatz 93
Domizilwechsel 108
Doppelermächtigung 94, 223
Doppelmangel 186
Dreimonatsakzept 46, 101
Drittleistung, Wechseleinlösung 197
Drittwirkung von Einreden 182, 260

ec-Scheck s. *Euroscheck*
Effekten 19, 48, 50
Effektenscheck 227
Eigentumserwerb des Einlösers 212
Eigentumsvermutung 16, 137, 286
Eigenwechsel 95, 101, 102
Einlösung
- Scheck 239
- Wechsel 192
Einlösungsgarantie 248
Einlösungsrecht 210
Einlösungsrückgriff 210
Einlösungszusage 232 (*Fall 53*)
Einrede

Ziffern = Randnummern im Text

– aus Zweckvereinbarung 126
– bei gewöhnlicher Abtretung 6
– der Stundung 129, 179, 219
– der Verjährung 173, 301
– der Wechselhingabe 123
– dilatorische 128, 130, 180, 188
– Drittwirkung 182, 260
– gegen Kausalforderung 125, 130
– Geltendmachung 171
– im Wechselrücklauf 219
– peremptorische 125, 130, 180
Einredefreier Erwerb 147, 268
Eintrittskarte 10, 15, 34
Einwand
– der Erfüllung 196
– der fehlenden Deckung 254
– der Gefälligkeitsabrede 191
– der Spielschuld 176, 313
– des Sicherungsakzepts 181
Einwendungen 164 ff.
– aus Kausalverhältnis 92, 125 ff.
– bei verbrieften Forderungen 16
– beim Lagerschein 260
– beim qual. Legitimationspapier 286
– beim Treuhandindossament 163
– beim Vollmachtsindossament 161, 162
– der Bank bei Scheckkartengarantie 254
– dingliche (absolute) 165
– Einteilung 165, 301
– gegen Kausalforderung 125, 130
– Gültigkeits- 92, 165 ff., 175, 190, 196, 218, 267
– im Wechselrücklauf 215 ff.
– iSv Art. 17 WG 170
– nichturkundliche 168 ff., 174
– persönliche (relative) 165, 179
– präklusions-(ausschluß-) fähige 166
– typusbedingte 80 ff., 261
– unmittelbare -66
– urkundliche - 166 ff., 173, 261, 269
– Zurechenbarkeits- 166
Einwendungsabhängige Wertpapierforderung 180, 260
Einwendungsausschluß 18
– bei Abtretung der Wechselforderung 132
– bei Gültigkeitseinwendungen 178
– bei persönlichen Einwendungen 181 f.
– beim Nachindossament 158
– beim qual. Legitimationspapier 43
– beim Rektapapier 41
– im Urkundenprozeß 86, 308
– im Wechselrücklauf 219
Einwendungslehre 164 ff., 301
– im Anspruchsaufbau 301
Einwendungsverlust des Papierschuldners 92
Einziehung 239
Empfangsermächtigung 5, 12
Erbengemeinschaft, Wechselrechtsfähigkeit 103
Erfüllung
– bei abhandengekommenem Wechsel 203
– bei Scheckeinlösung 241
– der Kausalforderung 200 ff.
– der Wechselforderung 192, 196
Erfüllungsversuch
– Wechselhingabe 123 f., 200 f.
– Zahlung an Nichtberechtigten 204
Erfüllungszweck 76, 90, 123, 192, 197, 200 ff.
Erfüllungszweckvereinbarung 90, 197
Ermächtigungsindossament 162
Ersatzrückgriff s. *Einlösungsrückgriff*
Erstrückgriff 206
– formelle Voraussetzungen 208
– materielle Voraussetzungen 207
Euroscheck 249 ff.
exceptio ex iure tertii 186, 254

Fahrkarte 10, 15, 34
Fahrlässigkeit (grobe)
– bei Scheckeinlösung 244
– bei Zahlung an Nichtberechtigten 198, 290
Fälligkeit s. Verfall
Fälschung
– der Unterschrift 97, 118
– des Euroschecks 257
– des Schecks 242 ff.
– des Wechsels 118
– fehlende Zurechenbarkeit 69, 117, 118, 257
Fälschungsrisiko 242, 243, 257
Filialscheck (Kommanditscheck) 226
Finanzwechsel 46 Fußn. 40, 191 Fußn. 179
Forderungspapier 10
Form
– des Schecks 228
– des Wechsels 99 ff.
Formelle Legitimation 16, 30, 300
– als Voraussetzung für gutgl. Erwerb 143
– als Voraussetzung für Protesterhebung 153, 208 Fußn. 210
– bei gewöhnlicher Abtretung der Wechselforderung 132
– bei gewöhnlicher Übereignung der Wechselurkunde 133
– des Indossatars 137

Ziffern = Randnummern im Text

– des Wechselnehmers 122, 137
– Herstellung durch Streichung 211
– im Wechsel/Scheckprozeß 308, 310, 314
Formgültigkeit, Prüfung im Gutachten 298
Formverstoß, Rechtsfolgen 110
Frachtführer 263
Frachtvertrag 264, 268
Freizeichnungsklausel 243
Fremdbesitzerwille 276 f.

Garantie, ec-Scheck 250
Garantiefunktion 148 ff., 236
Garantiehaftung
– bei Scheckkarte 251
– bei Scheckbestätigung 233
– des Indossanten 148
Garantieindossament 152, 213, 237
Garantievertrag 250 f.
Garderobenmarke 27
Gefälligkeitsabrede 191
Gefälligkeitsakzept 111 (*Fall 19*), 121 (*Fall 25*), 191 (*Fall 44*), 197 (*Fall 46*)
Gegenbeweis 314
Genehmigung 63 (*Fall 8*), 118
Genfer Abkommen 93
Gepäckschein 27
Gesamtschuldner 209, 248
Geschäftsbesorgungsvertrag 224, 239
Geschäftsfähigkeit
– beschränkte 63, 116 (*Fall 21*), 176, 291 (*Fall 68*)
– guter Glaube an - 142, 291
Geschäftsgrundlage, Wegfall 75
Geschäftsunfähigkeit 122 (*Fall 26*), 137, 140 ff. (*Fall 31*), 176
Gesellschaft des bürgerl. Rechts 102, 115 (*Fall 20*)
Grundforderung s. *Kausalforderung*
Grundschuldbrief 10, 42, 55
Grundverhältnis s. *Kausalverhältnis*
Grundwechsel 99
Gültigkeitseinwendung 165 ff., 175, 218, 267
– ausschlußfähige 166, 176
– Erfüllung 196
– in der Fallbearbeitung 301 ff.
Guter Glaube
– an Geschäftsfähigkeit 142, 291 (*Fall 68*)
– an Identität 142, 291
– an Verfügungsbefugnis 142, 291
– an Vertretungsmacht 142, 291
Güterumlaufpapiere 47, 81
Gutgläubiger Erwerb
– bei deklaratorischen Wertpapieren 260
– des Inhaberschecks 237
– des Schecks 236
– des Wechsels 140, 178, 196
– von Forderungen 7, 17, 146
Gutschrift 239, 293

Haftung
– des Ausstellers 97, 114, 231
– des Bezogenen 97, 114
– des Bürgen 209, 223, 231, 248
– des Fälschers 118 (*Fall 23 a*)
– des falsus procurator 117 (*Fall 22*)
– des Geschäftsunfähigen 142 (*Fall 31*)
– des Indossanten 114, 148 ff., 231
– eines förmlich Nichtberechtigten 144
– für Annahme 97, 148
Haftungsausschluß 155, 231
Haftungswirkung, Indossament 148 ff., 153
Handelsrechtliche Wertpapiere 38, 42, 259 ff.
– deklaratorische Papiere 260
– Einwendungen 260, 261, 267 ff.
– Rechtsentstehung 260, 264
– Traditionsfunktion 270 ff.
Handelswechsel 46
Handkauf 63 (*Fall 8*), 73 (*Fall 12*)
Hauptbeweis 16, 314
Herausgabeanspruch 259
Hinkende Inhaberpapiere 44
Holschuld 195
Hypothekenbrief 10, 15, 41, 42, 52
Hypothekenpfandbrief 12, 16 (*Fall 3*), 17, 33, 59 (*Fall 7*), 73 (*Fall 12*)

Indossament 35, 97, 134 ff.
– Ausstreichen von - 138, 211
– beim Scheck 236
– eines Geschäftsunfähigen 137
– Form und Inhalt 135 ff.
– förmliche Identität 137
– gefälschtes 137
– Garantiefunktion 148 ff.
– Legitimationsfunktion 137 f.
– mit beschränkter Wirkung 159
– nichtiges 135
– Rechtsnatur 136, 216
– Transportfunktion 139 ff.
– Wirkungen 137 ff.
Indossamentenkette 36, 137, 143, 145
– Erbschein 151
– gutgläubiger Wechselerwerb 138, 143 ff.
– Lücke 138
– Prüfungspflicht 198
Indossant 35, 97
Indossatar 35, 97

Ziffern = Randnummern im Text

Indossierungsverbot 155 (*Fall 35*)
Inhaber 29
Inhaberaktie 33
Inhabergrundschuldbrief 33
Inhaberpapier 29 ff.
– Arten 33
– Geltendmachung 30
– hinkendes 44
– Übertragung 32
– unvollkommenes 34
Inhaberrentenschuldbrief 33
Inhaberscheck 33, 226, 237, 314
Inhaberschuldverschreibung 10, 14, 17, 33, 48, 57
Inhaberzeichen 14, 34, 45
Inkasso 239
Inkassoindossament 162
Innehabung 24, 282
Interimsschein s. *Zwischenschein*
Inverkehrbringen des Papiers 61, 176
Investmentanteilschein 33, 38, 48

Kapitalanlage 48
Karten als Wertpapiere 10, 15, 34
Kaufmännische Anweisung 38, 259
Kaufmännischer Verpflichtungsschein 38, 259
Kausales Wertpapier 53
Kausal
– iSv einwendungsabhängig 54
– iSv rechtsgrundabhängig 52, 91
Kausalforderung, Erlöschen bei Einlösung 124, 200 ff.
Kausalverhältnis
– als Rechtsgrund 74
– bei Wechselhingabe 123 ff.
– Einreden gegen Kautionswechsel 180
Kautionswechsel 73 (*Fall 10*), 111, 180 ff. (*Fall 42*), 190 Fußn. 177
Kellerwechsel 103
Kennwort 292
Kommanditscheck (Filialscheck) 226
Kommissionsscheck 226
Kommunalobligation 16 (*Fall 3*), 29, 33
Konnossement 38, 56, 263 ff.
Konstitutive Urkunde 20
Konstitutives Wertpapier 56, 265
Kraftloserklärung 25, 288
Kreationstheorie 60 ff., 119, 170 Fußn. 150, 175 Fußn. 152
Kreditkarte 222
Kündigungsfrist bei Sparbuch 294 f. (*Fall 69*)
Kupons 33

Ladeschein 38, 39, 56, 81, 263
Ladungsfrist 308
Lagerhalter 47, 261
Lagerschein 10, 30 (*Fall 6*), 38, 47, 260 (*Fall 61*)
Legitimation
– formelle 16, 30, 300
– materielle 16, 30
Legitimationsfunktion
– des Indossaments 137, 236
– des Wertpapiers 12
Legitimationspapier
– einfaches 27, 283
– qualifiziertes 43 ff., 280 ff.
– Wertpapiercharakter 282
Legitimation(swirkung) zugunsten des Gläubigers (Inhabers) 12, 16, 30, 44, 71, 85
– des Schuldners 12
Legitimationszeichen 27
Lehre vom objektiven Rechtsgrund 74, 78
Lehre vom Rechtsschein 67 ff.
Leihhausschein 44
Leistung
– an Erfüllungs Statt 90, 205
– an Nichtberechtigten 204 (*Fall 49 b*), 242
– erfüllungshalber 91, 120, 123, 200, 224
Leistungsbegriff, finaler 76
Leistungsversprechen gegenüber Dritten 88 ff.
Leistungsverweigerungsrecht 123, 171, 173, 179, 182, 188, 191, 194, 301, 302
Leistungszweck 76
Liberationswirkung 5, 12, 16, 27, 31, 39 f., 44, 289 ff. s. auch *Legitimationswirkung zug. d. Schuldners* und *Befreiungswirkung*
– bei Leistung an den formell Berechtigten 137, 198, 290
– bei qual. Legitimationspapieren 289 ff.
– Einschränkungen der - 292 ff. (*Fall 69*)
– Umfang der - 290

Marken 10, 15, 27, 34
Massenemission 14, 19, 48, 49
Materielle Berechtigung 30 s. auch *materielle Legitimation*
Mitgliedschaftsrechte 10
Mittelbarer Besitz 272, 273, 278
Mobilisierungsfunktion 17 f.
Monopolisierungsfunktion 13 ff., 23, 273

Nachindossament 158, 183, 196
Nachsichtwechsel 109, 119, 193

Nachverfahren 16, 86, 308
Namensaktie 38
Namensindossament 135, 156
Namenspapier s. *Rektapapier*
Namenspapiere mit Inhaberlegitimationsklausel 44
Netzkarte 44
Nichtberechtigter, Zahlung an - 204
Nichteinlösung
– Scheck 247
– Wechsel 206 ff.
Nichteinlösungsvermerk 247, 303
Nichtigkeit
– des Akzepts 119
– des Indossaments 135
– des Schecks 228
– des Wechsels 110
Notifikation (Notanzeige) 209 Fußn. 213

Objektive Rechtsgrundlehre 74, 78
Offertentheorie 136, 216
Orderklausel
– negative 38, 94, 226
– positive 38, 259
Orderpapier 35 ff.
– Arten 38
– geborenes 38, 94, 226
– gekorenes 38
– Geltendmachung 36
numerus clausus 38
– Übertragung 37

Persönliche Einwendungen 92, 165, 179 ff.
Pfandbrief s. *Hypothekenpfandbrief*
Pfandindossament
– offenes 159
– verdecktes 160
Pfändung, Sparbuch 287, 296
Postgiroordnung 227
Postscheck 227
Postsparbuch 296
Präjudizierung 173, 205 (*Fall 49 c*), 207, 208, 212, 310
Präklusion s. *Einwendungen, präklusionsfähige*
Präsentation s. *Vorlegung*
Präsentationszwang 13, 24, 282, 288
Primat des Sachenrechts 4
Privaturkunde, Beweiswirkung 16
Prokuraindossament 161
Prolongation 194
Prolongationswechsel 194
Protest 153, 173, 193, 208
Protesterhebung 153, 247
Protesterlaß 208, 247
Protestfrist, Versäumung 208
Protestperson 208
Protesturkunde 97, 208
Provision 209
Prüfung der Berechtigung 198, 290
Prüfung der Echtheit der Unterschrift 198, 244
Publizität 273, 277

Qualifiziertes Legitimationspapier 43 ff., 280
– Begriff 280
– Einwendungsausschluß 43
– gutgläubiger Erwerb 43, 286
– Liberationswirkung 44, 289 ff.
– Übertragung 43
– unbenannte 45, 281
– Vorlegungspflicht 288
Quittierte Rechnung 211
Quittung 238

Ratenwechsel 109
Recht am Papier 4, 32, 41, 277
Recht aus dem Papier 4, 32, 41, 277
Rechtsbestandsvermutung 71, 85, 122, 172
Rechtsentstehung
– bei Anweisungsannahme 120
– bei gutgl. Erwerb der Wechselforderung 178
– bei Ladeschein und Konnossement 264 ff.
– bei Scheck 235
– bei Wechsel 114
Rechtsgrund 72 ff., 89
– objektiver 74, 78
– subjektiver 76, 78, 90
– Wertpapierforderung 73 ff., 89 ff.
Rechtsgrundabhängigkeit 77, 92
Rechtsgrundunabhängigkeit 55, 77, 82
Rechtsmißbrauch bei Berufung auf Scheckkartengarantie 256
Rechtsnachfolge, außerwechselmäßige 138, 145
Rechtsschein
– veranlaßter 176
– zurechenbarer 69, 176, 304
– Zweiterwerb 70, 112
Rechtsschein einer Verpflichtung 68, 112, 176
Rechtsscheinhaftung
– bei Erleichterung der Fälschung 118
– bei Fälschung eines ec-Schecks 257
– bei Geschäftsunfähigkeit 116 (*Fall 21*)
– bei Verfälschung des Wechsels 112
– bei Vervollständigung des Wechsels 110

Rechtsscheinlehre (Rechtsscheintheorie) 67 ff., 166
Rechtsvermutung s. auch *Legitimation*
- bei gewöhnlicher Abtretung 7
Rediskontierung 46
Regreß 97, 303
Regreßsumme 210
Rektaladeschein 40, 268
Rektapapier 39 ff.
- Arten 42
- Geltendmachung 40
- Übertragung 41
- Wertpapierbegriff 26
Rektascheck 42, 236
Rektawechsel 42, 132, 183
Relative Theorie 272
- wertpapierrechtlich modifizierte 272
Remboursregreß s. *Einlösungsrückgriff*
Remittent 96, 104 s. auch *Wechselnehmer*
Rentenschuldbrief 10, 42
Repräsentationstheorie 272
Respekttage 193
Rückbuchung 243, 293
Rückerwerb vom Nichtberechtigten 217
Rückgriff 206 ff., 247 s. auch *Erst-, Einlösungsrückgriff*
Rückgriffsschuld 209, 247
Rückgriffsschuldner 209, 247
Rückindossament 135

Sachenrecht als verbrieftes Recht 10
Sachmängeleinrede 125
Sammelurkunde (Globalurkunde) 50
Sammelverwahrung 50
Schadensersatzanspruch 205, 242, 245
Schädigungsbewußtsein 184, 189
Scheck
- als Zahlungsmittel 222
- an eigene Order 226
- Ausstellung und Form 228
- Deckungsverhältnis 224
- Fälschungsrisiko 242, 243, 257
- geschichtliche Entwicklung 221
- Haftung 231
- Rechtsentstehung 235
- Rechtsnatur 225
- Übertragung 236
- Valutaverhältnis 224
- Vordatierung 240
- Vorlegung 240
- wirtschaftliche Bedeutung 222
Scheckbereicherungsanspruch 248, 310
Scheckbestätigung 232 ff.
Scheckbürge 223, 231, 248
Scheckeinlösung 239
Scheckeinziehung 239
Scheckinkasso 239
Scheckkarte 249 ff.
Scheckkartengarantie 250
Scheckkartennummer 250, 252, 254
Scheckklage 311
Scheckklausel 228
Scheckprozeß 307
Scheckrückgriff 247, 303, 307
Schecksperre s. *Scheckwiderruf*
Scheckvertrag 224
Scheckvordruck 229
Scheckwiderruf 246, 254, 303
Schenkung, Wechselurkunde 124, 187
Schuldnerschutz 5, 6, 282
Schuldschein 22
Schuldversprechen abstraktes 57, 73, 80, 85 ff., 92, 95 (*Fall 11*)
Selbständigkeit (Unabhängigkeit) der Wechselerklärungen 97, 103, 118
Sicherheitsleistung 86, 315
Sicherungsakzept 181
Sicherungszweck 52, 55, 76, 123, 180
Sichtwechsel 109 193, 195, 208
Skripturakt 56, 59
Solawechsel s. *Eigenwechsel*
Sparbuch 21, 23, 44, 52, 282 ff.
- Pfändung 287
- Übertragung 285
- Verpfändung 287
- Wertpapiercharakter 282
Sparvertrag 54, 284, 293
Sperrvermerk 292
Spielschuld 176, 303
Sprungregreß 197 (*Fall 46*), 248
Stellvertretung s. *Vertretung*
Streifbanddepot 49
Stundung
- des Wechsels 194
- Einrede der - 129, 179, 219
Subjektive Rechtsgrundtheorie 76, 78, 92

Tagwechsel 109, 193
Teilakzept 119
Teilindossament 135
Tilgungsbestimmung 197 s. auch *Erfüllungszweck*
Traditionspapiere 270 ff.
Traditionsprinzip des BGB 273
Transportfunktion 139 ff., 196, 236, 270
Transportversicherungspolice 38
Tratte 96, 100, 119, 199, 202
Treuhandindossament 163
Typuslosigkeit 80

Überbringerklausel 226, 238
Übereignung des Wechsels 133
Übergabe des Papiers
– bei Abtretung der Sparforderung 285
– bei Abtretung der Wechselforderung 132
– bei Übertragung von Rektapapieren 41
Übergabesurrogat 273, 277
Übertragung
– des Inhaberpapiers 32
– des Orderpapiers 37
– des qual. Legitimationspapiers 43
– des Rektapapiers 41
– des Schecks 236 f.
– des Sparbuchs 285
– des Wechsels 131 ff.
Umdeutung 110, 228 Fußn. 21
Umlauffähigkeit 9, 12, 61, 101, 142, 156 f., 190
Umlauffunktion s. *Mobilisierungsfunktion*
Unsicherheit des Ausstellers/Bezogenen 207
Unstatthaftigkeit des Urkundenprozesses 309
Unterschrift
– des Ausstellers 105
– des Indossanten 135
– Prüfung der Echtheit 198, 244
Urkunde
– Begriff 10
– Funktionen 10 ff.
– konstitutive 20, 56
– öffentliche 208
Urkundenbeweis 86, 308
Urkundenprozeß 16, 86, 307

Valutaverhältnis 88, 96, 201, 224, 254
Verbraucherkreditgesetz 129, 179, 222
Verfall des Wechsels 193, 199
Verfalltag 193
Verfallzeit 109
Verfälschung
– unvollständiger Wechsel 110
– vollständiger Wechsel 118
Verfrachter 263
Verfügungsbefugnis 12, 16, 67
– guter Glaube an - 142, 291
– über verbrieftes Recht 12, 16, 67
Verfügungsrecht über Frachtgut 264, 266
Verjährung 87, 127, 173 (*Fall 40*), 248
Verkehrsfeindlichkeit 63, 66
Verkehrsschutz 9, 41, 116, 146
Vermutung
– der Berechtigung 16 s. auch *materielle Legitimation*
– des Eigentums 16, 137, 286
– Rechtsbestands- 71, 85, 122, 172
Verpfändung, Sparbuch 287, 296
Verrechnungsscheck 227, 245
Verrechnungsstelle 247
Versicherungsschein 44
Versprechensabrede als Rechtsgrund 75
Vertrag zugunsten Dritter
– Frachtvertrag 264
– Ladeschein 265
– Scheckkartengarantie 250 Fußn. 61
– Scheckvertrag 224
– Sparbuch 284
– unechter 56, 264
– Wechselbegebung 120
Vertragstheorie 59, 64 ff.
Vertretung
– bei Wechselzeichnung 105, 117
– ohne Vertretungsmacht 69, 117 (*Fall 22*), 176, 209
– Scheckkartengarantievertrag 250
Vertretungsmacht, guter Glaube an – 142, 291
Vervollständigung der Urkunde 110
Vollindossament 135
Vollmachtsindossament
– offenes 161
– verdecktes 162
Vollstreckbarkeit 86, 308, 315
Vorbehaltsurteil 86, 308, 315
Vordatierung 240, 256
Vorlegung 13, 24, 240, 288
Vorlegungsfristen 222, 240, 246, 309
Vorlegungsverbot 119
Vorlegungszwang s. *Präsentationszwang*
Vormundschaftsgerichtliche Genehmigung 116

Wandelungseinrede 125
Warenwechsel 46
Wechsel
– abhandengekommener 141
– als Kredit- und Sicherungspapier 93
– an eigene Order 96, 104
– Arten 94 ff.
– Ausstellung 98 ff.
– Definition 94
– Formgültigkeit 110
– geschichtliche Entwicklung 93
– gutgläubiger Erwerb
– Haftung 114
– nachträgliche Ergänzung 110
– Rechtsentstehung 114
– Rechtsnatur
– Rechtsübertragung 131 ff.
– trassiert eigener 96

– trassiert eigener an eigene Order 96
– Zahlung vor Verfall 199
Wechselakzept
– bedingtes 119, 190
– beim Wechsel an eigene Order 119
– beim Wechsel an fremde Order 120
– Rechtsscheinhaftung 121
Wechselblankett 111, 113
Wechselbürgschaft 152, 164, 209
Wechseleinlösung 192 ff.
Wechselgeschäftsfähigkeit 116
Wechselhauptschuldner 97
Wechselhauptverbindlichkeit 97
Wechselklausel 100
Wechselnehmer 104, 119
– formelle Legitimation 137
Wechselprozeß 307
Wechselrechtsfähigkeit 102, 115
Wechselreiterei 191 Fußn. 179
Wechselrücklauf 210
– Rechtserwerb des Einlösers 213
Wechsel-Scheck-Verfahren 118 (*Fall 23 a*)
Wechselsteuer 222
Wechselsumme 101
Wertpapier
– als Kreditschöpfungsmittel 46
– als Mittel der Kapitalaufbringung 48
– als Zahlungsmittel 46, 222, 249
– deklaratorisches 52, 260, 264, 284
– Einteilung 28 ff.
– Entstehung des verbrieften Rechts 51
– forderungsrechtliches 10, 54, 94, 221, 225
– Funktionen 11 ff.
– kausales 53
– konstitutives 56, 265
– wirtschaftliche Bedeutung 46 ff.
Wertpapierbegriff 19 ff.
– enger 26
– weiter 21 ff., 282
Wertpapierrechtliche Theorie 273
Wertpapierrechtstheorien 59 ff.
Wertpapiersammelbank 50
Wertrecht 49
Wette 176
Widerklage 308
Widerruf s. *Scheckwiderruf*

Zahlstellenvermerk 108
Zahlstellenwechsel 108
Zahlung
– an Berechtigten 196
– an Nichtberechtigten 198, 204
– vor Verfall 199
Zahlungsanweisung 94, 228
Zahlungsklausel 101
Zahlungsmittel 46, 222, 249
Zahlungsort 108, 228
Zahlungsscheck 227
Zahlungstag 193, 208
Zahlungsverweigerung 208, 312
Zinsscheine 33
Zug um Zug
– Leistung 46, 158
– Verurteilung 124, 158, 315
Zurechenbarkeitseinwendungen 166
Zurechnung des Rechtsscheins 70, 116, 176
Zurückbehaltungsrecht 124, 158 (*Fall 37*), 214, 260 (*Fall 61*), 287
Zuwendung
– der Wechselforderung 123
– zweckneutrale 89, 123
Zweckerreichung 76, 84, 91
Zweckvereinbarung 76, 84, 90, 123, 126, 188
Zweckverfehlung 55, 77, 84, 91, 125
Zweiterwerb
– abredewidrig ausgefüllter Blankowechsel 112
– Einwendungsausschluß 176, 181
– Vertragstheorie 66,
– wechselmäßiger 116, 122, 130
– wertpapiermäßiger 267
Zwischenschein (Interimsschein) 10, 38

Ziffern = Randnummern im Text